Ernold Prinz

VERGANGENHEIT WAR DAMALS

HÖR AUF ZU JAMMERN!

Impressum:
Ernold Prinz, psycholog. Berater, Lifecoach, www.das-neue-ich.com
„Vergangenheit war damals – Hör auf zu jammern“ (1. Auflage, 2018)

ISBN:
978-3-96240-040-8 (Paperback)
978-3-96240-041-5 (Hardcover)
978-3-96240-042-2 (e-Book)

Verlag:
tao.de in Kamphausen Media GmbH, Bielefeld, www.tao.de,
eMail: info@tao.de
Nicht-exklusive Rechte zum Druck und Vertrieb. Druck in Deutschland und weiteren Ländern

Verweise:
Diverse Definitionen: Quelle Wikipedia
Zitat mit Text: Kapitel 24, „Dinge, die Du niemandem schuldest“: Eliane Matter, www.erhoehtesbewusstsein.de
Diverse Zitate: den jeweiligen Urhebern vorbehalten – siehe Quellverweis
Titelbild: Bild- und Titel E. Prinz, Grafikgestaltung M. Robinigg
Div. Grafiken: „Ausrufezeichen“, „Klangtest“, „Klecks“ – lizenzfrei Pixabay
Diverse Grafiken/Bilder: „Komfortzone“, „Grundsatzgedanken“, „Teddybär“ „geteilter Stein“, persönl.Bilder – E. Prinz, ©2018

Covergestaltung und Kommentator:
Markus Robinigg, Unternehmensberater für Betriebsoptimierung und Persönlichkeitsentwicklung. www.jetzt-du-it.com

Auch stellt der Inhalt in keiner Weise einen Angriff, eine Beleidigung Beschimpfung gegen jegliche Meinungs- und Religionsfreiheit dar!
Alle Hinweise und „Ratschläge“ beruhen auf persönlichen Erfahrungen oder Meinungen des Autors und ersetzen in keinem Fall eine professionelle Therapie oder ärztliche/professionelle Betreuung. Der Autor und der Verlag übernehmen keinerlei Haftung für Schäden, die durch falsche Schlussfolgerungen jeglicher Art entstehen können.

Quellverweise Schmuckzitate:

- John Bradshaw, 1933-2016, Buch „Das Kind in uns“, Original: „Homecoming“, Verlag Th. Knaur Nachf., ISBN: 3-426-87051-7
- Marcel Proust, 1871-1922, französischer Schriftsteller
- Jean de la Bruyere, 1645-1696, französischer Schriftsteller
- Immanuel Kant, 1724-1804, Deutscher Philosoph
- Ralph Waldo Emerson, 1803-1882, US-amerikanischer Schriftsteller
- Peter Rosegger, 1843-1918, Österreichischer Schriftsteller
- Stacia Tauscher, Zitatquelle: u.a. http://docplayer.org/53671238-Konzeption-kindergarten-firlefanz.html, Seite 8, 1.1 Unser Bild vom Kind
- Clemens v. Brentano, 1778-1842, Deutscher Schriftsteller
- Friedrich Schiller, 1759-1805, Deutscher Dramatiker, Philosoph
- Astrid Lindgren, 1907-2002, Schwed. Schriftstellerin, Zitatquelle: u.a. GEOlino, gutezitate.com
- George Bernard Shaw, 1856-1950, Irischer Dramatiker
- Friedrich Schleiermacher, 1768-1834, Deutscher Theologe, Philosoph
- Johann M. Sailer, 1751-1832, Deutscher Theologe
- Johann B. Basedow, 1724-1790, Deutscher Pädagoge, Schriftsteller
- Hellmut Walters, 1930-1985, Deutscher Schriftsteller, Zitatquelle: u.a. nur-Zitate.com, beste Zitate.de
- François de Salignac de la Mothe Fénelon, 1651-1715, Französicher Erzbischof, Schriftsteller
- Johann W. v. Goethe, 1749-1832, Deutscher Dichter
- Marie v. Ebner-Eschenbach, 1830-1916, Österreichische Schriftstellerin
- Konfuzius, 551-479 v. Chr., Chinesischer Philosoph
- Alexander S. Neill, 1883-1973, Schottischer Pädagoge
- Mahatma Gandhi, 1869-1948, Indischer Widerstandskämpfer
- Dr. Martin Buber, 1878-1965, Österreichisch.-Jüdischer Religionsphilosoph
- Heinrich Martin, 1890-1960, Deutscher Bankier
- Oskar Wilde, 1854-1900, Irischer Schriftsteller
- Namua Rahesha, Buch: „Der Kreis und die Schlange“, Verlag: Rowohlt, 1998, S. 35, ISBN: 3499604965
- Hermann Hesse, 1877-1962, Deutsch-Schweizerischer Schriftsteller
- Khalil Gibran, 1883-1931, Libanesisch-Amerikanischer Maler, Philosoph

„Die Verarbeitung des Urschmerzes fördert die Heilung einfach dadurch, dass sie uns die Möglichkeit bietet, diese unverarbeiteten Gefühle aus der Vergangenheit zu erleben."

(John Bradshaw: Das Kind in uns)

INHALT

„Das Zurückgewinnen des verletzten Kindes in Ihnen erinnert an ein Zen-Erlebnis.

Kinder sind von Natur aus Zen-Meister, ihre Welt entsteht in jedem Augenblick wieder völlig neu.

Für das nicht verletzte Kind ist das Staunen natürlich. Das Leben ist ein Mysterium, das gelebt werden will.

Die Heimkehr ist die Wiederherstellung des Natürlichen.

Eine solche Wiederherstellung ist nicht grandios oder dramatisch, sondern zeigt einfach nur, wie das Leben sein sollte."

(John Bradshaw, Das Kind in uns)

Fach-Kommentar Markus Robinigg

Es ist mir eine große Freude, dieses Vorwort für Ernold Prinz zu schreiben. Sein Buch wird bei vielen Menschen nicht nur für einen großen Aha-Effekt sorgen, sondern auch eine enorme Hilfe sein.

Viele Menschen tragen eine Last mit sich und wissen das offensichtlich nicht. Mitunter ist diese sogar richtig schwer und macht einen krank, sie könnte eigentlich leicht abgeladen werden, doch tatsächlich trägt man sie weiter mit und merkt nicht, wie diese Last von Tag zu Tag das Lebensglück erdrückt. Und dann, wenn man alt geworden ist, dann ist der Ärger groß, oder die Krankheit irreparabel, in jedem Fall hat man nunmehr weniger Zeit zur Verfügung, die Vergangenheit zu bereinigen und das zu machen, wozu man Recht darauf hätte. Wonach man sich als Kind schon gesehnt hätte.

Wie lange soll Ihre Last noch herumgetragen werden?

Die Vergangenheit wirkt, in teil enormen Ausmaß in der Gegenwart, sowohl in den einzelnen Menschen, als auch wiederum dadurch bei den Mitmenschen und systemisch in die Gesellschaft hinein. Manchmal bewusst wahrgenommen, vielfach versteckt in unserem Unterbewusstsein.

„Vergangenheit war damals – Also hör auf zu jammern“ ist das perfekte Buch, um aus dem eigenen leidvollen, unzufriedenen, stagnierenden und emotional verstrickten Leben auszusteigen und in die wunderbare Welt eines erfüllten, zufriedenen und auch begeisterten/ begeisternden Leben einzusteigen. Das Buch ist deswegen so beachtenswert, weil der Autor selbst aus einem unbefriedigten Leben ausgestiegen ist und rechtzeitig die Rettungsleine gezogen hat.

Nicht nur, dass er aus der Erfahrung spricht, nein, er hat sich die Mühe gemacht, den Weg der Veränderung in Buchform zu gießen, damit der Leser eine Lösung - aus sich selbst heraus - aus seiner misslichen Lage finden kann.

In den vergangenen 15 Jahren habe ich als Unternehmensberater und NLP Master sehr viele Menschen in den Bereichen Persönlichkeitsentwicklung und Lebensbewältigungspsychologie gecoacht und sie bei ihrem Veränderungsprozess unterstützt, dabei habe ich festgestellt: viele Menschen sind bereit, alles dafür zu geben, damit ihr Leben mit Zufriedenheit erfüllt wird, doch sie brauchen eine Anleitung.

Und die liefert ihnen dieses Buch in teils dezent provozierender Form, emotional ansprechend, die eigene Vergangenheit erforschend und hinterfragend zu ergründen - aber immer mit dem Hintergrund, den inneren Schweinehund wachzurütteln und in die Gänge zu kommen. Jeder Mensch, der sich im Laufe seins Lebens mit teils immer wiederkehrenden Problemen behaftet sieht, sich wissend oder unwissend in der Midlifecrisis befindet - soll sich angesprochen fühlen. „Du bist nicht alleine“ ... „Die Lösung steckt in dir“ und „Du einzig bist für Dein Denken und Handeln verantwortlich“. Diese drei kräftigen Aussagen bestärken den Leser immer wieder, weiterzulesen, auch wenn es schmerzt, aber – das Ziel ist die Erleuchtung, die Erlösung, die Erfüllung.

Ich habe im Zuge meiner Coachings immer wieder festgestellt, wie wichtig es ist, sich Ziele zu setzen, diszipliniert eine Lösung anzustreben und nicht locker lassen. Damit das Ganze nicht anstrengend wird, nicht qualvoll und vergebens wird, habe ich mein erstes Buch „jetzt DU it" verfasst, wo zahlreiche Werkzeuge einen dabei unterstützen, den Veränderungsprozess leicht, beinahe spielerisch zu bewältigen. Im zweiten Buch „glücklich leben" handelt eine Geschichte von Vitus und Wilbert, wie dieser seinen schwierigen Weg meistert, und das dritte Werk „bewusst schöner leben" gibt Anregungen für ein erfüllteres Leben.

Einer der wichtigsten Punkte im Veränderungsprozess ist es, dran zu bleiben. Nicht bei den ersten Hürden und Hindernissen stehen zu bleiben und wieder in die alten Gewohnheitsmuster hineinzufallen. Jammern, anderen die Schuld zu geben, sich abzulenken oder zu verdrängen sind Stressmuster, die weitverbreitet sind.

Der Mensch hat schon sehr früh gewusst, wie er sich den Gefahren des Alltags erwehren kann, um zu überleben: davon zu laufen, zu Tode zu erstarren oder zu kämpfen.

Heute, wo die Gefahren mehr in der inneren Welt als der äußeren auftreten, reagieren wir auf Stress und unserem Unvermögen mit der Vergangenheitsbewältigung zu Recht zu kommen, genauso, wie vor 10.000 Jahren: davonlaufen, erstarren, kämpfen. Die Folge ist Frust, Krankheit, Tod. Beziehungen gehen zugrunde, weil man die Wurzeln der Ursache nicht behandelt, sondern sich nur der Symptom-bekämpfung zuwendet: der Mensch geht automatisch den einfachsten Weg – den Weg des geringsten Widerstandes. Auch merkt man nicht, wie man sie von Fernsehen und Zeitungen beeinflussen lässt, und sich mehr Sorgen um die Welt macht, mehr Ängste vor Bedrohungen hat und in ein negativ depressives Verhalten verfällt, als sich um das eigene Wohlergehen zu bemühen. Doch dieser Weg, führt uns immer wieder in eine dunkle Sackgasse.

Der Mensch, der bereit ist für Veränderung, der bereit ist mit dem Jammern aufzuhören, muss von sich selbst vollkommen überzeugt sein. Wenn Sie vollkommen überzeugt sind, dass Sie es wert sind, Sie es dürfen, können und tun werden - was auch immer passieren wird... dann werden Sie es schaffen und sorgenfrei, glückserfüllt und beseelt, jetzt im Augenblick das Leben genießen können.

Der Grundstein ist gelegt, jetzt geht es darum, das unliebsame der Vergangenheit loszulassen, das wunderbare zu bewahren und Ihre Gedanken zu verwirklichen, Ihre Träume zu leben. Und dabei wird Ihnen das Buch von Ernold Prinz „Vergangenheit war damals – Also hör auf zu jammern“ eine wertvolle Hilfe sein. Ernold Prinz begleitet Sie auf Ihrem Weg zu einem befreiten und entspannten Leben, weist auf Probleme und Stolpersteine hin, zeigt Lösungsansätze auf, erläutert mögliche Wege und Maßnahmen. Wenn Sie dieses Buch nicht nur lesen, sondern aktiv damit arbeiten, dann sind Sie auf dem besten Weg, Ihre Lasten der Vergangenheit los zu werden.

Ich wünsche Ihnen bei der Lektüre viel Spaß und bin schon jetzt gespannt darauf, welche der Inhalte Sie am meisten faszinieren werden.

Ihr Markus Robinigg

Markus Robinigg hat Betriebswirtschaft an der Universität Innsbruck studiert und ist Master Practitioner of NLP certified by Dr. Bandler. Seit 2003 ist er selbständig als Unternehmensberater. Er ist Autor der Bücher »jetzt DU it«, »bewusst schöner leben« und »glücklich leben«.

(glücklich miteinander)

„Die größte Verletzung,
die man einem Kind zufügen kann,
ist die Zurückweisung seines wahren
Selbst.

Wenn die Eltern die Gefühle,
Bedürfnisse und Wünsche ihres Kindes
nicht respektieren, weisen sie das wahre
Selbst des Kindes zurück und zwingen es
dazu, ein unechtes Selbst zu entwickeln."

(John Bradshaw, Das Kind in uns)

VERGANGENHEIT WAR DAMALS…

ALSO HÖR AUF ZU JAMMERN !“

Willkommen lieber Leser, liebe Leserin in meinem neuen Buch!

WARUM „DU“ ... UND NICHT „SIE“...

Oooohhhh...
...wird da mancher - womöglich gleich entrüstet - bemerken:
Der Autor „duzt“ mich da schon im Titel! Wie kommt der dazu? Was gibt ihm das Recht...?

Dafür will ich Dir gerne eine Erklärung liefern!

Zu allem und jedem in Deinem, in meinem und aller Anderer Leben, besteht ein Bezug. Nennen wir es nun auch bewusst eine Beziehung!

Du wunderst Dich jetzt gleich ein weiteres Mal, wie ich ausgerechnet auf „Beziehung“ komme? Die gibt es doch z.B. nur zwischen Menschen!

Glaubst Du wohl gerne!
Dazu aber gleich noch!

Warum also duze ich? Wollen wir Beziehung mit Nähe per „Du“... oder auf Distanz per „Sie“...?
Sei Dir versichert lieber Leser, liebe Leserin... es hat nicht im Geringsten damit zu tun, dass ich zum Beispiel keinen Respekt vor Dir hätte und deshalb gleich duze!
Nein.

Ganz im Gegenteil. Ich schätze und respektiere Dich zutiefst! Ob wir uns nun schon persönlich gut kennen, nur von einer "zufälligen", flüchtigen Begegnung aus Arbeit und/oder Privatleben, ob wir schon Freunde auf Facebook oder anderer Plattform sind, ob Du schon mein 1. Buch gelesen hast... oder Du ein „Wildfremder“ bist...

„Scheißpiepschnurzegal“!

Und falls letztlich doch lieber „per Sie"...
...dann stelle Dir doch bitte einfach vor, anstelle jeglichem „Du" steht nun die Höflichkeitsform „Sie"!

Trotz allem ... oder grade deswegen, haben wir doch mehr oder weniger Beziehung zueinander! Niemand ist alleine. Aus einem systemischen Ansatz. Zumindest so viel, wie wir dem Raum geben.
Und diese Beziehung und den Raum, werden wir im Buch noch benötigen! Vor allem werde ich sie noch öfter auf die Probe stellen! Grade dadurch wiederum aber vielleicht vertiefen...

Denn ich werde in meinem Buch mitunter Themenbereiche aufgreifen, die nicht nur irgendwelche aus den Fingern gesogene Märchen sind, sondern waschechte Lebenserfahrungen! Die tief reingehen, teils so richtig an Deinem Ego rütteln werden!

Da ich mir kein Blatt vor den Mund nehme, werde ich mitunter emotionale Arschtritte verteilen...
...und ganz ehrlich...
...jetzt von Herz zu Herz...

...es wird diese Arschtritte benötigen!

Denn wiederum aus eigener Erfahrung kann ich Dir eines versichern: Ein bisschen Buchtext lesen, auf Seminare oder Vorträge setzen allein, ein bisschen das Bäuchlein pinseln oder den Popo wischen, wird nichts bewirken. Wird Dich nicht wirklich erreichen!

Und wozu allein schon dann würdest Du dieses Buch lesen? Auch nur zum Drüberlesen... und dann landet es im Regal... oder gar Altpapier?
Denk doch ganz einfach bitte mal ein oder zwei Minuten an Dein bisheriges Leben zurück!
Wo und wann hast Du für Dich am meisten gelernt?

Als alles Friede Freude Eierkuchen war...
...oder vielmehr als Du volle Länge im Dreck gelandet bist...?

Naaa...?

Und noch was hat das Leben mich gelehrt:
Ein endloses Herumlabern "um den heißen Brei", bringt genau Nüsse!
Das ist verschwendete Zeit und Energie!
Es hieße ja nicht, dass „man" genauso höflich, aber konkret und knapp ansprechen kann...

...aber...

...oftmals bedarf es dieses imaginären Arschtrittes, damit wir spätestens dann erkennen, wenn wir unseren Horizont erreichen...
...wenn dann ganz genau DER Zeitpunkt und die Chance vorliegt, alte Muster zu durchbrechen!

Alte Muster, die uns schon seit Geburt... bzw. genau genommen bereits vor Geburt ... auf ihre Weise begonnen haben, uns zu prägen. Unseren Verstand zu knechten, zu begrenzen!

Oder träumst Du womöglich noch immer diesen Traum, dass alle Scheiße in Deinem Leben ja einzig und ausschließlich von Anderen kommt? Deinen bösen Mitmenschen? Den Politikern? Oder von den Chem-Trails? Vom lieben Gott höchstpersönlich?
Fataler Irrtum!
Leben spielt nach gänzlich anderen Regeln!

Diesen ganzen Mist, der uns im Außen mitunter heute belastet...
....jaaaa.... DIE Suppe haben wir uns alle selbst eingebrockt!!!

Du bist jetzt womöglich irritiert? Bestürzt?
Hältst mich für einen „Vollidioten"?

Da dann sei mal noch gespannt, was ich dir noch "zum Schlucken" geben werde!

Jedoch...
Wie Dir sicherlich bekannt ist, hat alles zwei Seiten!
Und auf jedes Donnerwetter folgte noch immer wieder Sonnenschein!

BEZIEHUNG

Wozu nun denkst, glaubst Du... zu wem oder zu was hast Du eine Beziehung?
Lebenspartner...? Freunde...? Jaaa... zu Bekannten und Arbeitskollegen käme auch noch in Frage...
...aber danach...?

Wird ziemlich „Ebbe“... oder?

Was nun, wenn ich Dir mal sage, dass selbst zu jedem Unbekannten, der Dir auf der Straße begegnet...
...eine Art Beziehung besteht...?

Legst Du Dir schon mal vorsorglich das Telefon bereit...?

Was nun, wenn ich dir sage, dass du zu allen Dingen... zum Beispiel in Deiner Wohnung, Deinem Haus... Deinem Kleiderschrank, Deiner Küche, Deiner Garage... und noch vielem mehr...

...eine Beziehung hast...?

Dies entsteht aus einem sogenannten „systemischen Ansatz“!

Nimmst du spätestens jetzt das Telefon zur Hand, wählst eine bestimmte Nummer und schickst mir mit lieben Grüßen, die netten Onkels in weiß ... mit der "ich-hab-mich-lieb-Jacke" vorbei?

Dann lass mich Dir jetzt mal was in aller Deutlichkeit klarstellen - so Du es selbst noch nicht erkannt hast:

Nimm also mal Deine "Behausung"... Deinen Kleiderschrank, Küche etc. her...:

Glaubst Du denn allen Ernstes, dass nur ein einziges Teil darin, von Dir, ohne einer entsprechenden „Beziehung" dazu, gekauft wurde?

Liebe Frau, liebe Leserin...!
Gingst Du in den nächstbesten „abgefuckten" Klamottenladen ums Eck, griffst Dir das nächstbeste Teil vom Ständer, der sich Dir am Weg - schon sofort wieder zur Kasse eilend - in den Weg stellte...??? Gleich einem Roboter...

Oder ...gingst Du in den Store Deiner Wahl, suchtest Dir wohlwissend ein Kleidungsstück Deiner Größe, Deines Gefallens; das Deine sexy Figur betont, das ein eindeutiges WOOOWW entlockt... das Dein Herz ... und mitunter auch Deine Kreditkarte ... zum Glühen brachte...???

Und komme mir bitte jetzt kei ne Frau, die sich nicht – zumindest insgeheim - sexy fände!

Und wenn doch... dann lade ich grade Dich ein, Dir noch ein paar „Arschtritte" zu holen! Dann wirst Du Dich selbst erkennen und nie mehr solchen Quatsch von Dir denken ... oder dies gar leben!

Oder lieber Mann, lieber Leser...!
Hast Du in des Mannes größtem Paradies - einem Bau- und Heimwerkermarkt - einfach im Laufschritt den nächsten Schund aus

dem nächstliegenden Regal gegriffen...
...oder ging da das Männer- und Bastlerherz sehr wohl zwar zielgerichtet... jedoch mit Bedacht, Sorgfalt und Freude vor...?

Gar beim Auto- oder Motorradkauf! Wähltest Du die nächstbeste Schrottmöhre...?
Oder hast Du Dir - dort beim Kauf - Dein "Baby" erkoren...?

Und dann gleich noch zum pikanteren Teil...

Du begegnest tagtäglich verschiedensten Menschen.
Angefangen denen, wo wir nach herkömmlichem Angepassten-denken, Systemdenken eindeutig Beziehung identifizieren: Ehe-/Lebenspartner, Kinder, sonstige Familie, Freunde, Bekannte, Chefs, Kollegen..., wie schon eingangs erwähnt.

Jetzt sind da aber noch – und wir schätzen mal eine mittelgroße Verwandschafts-, Bekanntschaftsgröße ein – so ca. andere 7,99999999 Milliarden Menschen auf diesem Planeten, die da augenscheinlich völlig „fremd" sind.
Mit denen wir also nicht einmal über Plattformen - wie die mit dem Daumen im blauen Kästchen... oder sonstige – etwas zu tun haben.

Konkretes Beispiel.... und da brauchen wir gar nicht weit auszuholen, zu blicken:

Auf dem Weg zu Deiner Arbeit – so Du einer nachgehst...
Nicht alle Dir begegnenden Menschen wirst Du aus demselben täglichen Trott kennen. Zumindest vom Sehen.

Dir begegnet also ein völlig Fremder.
Was machst Du mitunter?

Nichts???

Das glaubst aber auch nur Du – also Vorsicht mit jeglicher Äußerung!

Vielleicht ... oder sehr wahrscheinlich sogar ist Dir nicht bewusst, dass Dein Gehirn, dein Unterbewusstsein mit Hochtouren, noch in der gleichen Sekunde des Sehens, schon einen kompletten Scan dieser Person durchgeführt hat.

Gefällt ... oder gefällt nicht. Schön oder hässlich. Riecht oder stinkt. Gut gekleidet oder voll ätzend Asi. Inländer ... Ausländer..., reich ... arm..., mit dem/der könnt ich... oder auch so gar nicht. Das ganze komplette Spektrum also!

Das Gehirn scannt.... gleicht mit schon gespeicherten Erfahrungen ab... Schubladendenken wird aktiv. Aktion zumeist beendet.

Du hast also keine Beziehung zu dem was Du tust, kaufst, denkst, lebst...???

Willst Du nun am Ende mich verarschen...

...oder nach wie vor / vielmehr Dich selbst?

ARSCHTRITTE

Weshalb so eine krasse Formulierung?

Punkt 1:
Nochmal die Frage: wann und wie lerntest Du am Besten, Schnellsten...?
Ich kann Dir von mir selbst berichten und bestätigen:

Es waren ausnahmslos IMMER die Arschtritte, die mich in Bewegung brachten!
Dazu Hintergründe liefere ich Dir aber noch!

Punkt 2:
Die Wortwahl, die Resonanz darauf, darf und soll für sich bereits eine Wirkung erzeugen.

Stell Dir mal bitte vor...
...ich würde jetzt zum Beispiel – anstelle des zuvor genannten Satzes „Es waren ausnahmslos IMMER die **Arschritte**, die mich in Bewegung brachten"... die Aussage treffen:
„Es waren ausnahmslos immer die **Mobilisierungsbewegungen**, die mich in Bewegung brachten"...

Sähe ich da jetzt womöglich ein Schmunzeln auf Deinen Lippen...? Drehtest Du Dir grade fragend, rätselnd ein paar Löckchen ins Haupthaar...?

Ein provokantes, „sachiges" Wort ist in bestimmten Fällen also durchaus positiv und wesentlich bedeutender, als „schöne Ausdrucksweise"...

...findest Du nicht...?

ZUM BUCHTITEL

"VERGANGENHEIT WAR DAMALS"

Wo... oder besser WANN lebst Du zurzeit?

Ich geb´ Dir hier schon mal – grade nach dieser Einleitung - einen deftigen weiteren „Arschtritt“:
Bei allem Glauben, der da so durch Deine Denkmurmel auf Deinen Schultern rauscht...
...ich garantiere Dir...:

DU LEBST... ODER VIELMEHR KLEBST... ZU EINEM HOHEN PROZENTSATZ IN DER VERGANGENHEIT !

DU WEISST ES MÖGLICHERWEISE NUR NICHT !

Erneut wirst Du mich nun vielleicht für doof erklären und alles Mögliche einwerfen... von wegen... und eben grade... und selbst, was ich da behauptete... und überhaupt... und sowieso...

Und doch: Deine Reaktion auf dies hier schon alleine stammt aus Deiner Vergangenheit! Aus Grundsatzgedanken! Glaubenssätzen!
Ganz egal, wie diese Deine Reaktion tatsächlich aussieht: Deine Reaktion – Deine Grundsatzgedanken – Deine Realität!

Ich gebe Dir zu Deiner vermeintlich richtigen Meinung insoweit Recht, als es sich so gesehen, im Außen bestätigt! Wie das Innen – so das Außen! *(selbsterfüllende Prophezeiung *)*

Doch... und somit schon der nächste „Arschtritt"...:
Glaubst du denn, Dein augenblickliches Denken, Dein Fühlen... Dein "sich jetzt spätestens angegriffen oder verletzt, gar stinksauer fühlen", stammt von eben grade?
Ich habe das alles... sozusagen grade mit der großen Kelle, alles an Ärger, Provokation und Reiz, in Dich reingeschaufelt...???

Dann muss, darf... und möchte ich Dich jetzt regelrecht enttäuschen!
Ent-täuschen!
Dich aus einer... vielmehr Deiner Täuschung... herausführen!

Ich verrate Dir dazu jetzt ein Geheimnis!
Das alles, was Du in Deinem Denken, Handeln... mitunter auch Nicht-Tun, vor allem auch Fühlen... für JETZT hältst...
...das sind in Wahrheit uralte Kamellen! Anpassungen, Kopien von Kopien von Kopien...!

Was jedoch geschieht im Heute?
Was tun wir im Jetzt?

Wir kleben an der Vergangenheit!

(*) *Selbsterfüllende Prophezeiung* (engl. *self-fulfilling prophecy*) bezeichnet das Phänomen, dass ein erwartetes Verhalten einer anderen Person (Prophezeiung), durch eigenes Verhalten herbeigeführt wird. Erwartet jemand ein bestimmtes Verhalten von seinem Gegenüber, erzwingt er – zumeist unbewusst - durch sein eigenes Verhalten genau dieses Verhalten bei seinem Gegenüber. Im Gegensatz zur selbsterfüllenden Prophezeiung steht die *selbstzerstörende Prophezeiung*, bei der der Betreffende sich so verhält, dass die Prophezeiung gerade nicht in Erfüllung geht. (Quelle: Wikipedia)

Wir jammern und beklagen, wie „scheiße“ denn mitunter dies und jenes nicht alles sei!?
Wir mimen Opfer... ohnmächtige Opfer, beherrscht von den ach so bösen Schurken!
Schurken, denen wir Namen wie "Politiker", "Manager", "Terroristen", "Medien"... und noch so manche Andere geben. Bis hin in den sehr nahen Personenkreis von Familie, Freundschaft, Bekanntschaft, Kollegenschaft.

Solange alles schön lieb und nett läuft... zumeist nach eigenen Erwartungen, Vorstellungen...
...oooohhhhh...
...solange ist alles gaaaanz prima und fein!

Wenn es aber spätestens von den eigenen Vorstellungen und Erwartungen abweicht...
...dann treten sie hervor... die Schweine, Betrüger, Drecksäue... und noch so viele "Sympathiebezeigungen" mehr!

Und jetzt möchte mir noch einer weismachen, da lebte und existierte nicht Vergangenheit...?

Dir ist vielleicht noch nicht klar, worauf ich hinauswill, richtig...?

Ein Momentchen bitte...!

Der Titel meines Buches lautet:

"Vergangenheit war damals...

Also hör auf zu jammern...!"

Wann hast Du - speziell diese markige Aufforderung mit dem Jammern - das letzte Mal gehört...?

"ALSO HÖR JETZT AUF ZU JAMMERN !"

Zieht es Dir selbst jetzt noch plötzlich die Gänsehaut auf? Kommt da ein mulmiges Gefühl zutage...?

Klingelt es da zumindest leise?

Oder dröhnt es da plötzlich in Dir, als hätte irgend so ein Vollidiot direkt neben Deinem Gehörgang, auf einen 2-Meter-Gong eingedroschen wie ein Berserker...?

Woher kommt aber dieses Klingeln?
Dieses mitunter fürchterliche Dröhnen?

Vom Wecker, den du vergessen hast, abzustellen?
Von einem Passanten, der vergaß, sein Handy auf lautlos zu stellen?
Stehst Du grade oben im Kirchturm neben den Glocken, die die Uhrzeit dröhnend verkünden?

Wohl kaum!

Du bist, wer Du bist. Wo du bist!
Genau hier und jetzt!

Und doch dieses Phänomen des mulmigen Gefühls ... einzig aufgrund eines noch nicht mal gesprochenen... sondern nur geschriebenen Satzes...?

"ALSO HÖR AUF ZU JAMMERN !"

Schon irgendwie eigenartig – findest Du nicht?

Was machst Du eigentlich so Dein Leben, Deinen Tag lang?
Damit Du bist, wer Du bist? Wo Du bist?

Stehst du - je nach angepasster Anforderung - irgendwann auf, nachdem Dich irgend so ein polyphones Gesäusel aus einem Smartphone geweckt hat? Oder war´s mehr ein markiges Gekreische, dass mitunter Tote noch wecken könnte...?

Was dann?

Automatisierte Morgenhygiene?

Frühstück... wenn überhaupt?

Dann - sofern Kinder vorhanden - diese in "tagestauglichen" Zustand versetzen. In Schule, Kinderbetreuung „versenden“...?
Danach wohl mal selbst, mehr oder minder lustlos, sich an jenen Ort verpflanzen, der täglich Brot einbringen soll und sich als „Arbeit“ benennt?

Nach der Arbeit, ab und an in Urlaub, sogenannte Freizeitgestaltung betreiben. Oder auch nur abends stumpf vor einer Glotze abhängen?
Familienleben - soweit vorhanden - beschränkt sich auf gegenseitigen Rapport und Klagen auf arbeitstechnisches Geschehen, mögliche Probleme mit diesem und jenem... oder „man“ schweigt sich nur an.

Und irgendwann kehrt man ausgelaugt wieder in eben jene Federn zurück, aus denen man einige Stunden zuvor oft mühsam gestiegen ist.

DAS sind 24 Stunden des Tages.
7 Tage die Woche!
365 Tage das Jahr!

Im Schnitt ... na sagen wir mal ... 75 Jahre im Leben!

Genug Potential also, um zu jammern!? Dazu noch dann jenes Geschehen, dass sich rundherum abspielt. Genug Potential, um sich auch noch um die Dinge von Nachbar, Kollege, Politik... ja Gott und die Welt, zu befassen und zu jammern.

Und jetzt komm auch noch ein Hr. Prinz mit seinem Buch, seinen „Arschtritten“ an...

Prost Mahlzeit!

Lieber Leser, liebe Leserin!

Ja... Vergangenheit war in der Tat damals!
Doch zumeist schleppen wir sie - zutiefst unbewusst - mit uns ins Jetzt. Tonnenweise!!! Seit Anbeginn!
Ziehen Schlüsse, be- und verurteilen, treffen Entscheidungen und Handlungen... oder im krassen Gegenteil... tun gar nichts!

Bezeichnen DAS aber doch tatsächlich als „Leben“...!?

Basierend auf unserer Vergangenheit!
Bezeichnen DAS aber gleichzeitig als unser JETZT?
Allen Ernstes...?!?

Mit diesem Buch nun also werde ich nicht nur „Arschritte“ in dem Sinne verteilen...
...sondern versuchen, Dir anhand von leibhaftigen Beispielen und Aussagen einmal Ansätze zu liefern, **WIE SEHR Vergangenheit wirkt**! Beeinflusst!

Was diese Arschtritte IN DIR dann allerdings bewirken, anstoßen...
...was du zulässt, dass sie bewirken, abstoßen können und dürfen...

DASSSSS liebe Leser, liebe Leserin, wird einzig und alleine an, bei und vor allem IN DIR liegen!

DASSSSS ist ein Teil, zu dem es keinen Ratgeber, keine Anwendung, keine Therapie der Welt... oder sonstigen Hokuspokus gibt!

Erinnerst Du Dich nochmal an die Frage: „Wie und wann hast Du am besten, effektivsten für Dich gelernt?“

Am Liegestuhl in der Sonne...?
Oder als Dir die Scheiße bis zum Hals stand?

In dieser Weise wirst Du auch einzig für Dich, mit und durch dieses Buch erkennen, umsetzen können! Es wird sich IN DIR entwickeln, erschaffen.... oder auch nicht.

Würde ich Dir nun etwas raten, Dir eine Technik oder Anwendung an die Hand geben..., eine Therapie... oder was auch immer im Außen... ...es würde vielleicht mal bei dem einen Ohr rein... und beim Anderen wieder rauskommen... und danach im geistigen Nirvana verhallen!

Es käme wieder nicht aus Dir selbst..., sondern wäre maximal abgekupfert!

Es ist nun sicherlich nichts dagegen zu halten, wenn man sich dort und da verschiedenste Anstöße, Zündfunken „besorgt“.
So wie mit einer Autobatterie, wenn das „Schätzchen“ mal nicht anspringt, weil man vergessen hat, die Innenbeleuchtung abzustellen...
Dann organisiert man sich eine andere Batterie, klemmt die Starterkabel an... und schon schnurrt der Motor wieder!

Im „richtigen Leben“ kann so ein Zündfunke mitunter Leben und Welten ändern!

HAST DU WOHL AUCH DEINE INNENBELEUCHTUNG NAMENS „VERGANGENHEIT“ ANGELASSEN ?

VERGESSEN ABZUSCHALTEN ?

Wenn ich Dich aber - zumindest bildlich - in und vor Situationen stelle... zu Deutsch, mal in der Vergangenheit wie in einem riesigen Fäkalienpott herumrühre und Dich dann bis zum Hals hineinstelle...
...DANN würde in dir Lernprozess, Erkenntnis reifen, stattfinden...
...und ein mögliches Wunder geschehen! Dann wärst Du derjenige, der das andere Auto/die andere Batterie organisiert, die Kabel selbst anklemmt und dann Deinen Motor wieder in die Gänge bekommt!
Im Hier und Jetzt!

Ein Wunder in jener Form, dass Du Dich aufgrund so mancher Erkenntnis, endlich selbst im JETZT verankerst und lebst!
Ein Wunder, dass sich auch "Veränderung" nennt!

So Du nun also gewappnet bist, neugierig bist... womöglich richtig Lust auf ein paar „Arschtritte“ hast...
...nicht zuletzt, weil Du innerlich schon seit geraumer Zeit verspürst, dass Du erkennen... starten willst...
...dann begleite mich nun auf eine „Forschungsreise“ in die Vergangenheit, ins "Damals"...

...um Dir Dein JETZT zu erklären, Dir zu zeigen, woher Dein angebliches Jetzt stammt/kommt...
...und Dir letztlich den einen Schubs damit zu geben, dass Du Deinen Weg aktiv zu beschreiten beginnst!

Deinen Weg!

Niemandes anderen Weg!

Deinen Weg!

Den niemand - zu keiner Zeit für Dich gehen kann und wird!

Deinen Weg!

UND...
...um noch vorab ... gleich einen ersten Test zu machen...!

Nicht für mich! Um mich geht´s hier nicht, falls es Dir noch nicht aufgefallen ist ...
Es geht einzig und alleine um DICH!

DEINEN WEG !

Schon nach wenigen Sekunden wieder vergessen...?

Nimm also JETZT gleich einen Stift zur Hand...
...und beantworte für Dich folgende Fragen schriftlich!
Für Dich!

Frage 1:

Aus welchem Grund hast Du Dir dieses Buch gekauft?
Was erhoffst Du Dir daraus für Dich zu erkennen oder zu lösen?
(Schreibe es auf!)

Frage 2:

Du hast doch sicher in der einen oder anderen Art und Weise ein gewisses Ziel. Notiere, definiere dieses Ziel!
Auf einer Skala von 1 bis 10...
1 stellt den absoluten Tiefpunkt Deiner Empfindung dar, bei 10 schwebst Du ja eigentlich schon auf Wölkchen 7...
Mit welchem Wert würdest Du – jetzt ganz sachlich – Deine Position auf dem Weg zu diesem Ziel beschreiben?
(Schreibe es auf!)

Frage 3:

Wenn Du Dein Ziel dann erreicht hast...
Wie würdest Du es bemerken? Welche Veränderung brächte es mit sich?
Für Dich... wie auch Dein Umfeld?
(Schreibe auch das auf!)

Ich habe am Ende dieses Buches Platz, nochmals mit diesen Fragen, für Dich reserviert, um genau diese Fragen zu beantworten!

Weshalb lade ich Dich dazu ein...?

Punkt 1 - nun wird sich nämlich sofort zeigen, ob Du nur ein Leser bist, der sich gerne berieseln lässt... im Grunde jedoch nichts ändert und weiterjammert...
...oder ob Du aktiv wirst, Deinen Arsch hochkriegst von der „Komfortcouch" und im JETZT ankommen willst, Dein Leben gestalten und verändern willst.

Punk 2 - kannst Du am Ende - wenn Du alles durchgelesen, mitunter durchgearbeitet hast - überprüfen, inwieweit sich das Ziel genähert, verändert oder gar erfüllt hat!

Und glaube mir: Das Umrühren und Aufarbeiten in der Kloake namens Vergangenheit wird definitiv "Arbeit".

Aber zu keiner Zeit hat weder ein Mensch noch ein Gott behauptet, es wäre einfach...!

Punkt 3 – Du kannst jederzeit den Inhalt überprüfen! Gedanken sind unglaublich schnell. Und „listig".

Und so steht es dort. Es wird greifbar, beobachtbar... prüfbar. Nichts mehr zum Schönreden, Schöndenken.

Sei also wirklich ehrlich mit der Beantwortung!

Niemand wird dies sehen, gar kritisieren...

Es ist nur für Dich gedacht!

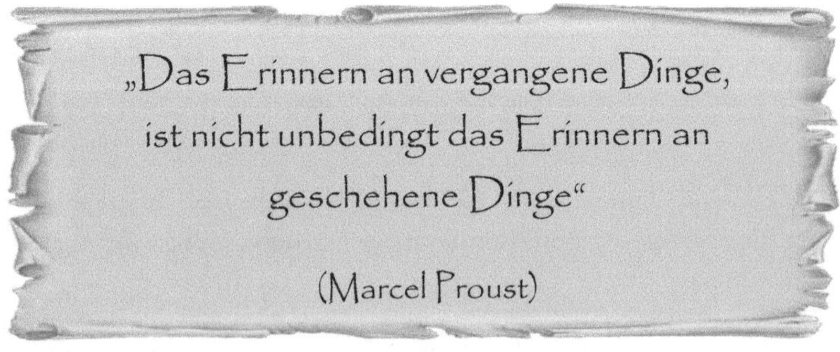

Um hier schon vorweg ein bisschen „Überblick“ zu schaffen, teile ich auch das Vorwort in ein paar „Hotspots“ auf.

Info - Aufklärung:

Ich möchte auch hier nochmals vorwegschicken, dass dieses Buch weder einen Ratgeber, eine Beratung, gar eine Therapie, eine Anwendungsempfehlung, einen Plan für irgendetwas, oder dergleichen darstellen soll und wird. Nicht im herkömmlichen Verständnis.

Nur als „Beispiel“... Wie sollte ich Dir je wirklich einen „RAT“ geben können in diesem Buch, wo ich Dein Leben doch nicht kenne? Denn wenn man es ganz genau nähme: Diese etwaige „Ratschlag“ könnte nur basierend auf meinen Erfahrungen, meinem Leben beruhen. Nicht Deinem.

Nun... es wäre letztlich auch eine Überheblichkeit und Überschreitung meiner Verantwortung, Dir etwas „sagen“ zu wollen oder gar zu müssen. Dir gar Vorschriften zu machen.

Diesen gesamten Vorschriften- und Regelmist hat man schon exzessiv genug betrieben!
Vor allem: Auf diese Weise funktionierte es ohnehin nicht! Alles darf einzig aus Dir kommen!
Es läge nicht in meiner Zuständigkeit bzw. vielmehr Verantwortung!

Bei allem was Du hörst, liest... im Weiteren tust... oder auch nicht...
Es wird immer „nur“ Dein Leben sein, zu dem einzig Dir die komplette Entscheidungsgewalt obliegt. Niemand anderem!

Mein Ansatz:

In meinem Buch nun möchte ich jedoch – wie schon der Titel besagt – diese große Thematik „Vergangenheit“ aufgreifen und versuchen, die Dinge aus meiner bescheidenen Sicht zu beleuchten. Dir jedoch mitunter ein paar Lichtpunkte schenken, die Deiner Orientierung und Findung dienen können.

Ferner möchte ich mich dem Thema Veränderung, Wandlung nähern. Sehr viele rufen im Heute nach Veränderung und Friede. Jedoch im Außen. Und übersehen weiterhin den „Saustall“ und das „Chaos“ in ihrem Inneren.

Nochmal jedoch: ich gebe Dir mit dem Buch kein Patentrezept, keinen Ratgeber, keine Therapie oder Anwendung an die Hand!
Alles.... Und damit meine ich wirklich ALLES... kann und wird einzig aus Dir selbst erwachsen, entstehen.
Dafür gibt es kein Rezept! Keinen Plan!

Einzig Deine Bereitschaft, Dein Wille, Deine Bewusstheit, Deine Verantwortung... Deine Liebe!

Möglicherweise ist für Dich hier etwas dabei, was Dir auf Deinem Lebens- und Verständnisweg weiterhilft. Wenn nicht – auch nicht weiter schlimm!

Doch...
...ich gäbe beinah mal zu bedenken: Wir sind zum einen mittlerweile über 8 Milliarden Menschen auf diesem Erdenrund. Und alle diese Menschen leben in einem hausgebackenen, höchst verstrickten System. Einer Verstrickung vieler ähnlicher Abhängigkeiten, Unbewusstheiten. Die sich dort und da auf uns alle in gewisser Weise gleich auswirken.
Dass also hier in meinen Ausführungen so rein gar nichts dabei wäre, dass Dir zumindest bekannt vorkommt, dass mitunter sogar ein bisschen Licht ins Dunkel werfen könnte...
...DASSSS wiederum hielte ich für schier unmöglich!

„Vorwarnung“:

Warum schon einmal dieses drastische Wort?
Ich könnte es mitunter als pure Absicht darstellen, dass ich mit diesem Buch und dessen Inhalt ganz gezielt Dinge in Dir „anpingen“ will - gleich einem Echolot. Mitunter etwas anstoßen, auslösen will.
Das kann sich so darstellen, dass nur ein paar winzige Brösel runterfallen vom Lebensgerüst... oder mitunter auch ein richtiges Erdbeben eintritt und das Gerüst zusammenkracht.
Sehr viele – oft unterschätzte - Dinge im Heute scheinen uns mühsam, nervend und vieles mehr. Vieles können wir uns vermeintlich nicht erklären.
Und grade aber kommen sehr viele dieser Dinge nicht aus dem Jetzt.
Ja – eine Situation grade... die mag wohl entstanden sein. Stell Dir zum Beispiel einen Vulkan vor! Explodiert der jetzt aber einfach... von einer

Sekunde zur Anderen? Ohne, dass dem auch nur das Geringste vorangegangen wäre...?

BUUUUUMMMMMMM !?!?

Oder geht dem schon eine Verkettung von Umständen voraus?
Die Ursache, die „Wurzel" liegt also viel tiefer. Eben zumeist in einer Vergangenheit. Beim Menschen somit in seiner Kindheit.

Ich kenne nun – wie schon erwähnt - natürlich also weder Dein Leben, noch Deine Kindheit. Deine sogenannten Erfahrungen, Gedanken... entstandenen Grundprogrammierungen.

So kann und wird es mitunter geschehen, dass vielleicht nun von mir geschilderte Beispiele – wahre und authentische Begebenheiten – in Dir aber nun eigene Erinnerungen auslösen.

Jene Erinnerungen, die vielleicht sogar traumatisch waren, die wir damals oft aus Schmerz verdrängt haben. Die wir am besten nie wiedersehen, fühlen, erleben wollten! Erinnerungen, die Dein Inneres möglicherweise wieder sehr nah oder direkt in damalige Erlebnisse heran- oder hineinführen werden. Die Dein Inneres so richtig aufwühlen werden!

Meine Empfehlung:
Wenn Du Dich da (noch) nicht dranwagst, überlege Dir, ob Du weiterlesen willst. Denn ein „Zurück" gibt es dann in gewisser Weise nicht...
Selbstverständlich kannst Du durchaus auch eine Person Deines Vertrauens beiziehen!
Oder... Du bist ohnehin schon auf einem Weg zu Dir... und in Dich selbst?! Klar – mit ein bisschen „Schiss"... aber im Erkennen, dass letzten Endes kein Weg vorbeiführt. Schon gar nicht an Dir selbst!

Meine Inspiration:

Wie kam es, dass ich nun ausgerechnet diesen Themenbereich zu meinem Buch gestaltete...?

Ich unterhalte seit geraumer Zeit eine Blogseite. Dort kann ich – wie jeder andere Blogger auch – zumindest erkennen, wie oft die Seite aufgerufen wird. Und somit – wie sehr ein Thema Menschen berührt oder zumindest interessiert.
Und dies war und IST definitiv ein Thema, dass sogar mit Abstand die meisten Aufrufe und somit enormes Interesse bezeugte.

Was ist noch Hintergrund zu dieser Thematik?

MIR GEHT DIESES EWIGE GEJAMMER UND SCHULD ZUWEISEN ....
...UND GLEICHZEITIGES EIGENES NICHTSTUN, TIERISCH AUF DEN SACK !!!

Mein Leben umfasst eigene Erfahrung. Mein „Weltbild“, so man es so ausdrücken möchte.
Unterkapitel meines Lebens, die sich immer mehr meiner Annahme eröffnen. Dinge jedoch, die nicht nur ich, sondern wie vermutlich unzählige andere Menschen, Kinder erlebten, noch erleben... und wohl auch erleben werden. Denn die Entwicklung der Menschen gibt es schon seit tausenden von Jahren... und jene werden nun nicht mit einem Wimpernschlag plötzlich anders werden.

Zugleich gibt aber das Leben immer und jederzeit die Chance, Änderung herbei zu führen. Das Leben ist geduldig und weise!

Nur: Es wird weder das Leben, noch ein Gott... auch nicht ein Politiker, ein Chef, ein Nachbar, mein Hausarzt... und nein... auch nicht meine geliebte Frau irgendetwas daran ändern!
Es ändert sich nicht durch Jammern!
Es ändert sich nicht durch Hoffen!
Es ändert sich nicht durch Erwarten!
Es ändert sich nicht durch Beten!

Es liegt – für mich gesehen – einzig und alleine an MIR!
Es ändert sich einzig und alleine durch MICH, mein Tun!

Und bei Dir ... und jedem anderen ... ist es haargenau das Selbe!

VERGANGENHEIT WAR DAMALS !
ALSO HÖR AUF ZU JAMMERN !

Mein neues Buch vermag also folgendes zu sein:
Einzig unzählige Buchstaben auf vielen, letztlich gebundenen Seiten...

...oooooder...

...Anstoß zu einer Richtung, einem Weg, dem Du - für Dich - bislang noch nicht begegnet bist.

Ich darf Dir allerdings eines anvertrauen, Dich „vorwarnen"!

Dieses, Dein mögliches Tun...
...es wird sich oftmals „einsam" anfühlen!

Du wirst mitunter manches Mal den Eindruck haben, Du wärst gottverlassen und alleine mit und auf Deinem Weg!
Auf Deinem Weg – ja!

Denn es IST Deiner... nicht meiner, nicht der vom lieben Onkel oder einem schöpferischen Gott...!

ES IST DEINER !

Bei allem „Alleinsein" Deines bisherigen Lebens... und zukünftigen Weges aber, traue meinem Wort:

... DU BIST GANZ GEWISS NICHT ALLEIN !

Warst es niemals, bist es nicht... und wirst es auch nie sein!

Mein Résumé:

Ich will auch keinem etwas vormachen, dass bereits während dem Lesen und Fühlen... oder im Anschluss nur mehr alles Friede, Freude, Eierkuchen wäre im Leben... Völliger Schwachsinn!
Im Gegenteil: es wird so einiges Bisherige völlig über den Haufen werfen. Es wird uns aber mehr und mehr erden, öffnen, erst wirkliche Grundlage für ein offenes, liebendes Sein ermöglichen!

Aber als bildliches Beispiel fiele mir da folgendes ein:
Ich weiß nicht, ob Du zu den Rauchern gehörst oder nicht... dann wäre es zumindest nun leichter nachvollziehbar!
Einen lieben Gruß hiermit an alle Raucher!

Ich selbst gehörte zu den starken Rauchern. Lebte mein Leben, trank, aß usw., wie jeder andere auch. Und qualmte wie ein Schlot.
Doch wie auf jeden Fall – oder grade - auch jeder Nichtraucher weiß, bekommt alles beim Rauchen einen eigenen „Geruch" – um es mal schön auszudrücken.

Und ja selbstverständlich: auch ein Essen schmeckt – aber begrenzt.

Als ich jedoch dann eine Weile aufgehört hatte zu rauchen... Ja nach und nach roch ... oder stank es nicht mehr an mir, um mich, nach kaltem Rauch. Und das Essen... oh das Essen schmeckte plötzlich viel intensiver. Bunter. Leckerer!
Weshalb wohl legte ich plötzlich um ein paar Kilo zu... wuchs in die Breite...?

Und so sähe ich es mit einer Bewusstheit, einer Annahme der Vergangenheit, des inneren Kindes!
Mein Leben ist in dem Sinne immer noch mein Leben.

Doch es wurde intensiver, bunter, leckerer!
Wie sieht das bei Dir aus? Auch Lust drauf...?

Vielleicht sollte ich auch erwähnen: Ich bin kein Talent einer Diplomatie. Da habe ich zu meiner Schulzeit wohl gefehlt. Aus diesem Grunde werden im Weiteren also teilweise ziemlich markige, direkte Ansagen enthalten sein. Es muss geradezu sein! DASSS jedoch solltest Du mittlerweile schon festgestellt haben.

Vor allem: Im Sinne einer unbedingt notwendigen Authentizität habe ich auch gar keine sonderliche Lust... weder etwas schön zu reden... noch etwas schlecht zu machen. Auch habe ich keine Lust, mich womöglich einer Ausdrucksweise zu bedienen, die letztlich nicht Ich bin, sondern irgendein Abklatsch, eine Kopie!

Es sollen diese Ansagen keinesfalls/niemals persönliche Angriffe sein gegen irgendetwas, gegen irgendjemanden. Keine Person, keinen Menschen, keine Religion, keine Autorität!!!
Doch in meinem Leben durfte ich mitunter jedoch etwas lernen: Irgendwelches Herumgelaber „um den heißen Brei" ist völlig verfehlt! Dies stammt einzig vielleicht ebenso aus einem unwahren Mangel-

oder Angstdenken. Mangel an Selbstsicherheit. Angst, jemanden mit Worten zu verletzen! Dies halte ich bei voller Bewusstheit für unmöglich!

Du etwa nicht...?
Dann wird sich auch dahingehend vielleicht für Dich noch Erkenntnis auftun!
Alles, was an vermeintlicher Verletzung... ergo Beleidigung und all diese Auswüchse der Verletzung, eines Mangels, einer Angst ... auftaucht, stammt nicht von mir. Ich bin in diesem Fall nur der Bote, nur der „Arsch-Engel", der seine Finger in die zumeist uralte Wunde legt.

Man hat mir in meinem Leben schon oft vorgeworfen, ich würde stark polarisieren..., manipulieren... und sonstige Geschichten...
Man sagte mir auch schon auf den Kopf zu, ich wäre „anpassungsgestört"... was immer damit letztlich gemeint sein sollte...
Doch darauf komme ich noch!

Stark polarisieren: nun... was mache ich – als bildliches Beispiel – wenn beim Auto der Motor nicht anspringt? Ich klemme ein Starterkabel an die Pole der Batterie meines und des anderen Fahrzeuges... Man könnte es umschreiben: ich „polarisiere"!

Hielte ich jetzt aber nur einen Draht von der einen zur anderen Batterie... ich würde dort wohl verrotten!
Klemme ich jedoch zwei Kabel - jeweils eins an die BEIDEN Pole... und habe selbst ausreichend „Saft am Kasten", dann wird der andere Motor in der Regel anspringen...
Gleiches... was ist mit dem Magnetfeld der Erde? Würde es funktionieren ohne Polarität?

Wie sieht es aus mit manipulieren?
Sorry... aber dies kann nur unsicherem Geist entspringen, der durch (m)eine Aussage die Gefahr einer Manipulation sähe...

Aus welchem Grunde sollte ich jemanden manipulieren wollen? Sollen? Was hätte ich persönlich davon?

Ja. Ich weiß. In der Wirtschaft und anderen Bereichen dreht sich vieles nur mehr um Manipulation. Man will damit Profit erzielen.
Da werden neuerdings schon Kurse inhaltlich angeboten aus den ursprünglichen Sektoren NLP...: *„Bereits morgen wirst du in der Lage sein, andere Menschen unbewusst zu steuern und erfolgreiche Veränderungsprozesse in allen Bereichen deines Lebens auszulösen und umzusetzen“*... und sonstiger Blödsinn.

Ich sähe das aus meiner Verantwortung für völligen Schwachsinn. Denn es obliegt nicht meiner Verantwortung, in das Leben eines anderen einzugreifen! Gar zu steuern! Ich kann verschiedenste Anstöße liefern... gleich einem Speisebuffet. Ob sich mein Gegenüber aber nun daran bedienen will... ist doch rein seine Sache!
Also auch Mumpitz!

Und „anpassungsgestört“...?
Kannst Du tatsächlich einen Holzwürfel in ein gleich großes, kugelförmiges Glas tun?
Nun ja... mit Gewalt ganz sicher. Nur was mit dem Glas dabei geschieht...?! So auch in meinem Fall. Und dass sich daraus dann die eine oder andere Erkenntnis entwickelte, dass ich mit meinem Leben nicht herumpfuschen lasse, nicht manipulieren lasse... Ich habe also beschlossen, aus der Anpassung auszutreten, ein wenig neben der üblichen Spur zu laufen...

Das lag dann einfach auf der Hand! Ich halte deswegen nicht viel von großem Herumschreien und Demonstrieren im Außen. Nichts von Revolten oder Streichen... Das ist alles Unsinn und Vergeudung.
Innen darf es beginnen! Nicht mehr – nicht weniger!

Wahrheit oder Märchen?

Dann...

...ich werde mir erlauben, in dem Buch neuerlich immer wieder Beispiele zu bringen.

Erzählungen über Ereignisse, Geschehnisse aus meinem Leben. Nicht, um damit anzugeben, mit irgendetwas abzurechnen oder sonstiges. Einzig um Dinge zu schildern, die vor allem authentisch sind! Keine Märchen!

Dinge, die jedoch – im „Sortiment“ der schier unendlichen Vielfalt an Möglichkeiten – ein Kind mitunter nachhaltig beeinflussen.
Dinge, die Grundsteine legen für alles, was heute so ist, wie es ist!

Aufklärung Nr. 2 – und eindeutige Abgrenzung:

In diesem Sinne ist mir spätestens jetzt eines ganz wichtig – bevor noch möglicherweise die Gemüter hochkochen oder dergleichen:

Punkt 1)

Auch wenn hier in diesem Buch oft kritische, oder sarkastisch klingende Äußerungen fallen werden...
...diese sind aus meiner Sicht notwendig... jedoch...
...diese sind zu keiner Zeit auch nur ansatzweise, als ein Aufruf zu Ungehorsam, Revolte gegen ein System, Gesetzesbruch oder was auch immer zu verstehen!

Auch sind keinerlei Aussagen als Beschimpfung, Verunglimpfung oder Anfeindung von Religion, Rasse oder ähnlichem zu sehen!

Punkt 2)

Manche Aussagen vermögen im Buch wie regelrechte Anklagen meiner Eltern, von Eltern allgemein, von einem Umfeld klingen.

Es sind jedoch keine!!!

Meine Eltern, Deine... wie jedermanns Eltern, waren und sind zu jeder Zeit, die besten Eltern der Welt!

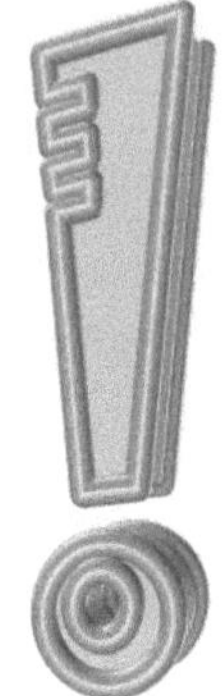

Und wenn es in gewissen Momenten 1000 Mal nicht so aussieht!
Sie SIND es! Sie gaben und geben immer ihr Bestes!
Dafür, dass sie aus ihrer Haut nicht rauskonnten, nicht rauskönnen – dafür können sie nichts. Genauso wenig, wie Du oder ich.

Also...
...es fallen mitunter Aussagen, die beschuldigend wirken mögen.

Jedoch fiele es mir im Sinne einer authentischen Darstellung von Gegebenheiten schwer – anstelle der Eltern oder des Umfeldes – zum Beispiel den Osterhasen oder Santa Claus einzusetzen...

Ähnlich notwendig also, wie das Wort „Arschtritt"... und nicht „Bewegungsmobilisierung".

Also direkte Benennung der Dinge!

Das innere Kind:

Dir ist im Laufe des bisherigen Inhaltes sicherlich schon aufgefallen, dass ich – zumeist im Zusammenhang mit der Vergangenheit – das „innere Kind“ in Erwähnung brachte... richtig?

Was es damit wohl auf sich haben mag...?

Lass Dich überraschen!

Nur so viel aber schon als emotionaler „Vorgeschmack“:
Es hat ungemein viel mit der Vergangenheit zu tun. Und gleichzeitig mit Deinem vermeintlichen Jetzt ... und jeglicher, möglicher Zukunft!

Meine Bitte an Dich:

Noch Eins hab´ ich... eine Bitte an Dich lieber Leser, liebe Leserin:
Erlaube Dir hierzu... zu dem Buch, dem Inhalt...: Zeit.

GENÜGEND ZEIT !

Ich habe ganz bewusst im Sinn, hier so richtig tief zu graben. So das ganze uralte Zeugs anzusprechen, aufzuwühlen. Und nur, wenn man dies bewusst macht... dann wirkt das auch. Denn es wird – so meine Erfahrung – so Manches, sehr viel Ehrlichkeit, Bewusstheit, Energie, Verantwortung... und besonders DEINE Zuneigung und Liebe benötigen.
Du bist bei sehr vielem eingeladen, nicht nur die Logik, das sogenannte Bewusstsein, einzusetzen...

...sondern vielmehr Dein Herz! Dein Gefühl, Dein Gespür!

Und grade diese Dinge knipst man nicht einfach so an oder aus, wie das Licht!
Du wirst in dem Buch möglicherweise mehrfach „Deja-vu´s“ erleben.

Einerseits dahingehend, dass sie eben Deine Erinnerungen zu lösen beginnen, sie wieder an die Oberfläche dümpeln lassen...
Andererseits aus meinem Text. Gewisse Dinge werden sich manchmal scheinbar wiederholen.

Dies aber aus einem einfachen Grund!

Vergleiche es mit einem Uhrwerk!
Kann eine Uhr nur mit einem Zahnrad arbeiten?
Da gäben sich wohl sehr viele Menschen umsonst sehr viel Mühe. Nein.
Im Leben greifen auch viele Dinge ineinander, wiederholen sich scheinbar. Dadurch aber funktioniert das!

Ich komme in meinen Ausführungen vielleicht nicht umhin, um das Bisherige – Deine mögliche, bisherige Sicht - manchmal ziemlich direkt auf den Kopf zu stellen!
Auf den Kopf zu stellen, um alles zu Verkehren. Oben zu Unten zu machen. Um zu sehen, was da noch „rausfällt aus den Säckeln“. Um die Durchblutung im vermeintlichen Oben anzukurbeln...
...und um anschließend wieder zurück zu stellen auf die Beine!

Du hast – wie jeder Andere – eine Kindheit durchlebt. Deine Kindheit.
Auch Du wurdest „erzogen“, angepasst an das System Leben. Da ich Dein Leben nicht im Detail kenne... lasse mitunter zu, dass Dich meine Anstöße auf Deine eigene Spur an Erlebnissen leiten...

Du wirst definitiv merken, wenn sich innere Kerkertüren des Verdrängens, Vergessens öffnen wollen und werden!

Du wirst als aufmerksamer Leser und bewusster Mensch merken, wie sich in Dir bereits Verwandlung breitmacht!

Die nächsten Fragen an Dich:

Ohne nun noch in die einzelnen Bereiche eingestiegen zu sein, bevor ich an so manchen tiefsten „Türen deines Vergessens-Kerkers“ mit dem Namensschild „Vergangenheit“ rüttle...

...stelle ich Dir nun jene Fragen zum ersten Mal:

„WIE HAST DU DICH ANGEPASST, UM ZU ÜBERLEBEN...?“

„WIE SEHR HAT ES DEIN LEBEN BEEINFLUSST, NICHT „PASSEND“ ZU SEIN...?
DICH ANPASSEN ZU MÜSSEN, DAMIT DU „PASSEND WIRST“, DAMIT DU ÜBERLEBST, SCHMERZ NICHT MEHR ERLEIDEN WILLST UND MUSST, DAMIT DU GELIEBT WIRST...?“

„WELCHE ÜBERZEUGUNGEN ÜBER DICH SELBST HAST DU ENTWICKELT...?“

„WIE OFT SAGST DU DIR HEUTE NOCH: JETZT HABE ICH WIEDER ETWAS / ALLES FALSCH GEMACHT...?“

Passen die Fragen im Moment noch nicht in Dein Verständnis, Dein Gefühl?

Sollte es so sein... schenke Dir jetzt – wie auch im Weiteren - noch ein wenig Geduld! Dann benötigt es eben noch ein wenig mehr „Rütteln“... Wir haben keinen Stress. Alles kommt zu seiner Zeit!

Vielleicht erklärst Du mich aber auch für verrückt...!? Möglicherweise ist Dein Ansatz gänzlich anders...!? Ja sogar selbstverständlich wird es das sein! Bei aller, möglicher Ähnlichkeit im Menschsein!

DENN ICH BIN NICHT DU –

DU BIST NICHT ICH !

Deine Entscheidung! Deine Verantwortung! Deine Ehrlichkeit, Deine Bewusstheit! Deine Geduld! Deine Liebe!
Dies sind jene Dinge, die ich Dir von Herzen empfehlen darf, um Deinen Weg zu finden, zu erkennen. Es geht um Dein Leben!

Die Komfortzone:

Was nun im Laufe dieses Buches nicht nur einmal eintreten kann: Dass es für Dich grenzwertig wird!

Das zeugte jedoch einzig und unwiderruflich davon, dass Du dann genau damit, an den Grenzen Deiner Komfortzone angelangt bist!

HAHAAAAAAAAA!

NEULAND BEGINNT !

DEINE ANPASSUNG, DEIN „GLAUBE“,
DEINE SOGENANNTE ERFAHRUNG ENDET DORT !
JAMMERN ENDET DORT !

Und zu keiner Zeit habe ich, oder jemand Anderer je behauptet, dass diese Entdeckungsreise zum inneren Kind, in die Vergangenheit, eine „Juxpartie“ wird…!

Es vermag vielmehr eine Art „Zeitfenster“ zu eröffnen, mit dem Du oftmals sehr direkt an das „Damals“ herangeführt wirst!

Keine Angst… das wird jetzt nicht in irgendwelche vermeintlichen Dimensions- oder Zeitreisen ausarten!
Aber…
…das Leben hat da eine Möglichkeit geschaffen, die dennoch eine Art Zeitreise ermöglicht:

Erinnerung !

Erinnerungen an…

Diese schöne – mit viel Liebe „nachgezeichnete“ – Grafik vermag Dir zu zeigen, was wir alle … über lange Zeit hin … mitunter „freiwillig“ verschenkten!
Nur im Glauben einer vermeintlichen Sicherheit, namens „System“!
In Wahrheit kleben geblieben in einer Vergangenheit!

Es werden sich Dir irgendwann – so Du es zulässt – nur jene einzig wichtigen Fragen manifestieren:

„Willst Du weiterhin schön dahin treiben... schön angenehm... schön warm...? Grade das innere Kind und somit Deine ureigenste Vergangenheit, weiterhin schöööön ignorieren, verdrängen...

... schön fett in Deinem inneren Wohnzimmer, auf Deiner inneren Komfortcouch sitzen bleiben... so mit ein bisschen Massage vielleicht noch... ...na jaaaa.... ab und an eine weitere Beule, Schramme abbekommen und Dich ein bisschen wundern... Kleben wir halt ein weiteres Pflasterchen drauf...

...hmmmmmmm...?

Wirst Du weitermachen lassen, Verantwortung und Stimme abgeben, verdrängen... jammern... andere be- und verurteilen... Dir sagen lassen „Wir schaffen das...!"...

...hmmmmmmm...?

Oder willst Du richtig leben...? Arsch hoch!? Das Ruder Deines Lebens ergreifen und dafür verantwortlich sein...?“

Und Dich sozusagen einzig nur mehr um „den Dreck vor Deiner Türe“ kümmern, anstatt ständig bei den anderen nachzusehen, zu kontrollieren...?

Willst Du mal oben stehen auf dem höchsten Gipfel Deines Lebens... Dir vom mitunter eiskalten Wind das Näschen ein bisschen frieren lassen...
...aber letzten Endes bis zum Horizont hinüber brüllen, was Deine Lunge und Stimme hergibt:

YESSSSSS..... I DID IT !?!?!?!?

Willst Du...?

WILLST DU...??

WILLST DU...???

Na dann lass uns nicht länger ausschweifen... und einsteigen in die Kapitel!
Und falls Du Dich in der Tat noch... oder schon fragen solltest, was dies alles nun mit einem „Wandel", einer „Verwandlung der Welt" zu tun haben sollte oder könnte...

Jegliche Veränderung, jegliche Verwandlung beginnt in uns! Und nur dort. Alles andere halte ich für Irrglauben!

Es beginnt in Deinen Gedanken! Jene, die Du erst jetzt grade erschaffst... in diesem Moment...
...und in diesem...
...und in diesem...!

Jene, die Du schon erschaffen hast, sie existieren nicht mehr im Jetzt!

VERGANGENHEIT WAR DAMALS !

Sie sind noch als „Glaube", Schatten... oder vermeintliche Erfahrung in Deinem Gehirn. Oh ja. Aber nicht mehr Realität im herkömmlichen Sinne!
Sie sind (D)eine Möglichkeit, (D)eine Variante des Erlebten... aber niemals das Jetzt!

Eine mögliche Veränderung beginnt im Jetzt.

Diese Reise nun, in eben genau diese Vergangenheit zum „inneren Kind“ aber ermöglicht es uns, Zeitfenster zu öffnen und zu erkennen, erfühlen, was uns zu den bisherigen Gedanken und Gefühlen... letztlich Handlungen oder Unterlassungen geführt hat! Wo Irrtümer und Unwahrheiten verborgen sind, die wir nun auflösen können!

HÖREN WIR ALSO AUF ZU JAMMERN !

Denn im Jetzt, im Heute... da gibt es keine Anhängigkeit einer Anpassung mehr. Im Jetzt und Heute obliegt Dir sämtliche Freiheit, alles neu zu erschaffen... also zu verwandeln!

Doch...:

Obacht! Zeit..., Leben... findet immer nur jetzt statt!

Nur weil es eben grade funktioniert hat... oder nicht funktioniert hat..., muss es das nicht auch in einer Zukunft tun! Nicht in der nächsten Sekunde... nicht in 100 Jahren!

Es gibt keine Gesetzmäßigkeit oder Garantie einer Wiederholung! Leben ist ständig in Bewegung! Tappe nicht in die Falle des „Schubladendenkens“!

Wie George Bernhard Shaw einmal so treffend ausdrückte:

„Der einzige Mensch, der sich vernünftig benimmt, ist mein Schneider. Er nimmt jedes Mal mit ausreichend Zeit neu Maß, wenn er mich trifft, während alle Anderen immer die alten Maßstäbe anlegen, aufgrund der Vermutung, dass sie auch heute noch passen!“

„Nix is´ fix!"... wie es ein Österreichischer Songtexter und Sänger dereinst ausdrückte.

Noch ein kleines Zitat sei Dir schon jetzt – als von Herzen gemeinter Ratschlag – mit auf den Weg gegeben:

„Etwas zu sehen, heißt noch lange nicht, es konkret erfahren zu haben.

Denn Hinschauen - und ... ja auch Hinfühlen - bedeutet nicht, dass wir es gleich in seiner Ganzheit erkennen."

Erlaube Dir also Zeit... Zeit, Dinge, Geschehnisse, Erkenntnisse wirken zu lassen. Sich offenbaren zu lassen zu einem Gesamtbild.

Viel Spaß also, viel Gefühl, viel Erkenntnis, viel Geduld ... und vor allem viel LIEBE auf Deinem Weg durch die kommenden Seiten...

Dein Autor
Ernold Prinz

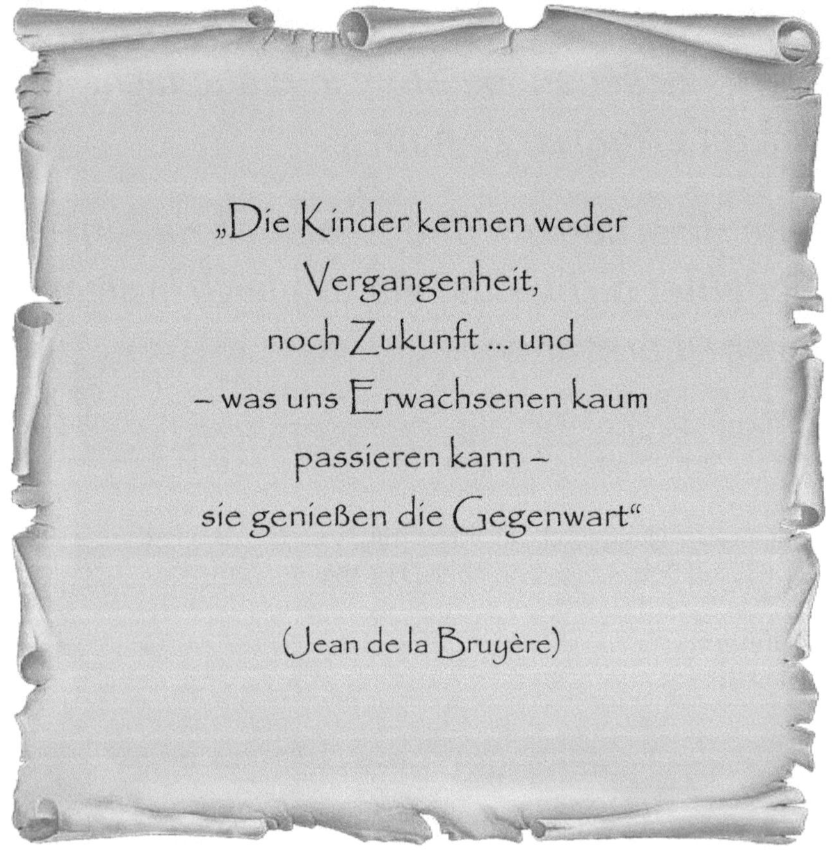
„Die Kinder kennen weder
Vergangenheit,
noch Zukunft ... und
– was uns Erwachsenen kaum
passieren kann –
sie genießen die Gegenwart“
(Jean de la Bruyère)

Liebe Leserin, lieber Leser!

Da dieses Buch-Thema nun eines ist, welches mitunter sehr weit zurückreichen wird, sehr tief gehen wird, bedarf es sozusagen erst ein paar kleiner „Aufwärmübungen“.

Gleich einem bewussten Sportler, wird man nicht sofort z.B. auf 20 Kilometer lossprinten, ohne sich nicht vorher zumindest ein klein bisschen „warm“ gemacht zu haben.

Zu diesem Zwecke hole ich ein bisschen weiter aus... greife ich hier folgende „Aufwärmübungen“ auf...:

I – BEWUSSTHEIT

Was verstehen wir unter Bewusstheit?

Das, was wir grade „denken“? Als Beispiel: „Ich habe Durst!“

Ausdruck und Zusammenspiel des Gehirns mit dem Körper, zum Ausdruck von Bedürfnissen? Gefühlen? Emotionen?

Jene Gedankenprojektionen, mit denen wir zumeist Vergangenheit mit Gegenwart verknüpfen probieren? Und uns gar als „Hellseher“ für eine mögliche Zukunft versuchen?

„Vorspiel“ zu einem verbalen Ausdruck mittels Sprache, Gestik, Handeln?

Das Spektrum einer Bewusstheit liegt sehr breit gestreut.
Läge ... vielmehr.

Denn das, was so täglich an Gedanken in unserer Denkmurmel da oben, zwischen den Schultern, durchrauscht...
... dies kann man – letztlich schon wissenschaftlich untermauert – längst nicht mehr als „BEWUSSTHEIT“ definieren!

Der Mensch ist dieser Tage in der Lage, zwischen 60.000 und 80.000 Gedanken zu „denken“. Sie kommen und gehen. SO SCHNELL, dass das Bewusstsein vielfach gar nicht mehr mitkommt! Gedanken blitzen auf wie bei einem Gewitter... und noch ehe man sich derer bewusst wurde, sind sie auch schon wieder weg!

Zu „verdanken“ haben wir dies mehr oder minder einer „Zweiteilung“ des Gehirns. Eben in jenen bewussten... und den wesentlich umfangreicheren, unbewussten Teil.

Zum Vergleich:
Arbeitsspeicher am PC – zur wesentlich größeren Festplatte! Am/im Arbeitsspeicher werden Vorgaben, Formulare, Zugriffe, Seiten erstellt. Dann weitergegeben ... gespeichert auf die Festplatte. Und mit wenigen Klicks wieder abrufbar gehalten.
So auch mit dem menschlichen Bewusstsein. Unterbewusstsein!

Damit wir ein wenig besser verstehen, warum etwas so ist, wie es ist: Die Kapazität des menschlichen Gehirns also - nimmt man an - ist bei weitem größer, als wir es bewusst wahrzunehmen in der Lage sind. Man geht davon aus, dass wir ca. 10% der eigentlichen Kapazität zu nutzen in der Lage sind.
Freilich... zwangsläufig schleicht sich doch irgendwie die Frage ein:

WIE KOMMT´s ?

Da ist man mit einem biologischen "Supercomputer" ausgestattet... und kann also grade mal 10% davon nutzen...?
Das wäre ja, als kaufte man ein Auto... vielleicht sogar einen schönen Ferrari... und baut eine Sperre ein, die nur erlaubt, dass grade mal 10 Prozent der Leistung ausgeschöpft werden können.

Wir eiern also alle auf gerademal "Standgas" durchs Leben!

Irgendein Sinn also muss sich da wohl zwangsläufig dahinter verbergen, dass man uns sozusagen „mit angezogener Handbremse“ durchs Leben laufen lässt.
Auch wenn sich uns dieser bis dato nicht eröffnet. Vielleicht sind wir aber auch ganz einfach noch nicht so weit.
Denn... wenn man mal kurz hinaus blickt... und feststellt, was wir bereits mit diesen 10% in der Lage sind anzurichten...
Ui ui uiiiii!

Nun.
Von diesen 10% nun wiederum, nimmt einen Teil das bewusste Denken ein. Wir kennen sie auch unter "Verstand", unter "Vernunft", unter "Ego" etc. etc. Dieses vermeintlich bewusste Denken bildet also die Aufbereitung zur Abspeicherung... bzw. die Abrufstelle aus dem Speicher.

Interessanter Weise aber nun besitzt der menschliche Körper... im Konkreten das Gehirn ... aber einen faszinierenden Mechanismus!

In diesem Gehirn gibt es zwei - für mich imposante Dinge:

a) Eine Art "Not-Programm"
b) Eine Arbeitsweise, die alles andere Bewusstsein ziemlich blass aussehen lässt.

Zu a) nun:
Der Mensch besitzt ein Notprogramm. Mancher mag es auch als übrig gebliebene Instinkte abtun. Das "Affengehirn" sozusagen.
Allerdings ist dieses vermeintlich leicht minderwertig dargestellte "Affengehirn" - innerhalb von Millionstel von Sekunden in der Lage - unter bestimmten Voraussetzungen komplexe Dinge aufzunehmen, zu beurteilen und sogleich Maßnahmen einzuleiten.
Die "Berühmtesten" sind auch als Überlebensinstinkte bekannt.

Warum sind diese nun so faszinierend?
Nun... weil hier das Unbewusste - der Speicher - so derart schnell gesamte Prozesse abwickeln kann! Viel schneller als das sogenannte Bewusstsein!
Bis das Bewusste Denken dann einmal wieder "mitschaltet", ist - überzogen ausgedrückt - die ganze Show schon vorbei! Nur das Bewusstsein - oftmals auch Ego - glaubt sich so derart hochweise... als hätte es eben das Rad neu erfunden...!
Pustekuchen!

„Ist nicht“!

Zu b):
Der Mensch besitzt 5 Sinne. Ein angepasstes Ego behauptet sich als Meister dieser Sinne. Und da kommt nun neuerlich der unbewusste Speicher ins Spiel.

Es treffen sich zwei fremde Menschen.
Während da noch Gedanken hinsichtlich "Personenscan" laufen wie... gefällt oder gefällt nicht, dies ... jenes... das...; die also durch die Denkmurmel rauschen und versuchen, sich "ein vermeintliches „bewusstes“ Bild des Gegenübers" zu machen...
...ja da hat das Unterbewusstsein schon beinahe den 2. Kaffee/das 2. Bier bestellt und gähnt!
Es hat also auf nicht nachvollziehbarem Wege... und vor allem viel ausführlicher und komplexer... das Gegenüber längst erfasst. Ganz besonders jene Dinge, die der Mensch bewusst offenbar nicht wahrnimmt!

Das, was da dann im Bewusstsein sich als die glorreiche "Beurteilung, Meinung" einstellt, ist nichts anderes, als der Rest – der Schatten - einer unbewusst längst schon geschehenen, umfassenden Gesamtaufnahme!

So.
Nun ist dieses bewusste Denken - welches sich im sogenannten präfrontalen Cortex abspielt - also nicht grade Weltmeister in seiner Tätigkeit, wie wir sehen.
Kurzum... eigentlich ist das (bewusste) menschliche Gehirn eine „FAULE SAU“!

Weshalb?
Nun... das bewusste Denken ist mit seinen "Zuleitungskanälen" namens Sinnen sehr bald überfordert! Ungefähr 5 eintreffende Reize reichen

schon aus, dass das bewusste Denken die "weiße Fahne" zu hissen beginnt. Bei vielem kommt´s schon ab 3 Reizen ins Schleudern...

Glaubst Du nicht?

Dann liefere ich Dir ein ganz einfaches Beispiel:
Klopfe mit Deinen Händen einen Dreivierteltakt ... und lies gleichzeitig nochmal die letzte halbe Seite! Versuchs zumindest mal!
Und jeeeeetzt: jetzt gibt den genauen Inhalt dieser eben „gelesenen“ Seite wieder! Ohne Hinsehen! Ohne Mogeln!!!
Von wegen also Multitasking!

Andererseits - stell Dir doch bitte mal vor: Wir würden jeden Tag aufs Neue ... völlig bewusst, konzentriert wie ein Fahranfänger, mit dem Auto fahren... Was wäre da los auf den Straßen!?

Vieles im Gehirn spielt sich also im Unbewussten ab!
Das Gehirn - der Verstand - das Bewusstsein ... es trachtet unweigerlich danach, neue Reize zu verarbeiten... und möglichst schnell in Form von Musterprozessen im Unterbewusstsein abzuspeichern. Das Gehirn ist bemüht, sämtliche neue Eindrücke "auszulagern", um Platz für weiteres, Neues zu haben.

Einerseits natürlich irgendwie blöde, da vieles dem „direkten Zugriff“ entzogen wird. Aber genau das ist andererseits die Stärke des Gehirns! So schnell wie möglich Musterprozesse abspeichern.... und auf Bedarf abrufen.

"Eingefärbt" werden diese Musterprozesse nun nur noch durch allfällige Emotionen!
Also auch Emotionen werden in Verbindung mit Musterprozessen abgespeichert. Bis ins letzte Detail!
Wir alle kennen dies dann als vermeintliche Erfahrung! Sind gespeichert im Hippocampus.

Und das ist nun eine ganz entscheidende Sache!

Was... oder genauer gesagt... wie wir uns an etwas erinnern, wird dominant bestimmen ... nämlich, ob, was... bzw. wie wir etwas (neuerlich) tun! Vieles ist also gesteuert über Emotion.

Erinnern wir uns durch und an eine angenehme Sache... dann werden wir sie gerne (wieder) tun.
Ist sie mit unangenehmen Erinnerungen verknüpft... dann setzt jenes bekannte "Schubladen-Denken", jener hartnäckige automatisierte Verdrängungsprozess ein. Und wird - wie schön brav angelernt - zumeist weggeschoben. „Vergessen“. Es wird nicht (mehr) getan!
Und wenn´s doch „passiert“, haben die Anderen Schuld!

Nur...
...weder Gedanken noch Gefühle... also Erinnerungen, haben eine Halbwertszeit noch ein Verfallsdatum!!!

Leben hat so seine Eigenarten und Methoden, diese Erinnerungen und ungeheilten Wunden immer und immer wieder – mitunter auch mit sehr krassen Mitteln – in Erinnerung zu rufen!

Oder was glaubst Du, weshalb Dir gewisse Dinge immer wieder begegnen? Du Dir immer wieder „Schrammen“ holst?

Bei Dingen dann, die wir (noch) nicht kennen... ei ei ei... ja da wird es vielfach zu einer tatsächlichen "Herumeierei"...
Das Gehirn versucht dann - zumeist ziemlich gestresst - zumindest ähnliche Erfahrungen aus dem Speicher abzurufen. Man(n) / Frau wird unsicher.
Oftmals reagiert das Gehirn dann durch Überblendung eines Ego höchst seltsam. Es werden sozusagen dann „nicht passende“ Erinnerungen eben „passend gemacht“. Vergleiche zu ziehen versucht, tatsächlich Erlebtes verzerrt. Eben... passend gemacht.

Und jetzt liegt es natürlich hauptsächlich daran, inwieweit der Mensch früher - als Kind - angepasst wurde... oder wie weit dem Kind in seiner Entwicklung noch Platz für eigene Erfahrung und Entschlussphase eingeräumt wurde.
Ob da noch Platz und Möglichkeit zur Neuerfassung, zur Improvisation vorhanden ist!
Erinnerst Du Dich noch an das Zitat von George B. Shaw... Seite 58...?

Und wir wollen also insgesamt von einer Bewusstheit sprechen.... Ja...?
Klingt in Anbetracht DESSEN ja ziemlich aufwendig, oder?

Noch ein Beispiel, von diesem offenbar doch vorhandenen Zusammenwirken von Bewusstheit und Unbewusstheit... aus der Praxis heraus:

Du hast Dir doch sicherlich schon einmal etwas gekauft, dass schon lange Dein Wunsch war. Ein Auto, ein Kleidungsstück... was auch immer.
So. Und jetzt, wo Du damit draußen unterwegs bist... da fallen Dir plötzlich an jeder Ecke diese Dinge auf.
Du hast einen Audi gekauft... plötzlich siehst Du nur mehr Audis. Hier, dort, da! Du hast Dir ein cooles Kleid gekauft, wenn geht, nicht in so einer 0815-Kaufhauskette... plötzlich hat jede 5. dieses Kleid an!

Alles nur reiner Zufall, Hirngespinst?

Wirklich?

War das nicht vorher ebenfalls schon da... nur bestand für Deinen Verstand kein Anlass, „Beweise“ zu suchen?

Beweise z.B. für die Richtigkeit Deiner Entscheidung. Beweise, dass Du – am besten als Einziger – dieses Auto, dieses Kleid hast? Oder dass Du nun „mehr“ wahrgenommen wirst...? Und vieles mehr...?

Das Gehirn besitzt also die Fähigkeit, gewisse „Suchaufträge, Beschaffungsaufträge“ im Unbewussten zu implementieren. Und die arbeiten dann. Und wie!
Neuerlich steuert ein Ego hier viel bei!

Und sei Dir dessen gewiss: nicht nur in punkto Auto oder Kleid! Sondern in ALLEN Dingen! Vor allem in jenen, die unwahren Gedanken entspringen!
Jetzt stell Dir mal vor, all dieser Kram müssten den ganzen lieben langen Tag, 365 Tage im Jahr... und doch einige Jährchen Deines Lebens, BEWUSST ablaufen...!

Wenn Du Lust hast... nimm noch mal eben Papier und Stift zu Hand! Und mache mal – rein nur aus innerem Impuls – eine Liste, WAS alles Du zum Beispiel täglich tust!
Was so Deine (ersten) Gedanken zum Tag sind...!
Einfach runterschreiben, ohne groß darüber nachzudenken!

Tue es! ALLES einfach mal raus!

Dann lege die Liste weg! Du wirst ja heute nicht das ganze Buch lesen. Nimm Dir Deine Liste vielleicht nachher zur Hand... und dann schau Dir mal an, was da grade zu durchgerauscht ist durch die Denkmurmel.
Dann siehst Du, was Deinen Verstand bewegt, Deine Einstellungen, Deine Glaubenssätze, Deine Programmierungen, Deine „Suchaufträge“... und vieles mehr!

Somit:
Ja! Du hast Recht! Wenn Du Dir die Liste dann später ansiehst...: Bewusstes Denken, Leben IST aufwendig!

Zumindest aufwendiger, als den ganzen Mist ... den ganzen lieben langen Tag... 365 Tage im Jahr... einfach so dahinplätschern zu lassen, wie wir es zumeist tun!

Weil´s doch viel weniger anstrengend ist...
Weil´s doch viel gemütlicher ist...
Da kann ich mich doch viel lieber um andere Dinge interessieren...

Oooohhhh!
Die „Komfort- oder Wohlfühlzone" lässt laut grüßen!

Doch ... wie denkst Du nun? FÜHLST Du nun?
Lässt sich auch nur irgendwas wirklich bewegen im Leben... indem man einfach „plätschern" lässt...?

Stell Dir mal einen riesengroßen Fluss vor...! Du stehst... neiiiin... Du lunzt so richtig im urgemütlichen Liegestuhl am Ufer... die Sonne scheint wärmend auf den Pelz...
...und am Fluss...
...jooo, dort treiben immer und immer wieder Dinge vorbei.
Dinge, die man mitunter sogar gut „gebrauchen" könnte. Dinge, die wichtig, interessant wären...
Dinge, die man sogar „haben" möchte...
Und noch so Einiges mehr...!
Wie wohl wirst Du zu diesen Dingen kommen...
...wenn Dein Allerwertester weiterhin – in der Sonne bratend – nicht mal ansatzweise hochkommt...?

Wirst Du Dir einen Lakaien anstellen, der für Dich das tut, was eigentlich Deine Aufgabe ist? Er/sie die Dinge an Land zieht...?

Doch...
...sind dies dann noch „Deine Dinge"... oder vielmehr die des/der Anderen...?
Oder wirst Du die Dinge weitertreiben lassen... in der Meinung, da kommen ja ohnehin noch Weitere...?

Was aber, wenn nicht...?

Oder sitzt Du weiterhin im Sesselchen...
...und hoffst, betest, bittest, erwartest und forderst gar...?

Was, wenn Dir das Leben dann mitunter deutlich ausdrückt: „Dann hoffe, bete, bitte, erwarte gerne weiter...! Aber nicht mit mir!
Es ist Dein Leben – also mach was damit!“

BEWUSSTHEIT also setzt voraus, dass Du Dich mitunter sehr intensiv von äußerlichen Dingen abwendest. Dich umso bewusster Dir selbst zuwendest. Und Du einmal zum Beobachter Deiner selbst wirst!
DEINER SELBST! Und nur Deiner selbst!
Denn sehr vieles, von dem Du glaubst, dass es Dich ausmacht, dass dies Deine Gedanken und Gefühle sind...
...SIND ES – ganz genau genommen - NICHT !

Bewusstheit IST Aufwand!
Bewusstheit IST notwendig!

Was machst Du, wenn z.B. Dein Fahrzeug (so Du eines besitzt) irgendwelche Macken macht...? Hältst Du sofort an und siehst nach? Oder wenn in irgendeinem Büchlein ... oder einer Mitteilung einer Werkstatt steht, dass ein Service, gar eine Reparatur zu machen sei...? Schiebst Du erstmal auf die lange Bank...? Oder kümmerst Du Dich gleich drum? Gleich Termin ausmachen, gleich gucken, dass jaaaa alles läuft wie am Schnürchen...?

UND WAS IST MIT DIR?

Kümmerst Du Dich ... um Dich, genauso flott, so engagiert?
Hältst Du auch sofort mal... gehst in Dich? Machst Dir BEWUSST, was los ist?

Konnte ich in der Kürze nun genug drauf hindeuten, wie wichtig Bewusstheit allgemein ist?
Dann dürfen wir nun sogleich zur zweiten „Aufwärmübung" gehen...

... Ehrlichkeit – Wer bin ich?"

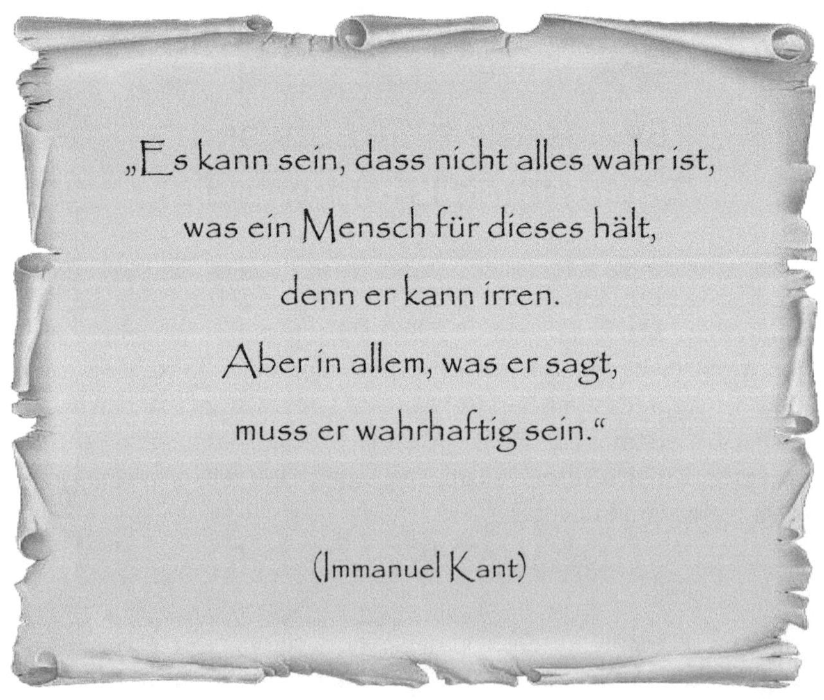

II - EHRLICHKEIT – WER BIN ICH ?

In früheren Zeiten wäre mir bei dieser Frage „die Galle hochgekommen"!
Vorwiegend Ego-gesteuert, hätte ich diese Frage niemals an mich rangelassen. Wer sollte ich denn schon sein ... außer ich?!

Das Leben selbst schenkte mir inzwischen ausreichend Gelegenheit herauszufinden, wer ich wirklich bin! Mitunter mit oftmals unsanften „Methoden"... sprich Begebenheiten, „Arsch-Engeln". Tut es noch. Wird es vermutlich bis an mein menschliches Ende...

Doch dazu gehört – folgend der Bewusstheit – Ehrlichkeit!

Wir wurden seit Anbeginn in ein System geboren, dass die Bewusstheit sehr rasch minimierte. Dass nur mehr bestimmten Vorgaben zu folgen hatte.
Und mitunter ging damit dann auch die Ehrlichkeit zu sich selbst unter.
Man hatte diese Vorgaben zu erfüllen – nicht mehr, nicht weniger.
Ob dies nun seit Beginn vom direkten, familiären Umfeld abhing..., oder im Weiteren dann um die „Ausbaustufen" Schule, Ausbildung etc...
...letztlich sind wir zumeist Abbilder dieser Vorgaben. Angepasste Individuen einer sogenannten Gesellschaft.

Gleich ein praktisches Beispiel dieser Anpassung:
Stell Dir mal vor, irgendwer... sagen wir ein Freund/eine Freundin, die Schwiegermutter, Dein Chef... egal wer... ruft Dich an... und möchte etwas von Dir.
Dieses „Etwas" bewirkt in Dir schon am Telefon zumindest leichten Unwillen, ein „nicht freuen"...

Du weißt mit Sicherheit, wovon ich spreche...!

Ansonsten nimm Dir kurz die ein oder zwei Minuten Zeit, um ein solches Gefühl ... eine solche Erinnerung zu erspüren.

So. Anruf also. Widerwillen. Unwillen. Unfreude.

Ja ... AAAABER das ist doch Freund/Freundin, Schwiegermutter, Chef... wer auch immer. Ich habe ja doch irgendwie Verpflichtung...
...und schon packst Du zusammen... und los.
Regel „Verpflichtung“ steht höher als „Wille/Unwille“.

Bist Du in diesem Moment „EHRLICH“ zu Dir...?

Fragst Du Dich jetzt womöglich, was hat diese „Verpflichtung“ mit „Ehrlichkeit“ zu tun...?
Genau das! Gar nichts! Und doch alles! Doch dazu noch später...

Denn...
...es gibt keine „Verpflichtung“! Das ist ein Hirngespinst!
Genau genommen... nicht einmal Dir selbst gegenüber. Denn wozu solltest Du Dich „verpflichten müssen“?

Dazu mein „Klangtest“!

Sage Dir doch einmal laut, mitunter übertrieben deutlich... die Worte „Verpflichtung“ und „müssen“ vor...

Lausche dem Klang...
...nicht aber nur mit den Ohren, dem Verstand... welcher dies vermutlich sofort und unumwunden als „korrekt“ und „logisch“ abklären wird...

...sondern vor allem mit GEFÜHL... mit dem HERZEN...
Achte dabei auch auf Dein Gesicht... Deine „Sprechmuskulatur“...!

Wie also „klingen“ diese Worte für Dich?
Wie fühlen sie sich bei der Aussprache an…?
Und vor allem… was erzeugt der Klang IN Dir…?

Leichtigkeit? Freude? Freiheit? „Ooohhh wie herrlich…“!!!

Oder vielmehr so zumindest dezent beklemmendes, krampfendes, unfreies Zwangsgefühl…? „Sei brav!“ „Sei artig“, „Werde Erwachsen“, „Mach, was Dir aufgetragen ist!“, „Hör auf zu jammern!“

Wir behandeln gerade die „**Ehrlichkeit**“ liebe Leserin, lieber Leser…!

Wenn Du also so das in Dir Aufsteigende beobachtest…, es spätestens jetzt endlich … seit langer langer Zeit einmal zulässt… es beobachtest…
…was glaubst Du, woher dies kommt…?
Von eben grade? Situationsbedingt neu erfunden? Herniedergefahren wie ein Götterblitz aus dem Himmel…?

FALSCH!

Dass was diese Worte grade eben mitunter in Dir ausgelöst, berührt haben, ist nicht erst eben entstanden!

DAS, was hier berührt wurde, sind alte Wunden! Wunden… die einst zumeist von Dir selbst erschaffen wurden… aufgrund von Umständen und Ereignissen, die Du - nur als kleines Kind damals - nicht wirklich beeinflussen konntest…
DAS ist jenes unsichtbare, teils unglaublich schwere Gepäck, welches Du schon seit vielen Jahren mit Dir umher schleppst…

Vergangenheit wurde berührt!

Nur bis dato beiseite gestellt..., begraben, verdrängt und verdammt ... bis heute!

DAS, was Du hier womöglich als Verpflichtung empfindest, ist einzig früh geschaffenes Mangel- und Angstdenken! Leistungsdenken!

Anpassung!

Unwahre Gedanken, die Dir jedoch nie jemand aufgeklärt, liebevoll helfend, zur Seite stehend, berichtigt hat.

Weil man´s nicht konnte – aus zweierlei Hinsicht nicht!
Zum einen, weil „Man(n) / Frau“ ... also sämtliches Umfeld, selbst in tiefer Unbewusstheit lebte. Aus seiner Haut nicht rauskonnte. Man(n) / Frau sein damals Bestes gab, nach bestem Wissen und Gewissen. Aber halt eben (D)einer eigenen Wirklichkeit fern.
Zum anderen... wohl vielleicht eine wahre Vorbestimmung des Lebens, dass man erst das Eine erfahren darf, um das Andere überhaupt erkennen zu können. Wie auch sollte man einem Baby, von Geheimnissen des Lebens schon groß ... und vor allem verständlich, manche Dinge erklären können...? Ein Unding in der bisherigen Evolution Menschheit.

Wiederum als einfaches Beispiel, dass sich schier unendlich „nach oben“ potenzieren ließe:
Wusstest Du, was „heiß“ ist, bevor Du „kalt“ kanntest? Und umgekehrt?

Zum „Nein“ auf die zuvor beispielhaft angeführte telefonische Anfrage also...

Mangel…: „Wenn ich jetzt „nein“ sage, mag mich mein Freund/meine Freundin (oder wer auch immer) nicht mehr so. Dann bin ich in seinen/ihren Augen ein Weichei, Versager, Faulsack, schlechter Freund usw. usw. usw“. Minderwertigkeit. Scham.

Angst…: „Wenn ich jetzt „nein“ sage, ist fühlt sich meine Schwiegermutter (oder wer auch immer) verletzt, hilft mir im Weiteren nicht mehr, wenn ich sie mal brauche…“. Verlustangst. Angst vor Ablehnung etc. etc.

Doch…
…IST das so…?
Oder bilde ich mir dies wieder nur ein? Ist das nur eine Spinnerei vom Prinz? Was weiß der denn schon…!?

Stimmt! Ich bin nicht Du! Werde ich nie sein!

Erinnerst Du Dich aber an meine anfänglichen Worte…? Als ich als Möglichkeit in den Raum stellte, dass bei einem Sein von über 8 Milliarden Menschen durchaus Ähnlichkeiten vorhanden sind, die auch in Deinem Leben wirksam sein können…?
Bin ich also wirklich bescheuert, verrückt… Spinner? Oder ist dies dann letztlich nur Versuch (D)einer Rechtfertigung… vor der Angst, vor dem Unbekannten? Vor dem berühmten Tellerrand…?

Woher aber kommt dies dann?
Vom Vollmond, vom sauren Regen, von einem „perversen Spielchen“ mit Gott…?
Soviel zur „Bewusstheit“ zu meinen…, Deinen Gedanken!
Diese Gedanken stammen von ähnlichen frühen Erlebnissen, mit denen solch unwahre Gedanken geboren wurden! Gedanken, die Gefühle erzeugten. Mit denen sodann Emotionen … Mangel… Angst… verbunden und gespeichert wurden!

Deinen Erlebnissen, die Du aber zumeist längst verdrängt hast. Gar nicht mehr fühlen willst!

Grund(satz)gedanken!

„Doppel-Arschtritt!"
Wie kommst Du denn auf die vermessene Idee, zu wissen, wie zum Beispiel Dein Freund/Deine Freundin, Dein Partner/Deine Partnerin, von mir aus Deine Schwiegermutter u. dgl. denn wirklich denkt?
Das, was durch Deine Gedanken rauscht, ist lediglich DEINE Annahme! DEINE Interpretation! Niemals die Realität – außer Deiner. Nicht aber unbedingt die des Anderen!

DU BIST NICHT DER ANDERE! NIEMALS!

Selbst ein eingebildetes „ach so gut Kennen" des Anderen ist eben nur Einbildung. Täuschung. Nennen wir es auch Überschätzung. Eine Überschreitung der eigenen Verantwortung letztlich.
In diesem Zusammenhang lässt diese große Überschätzung und massive Fehlinterpretation namens „Vertrauen" herzlich grüßen!

Einzig eingeräumt: wenn nun der Andere ebenso „denkt" wie Du... ja dann haben wir das kürzeste Märchen der Welt – und somit das tägliche Konfliktpotential - in Persona vor uns:
„Da begegnen sich zwei Bettler. Jeder greift dem Anderen in die zerrissenen Taschen... und stellt entsetzt fest, der Andere hat ja auch nichts!"

Sickert also möglicherweise bei Dir langsam der Tropfen der Erkenntnis, WAS wir z.B. mit diesem Teil der „Unbewusstheit" eigentlich anrichten...?
Was wir tagtäglich an Frustpotential und Pool an negativer Energie schaffen... und oftmals auch auf die Welt loslassen...?
Nur weil wir zu denken glauben, was der Andere denkt oder fühlt...?

Mein ach so beliebtes Spielchen: „Was wäre – wenn...?“
Spiele mal kurz eine Runde mit!

Was also ... was wäre wenn...
...dieser obligate Anruf nun folgt...
...und Du – ehrlich zu Dir selbst – nun zum/zur Anrufenden sagst...:

NEIN...!

Oh - wie sehr spüre ich manches Mal sogar noch in mir selbst ein Zusammenzucken. Ganz ehrlich!

Weshalb?
Ja nun... mein gesamtes Heranwachsen war – und das sehr nachhaltig – darauf ausgerichtet, dass spätestens ein „Nein“ unverzüglich zu rechtfertigen war! Und sofern ich mich überhaupt noch bis zu diesem „Nein“ vorwagte... und es mir nicht bis dahin schon handgreiflich „ausgebläut“ wurde... Ein „Nein“ also schlichtweg nicht geduldet wurde...
... dann hatte selbst eine für mich absolut ehrliche und plausible „Rechtfertigung“, vernichtende Folgen. Das hieß also, ich wurde letztlich so oder so negiert..., regiert und gesteuert... und es geschah nach Anderer Willen.

Oooohhhh... was haben wir hier denn nun schon...?
Ein gewaltiges Thema des Kindes! Die Macht der Vergangenheit schlägt uns mitten in die Fresse!!!
Freu Dich also!
An´s richtig Eingemachte geht es dann später erst!

Zurück zum „was wäre wenn?“...
Der Anruf... Dein „Nein“...
Sofern Du also tatsächlich spätestens jetzt nicht versucht bist, „den imaginären Schwanz einzuziehen“...

...dann fieberst und bastelst Du schon eifrig an Deiner Rechtfertigung – stimmt´s...?
Denn Du musst Deinem Gegenüber ja nun irgendeine Erklärung liefern. Dich eben rechtfertigen. Damit dieses Gegenüber „zufrieden gestellt" ist. Mich ... Dich kleinen „Wuzzi" „verstehen" kann... womöglich in Ruhe lässt... usw. Du letztlich Deine Mängel und eigenen Bedürfnisse verbirgst, den Anderen zum Objekt machst... oder eben Dich selbst.

So.
Nun (m)eine weitere „Weisheit einer Unbewusstheit und Unehrlichkeit":

„Du kannst noch so ehrlich und bewusst sein – bis zum Erbrechen - ... und erklären wollen... Wenn Dein Gegenüber nicht bereit und gewillt ist, zuzuhören, bewusst und ehrlich zu sein... dann kannst Du erklären bis Du „schwarz wirst"...!
Wenn Deinen Gegenüber nicht so verantwortungsvoll ist (*Du bist o.k. – ich bin o.k.* *)... und zuhören/annehmen WILL... dann erklärst Du noch an Deinem Sterbebett und darüber hinaus!"

(*sehr vereinfachte Darstellung aus der Transaktionsanalyse)

Im Sinne einer Ehrlichkeit... und um z.B. so ein „Nein" erzeugen zu können..., dahinter stehen zu können... und vor allem WOLLEN...
...da gehört nun unabdingbar dazu, Dich selbst einmal wirklich kennen zu lernen!

Nicht nur oberflächlich ein „Nein“, weil Du grade sogenanntes „Wichtigeres“ zu tun zu haben glaubst... Und sei es nur auf einer Couch zu liegen und in die Glotze zu sehen.
Es geht darum, den innersten Kern Deines Selbst freizulegen...! Zu entdecken, WER Du bist!

Und damit meine ich in der Tat „WER“... nicht „WAS“...!
Angefangen damit, mal alle äußeren Definitionen, Be- und Verurteilungen abzuschneiden!

Kennst Du noch Aussagen von früher?

So in jene Richtung:
„Du schaffst das eh nie...!“
„Du bist doch selbst für das (was auch immer das grade sein sollte) zu blöde...!“

Und das ist noch nicht einmal die Spitze des Eisberges!!!

Das sind Aussagen, die schon ziemlich direkt Dein „Ich“ demontiert haben! Aussagen, die ein „Nein“ zu Dir selbst mitunter sehr klar darstellen!

Was ist zum Beispiel mit einer Aussage, wie:

„Lerne fleißig, damit aus Dir etwas wird...!“

Klingt harmlos, oder?
Vielleicht sogar logisch, oder?

Wenn´s grade bei Dir aber nicht so weit „sickert“..., dann erlaube mir jetzt mal – ehrlicher Weise – Dich mit der Nase so direkt „rein zu tauchen“...:

„Tu dies, tu jenes... sei dies oder jenes... damit aus Dir etwas WIRD...!?!?!?“

Du bist selbst ein Wunder einer Schöpfung! Aber aus Dir sollte erst etwas werden...!?!?!?!?

Hallooooooo....?????

Etwa das, was Du heute „bist“?
Ein Angepasster, der versucht, nach seinen oft bescheidenen Möglichkeiten über die Runden zu kommen!?
Erst in der Ausbildung streben wie blöd... dann buckeln für Haus, Auto, Urlaub. Kinder großziehen. Selbstverständlich ebenso gleich rein in selbiges System... „Die dort“ sollen ja schließlich auch ETWAS werden...! Irgendwann – mit viel Glück – noch ein paar Jährchen „verdiente“ Rente...

...UND DAS BIST DU...????
Das soll´s gewesen sein...???
Das ist, was oder wer Du werden sollst???

Und selbst, wenn Du schon aus Elternhaus auf die „betuchte Seite des Lebens“, auch bekannt als die sogenannte „Butterseite des Lebens“ gefallen bist...
Was in aller Welt hat das damit zu tun, wer Du wirklich BIST...!?

DAS tägliche Treiben im Außen und Heute...
...nennt/bezeichnet/versteht man also unter dem, WAS man werden sollte...?

Springt Dir nicht zumindest jetzt endlich der Draht aus der Mütze...???

Versuchst Du selbst hier, nun wieder irgendeine Rechtfertigung herbei zu zaubern?

Und wenn sie noch so „fadenscheinig“ klingen mag... Hauptsache Rechtfertigung?
Um letztlich nicht blöd dazustehen... unter dem Gewicht dieser möglichen Erkenntnis...?

Oder – um genau im Gegenteil – besser und leichter... mich für bescheuert zu erklären! Hauptsache Rechtfertigung!?

Und jetzt zum letzten Mal in diesem Kontext ... zum „was wäre wenn...“:

Was wäre, wenn..., was würde es in Dir bewirken...

- ...wenn all das, woran Du Dich in Deinem bisherigen Leben oftmals geklammert hast...
- ...wenn all das, dem Du blindlinks gefolgt bist..., weil Du´s ja nie anders erfahren hast..., man Dir verlernt hat auch andere - **DEINE** - Gedanken zu haben...
- ...wenn all dies Bisherige in Deinem Denken und Fühlen, Unwahrheit ist...?!?

Lasse dies jetzt bitte mal so richtig wirken...!!!

Und jetzt sind wir hiermit, genau in ein beinah schon ebenso gewaltiges, nachhaltiges Thema ... in eine weitere „Aufwärmübung“ ... hineingetappt:

„Die Verantwortung“
...oder besser...

...„Die Eigenverantwortung“

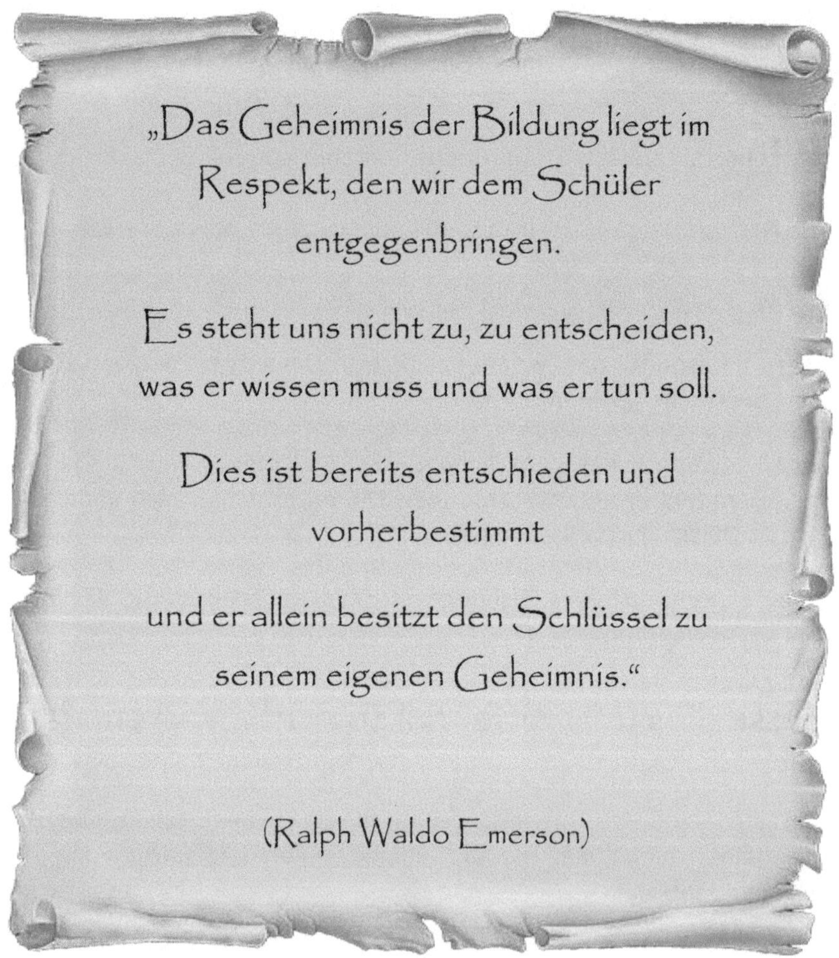
„Das Geheimnis der Bildung liegt im
Respekt, den wir dem Schüler
entgegenbringen.
Es steht uns nicht zu, zu entscheiden,
was er wissen muss und was er tun soll.
Dies ist bereits entschieden und
vorherbestimmt
und er allein besitzt den Schlüssel zu
seinem eigenen Geheimnis."
(Ralph Waldo Emerson)

III - Eigenverantwortung

Mir ist durchaus bewusst, dass ich mit diesem bisher Geschriebenen schon einige Fragen aufgeworfen, neuerliche „Arschtritte“ verteilt habe!

Fragen, die jedoch mitunter unumgänglich sind!
Fragen jedoch auch, denen nur Du Dich – für Dich selbst – stellen kannst. Oder natürlich auch nicht...
Fragen, auf die letztlich nur Du... und vor allem Deine Wahrheit finden kannst!

Was also hat nun Verantwortung ... oder viel mehr noch ... Eigenverantwortung als eine weitere „Vorbereitung“ mit dem Titel bzw. dem eigentlichen Thema zu tun?

ALLES !!!

Beginnen wir nochmal von vorn...:
Wem wird es obliegen, ob direkte Bewusstheit, Bewusstmachung ins Leben einziehen darf und wird...?

Mir? Dem Osterhasen oder Weihnachtsmann? Irgendeinem Gott oder Engel? Irgendwelchen Dimensionswesen oder sonstigem teils abstraktem Geplänkel...?

DIR obliegt sie!!!
Und niemand anderem!

Wem wird es obliegen, ob Ehrlichkeit und gewolltes Erkennen seiner selbst, ins Leben einziehen darf und wird...?

Auch wieder irgendwelchen Fantasiegebilden, Rechtfertigungsversuchen...

...oder erneut einzig.... DIR...!?

Verantwortung, Eigenverantwortung also!

Ich benenne diese Eigenverantwortung gerne als einen meiner „goldenen hehren Reiter".

Diese Deine Eigenverantwortung kann nur von Dir getragen werden. Genauso, wie ich einzig die Meine zu tragen habe.
Ich sie vielmehr zu tragen wünsche! Oh ja! Denn diese Meine ist die Einzige, das Einzige, was mich wirklich angeht! Das oder die Einzige, dass mir mitunter mein Leben be-füllen, er-füllen kann und wird!

Kein Hoffen, kein Erwarten, kein Bitten, Beten und Betteln zu irgendwem... ja nicht einmal Gott, wird mein Leben ändern oder füllen. Meine Verantwortung... mein daraus oder dadurch entstehendes Denken und Handeln wird es sein! Meine Schöpferkraft und -macht!

Falls Du nun (erneut) ein wenig „schockiert" über meine Aussage über „Gott" bist...
...vielleicht ein wenig „Aufklärung" dazu...: Ich glaube an einen Schöpfer – oh ja! Aus den tiefsten Tiefen meines Herzens! Doch nicht in dem Sinne, wie man mich anzupassen, zu prägen versuchte. An den alten Mann mit Rauschebart, dem ich nur ein wenig in den Arsch kriechen muss, dann zieht der ein paar Strippen... und alles ist wieder fein!
Mein Glaube an die Schöpfung kommt aus dem Innen, der Liebe zum Sein und zum Leben. Und deshalb glaube ich – selbst ein Wunder dieser Schöpfung – definitiv nicht daran, dass ich bloß ein bisschen beten brauche... und alles wird von mir genommen! Leben wurde mir geschenkt, um zu ermöglichen. Nur... entweder ich selbst bekomme soweit meinen Arsch hoch, dass ich dies im Angesicht der Macht der

Schöpfung hinbekomme, meinen „Mann und seine Verantwortung stehe“... oder eben nicht! Ich kann dann nicht zuletzt einen Gott dafür „verantwortlich“ machen. Geschweige dem andere Mitmenschen!

Also... Schluss mit Jammern!!!

Soviel also auch zu der Sicht, wie ich auch in diesem Zusammenhang „Verantwortung“ sehe und zu leben suche!
Für mich „bedeutet“ also auch „zu lernen, um zu sein“ mittlerweile gänzlich anderes! Da man auch mir nie beibrachte, „ich zu sein“, ist dies mein heutiges Bestreben. Zu lernen, endlich der zu sein, als der ich von Beginn an auf diese Welt kam. Zu lernen, zu sein, was schon von Anfang an schon feststand. Nicht irgendwelcher Kram im Außen! Ja... er dient zum „Überleben im System“. Aber dieser führt nicht zu mir.

Verantwortung also.
Es liegt in Deiner Verantwortung, ob Du spätestens jetzt dieses Buch in die Tonne wirfst... oder weiterliest.
Es obliegt Deiner Verantwortung, was Du ab diesem Moment... jeder Sekunde erneut... jedem einzelnen JETZT denkst, fühlst, tust... oder nicht denkst, fühlst, tust...

DU erkennst vielleicht jetzt, dass Du in Verantwortung jeder Sekunde, jedem JETZT, Schöpfer Deines Lebens bist!

Und jetzt...

...und jetzt...

...und jetzt...

So lange, bis Dir das Leben selbst die Verantwortung einst wieder abnehmen wird.
Bis Deine Verantwortung erfüllt ist!

In diesem Sinne nun allerdings verstehe ich auch darunter, Verantwortung zu tragen, zu erfüllen...
...dass das nun beinah erreichte Thema des Buches – unsere Kindheit und somit Vergangenheit – nicht ebenso nur wieder als Vorwand, als Rechtfertigung Verwendung findet.
Nach dem Motto: „Ach ich hatte eine „so schlechte Kindheit" (*hier ist nun extrem viel Definitionsspielraum gegeben*)...
...also reicht diese Vergangenheit aus, um das Heute, das Hier und Jetzt einzig zu rechtfertigen!" Also in der Vergangenheit kleben zu bleiben!

Geschweige dem ... es tatsächlich so zu belassen!

Ja. Selbstverständlich war diese Kindheit mitunter höchst prägend. Grundlage – wie schon geschildert – für viele unwahre Gedanken, Emotionen... letztlich darauf bauend ... hinauslaufend... Handlungen / Unterlassungen.

Nur hier erneut mein Appell: **Das was damals war, WAR!**
Es ist Vergangenheit! Damals ist nicht heute!

Aufgrund dieser Systemanpassung jedoch wurde es auch unterlassen, hier eine Hilfestellung zu geben. Loszulösen von der Vergangenheit.

Gerade wegen dieser „Komfortsesseltaktik", dem wohl vermeintlich leichteren Verdrängen, erstand der Eindruck, dass man die Vergangenheit leichter verdrängt, begräbt, wegschließt auf nimmer Wiedersehen!
Man bekennt der Vergangenheit maximal noch Rechtfertigungscharakter zu. Ausflucht. Begründung für ein folgendes Denken, Handeln, Unterlassen.

Doch Vergangenheit hat, wie schon erwähnt – genauso wenig wie Gefühle, Emotionen – eine Art Halbwertszeit, ein Verfallsdatum.

Oder man setzt einen regelrechten Tunnelblick auf... und sieht – einem bekannten Spruch folgend – den Wald vor lauter Bäumen nicht mehr!

Es ist – wie eingangs auch schon beschrieben, dem Wunderwerk Unterbewusstsein zu verdanken, dass alles – und ich meine hiermit wirklich ALLES – abgespeichert ist. Und dies nun nicht in irgendeinem Restmülllager, Atommülldepot kilometertief in irgendeiner gottverlassenen Gegend...
...sondern direkt vor... oder in dem Sinne „geografisch gesehen"... wohl hinter unserer Nase.

IN UNS also!
Wir tragen ALLES jede Sekunde des Tages, jede Sekunde unseres Lebens mit uns!
Unser Gehirn funktioniert wie eine Black-Box eines Flugzeuges... mit dem gravierenden Unterschied, dass nicht nur Daten und Fakten aufgezeichnet werden, sondern auch noch alle zugehörigen Nuancen an Gefühl und Emotion!

Und welcher „Idiot" also wollte uns nun weismachen, alles wäre erledigt? Außer wiederum letztlich wir selbst...?

Es gehörte – meinem bescheidenen Empfinden also – definitiv zur Verantwortung... insbesondere der Eigenverantwortung... genau DAS endlich einmal genau so anzunehmen!

Diese Schöpfung namens Vergangenheit wurde uns nicht mit der großen Spritze ins Gehirn geimpft! Wir haben maßgeblich daran mitgewirkt!
Einzig diesem immer skurriler erscheinenden Anpassungsprogramm namens „Erziehung" ist es zu verdanken, dass selbst in diesem Fokus auch unwahre Gedanken namens „Scham" ... wiederum herrührend aus Minderwertigkeit, Angst, zugänglich wurden!

Die eigene Vergangenheit! Paahh! Nichts wirklich Rühmliches, peinlich womöglich bis obenhin! Bloß verstecken! Will man nicht wirklich sehen! Am besten nie mehr!

Wir verleugnen also einen Teil von uns selbst!
Bewusst ... oder unbewusst! Wir tun es!

Und wundern uns, dass dann im Außen alles so ist, wie es ist?
Wundern uns, jammern, schimpfen und klagen, fluchen... wenn uns das Leben dann auf seine Weise genau so präsentiert? Uns teils richtiggehend richtig voll mit der Schnauze reintunkt in den „Scheißhaufen"...?

Eigenverantwortung also...!?

Um noch zu einem wichtigen Punkt zu kommen... im Sinne einer Eigenverantwortung...

Soweit wir uns also im Leben irgendwann bei jenem Zeitpunkt finden, in dem wir unsere Eigenverantwortung leben...
...die im Zitat vorhin erwähnten „Schüler" sind unsere Kinder!

...Haben wir – sofern wir schon Kinder haben – auch unseren Kindern diesen Raum eingeräumt? Sie gelehrt, dies zu leben? Sich selbst zu erleben?

Oder haben wir uns vielmehr darauf konzentriert, sie einzig die Vorgaben einer Gesellschaft zu lehren…? Dem System zu entsprechen? Unsere Wahrheit zu akzeptieren?

Unsere – nicht ihre…!

Nur… und hiermit möchte ich zum letzten „Aufwärmpunkt“ überleiten…
…diese Eigenverantwortung…
…wie kann ich sie wirklich allumfassend tragen…? Leben…?

Am besten mit allumfassender „Liebe“…!?

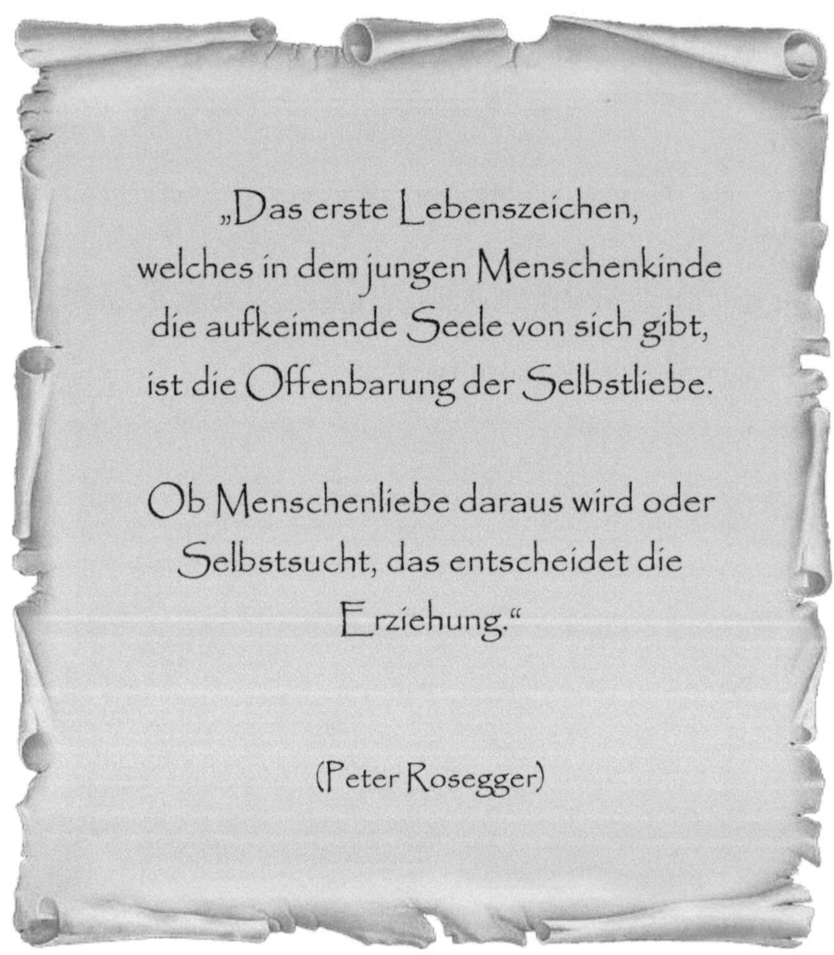
„Das erste Lebenszeichen,
welches in dem jungen Menschenkinde
die aufkeimende Seele von sich gibt,
ist die Offenbarung der Selbstliebe.
Ob Menschenliebe daraus wird oder
Selbstsucht, das entscheidet die
Erziehung.“
(Peter Rosegger)

IV - LIEBE

Mein Herz sagt mir, es ist grundsätzlich wie mit allem, dass uns zu tun, zu leben obliegt...:
Ich ... so auch Du... und jeder hier in diesem Menschenbund... kann etwas tun... mit Gram, mit Mangel, mit Angst... mit Ablehnung, Unfreude..., Unliebe...

Allerdings...
...wie wird ein „Ergebnis" dazu wohl aussehen?
Innen spiegelt nach Außen!

Was also ...
...wenn ich etwas tue...
...aus Bescheidenheit, aus Respekt, aus Dankbarkeit..., aus Freude an der Möglichkeit und Chance...
...aus, durch... und mit ...

...LIEBE... !?!?!?

Vielfach wird, wurde und wird Liebe heutzutage oft versucht zu kategorisieren. Festzulegen auf bestimmte Dinge, Verhalten, Gedanken...

Bestes Beispiel tritt jeden einzelnen Tag vor die Augen, ins Leben:
Liebe... oftmals nur mehr reduziert auf eine Beziehung, auf ein Tun oder Nicht-tun darin mit einem (!) anderen Menschen. Vielfach nur mehr beschränkt auf gegenseitigen Handel, auf Hoffnung oder gar Erwartung, dass der/die Andere mir gibt, erfüllt...
Auf eine Beziehung zu einem Tier – ja. Auch dafür „reicht´s" auch noch...

Doch was ist mit dem Sein ... an und in sich?
Kann ich es (nicht) lieben, am Morgen überhaupt die Augen aufzutun?

Mich nach einer Zeit des Schlafes (*oftmals auch als der „kleine Tod“ bezeichnet*) wieder zu spüren, bewegen? Mich selbst liebevoll begrüßen zu dürfen an einem neuen wundervollen Tag...!?
Aufstehen, Kaffee trinken, arbeiten, ja was weiß ich alles... tun zu dürfen. Im Falle des „Sahnehäubchens des Lebens“ einen geliebten Menschen neben mir „vorzufinden“...? Einfach alles - bis zum neuerlichen Einschlafen - in Liebe zu empfinden!?

Und selbst auch, wenn mir im Laufe dieses Liebens und Lebens „Arsch-Engel“ begegnen. Das Leben auf seine Weise, seinen Spiegel vor Augen hält...
...dies liebend und danken anzunehmen als Chance eines Erkennens, eines Annehmens...?

Auch wenn ich damit vielleicht so manchen jetzt eine Illusion nehme...
...den vielleicht noch vorhandenen „Glorienschein“ oder bisherigen Irrglauben, Vorstellung der Liebe ankratze oder gar zerbrösle...

Mein Herz sagt, dass LIEBE so dermaßen weit reicht, dass der Geist alleine es niemals zu erfassen vermag.

Und...
...liebe ist nicht immer nur Friede, Freude, Eierkuchen! Dieses hochgezüchtete Herumgetue.

Liebe umfasst ALLES!

Und grade auch so vermeintlich „dunkle Seiten“, Schatten wie eine Vergangenheit, bedürfen..., SIND Liebe!
Liebe schafft Bewusstheit..., Ehrlichkeit..., Verantwortung! Liebe bedingt, verlangt, erwartet, fordert nicht!

Denn entweder liebe ich... unvoreingenommen, unbedingt... oder ich tue es eben nicht!

Liebe stellt keine Bedingung!
Liebe verlangt nicht!

Oft wird heutzutage – grade in Beziehungen – so viel bedingt.
Wenn du dies und jenes tust, erfüllst... ja dann lieb´ ich dich.
Aber wenn nicht – dann gibt's Knatsch!

Erwartungs- und Forderungshaltung. Handel. Objektdenken. Bewertung. Abschiebung von Verantwortung!

„Du hättest ja inzwischen schon lange ... tun können!"

Austeilen ja – einstecken ... auf keinen Fall!
DAS aber ist keine Liebe!
DAS ist Handel! Unliebe!

Und damit liebe Leserin, lieber Leserin stehen wir nun genau „richtig" zum Eintauchen in das „Hauptthema" ...
...unsere Kindheit, unserer Vergangenheit!

Öffnen wir also nun so manche Zeitfenster ... und begleite mich nun auf die Reise in die Vergangenheit, den Ursprung... zu Deinem inneren Kind!

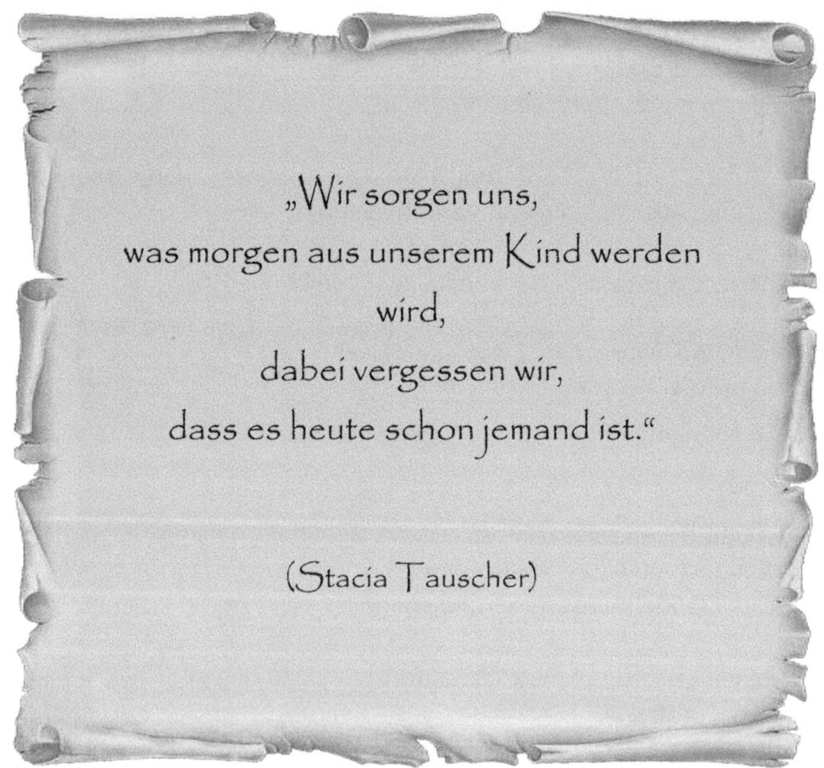
„Wir sorgen uns,
was morgen aus unserem Kind werden
wird,
dabei vergessen wir,
dass es heute schon jemand ist.“
(Stacia Tauscher)

Kapitel 1 –
Der „Eingang“ – Einleitung

Liebe Leserinnen und Leser!

Zum Buchinhalt kann ich´s wohl gar nicht oft genug wiederholen:

Sämtlicher Inhalt soll und darf keinesfalls als Be- oder Verurteilung von irgendjemandem oder irgendetwas verstanden werden!
Bestimmte Abschnitte – zum Beispiel, wenn es um ein Umfeld geht, wofür ja nach rein biologischem Ablauf schon z.B. nur Eltern in Frage kommen – sind hier kein Anprangern, kein Verurteilen!

Unsere Eltern – wie auch alle Anderen – taten, tun immer nach bestem Wissen und Gewissen! Sie haben es genauso nicht anders „erlernt", als wir auch! Sie konnten, können genauso wenig aus ihrer Haut, wie wir! Sie waren und sind genauso in einem mannigfaltigen System von Abgabe einer Verantwortung, einer Unbewusstheit und Bequemlichkeit verwoben, wie wir selbst!

Auch etwaige „sachige Ansagen" gegen eine Religion oder Obrigkeit jeglicher Art sind keine Verurteilung oder Anschuldigung. Jeder mag diese Dinge für sich halten wie er mag. Jedoch sind einige direkte Kommentare vonnöten, um die oftmals verfahrene Situation zu konkretisieren.
Nachdem dies also nochmals klar und eindeutig dargelegt ist, lass uns „losmarschieren"... auf unsere Reise!

Wie also bekommt man heutzutage... in einer ach so „erwachsenen Welt" noch Zugang zum inneren Kind?
Was ist ein inneres Kind überhaupt?
Lediglich Vorwand, Fiktion...? Oder oft allzu nüchterne Realität?

Das sogenannte „Innere Kind" nun darf „man" sicher nicht gänzlich 1:1 sehen. Mehr als eine Art Metapher.

Das „Innere Kind" wird einer modellhaften Betrachtungsweise von sogenannten inneren Erlebniswelten zugeschrieben. Diesen Erlebniswelten – und Du erinnerst Dich vielleicht an meine Ausführung zur Leistungsfähigkeit unserer Gehirne – werden so gut wie sämtliche Gefühle, Erinnerungen und Erfahrungen aus unserer gesamten Kindheit zugeschrieben. Zu diesen Gefühlen nun zählt das komplette Spektrum an Gefühlen im vollen Polaritätsbereich... von unbändiger Freude bis abgrundtiefem Schmerz, Glück und Traurigkeit, Liebe bis Hass und vieles mehr.
Auch zählen dazu natürlich auch Empfindungen aus Bereichen wie Neugier, Intuition. Und neuerlich – fast selbstverständlich – zählen

hierzu auch Gefühle wie Verlassenheit, Angst, Minderwertigkeit, Wut. Zusammengefasst also sämtliches Empfinden von Sein, Fühlen und Erleben.

In einer heutigen „modernen" Psychologie wird zur Aufarbeitung von diversen Konflikten in diesem Zusammenhang oftmals das „Ich" in zwei Teile „gespalten". Einerseits dem beobachtenden (*vermeintlich beobachtenden*) „Erwachsenen-Ich". Und andererseits dem erlebenden „Kindheits-Ich" oder „Inneren Kind".
Jedenfalls wurden in diesem Kontext verschiedene Ansätze von „Arbeit" entwickelt, um zumeist uralte seelische Wunden aus der Vergangenheit zu heilen, falsche und dysfunktionale Glaubens- und Lebensmuster zu erkennen und Probleme letztlich in eigener Verantwortung zu lösen. Und meines Erachtens höchst wichtig: einen liebevollen Umgang mit sich selbst – und dadurch mit Anderen – zu erlernen.

Wie wirkt sich nun dieses „innere Kind" auf uns aus? In uns aus?
Nur mal so eine kleine „Angelegenheit" aus dem täglichen Leben...:
Eifersucht!

Und ich spreche – auch wenn mancher Gedanke gleich einem Giftpfeil sofort in Richtung untreuem Partner oder Partnerin schnellen wollte – noch lange nicht davon! Neiiiin!

Noch viel früher! Selbst wenn Geschwister mittlerweile schon längst erwachsen sind... Da bekommt eines der Geschwister, oder das Nachbarkind z.B. etwas geschenkt... das Andere nicht. Oder nicht sofort. Ja wie oft zuckt da denn sofort ein Gedanke der Eifersucht hoch...!?!?
Vermeintliche Benachteiligung. Schlechterstellung. Ungerechtigkeit. Und noch so einiges mehr...?

Was also „reagiert“ denn nun hier in uns...?

Das erwachsene Ich?
Weit gefehlt!

Anderes Beispiel, dass mir immer wieder begegnet und hervorragend in die heutige Zeit, das heutige Tun passt:
Bekannte Plattform mit „Daumen nach oben“.
Menschen posten dort etwas. Mitunter auch Bilder mit Sprüchen.
Diese Sprüche nun – so fühle ich es – sind mitunter genau so gemeint, wie sich die jeweilige postende Person damit identifiziert.

Abgesehen davon, dass dieses Posten ja nun auch daraus begründet wird, in der Aussage, in der Meinung oder Einstellung letztlich eine Bestätigung zu erhalten. Soweit ja alles o.k.
Aber ... hier äußert sich durchaus schon der erste Ansatz des kindlichen „Geltungsdranges“. Geschaffen vor langer Zeit. Aufgrund gefühlten, erschaffenen Mangels. Angst.
Wieso Mangel? Wieso Angst?

Ja selbstverständlich!
Weshalb denn bräuchte man sonst die vielen „Likes“ als Bestätigung!?

Weiter also.
So. Wenn dann nun zum Beispiel jemand wie ich auf den Plan tritt, und offen zutage tretenden Meinungen, Forderungen, Vorstellungen, Erwartungen (*ebenfalls kindliche Attribute*), nun einzig andere gedankliche Möglichkeiten gegenüberstellt..., anregt, manchmal provoziert, mal über den eigenen „Tellerrand“ hinauszusehen...
...dann... ja sieh einer an... dann explodiert da mitunter förmlich auch ein Pulverfass, an schön alteingebrachten, eingelagerten, verdrängten Emotionen!

Man wird gleich beschuldigt, be- und verurteilt, gesperrt, hinausgeworfen… und noch so einiges mehr!

Ist das eine sogenannte „erwachsene Reaktion"…?

Ebenso weit gefehlt! Der Verstand – ein Ego – tut nur so, als ob. Verdreht die Wahrnehmung. Spielt uns was vor. Rechtfertigt sich im Angesicht des drohenden Verlustes einer vermeintlichen „Kontrolle"…

Da reagiert – und das mehr als prompt – das „Innere Kind"! Jenes Kind, welches in früher Zeit gleiche… oder ähnliche „Erfahrungen" gemacht hatte…
Die jedoch bis heute nie jemand geklärt hat!

Was könnte nun schon in Kindheit zu solchen Erfahrungen geführt haben?

Wenn zum Beispiel Kinder kurz nacheinander zur Welt kommen, kann man sehr oft beim „älteren" Kind teils deutliche Eifersuchtstendenzen bemerken. Das „jüngere" Kind benötigt ja jetzt mehr Aufmerksamkeit der Eltern. Vielfach nun wird diese Tendenz noch seitens der Eltern „unterstützt", da ja laut deren logischem Erwachsenendenken eben das „ältere" Kind eben schon älter ist. Schon größer. Nicht mehr so abhängig. Selbstständiger usw. usw. usw.

Solche Dinge wie mit dem Post auf der Plattform. Da wurde wörtlich geäußert: „Warum zerfetzt du meinen Post so derart?"
Rechtfertigung … bla bla bla… man bietet an, ja nicht kommentieren zu müssen… Gleichzeitig aber spricht man davon, dass es hier um Gedanken und Gefühle, um Austausch zu diesem Thema ginge…

Was nun also?

Als Erwachsener selbst,
bemerkt man dieses unbewusste Verhalten offenbar nicht.

Das Kind aber, dessen „Antennen“ noch nach allen Richtungen sehr offen sind, das – in jungen Jahren auch in Ermangelung des Verständnisses einer Sprache oder deren umfassender Bedeutung – das Meiste für sich nur aus Mimik, Tonfall, Verhalten entnimmt...
...oooh... hier liegt also „der Hund begraben“!

Näheres dazu aber später!

Das „Innere Kind“... und dessen gesamtes Empfinden vom Sein, Fühlen, Erfahren!
Dieses „Innere Kind“ nun ließ sich durch jegliche Erziehung, Schulung, Ausbildung nicht zum Erwachsenen erziehen, schulen, ausbilden. Auch wenn es äußerlich den Anschein erweckte...

Genau dieses „Innere Kind“ ist nun im Heute..., bis zu dem Zeitpunkt, wo wir diesen Körper wieder verlassen, aktiv.

Wir glauben nur, dass durch alle möglichen Schulungs- und Erziehungsmaßnahmen, durch die diversen Ablenkungsmöglichkeiten einer Freizeitgesellschaft dieses Kind zum Schweigen gebracht wäre. Wir wurden zur Unbewusstheit erzogen. Zum Reagieren. Angepasst!

Noch als anderes Beispiel des „Inneren Kindes“:
Denk doch mal an eine Situation, wo du so richtig bockig wurdest, so richtig richtig stinkig, „pitzelig“...

Versuch Dich mal zu erinnern, hineinzufühlen, wie es als Kind war...
...als Du so richtig pampig warst...
...als Du was nicht bekamst, was Du wolltest...!

Und jetzt – als „Vergleich“:

Du bist im Supermarkt, jemand drängelt vor und klaut Dir just das letzte Teil genau vor der Nase aus dem Regal ..., jenes Teil, auf das Du heute ... oder schon länger... schon sooooo ´nen Bock hattest...

Alles klar? Siehst... bzw. fühlst Du sogar die Parallelen?

Erwachsen sind wir also.... Hmm?

Was nun ließe sich aus dieser bisherigen Darlegung schließen?

Könnte es nun mit meiner Vorgabe ... im Moment zwar noch nicht komplett verständlich... aber dennoch, sehr naheliegen, dass die Verletzungen in uns, allesamt schon sehr früh entstanden...?

Wir nur – mangels „richtiger Erziehung" – mangels Vorbild, Referenz, nicht erlernen konnten, eher „richtig" damit umzugehen...?
Dass dieses nahezu gesamte heutige Konfliktpotential eigentlich auf einer nie wirklich aufgearbeiteten Kindheit, deren unwahren Glauben und Gedanken beruht, welche wir bis heute nicht annehmen und loslassen konnten...?

Dann lass uns doch vielleicht grade heute damit beginnen!

Oder wie lange möchtest Du´s noch vor Dir herschieben?

Eines möchte ich der Vollständigkeit halber jedoch festhalten:

Es geht mir keinesfalls darum, das „Innere Kind“ nun endlich erwachsen zu bekommen! Oh nein!

Denn – ich liebe durchaus auch die kindliche Seite an mir! Auch wenn wir im täglichen Leben scheinbar für Kindlichkeit keinen Platz zu haben scheinen – zumindest nicht als Erwachsener...
...so hielte ich doch gerade dieses für unersetzbar!

Hast Du Dir in letzter Zeit mal erlaubt, so richtig kindlich zu sein?

Herum zu kaspern, sich womöglich auch mal „einzusauen“ (zu Deutsch: tierisch schmutzig zu machen)...
...einfach eben mal von allen sogenannten Erwachsenenregeln abzukoppeln und Kind zu sein...

Unbezahlbar!

(Kinder spielen „Piraten“)

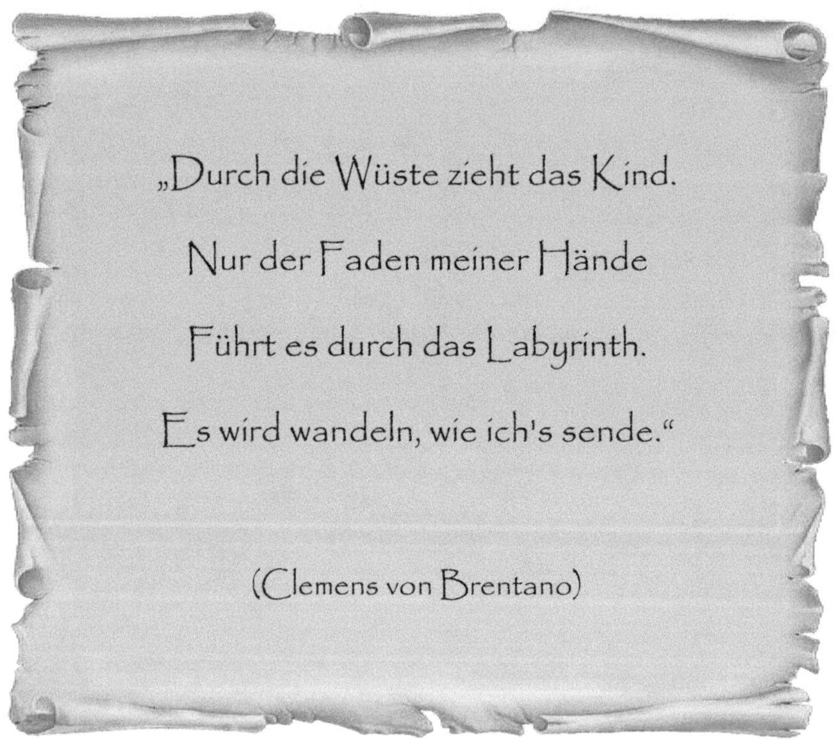
„Durch die Wüste zieht das Kind.
Nur der Faden meiner Hände
Führt es durch das Labyrinth.
Es wird wandeln, wie ich's sende.“
(Clemens von Brentano)

Kapitel 2 – Vorgeburtliche (*pränatale*) Prägung

Hier nun wollen wir uns nun dem Ernst des Themas widmen. Es gilt hier schon das erste „Minenfeld“ am Weg zum Ich zu überqueren.

Heutzutage ist auch eine Forschung und Wissenschaft längst so weit, dass diese untermauert, dass ein Kind noch VOR seiner Geburt die ersten Erfahrungen macht – sogenannte „pränatale Erfahrungen“.

Ich denke, ich muss hier keinen Biologievortrag halten, um damit konform zu gehen, dass das Kind im Mutterleib mit der Mutter direkt verbunden ist. Egal also, was die Mutter empfindet, erlebt, hinterlässt nicht nur bei ihr selbst „Spuren“, sondern auch bei ihrem ungeborenen Kind.
Ob die Mutter also nun himmelhoch jauchzend auf Wölkchen 7 schwebt, oder völlig frustriert in ihrem Leben siecht... das Kind bekommt es mit! Alles! Sozusagen feststofflich wie feinstofflich!

Es geht in dem Sinne sogar soweit, dass das Kind auch alles aus dem Umfeld mitbekommt. Sei es von Geräuschkulissen... bis hin zu Einstellungen von Menschen, die diese ja in gewisser Art äußern. Vor allem weise ich „ganz bewusst“ auf die unbewusste Kommunikation hin!

So.
Und da möchte ich jetzt gleich einmal ganz gravierend „einhaken“!
Wie auch Dir vielleicht schon einmal in Medien, Büchern, Erlebnissen u.v.m. begegnet ist, hat der Mensch zwei Arten zu kommunizieren.
Nein.
Nicht nur mit Sprache... und mit Händen/Füßen... Gestik also.

Bewusste Kommunikation also – wo ich nun eben alles zuvor Genannte einreihe.
Vor allem meine ich die vorhin erwähnte unbewusste Kommunikation!

Ja freilich – mancher mag nun Gestik, Mimik dazu zählen. Mag schon sein. Soo leicht ist es aber nicht...

Ich möchte hier definitiv noch tiefer gehen!

Ob nun als spiritueller Hokuspokus verunglimpft oder nicht... der Mensch besteht – mittlerweile auch sogar wissenschaftlich hinterlegt – aus Energie. Energie, die sich in Form des menschlichen Körpers manifestiert hat. Energie, die sich in Wellenform ausbreitet.

Es gibt nun auch verschiedene Muster, Ebenen, Wellenformen der Energie!
Und ich behaupte nun einmal, dass – grade Babys – sehr stark in der Lage sind, diese verschiedenen Wellen von Energie wahrzunehmen. Sprechen können sie ja noch nicht!

Auch wir Erwachsene könnten... wenn wir „wollten". Aber das wurde ja auch nie in eine sogenannte „Erziehung" eingebracht...

Zurück aber zum Baby!
Wenn sich da nun also im Elternhaus, im Umfeld Dinge abspielen und untermauern, die einer nüchternen Auffassung vermitteln, dass das Kind „ungelegen" käme... um es mal vorsichtig auszudrücken...

Dann wird das Kind das spüren!

Folge mir nun mal auf diesen Gedankenversuch...
...und probiere Dir jetzt mal vorzustellen, Du bist nicht gewollt. Unpassend. Mehr ein Hindernis - denn eine Freude...

Wie fühlt sich das an für Dich?

Erinnert Dich das jetzt womöglich an etwas? Auch wenn Du´s mit Worten, wirklichen Erfahrungsgedanken nicht genau definieren kannst...?
Tolles Gefühl...?
Und wenn es da etwas in Dir berührt... willst Du am liebsten gleich fluchtartig los? Gleich anderes Thema...?

Selbst wenn es nichts berührt... es heißt noch nichts!

Denn entweder hat es – im „glücklichen Fall" – tatsächlich nicht stattgefunden...
...oder im „unglücklichen Fall" hast Du Deine kindliche Gabe so derart voll ausgespielt, dass es möglicherweise auch nie wieder etwas berühren kann. Zumindest nicht bewusst. Dazu aber später noch mehr...

Erlaube mir aber noch eine Frage dazu vorweg: An wieviel kannst Du Dich von Deiner Kindheit noch erinnern?
Versuche mal kurz, ein paar Erinnerungen – vor allem zeitlich in Richtung Geburt gerichtet – zu erhaschen... und behalte sie kurz im Speicher...

Das ungeborene Kind bekommt also durch die Außenwelt schon die Weichen für seine Zukunft gestellt!

Laut durchgeführten Studien der kanadischen Universität Lethbridge also, nimmt der Fötus beispielsweise über die Hormone der Mutter wahr.
Äußerliche Beeinflussungen wirkten sich auf Sprachentwicklung des Kindes aus.

Emotionale Beeinträchtigungen der Frauen zum Beispiel, schlugen sich bei den Kindern später auf verstärkte Ängstlichkeit, zum Teil auch Aggressivität nieder. Es wurden – so laut Forschungsstudie – regelrecht die Gene der Kinder verändert.
Dem aber noch nicht genug, wurde herausgefunden, dass diese Genveränderung über Generationen hinweg, weiter gegeben werden können... und wurden.
Und... wenn man nun zum Beispiel festgestellt hatte, dass bei dieser generationenübergreifenden Weitergabe bei den Nachfolgegenerationen eine vermeintlich höhere Stressresistenz vorlag, dann war dies absolut kein wirklicher Grund zur Freude!
Denn wer schnell auf Stress reagiert, hat einen höheren Blutdruck. Ein guter „Futterverwerter" legt schneller Fett an. Beides also bekannte Risikofaktoren, die für viele Volkskrankheiten wie Herzinfarkt u. dgl. maßgeblich sind.

Und nun als erinnernde Frage an Dich liebe Leserin, lieber Leser...:

Ist es noch verwunderlich, dass im Heute vieles so ist, wie es ist?

Wie kommt es, dass die Bekanntesten dieser sogenannten Volkskrankheiten ausgerechnet „Herzinfarkt, Gehirnschlag" u. dgl. heißen...?
Immer noch nur dummer Zufall? Nur Hirngespinst...?

Dämmert es womöglich schon, was die Vergangenheit da „angerichtet" hat...?

Jetzt mal ein kleiner Rückblick in mein vorgeburtliches Dasein...

Meine Eltern waren damals beide berufstätig. Beide hatten sich Berufe in der Gastronomie bzw. Unterhaltung/Entertainment „ausgesucht".

Keine Berufe, bei denen man hinlänglich Familienleben leicht in Einklang bringt.
Gut. Laut späteren Berichten meiner Eltern aber nun war ich ein Wunschkind. Zumindest meiner Eltern. Trotz des nicht gerade rosigen Umfeldes bzw. heutzutage auch „Infrastruktur“ genannt. Es gab nur eine winzige „Wohnung“. Geld... nun sagen wir so: meine Eltern waren nicht unbedingt mit Geld überhäuft.
Ich behaupte nun aber einmal nach einem folgenden Gespür, dass einfach vieles chaotisch war. Nicht alles so „wunschgemäß“ verlief, wie man mir zuletzt weismachen wollte... Ja, es kam offenbar sogar soweit, dass damals das Jugendamt mehrfach vorstellig wurde, da man die Meinung vertrat, dass unter diesen Gesamtumständen nicht wirklich ein behütetes Elternhaus vorhanden sein könne...

Aber dann ging es noch im Umfeld los.
Mein Vater war „Liebkind“ – das „Burli“. Meine Mutter - laut seinen Eltern - nicht wirklich gut genug. Sie stammte ja von Eltern aus der Nachkriegs- oder Flüchtlingsgeneration.
Dann auch noch ein Kind! Die Schwiegereltern mit der Heirat schon nicht einverstanden, dann das Kind sicherlich nur, um meinen Vater zu knebeln.
Von anderer „Eltern-Elternseite“ mütterlicherseits gab es eben auch „Vorbehalte“. Denn der Vater. Ein Musiker? Halt doch mehr Frauenliebling, Gigolo...? Etc. etc. etc....

Es ging also schon durchaus in jene Richtung, die ich zuvor erwähnte. Stress... na wenn es DEN damals nicht zuhauf gab...!?
Spätere Erzählungen von „Außerhalb“ nun rundeten das Bild ab, dass doch eine gewisse ... ach wie nannte und nennt man das heute sogar noch gleich... „Überforderung“ ... vorgelegen haben dürfte.

Bis hin zu meiner Geburt dann schließlich... als beinahe 10-Monats-Kind. Ich – mit 58 cm - der größte „Lulatsch“ der gesamten Klinik... meine Mutter ein doch zartes „Frauchen“ mit 1,65 und knapp 50 Kilo.

Sie wollte es wohl so „packen"... was aber natürlich auch Stress pur war...

Das alles klingt nun nicht sooo aufregend. Wohl wahr. Heutzutage vermutlich „leichter" zu managen...

Damals... vor mittlerweile 48 Jahren... na... da war man wohl noch „nicht ganz so weit". In jeglicher Hinsicht.
Vielleicht haben sich Möglichkeiten, was die Unterstützung beim Geburtsvorgang selbst angeht, geändert.

Jedoch vielfach nicht die Einstellungen der Menschen!
Abneigung ist und bleibt Abneigung. Und so weiter ... und so weiter...
Hattest Du lieber Leser, liebe Leserin je die Möglichkeit, diesen Bereich einmal mit Deinen Eltern anzusprechen?
Gar den Mut dazu, das Interesse dazu? Die Möglichkeit dazu?

Ich persönlich hatte es ein oder zwei Mal versucht. Die Auskünfte, die ich erhielt, waren eher spärlich. Und jene die ich erhielt, glichen sich mit so manchen späteren Verhalten nicht im Geringsten...
Erst diesen Jahres, bekam ich mal alte Bilder, Dias (*also Filmpositive im Plastikrähmchen*) aus meiner Kindheit in die Finger. Eines dieser Bilder habe ich in meinem Buch verwendet.

Nur...ob ich darauf wirklich soooo glücklich schien...?

Mittlerweile leben meine Eltern nicht mehr. Ich kann nur mehr meinem Herzen vertrauen... und jenen Erinnerungsfetzen, die noch vorhanden sind.

Egal also, was im Außen geschieht oder geschah... es prägte uns noch vor Beginn des eigentlichen Lebens!

Und...

...meine Eltern gaben und taten das Beste, das sie zu jener Zeit konnten! Sie konnten auch nicht raus aus ihrer Haut!

Von Herzen Respekt, Dank und Anerkennung an Dich Mum und Dad!

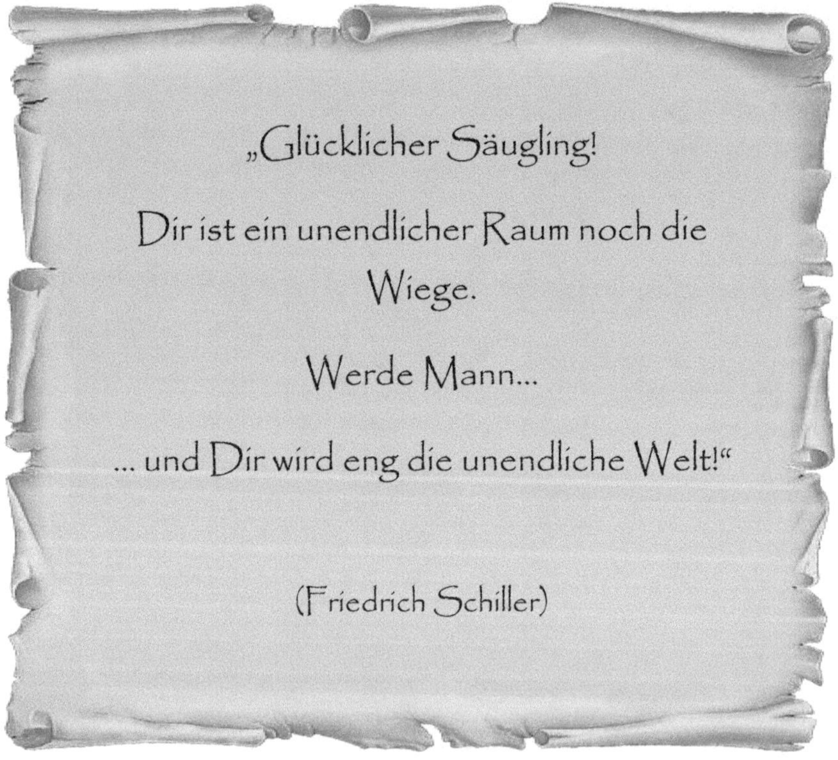
„Glücklicher Säugling!
Dir ist ein unendlicher Raum noch die Wiege.
Werde Mann...
... und Dir wird eng die unendliche Welt!“
(Friedrich Schiller)

Kapitel 3 –
Oh, das Baby ist da! Hurra!

Es war also soweit! Die Geburt stand an!

Und jetzt muss ich da mal ein wenig ausholen, ohne jetzt etwas entschuldigen oder rechtfertigen zu wollen...

Nimm mir... vor allem Du liebe Leserin... meine folgenden Worte nicht allzu „krumm"...!

Das Leben..., die Natur... hat es offenbar so bestimmt, dass Frauen die Kinder zur Welt bringen. Wir Männer haben dazu einen hoffentlich zwar erregenden, schönen kleinen Moment beigetragen... Aber das war´s dann auch!

Das Kind wächst im Mutterleib heran. Da stehst du als Mann teils völlig außen vor. Es war, ist und wird immer ein „Ding" sein, auf dem ein Mann gedanklich, gefühlsmäßig (*wie auch immer dies geartet ist*) niemals folgen kann! Es IST so.

Deshalb – und deswegen vorhin die Erwähnung mit „keine Entschuldigung oder Rechtfertigung – nimm es als Frau den Männern nicht übel, wenn sie Dir als Frau, hier nicht folgen können!

Bei meinem Sohn nun hatte ich die Ehre *(in der heutigen Zeit ohne weiteres möglich*), bei der Geburt dabei zu sein! Und ich sage Dir...: ich hab´s erst begonnen zu raffen... als mir die Hebamme schlussendlich diesen kleinen Knopf dann in die Arme gelegt hatte...
Geistig lief da alles nur mehr auf Leerlauf... Aha... DASSS ist also jetzt mein Kind. Wie das denn?

Auch wenn mir mein Junior nun bis heute so einiges Kopfzerbrechen in manchen Dingen bereitet... aber ich liebe ihn.
Allerdings... es kann nichts in der Welt diese Phase der „Entstehung“ irgendwie plausibel machen. Das Kind war dann da. Es kam aus der Frau, mit der es gezeugt wurde. Punkt. Du hast als Mann nicht diese Bindung einer Frau. Geht einfach nicht. Als Mann bist Du nicht schwanger!

Wenn man nun versucht, sich mal diesen Geburtsvorgang vorzustellen...
Nicht vom biologischen Ablauf. Ich glaube den kennen wir soweit alle.

Vielmehr vom seelischen Ablauf. Zuvor ... seit wirklichem „Anbeginn“ in warmer behüteter Umgebung *(zumindest im „Normalfall“)*... dann plötzlich kalt, stressig, weg von Mama. Trennungsschock hoch Zehntausend!
Was mag ein Kind dabei zu empfinden...? Muss dieser an sich natürliche Vorgang, für dieses kleine Bewusstsein nicht der absolute Schreck sein? Kann dies ein Kind teils traumatisieren?

Beide Fragen würde ich mit einem klaren „Ja“ beantworten.

Vor allem: Ein Baby wird Dir wohl kaum sogleich mal einen ordentlichen Vortrag halten, was es denn nun davon hält! Es kann sich noch gar nicht ausdrücken. Muss also zudem mit seinen (*doch sehr geringen*) Möglichkeiten letztlich alleine mit dieser Situation zurande kommen!

Sozusagen... kaum auf der Welt – und schon „alleine gelassen“!

Wie oft kommst Du Dir – wenn´s eng wird – heute alleine vor...?

Für uns als Erwachsene nicht mehr vorstellbar! Längst vergessen und verdrängt!
Und: aufgrund dessen, dass es ein Neugeborenes ist, kann mal als Eltern auch keinen Aufklärungsvortrag leisten, um dem Kind mal darzulegen, was da eben passiert ist...
Es liegt in der Natur, dass dies hier so abläuft, wie es abläuft.
Selbstverständlich: man kann dem Baby dann den unbestritten notwendigen Körperkontakt geben. Liebe schenken!

Wie dem auch sei...
...wenn man aber nun die Babys betrachtet...

Sie kommen auf diese Welt als „unbeschriebenes Blatt".
Fast unbeeinflusst. Fast – wir erinnern uns an voriges Kapitel.

Ich will hier nicht extra in irgendwelche spirituelle Annahmen von wegen Reinkarnation und Sonstiges abschweifen. Ich hielte sie grundsätzlich für möglich... will aber nicht näher drauf eingehen. Dazu glaube ich, nicht berufen zu sein.

Da haben wir nun also dieses kleine Wesen... vermeintlich ja noch nicht fähig, etwas um sich herum wahrzunehmen.

Sollte da nun also im Falle der „Fortsetzung" des Verhaltens des Umfeldes aus der Schwangerschaft, weitere Beeinflussung gegeben sein, weitere gar negative Energieschwingung...
... dann wird das kleine Kind dies weiterhin wahrnehmen. Übernehmen! Das Kind wird in eine solche „Szenerie" hinein geboren.

Wird sie mitunter später ganz normal finden. Von einem Verhalten angefangen, bis über Wortwahl, Ausdrucksform etc. etc. Es bekam ja nie etwas Anderes zu sehen, zu er-leben!

Das Kind saugt alles auf wie ein Schwamm!

Es hat ja keine Referenzwerte! Keinen „Mentor“ auf der Schulter sitzend, der aus dem Hintergrund ständig aufklärt! Diese „Vergleichswerte“ werden vom Kind erst später (*z.B. Pubertät*) bemerkt.

Allerdings ist das Baby in seinem Sinne auch sehr schlau!
Denn... dieses kleine Wesen interagiert sehr genau und gewitzt auf seine Möglichkeiten, angepasst mit den Eltern, dem Umfeld!
Ein großer Irrtum... eine große Unterschätzung der Erwachsenen liegt oft darin, eben diese Interaktionen zu unterschätzen! Ist ja nur / noch ein Baby!

Nur... dass die Erwachsenen diese Art der Kommunikation, Interaktion längst verlernt haben... ja ach so toll zu sprechen gelernt haben... Gesamte Kommunikation, Interaktion jedoch viel umfassender geschieht... tja... Unbewusste Kommunikation – erinnere Dich!
Das kleine Kind hat somit auch sehr bald kapiert, wie es die Erwachsenen sozusagen „um den Finger wickeln“ kann! Oh ja! Warum auch nicht? Kennt das Kind schon so etwas wie „Skrupel“, „Schuldbewusstsein“... oder dergleichen?
Es möchte. Punkt.
Hier dann beginnt also der Punkt der vermeintlichen Erziehung. Der Anpassung an das System der Erwachsenen.

Wir als Eltern wollen ja immer nur „das Beste“ für unsere Kinder!
Doch...
...worauf basiert diese Annahme „des Besten“...?

Auf irgendwelchen Vorgaben, Gesellschaftsregeln, eigenen Erfahrungen und noch viel mehr von diesem ganzen Brei, die jedoch nicht das Leben des Kindes darstellen!

Welche nicht das Kind SIND!

Dieses sogenannte „Beste“ wurde und wird doch niemals mit dem Kind abgeglichen!

Wiederum: ja – das Kind kann sich mitunter noch nicht so ausdrücken. Sich schon gar nicht so positionieren!

Kennst Du den Spruch noch: *„Solange Du Deine Füße unter meinen Tisch stellst…!“*…?

Wer bitte nimmt ein Kind denn wirklich für voll???

Es ist ja nur das Kind, dass noch lernen muss, damit aus ihm etwas wird! So sieht´s aus!

„Passe Dich an – sonst hast Du´s schwer im Leben!“
„Das Leben ist kein Wunschkonzert!“, „Kein Ponyhof!“
„Im Leben muss man sich alles erst verdienen!“

Erneut die Frage an Dich:

Wird Dir mitunter langsam und vorsichtig klar, was die Vergangenheit in Deinem Jetzt noch immer bewirkt?

Welche Chance Du im Jetzt jedoch hättest…?

„Man kann in Kinder nichts hineinprügeln,
aber vieles herausstreicheln.“
(Astrid Lindgren)

Kapitel 4 – Berührung – „Organ Haut“

Nun lieber Leser – liebe Leserin… ich möchte hier ein Kapitel einflechten, welches sich auf einer Zeitlinie… und somit auch im thematischen Fortgang dieses Buches, frei vor- und zurückbewegen ließe.
Es ist ein Kapitel, ein Bereich, ein Thema…
…ja letztlich ein Erleben und eine mögliche, sehr tiefe Prägung für das Leben, was Berührungen angeht!

Ich darf also – in diesem Sinne neuerlich einmal zum Anfang zurückführen. Gar vor den „Anfang“…

Hast Du schon Kinder?

Die Natur, die Schöpfung hat hier neuerlich das Privileg der Frau zugedacht, dass das Kind in ihr heranwachsen darf.
Was also soll ich nun – an sich – einer Frau groß drüber berichten, was „Berührungen“ anbelangte…?
Jeder noch so herzlich gemeinte Versuch, würde mich als Mann scheitern lassen… Doch es ist gut so.

Als Mann nun habe ich aber durchaus auch die „Möglichkeit“, einem heranwachsenden Kind bereits Berührung zu geben.

Just an dieser Stelle fällt mir da die Erzählung meiner Frau ein, als sie mit ihrer Tochter schwanger war…
Der Kindesvater (*der ich ja nicht bin*) hatte sich damals nicht sonderlich – wenn überhaupt – um Kind und Mutter bemüht. Anstelle dessen versuchten, die Eltern meiner Frau mit Rat und Tat zur Seite zu stehen.

Und wie jedes Kind nun, bewegte sich die kleine Prinzessin im Mutterleib.
Nun begab es sich mitunter, dass mein Schwiegervater oftmals nur ruhig sprach..., vielleicht auch mal etwas sang... Und jedes Mal, wenn dies stattfand, so wurde das sonst recht quirrlige Prinzesschen sehr schnell ruhig. Fand es offenbar sehr wohltuend.

Ich muss also nicht mit irgendwelchen Studien um mich werfen, als vielmehr aus dem Leben, der Praxis zu wissen, dass der Einfluss eines Vaters, dann sehr wohl... und wichtigen Einfluss auf das Kind haben kann und wird!
Einem Vater ist es vermutlich ja durchaus zusätzlich nicht verwehrt, zumindest mit der Hand den Babybauch der Mutter zu berühren, zu streicheln...
Ein Baby spürt das!!!
Berührung also schon von wirklichem Anfang an!

Ebenso verhält es sich natürlich auch im weiteren Heranwachsen des Kindes!
Wie es ein „Praktiker", Prof. Müller-Oerlinghausen, so treffend inhaltlich formuliert:

„Die Haut ist das Organ, an dem unser Selbstbewusstsein, unsere Identität hängt!"

Nun. Ich glaube, wir müssen hier nicht näher ausführen oder erläutern, dass die Haut schon lange als weiteres „Organ" gesehen wird. Es bedeckt mitunter auch unseren ganzen Körper!

Und jetzt wage ich mich mit den folgenden Gedanken, auch mal unter Deine Bekleidung... „Uhuuuuuuu....!" ...

Zuckt da womöglich sofort ein leicht panischer Gedanke hoch: „Weshalb fasst mich jemand an?“ oder in dieser Art? Ist der Autor hier ein Perversling, ein Grapscher?

Dann gehe innerlich aber soooooofort mal auf den großen Button namens „STOP“!
Solche Gedanken wären eindeutiges und ganz klares Zeichen, dass Du mit Berührungen ein teils massives Problem hast! Letztlich dies vielleicht aus einstig entstandenem, erschaffenem Mangel herrührt! Berührung ist für Dich „fremd“ geworden und erschafft Angst. Berührungsangst.

Ich möchte Dich – wenigstens für einen Moment - gedanklich genau von jenen Automatismen, Grundsatzgedanken, Einstellungen wegführen. In eine vermutlich ungewohnte Richtung...

Mit diesen Berührungen unter Deiner Bekleidung, meine ich jetzt nicht, Berührungen durch eine außenstehende Person.
Oder mal eben kratzen, weil´s noch vom nächtlich terrorisierenden Moskito juckt...

...sondern einfach mal nur so, aus Genuss, aus eigener Zuwendung...

...eine sanfte, liebevolle Berührung ...zum Beispiel Deines Nackens..., Deiner Schultern...

Deines Körpers...
...vor allem ... durch Dich selbst...!

Wie gut fühlt sich denn – im Hier und Jetzt – eine Berührung Deiner Haut an...?

Läufst Du, wir vorhin angedeutet, gleich einer hochgescheuchten Tarantel, gleich davon...?
Oder stellen sich da durchaus Gedanken ein, wie zum Beispiel: „Ach wie angenehm wäre da jetzt doch eine kleine Massage...“? Oder auch durchaus eine zärtliche Berührung von .... Oder mehr...?
Das überlasse ich jetzt völlig Dir...!

Ist eine Berührung also unangenehm ... oder angenehm für Dich...?

Ich kehre also nun wieder zurück zu unserem Kind...! Wie sollte es jemals für ein Kind anders sein? Selbstverständlich lechzt ein Kind oftmals förmlich nach Berührung! Nach Körperkontakt.

„Meine“ Kleine wurde letzten Herbst nun 10. Aber auch sie sucht immer wieder die Nähe der Eltern. Sogar auch von mir..., obwohl ich noch nicht allzu lange (*5 Jahre kennen wir uns*) die Papa-Rolle übernehmen durfte... Auf ihren Wunsch hin.

Es ist also mitunter ein höchst prägendes Thema, mit den Berührungen. Sowohl im Positiven – als, wie Vieles im Leben – auch im negativen Sinn.

Und hiermit möchte ich die zuvor gestellte Frage noch einmal mit einbeziehen.
Denn es scheint – grade in der heutigen Zeit – das Thema der Berührung, ein sehr Angespanntes, Heikles geworden zu sein!

Ich möchte nun hier nicht solche schwer hinkenden „Vergleiche" betonen, bei denen es definitiv um Belästigungen, oder noch übler gar Gewalttaten geht. Dies steht völlig außen vor!!!

Aber doch grade mal ein Bereich, welcher mir in einem der letzteren Urlaube auffiel:
Da saß ein junges Pärchen auf einer Parkbank. Und die küssten sich. In der Öffentlichkeit. Nicht nur ein bisschen „Bussi-Bussi"... sondern durchaus leidenschaftlich.

Na frage mal nicht nach Sonnenschein, was da wohl in so mancher Passanten Gehirnen ablief... Die Gesichter dazu sprachen Bände! Bedurften an sich keiner weiteren Erläuterung mehr!
Was für ein Affront! Küssen – in der Öffentlichkeit!
So nach dem Motto: „Haben die denn kein Zuhause...!?" Den vermutlichen Rest der sich abzeichnenden Gedanken, unterlasse ich jetzt wohl...

In gewisser Weise also eine Art Ekel? Anstoß? Scheu vor Berührung? Zumindest nicht in der Öffentlichkeit?
Wie kommt das?
Und dazu drehen wir – parallel sozusagen – gleich noch den Spieß um: Wie kommt es, dass man sich davor scheut, es selbst zu tun???

Weil man es vielleicht selbst schon bald verlernt hat, Berührung zu erhalten, anzunehmen? Nie wirklich selbst bekommen hat?

Haben sich Dein Vater und Deine Mutter in aller Öffentlichkeit mal so richtig geküsst...? Nicht nur Bussi-Bussi... sondern so richtig richtig...?

Meine nicht.

Wieder ein weiteres, extrem simples und vielleicht unbedeutend scheinendes Beispiel für Dich lieber Leser, liebe Leserin:
Kind geht mit der Mutter auf der Straße.
Nun. Kinder folgen oft einem inneren Impuls (*lassen wir das „Motiv" dazu jetzt mal völlig außen vor!*), und reichen den Erwachsenen die Hand. So auch dieses Kind. Es möchte die Hand der Mutter ergreifen. Kontakt haben, spüren.
Was macht die Mutter?
Zieht / nimmt ihre Hand weg und steckt sie in die Jackentasche!
Ich will dieser Mutter nun beileibe nicht unterstellen, dass sie das absichtlich tut oder tat!

Doch neuerlich – versetzen wir uns doch in die Lage des Kindes!!!
Und hättest Du dieses Kind in jener Sekunde beobachten können! Alleine dieser Ausdruck! Ich konnte jene Gedanken und Gefühle wahrlich hören, fühlen! Gedanken und Gefühle, die nun genau in jene unwahre Richtung entstanden, abdrifteten... das Kind in jenem Moment prägten!
Woher konnte ... und kannte ich dies wohl...?!

Ja wie dann sollte man auch etwas sowohl erkennen – oder auch weitergeben, was man nicht oder nur wenig bekam, erlebte, erfühlte? Sollte es ausgerechnet thematisch jetzt bei Bewusstheit, Verantwortung, Respekt, Liebe „aus der Reihe tanzen"... also anders sein?

Das gab es mitunter – in vielen Bereichen des kindlichen Tun´s...

„Das macht „man" nicht!"

„Das gehört sich nicht!"

„Stör mich jetzt nicht!"

Und wiederum vermutlich noch eine Menge mehr an „Ansagen“, oder „Verweigerungen“ eines Umfeldes in einer kindlichen Entwicklung.

Ich verweise jetzt vorsichtshalber nur nochmals auf das Zitat zu diesem Kapitel…!
Noch folgende Kapitel könnten aber hier noch mehr Einblick erlauben…

Kennst Du das vielleicht auch noch? Sickert da was…?
Hat man eher hineingeprügelt… oder hinaus gestreichelt…?

Ich mein – die hatten da ja auf der Parkbank nicht Sex! Sie küssten sich nur! Na und…?

Und wenn schon: Wer´s letztlich nicht sehen will, braucht doch nicht hinzugucken in Gottes Namen…! Und wen geht´s denn überhaupt etwas an…? Dass ist doch deren beider Angelegenheit… und nicht die des „Zusehers“! Ganz genau genommen.

Wer sagt denn…, wer besitzt denn überhaupt das Recht zu sagen „Das gehört sich nicht!“…? Oder „das macht man nicht!“?
Was spräche hier vielmehr daraus?

Eigene Unbewusstheit, Unverantwortlichkeit – ich mischte mich in die Angelegenheiten des Anderen! …. Eigener, nie gestillter Mangel…! Angst … und sei es nur Neid, selbst „zu kurz zu kommen“…!

Oooooohhh…

Es scheint in der Gesellschaft zusehends ein „Tabu-Thema“ geworden zu sein, Zuneigung – oftmals ausgedrückt durch Berührung – in einer Öffentlichkeit zu zeigen.
Insgesamt scheint oftmals eine Gefühlswelt völlig ausgeblendet, erkaltet hinter zumeist sachlichen Interessen.
Gerne verpackt, versteckt. Gar verboten durch vermeintliche Regeln.

Die Berührung ..., ja oftmals schon die einfache Berührung unserer Haut – also nicht gleich Massagen und sonstige Spezialisierungen – ist für unser größtes „Sinnesorgan“ ein angenehmer Impuls.
Die Haut selbst macht uns zu einem empfindsamen Wesen!

So ist sie auch imstande, durch ein Zusammenwirken mit speziellen Gehirnarealen, ein Gefühl zu erzeugen. Ein Gefühl – dass wie eingangs berichtet – ebenso abgespeichert wird!

Bei entsprechender Wiederholung... der Art und Weise der Berührung ... kann also dieses Gefühl wieder abgerufen werden! Mitunter in einer „zeitverschobenen Wirkung“... also man kann schon „fühlen“, bevor die Berührung überhaupt noch stattgefunden hat!

„Zeitfenster“!

Du erinnerst Dich?

Und grade dieses Erinnerungsvermögen nun bietet auch unglaublich viel Potential... zum Positiven als auch zum Negativen! Selbst wenn man als winziges Baby „berührt“ wurde ... in der einen oder anderen Form...
...so wird bei späteren Berührungen, bis ins Erwachsenenalter, diese ursprüngliche „Speicherung“ oftmals immer dominant bestimmend sein, oder gar bleiben...

Genauso ist es in dem Falle „betrachtbar“, wenn das Baby, das Kind körperlichen Kontakt, Streicheleinheiten wenig oder NICHT bekam!

Woher ich das jetzt wohl wüsste? Wollte ich hier „klugscheißen“...?

Leider nein!

Streicheleinheiten standen auf meiner inneren „Liste“ an „want to have´s“ wohl weit oben..., wie vermutlich bei wirklich jedem Kind...
...doch mein „Umfeld“ war an dem wohl wenig interessiert.

Und so ist es für mich im Heute nun noch, eine schöne Art Lernprozess, mit Berührungen Erfahrung zu machen.
In und an Berührungen – vor allem von Menschen außerhalb eines „intimen“ Personenkreises.

Kennst Du diesen unglaublich dämlich klingenden Spruch noch:

„Gebranntes Kind scheut das Feuer!“

Nicht nur, dass diesem Spruch „leider“ in jeglicher Hinsicht, körperlich wie emotional, sehr viel Wahrheit inneliegt...
...es bildet sich auch - genau hier im Bereich Berührung - ein solches Muster ab! Grund(satz)gedanken!

Ein Kind, dass durch Berührung Angenehmes, Wohltat, Entspannung, Zuneigung, Liebe ... erfuhr, wird diese Erinnerungen vordergründig durchs Leben tragen.
Bei Kindern, die aber genau das Gegenteil erfuhren...? Oder wenig bis gar nichts erfuhren...? Na drei Mal darfst Du raten...!

So gesehen ist also eine gewisse „Berührungsangst“ durch das große Thema „Anpassung“ in keinster Weise verwunderlich!

Und doch...
...mittlerweile wird sogar in Therapien einfache Berührungsmassage, einfache Berührung – ja schon beinahe nur sanftes Streicheln - erfolgreich eingesetzt, um im Körper Wohlbefinden, Stressabbau, Entspannung zu erzeugen. Im Weiteren wurden hier schon spezielle „Massagen“ entwickelt und nachweislich angewandt, um Depressionen zu mindern.

Der Körper, die Haut erinnert sich daran! Selbst wenn es nicht oft „Anlass“ dazu gab...
Wie also aber könnte man nun dieses wichtige Thema in Richtung inneres Kind abrunden?
Das innere Kind ist ja nun jenes, welches uns aus der Vergangenheit – oftmals sehr lebendig – geblieben ist. Wenn auch nur als „geistiges Wesen“. In der Psychologie als gedankliches Konstrukt in verschiedenen Therapieformen bezeichnet...

Du kannst Dein inneres Kind nicht mehr körperlich berühren. Doch im Sinne von Erinnerungen – speziell die ich vorhin ansprach, die bereits vor der eigentlichen Berührung manifestieren – ist es meiner bescheidenen Meinung nach, durchaus möglich, das innere Kind zu „berühren“.

Trocken ausgedrückt: eine Art „Echo“ der Berührung zu erzeugen. Nun als Erwachsener, als auch als Kind, diese Erinnerung einer Berührung nochmals zu erzeugen, zu durchleben.
Und in weiterer Folge sich im Heute, im Hier und Jetzt, solche Berührungen zu ermöglichen. Sich selbst Aufmerksamkeit und Berührung schenken. Ein ausgedehntes Bad zum Beispiel, seinen Körper bewusst mit einer Lotion verwöhnen...

Wer kann und will... darf sich auch verwöhnen lassen!

Wenn man anstelle zu jammern... sich hier gut fühlt, oder dafür sorgt, trägt dies auch zu einem besseren Selbstbewusstsein bei.

Ein besseres Selbstbewusstsein führt meiner Meinung nach, auch zu einer klareren, geschärften Identität.
Und umgekehrt! Es bildet einen Kreis ab.

Selbstbewusstsein wird oftmals fälschlicherweise vermengt oder verwechselt mit einem überblendenden Ego.

Selbstbewusstsein umfasst für mich nicht nur das verantwortungsvolle, respektvolle, geistige Bewusstsein, was ich Denke, wie ich Handle, wer ich bin. Das wäre nur die Hälfte!

Es umfasst durchaus auch ein körperliches Bewusstsein und eine Wertschätzung meines Körpers, der mich durchs Leben trägt!

Berührung war, ist und wird hoffentlich immer eine Wohltat sein. Für Dich! Und im weiteren Sinne auch für Dein Umfeld, Dein Leben!

Achte auf sie! Schenke sie Dir selbst!

...Und wenn es „die Gelegenheit" erlaubt, schenke sie auch Anderen!

Was meinte ich mir „Gelegenheit"...?

Gesellschaftliche Vorgabe, Regel etc...?

Wohl kaum!

Höre auf Dein Herz... und Du wirst jede „Gelegenheit" erkennen!

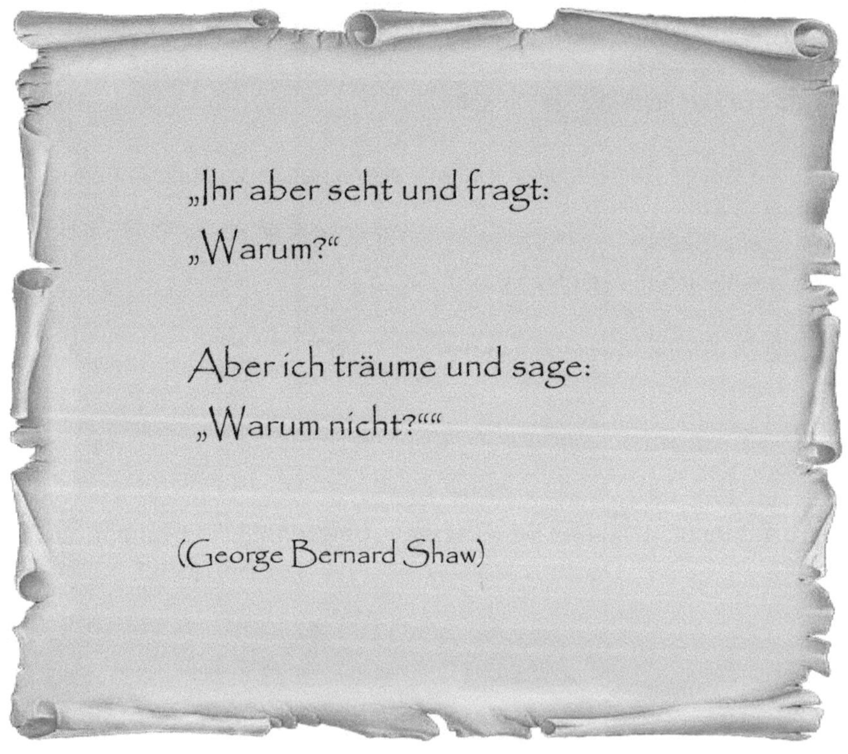
„Ihr aber seht und fragt:
„Warum?"
Aber ich träume und sage:
„Warum nicht?""
(George Bernard Shaw)

Kapitel 5 - Das seltsame Kind

Ach wie gerne würde ich jetzt alleine bei diesem Titel des Kapitels, eintauchen können in Deine Gedanken und Gefühle!

Denn – wie viele Dinge in der Anpassung eines Kindes – so wirkt auch jenes Wort in vielschichtiger Weise. In der Regel nicht zum Positiven. Auch birgt dieses Wort alleine, viele Möglichkeiten eines Ausdrucks in sich.
Ich habe mir mal erlaubt, ein Wörterbuch zu bemühen... und fand dort folgende Synonyme, die das Wort „seltsam“ schon auf ihre Weise darlegen.

Und ich lade auch Dich gerne ein, da mal tief hinein zu fühlen!

Seltsam:
„Absonderlich, befremdlich, bizarr, abweichend, eigenartig, eigentümlich, komisch, kurios, merkwürdig, skurril, sonderbar, ungewöhnlich, wunderlich... etc. etc.

Wie wirkt das? Wie fühlt es sich für Dich an?
Was berührt es in Dir???

Beschleicht Dich im Heute – zumindest ab und an – das Gefühl, zum Beispiel „falsch“ zu sein? „Nicht richtig“...?

Und ich sage Dir jetzt: Wie viele Menschen laufen im Heute durch ihr Leben, sind mitunter Doktoren, haben Lebenserfahrung, dass es für zwei reicht... und fühlen sich doch mitunter nicht richtig...!? Unzählige!!!

Doch was hat DAS mit dem Kind, der Vergangenheit, zu tun?
Unglaublich viel!!!

Es gibt mittlerweile Studien (*man kann da bitte gerne Dr. Google befragen – ich will hier nicht noch weiter ausschweifen*), die belegen, dass grade Kinder bei Schulantritt noch verhältnismäßig hohe Intelligenz vorweisen. Nach der Schule sinkt dieser „Level“ rapide ab! Kinder haben oft vor Schulantritt – in der Regel – noch ein halbwegs gesundes Selbstbild! Sind voller Elan, haben Pläne!

Erinnerst Du Dich noch an jene, an Dich gerichtete Frage damals:

„Was möchtest Du denn einmal werden, wenn Du groß bist...?“

Und?
Bist Du´s geworden? Tatsächlich?

Falls ja...: Dann gratuliere ich Dir von Herzen! Dann fand dies im Außen wenigstens seinen Weg, seine Umsetzung!

Doch... wie vielen geht es nicht so!?!?

Wie viele Kinder erfahren teils schon von Geburt – und nicht erst ab der Schule – an, dass sie so, wie sie eben sind... oder vielmehr gerne sein würden, nicht o.k. sind!
Dass sie „anders“ sind. Dass sie abweichen von einer Norm! Nicht entsprechend!

SELTSAM !

Kinder bekommen oft durch verschiedenstes Regelwerk nicht das Gefühl, dass sie sie selbst sein dürfen, sich in ihrer Kreativität entfalten dürfen. Teils wiederum, sich nicht wie andere verhalten zu dürfen! Die Umgebung, das Umfeld spiegelt den Kindern mitunter seeeeehr deutlich, dass sie so, wie sie sind bzw. wären... nicht ins Konzept des Systems passen.

Kinder können ihren Gedanken, ihren Gefühlen oftmals nicht den Ausdruck verschaffen, den sie gerne möchten! Sie haben jedoch aber 1000 soziale Antennen und fühlen vielmehr, als sie dies alles „verstandesgemäß" bemerken!

Und hier nun eröffnet sich erneut ein weiterer Kreis möglicher, unwahrer Gedanken und Gefühle! Mitunter geht es sogar soweit, dass Kinder beginnen, sich selbst dies vorzuwerfen! Dass sie nicht richtig, nicht passend, dass sie „seltsam" sind. Dass sie nicht wie ihre Altersgenossen sind. Objektdenken Nr. 2 tritt auf den Plan. Dazu aber noch später!

Ich lade Dich ein:

Erinnere Dich!

Kam es einmal vor, dass Du Dich selbst zu ruhig... oder zu laut fühltest? Zu brav... oder zu frech? Zu ängstlich... oder zu dominant? Oder manchmal dann doch im Wechsel einer Polarität, beides...?

Hattest Du schon das Gefühl, dass Du Dich allgemein als eher zurückhaltend siehst? Und dann hast Du aus irgendeinem Anlass mal etwas gesagt... sei es ein Spaß, ein Vorschlag, irgendwas... und im selben Augenblick schoss es in Dir förmlich in die Höhe mit tiefrotem Gesicht, dass Du damit zu auffällig, zu laut, zu anwesend wärst...?
Sich selbst als „seltsam", „anders" und dergleichen zu sehen, zu entwickeln ist nun die eine – ohnehin schon üble - Sache.

Wie aber verhält es sich, wenn Dir eben auch das Umfeld ein Solches spiegelt? Wie reagiert ein Umfeld darauf?

Wiederum: die eine Sache ist, wenn man schon deshalb „seltsam" gesehen wird, da man nicht den herkömmlichen Regeln, dem System, den Vorstellungen und Erwartungen eines Lebens, eines Umfeldes entspricht. Wenn mitunter - aus tiefer Unbewusstheit - diese Schablonen eines Seins-Zustandes dem Kind einfach „aufs Auge gedrückt" werden.
Was nun aber – gesetzt der Fall – wenn das Umfeld auch aus sich heraus, mit der „Andersartigkeit" nicht umzugehen vermag?
Wenn man fragt „warum?"... anstelle man ein „warum nicht!" gelten ließe...

Schon als kleiner Hinweis an dieser Stelle: Ich habe hierzu passend dann, im Kapitel 6, eine sehr interessante Begebenheit aus meinem Leben zu berichten, wie man also so Umgang mit „seltsam" pflegte!

Man kann also zusammenfassen... mitunter jegliches Umfeld ... angefangen bei Eltern, im weiteren KindergärtnerInnen (*zumeist sind es bis heute Frauen*), Lehrkräfte, Ausbildner... und ja... auch andere Kinder spüren einerseits (*auf unbewusster Ebene*), dass das Kind vor ihnen „anders" ist. Reagieren aber – und hier schließt sich wieder ein Kreis – aus eigener Unbewusstheit und Unsicherheit – mit Verunsicherung auf das „andere Kind". Irgendwie ein Teufelskreis!

Also ... schöne Begebenheiten findet man doch zum Beispiel beim Kinderarzt!
Grade heute – in modernen Einrichtungen – haben Kinder die Möglichkeit, sich während der Wartezeit ein wenig spielerisch zu beschäftigen. Kinder tun das auf die eine oder andere – eben ihre Art. Sofern sie dies dürfen!

Und damit komme ich jetzt zur Schlüsselstelle!

Nicht die Kinder zu beobachten, ist hier das primäre Ziel... sondern vielmehr die Eltern! Und wie diese auf das Tun ihrer Sprösslinge reagieren!!!

Alter Schwede!

Es ist unglaublich, welches „Repertoire" an elterlichen Reaktionen hier an den Tag gelegt wird!
Einerseits gibt es wenige, wo die Kinder „Kind sein" dürfen... und einfach mal drauf los werken lassen. Und wenn´s mal zum Beispiel ein bisschen laut wird... na dann ist es eben.

Da „haken" aber spätestens die anderen Elternteile schon wieder sichtlich peinlich „berührt" ein. Auch wenn sie es nicht sagen, ausdrücken in Worten... aber die Gesichter!!!!!! Die schreiben Bände!

Na ... und wenn das eigene Kind nun dann am Ende womöglich über die eigenen Vorgaben, Verhaltensparameter schlägt... na dann ohnehin gute Nacht!

Oder als noch passendes „Beispiel"...: ich erinnere an den Supermarkt! Und das Kind will etwas haben. Etwas für das Kind Schönes....
Ein „muss-jetzt-unbedingt-haben", dass eine intelligente Werbe- und Marketingstrategie genau aus diesem Grunde dort platziert hat: damit das Kind es sieht – haben will – und das mitunter mit Nachdruck!

Das Kind will also haben... und fängt mitunter an zu brüllen! So zu brüllen, als könnte man glauben, da würd´ nebenan grad ein Schwein abgestochen...!

So. Und jetzt bist Du als Eltern, als Umfeld gefordert!!!

Wie reagierst Du???

Prickelt es jetzt so richtig schön in Dir? Jaaaa?

Nochmal zurück zum Kind im Arztpraxis-Beispiel aber… Dein Kind (*so Du eines hast*) will nicht bei Dir sitzen. Gar am Schoß…

Könnte es sein, dass sich in einer solchen Situation an sich – wo jetzt auch immer – ein Gedanke in Dein Gehirn eingeschlichen hat … so in der Art: „Mache ich etwas falsch… liegt es an mir… dass mein Kind nicht bei mir sitzen will…?"

Wie ergeht es jenen unter Euch, die nun, sei es Eltern… oder dann auf der „anderen Seite", zum Beispiel KindergärtnerInnen, Lehrkräfte, Ausbilder usw. sind?
Nicht nur etwa, weil das Kind nicht am Schoß sitzen wollte… sondern weil es zum Beispiel, nicht mit den Anderen spielen will?

Was kommt da hoch? Welcher Impuls?

Gehen hier gleich die ersten Alarmglocken an? Ist das Kind „anders"…, hat es einen „Schaden"…? Ist es ein „Eigenbrötler"? Sozial minder bemittelt, unreif…? Greift man mitunter – wie nicht unüblich in der heutigen Zeit – sofort auch auf mögliche Erziehungsmängel oder – Fehler durch Eltern zurück?

Oder erlaubt es das eigene Befinden – und ich komme gleich noch drauf – dass das Kind zum Beispiel eine Situation erst einmal aus einer gewissen „Distanz" für sich analysiert. Es für sich entscheidet, ob es mitmachen will, oder nicht? Oder weil ein Junge in einer Auseinandersetzung womöglich das Unerwartete tut: er schlägt nicht zurück…!?

Wie oft wird hier gleich mit irgendwelchen psychologischen Anzeichen, gar vermeintlichen Bildungen, Kenntnissen … und daraus resultierend „vermeintlichen" Notwendigkeiten reagiert?

Wie sehr – damals wie heute – treten dann Personen und ihre Meinungen, Veranlassungen in den Vordergrund – ohne je das Kind tatsächlich als solches einzubeziehen...
...sondern lediglich aus einem Ego, Ungeduld, Mangel, Unbewusstheit, Überschreitung eigener Verantwortung, dem Kind dann auf die eine oder andere Weise, den Stempel einer Anpassung erst recht aufzudrücken...?

Deshalb hier an dieser Stelle noch einmal dann die Frage:

„Darf ein Kind noch Kind sein...?"

Oder: „Wie könnte sich je ein Anderer – in dem Falle vermeintlich „Erwachsener" - anmaßen zu beurteilen, was für ein Kind nun gut sei..., ob ein Kind nun „seltsam"... oder vielmehr nur das „wirkliche echte" Kind sei...?

Ist der Erwachsene das Kind?

Nein! Niemals!

Und mag der Erwachsene auch noch so viel „Erfahrung" haben, noch so viel Theorie in seine Denkmurmel gepaukt haben und dann womöglich glauben, er sei allwissend...

...einen Dreck ist er! Er ist aus unserem Anpassungssystem heraus, zumeist selbst Mangel- und Angstkind!!!

Auch hier eröffnet sich in gewisser Weise ein Kreis, dass man eigene Verantwortung überschreitet!

Jaaa... Da möchte so Mancher nun vermutlich einwerfen, dass ein Kind ja erzogen werden muss. Man ein Kind nicht einfach machen und sein lassen kann, wie es beliebt...

Kann man nicht...? Wirklich...? Sagt wer...?

Und ich lege nun nochmals Augenmerk auf jene besondere Formulierung: „Kann man das Kind nicht machen und sein lassen"?...

...Also auch seine Erfahrungen für sich selbst, seine Erfahrungen für die Interaktion mit einer „Gesellschaft" machen lassen...?

Denn bei aller Erziehung durch den Erwachsenen, den Lehrer, den Ausbildern... egal durch wen: Es sind lediglich SEINE Erfahrungen, die er dann auf andere – in dem Fall auf das Kind – projiziert. Es sind die Lehren ANDERER, die ein Schema bilden... und in die man das Kind zu pressen versucht!

Sehr selten – oft mit vermeintlichem Programm oder Zeitdruck gerechtfertigt – wird dem Kind aufgedrückt! Es wird angepasst!
Nicht jedoch das Kind in eine solche Situation „versetzt", ihm Zeit eingeräumt, für sich selbst etwas zu erforschen, erfahren!

Selbstverständlich kann ich dem Kind helfen, ihm Beispiele zur Hand geben...
Jedoch letztlich trotzdem völlig freie Hand lassen, selbst zu erfahren!

Wie erlerntest Du denn besser?

Indem man Dir irgendwelche, schon vorgefasste Kenntnisse zum Pauken gab... und dann mach!
Oder wenn man Dir eine Situation vorstellte, ein „bestimmtes Ergebnis" dabei rumkommen sollte. Dazwischen jedoch hattest du allen Handlungs- und Denkspielraum der Welt!

Deshalb nun meine letzte Frage in diesem Kapitel:

„Wer ist nun seltsam…?“

„Ich glaube, dass Erziehung Liebe zum Ziel hat.

Wenn Kinder ohne Liebe aufwachsen,

darf man sich nicht wundern,

wenn sie selber lieblos werden.“

(Astrid Lindgren)

Kapitel 6 – Die Anpassung beginnt – ein System der Unliebe

Es beginnt vielleicht mit dem Wort: „NEIN“

Spätestens wenn wir uns ein paar Minuten Zeit nehmen, dieses Wort in Gedanken einmal laut anklingen lassen, wie einen Gong...
...und dem dann nachlauschen... selbst heute noch...

Zieht es da dem Einen oder Anderen eine leichte Gänsehaut auf...?
Schauert es uns da - womöglich nicht feststellbar, woher oder warum grade jetzt...?
Bis wohin "hallen" diese Buchstaben nach, im zeitlichen Lebensbogen...?

Oder fühlt sich mancher vielleicht ganz anders....
...beim Erklang des Wortes, in eine zumindest sofortige, leicht gereizt aggressive Stimmung versetzt...?
Was und wie können diese 4 Buchstaben - aus einem Alphabet mit insgesamt 26 davon - in uns auslösen, bewirken, ja teils regelrecht anrichten...?

Was verbinden wir damit?
Ablehnung? Abgrenzung? Verweigerung? Trennung? Verurteilung?
Zorn? Wut? Enttäuschung? Und noch mehr...?
Und noch einige feinere, weitere "Versionen" davon...?

Woher kommt dieses "Nein" und die damit verbundenen Emotionen?

Vorweg auch ein kleiner Alternativ-Denkansatz!

Ein mir sehr wertvoller Mensch, sagte mir vor langer Zeit folgenden Satz zur Bedeutung eines "Nein", der da lautete:

"Nein zu etwas oder jemandem, bedeutet nicht Nein.
Nein bedeutet Ja... nur mach´s anders!"

Doch interessant - oder...?

Ich denke und fühle, dass wir zur Beantwortung dieser Frage erneut sehr weit zurückgehen dürfen in unserer Daseinsgeschichte.
Wie weit zurück können wir uns erinnern? Ich bat Dich ja vorhin, mal ein paar Erinnerungen im Speicher zu behalten...
Kindesalter...!
Ich denke, so gut wie jeder kann sich da definitiv an diverse "Neins" erinnern.
Also noch weiter zurück in der Zeitreise.

Kleinkindalter...? Uiiii... da wird´s schon eng mit den Erinnerungen.
Doch weshalb?

Für mich liegt dem Gedanken viel Wahrheit inne, dass sich just in jeder Zeit sehr viele "Neins" ereignet haben. Zu existieren begannen.
Die sich im Weiteren dann manifestierten ... und es begann, weiterhin unsere Persönlichkeit mit zu formen.

Als Babys kamen wir zu Welt... (*fast*) völlig unvoreingenommen, unbeschrieben wie zuvor schon erwähnt – als ein weißes Blatt Papier.
Wir wollten grenzenlos lieben und geliebt werden.

Sehr schnell erfuhren wir aber, dass es Liebe nicht umsonst gab, dass es dafür gewisse "Dinge" zu erfüllen galt...
„Nein“. So, wie wir waren, waren wir nicht in Ordnung!

Wir kennen diese „Dinge“ z.B. unter "brav/lieb/nett sein", "sauber sein"...und ziemlich bald dann "fleißig sein". Die 3 Furien des Domestizierungsprogrammes namens "Erziehung".

Wir erfuhren auch sehr bald aus allen möglichen Varianten eines gebotenen Umfeldes. Wir saugten auf wie ein Schwamm.
Und genau in diesem Abgrenzungsprogramm lernten wir seeeeehr bald das "Nein" kennen.

Manches nur in Worten.... manches bis hin zu Handgreiflichkeiten und anderen schwerwiegenden „Entgleisungen“.

Wie konnte man als Kind sodann mit diesem "Nein" umgehen...???
Gar nicht!

Wie konnten die Eltern mit den „Neins“ umgehen?
Gar nicht!

Es war oftmals nicht nachvollziehbar, verständlich für unseren kleinkindlichen, lieben wollenden Verstand. Was wussten wir zudem schon von den Regeln der Erwachsenen oder einer sogenannten Sinnhaftigkeit derer?

Und die Eltern waren in jenen Situationen, Gegebenheiten, doch selbst innerlich noch Kinder!
Kinder des gleichen Mangels und der Unliebe!
Wie also sollten sie denn anders reagieren???

Erinnere Dich bitte!

Man stelle sich doch auch mal dieses simple Beispiel vor... oder gleich zwei davon:

Beispiel 1)

Das Kind feuert nun mal in die Windeln.
An sich ja logisch. Denn woher soll ein Kind denn wissen, dass es im Weiteren auf einen Topf, ein WC zu gehen haben wird. Dem körperlichen Bedürfnis wird also prompt entsprochen. Feuer frei!

Jetzt aber mal zur „elterlichen Seite"!

Wie sieht die denn aus?

Anfangs noch erquickt darüber, dass der/die Kurze auf all das Essen „gesund reagiert", erspaßt darüber, dass dieses kleine Geschöpf solche „Bomben" legen kann...
...wird es – je länger sich dies hinzieht – mitunter anstrengend, peinlich, aufregend/nervig.

Jaaaaaa – ich will hier nicht alle Eltern in einen Topf werfen! Keine Frage!
Aber wie oft konnte ich schon beobachten, wie Eltern mit der Zeit reagieren! Angeekelt, sauer weil ja schon wieder..., sauer weil´s vielleicht ja doch so dermaßen stinkt... etc. etc. etc.

Und jetzt bekam ich das als Erwachsener mit!

Und noch was Anderes: Ja! Es kann aus rein menschlichem Empfinden, als Mangelkind, mitunter peinlich, nervig, eklig sein! Wir sind Menschen! Hallooooooooo!

Einzig ... und hiermit sehe ich die einzige „Möglichkeit", diesen Kreis der Unbewusstheit – und somit Unliebe – zu unterbrechen: Ich bin eingeladen, dem Kind wegen dieser Peinlichkeit, Nervigkeit, Ekligkeit nicht die Liebe zu entziehen, was aber genau unbewusst geschieht!!!

Am besten gleich noch mit hunderten „!!!´s", nur um diese eminente Wichtigkeit zu unterstreichen!

Bewusstheit! Verantwortung!

Jetzt stell Du Dir mal das Gleiche als Kind vor – so Du dazu in der Lage bist:
Erst gab es lächelnde Gesichter... Später irgendwann... ach... war das da eben ein missliches Zucken im Gesicht von Mami oder Papi? Gar eine Grimasse? Oder letztlich sogar ein ziemlich unmutiges Gesicht...!? Samt möglichen Kraftausdrücken am Ende noch dazu...?
Ohhh... und vor allem ... da ist auf einmal Schluss mit Lustig, Schluss mit Liebhaben!
Angefangen, dass man dann nur weggelegt wurde in ein Bett, einen Kinderwagen.... Irgendwohin halt. Weg jedenfalls! Trennung!
Bis hin, dass dies dann auch schon wörtlich zum Ausdruck gebracht wurde... auch wenn es das Kind noch nicht versteht!

Aber nochmal: das Kind bekommt alles mit!

Was also soll es davon halten???

Liebe gibt es gegen Leistung! Ein System der Unliebe... oder Liebe gegen Leistung ward initiiert!
Und wie soll so ein von Erwachsenenvorstellungen und –regeln noch so gar nichts wissender kleiner Mensch dann reagieren?

Mit überschäumender Freude etwa?
Dieser kleine Fratz versteht doch in dem Moment die Welt nicht mehr! Das ist ja geradezu Nährboden für mannigfaltige unwahre Gedanken! Für damit verbundene Gefühle und Emotionen!
„Ich habe sozusagen was getan. Mami und Papi haben mich deshalb nicht mehr lieb. Ich bin schuld daran!"

Derartige Gedanken!
Nicht wortwörtlich so ausgeführt... aber auf Gefühlsebene noch viel stärker so erschaffen, empfunden, gespeichert!

DAS ist jene Zeit, in der der Mensch beginnt, sich selbst innere Verletzungen zuzufügen!

Auch wenn Mami oder Papi „äußerlich" stinksauer sind in dem Moment... wohl werden sie das Kind „innerlich" sicherlich lieben!

DASSS kann aber das Kind nun mal nicht riechen, schmecken!!!
Doch die Eltern selbst sind in diesem Moment verletzte, angepisste Kinder! Sie zeigen die Liebe nicht! Sie reagieren trotzig, selbst wie ein Kind! Erinnere Dich an das „Innere Kind"! Und DAS bricht zum Teil voll durch!

Zu dem Beispiel 1) also nochmal kurz...
Eltern „erwarten" irgendwann, dass das Kind nicht mehr in die Windel kackt! Lassen wir den Hintergrund, das Motiv dazu jetzt mal völlig weg. Oft gibt es dieses Motiv nicht einmal!

Und tut es das Kind doch, dann wird jene Erwachsenen-Erwartung nicht erfüllt. Frust bricht aus! Der Kreis schließt sich an dieser Stelle unbemerkt!

Eltern sehen in diesem Moment nicht das reine Fakt, dass ein Kind in diesem Alter noch keine Erwartung – wie auch immer gearteter Weise – erfüllen KANN! Sie erwarten und reagieren – zumeist völlig unbewusst - selbst als „Kind". Nicht als Erwachsener!

Und wenn´s nicht erfüllt wird – eben nicht erfüllt werden kann – so sieht man das aber in jenem fatalen Moment nicht...
...der Trotz bricht aus, man wird genervt, zornig, wütend etc. etc.

Beispiel 2)

Wie oft wird ein Baby geschaukelt, vorgezeigt, oder dann in ein Bettchen gelegt, in einen Kinderwagen?

Schon mal das Kind gefragt, ob es dies möchte?!?

Klingt jetzt doof die Frage – oder?

Aber ganz ehrlich: wie oft nimmt man dann hier Rücksicht auf das Kind?
Erst dieser Tage wieder als Beispiel... Das Kind liegt in einem Kinderwagen, wird herum gerüttelt durch die Fahrerei. Beginnt dann zu schreien.
Was wird von der Mutter gemacht?
Den Schnuller ins Gesicht gedrückt, als das Kind wieder ausspuckt, nochmal... und weiter geht's! Soll schlafen.
Dass das Kind vielleicht aber grade nicht schlafen... oder die Schnauze halten will... ja das käme nicht einmal in den Sinn!
Oder andernorts werden Kinder dann aufgeweckt, hochgehalten, präsentiert als ja DER neue Nachwuchs... obwohl die Ruhe halten wollen...

Was würde Dir ein Kind wohl erzählen, würde es schon eine eloquente Ausdrucksweise beherrschen?

Ich denke, dieser kleine Mensch, würde Dir mal tierisch ´ne ordentliche Ansage verpassen!!!

Wie verhielt es sich... als wir als Kinder im Weiteren dann diese Art Vorgehensweise schon fleißig kopierten, für uns etwas "auf nein stellen" wollten...? Unsere Umwelt uns jedoch dann schnell mehr oder minder beibrachte, was sie von unserem "nein" so zu halten gedachte...?
Wir verschlossen uns also zusehends, gingen vom Herzen weg in den Verstand - machten nach, was uns vorgelebt wurde....
...und wollten viele dieser "Neins" am besten nie wieder erleben. Wir versteckten, verdrängten, verbogen uns nach allen Regeln der Kunst. Unsere Seele wurde zum Überlebensstrategen der damaligen Zeit.

Wir lebten nicht mehr, agierten – sondern wir begannen zu reagieren.

Mehr nicht.

Und hiermit möchte ich diese in vorigen Kapiteln erwähnte, „kindliche Gabe“ aufgreifen.
Viele diese Erlebnisse, Erfahrungen... waren für uns als Kinder dermaßen schmerzlich, einschneidend, sodass wir diese am besten nie wieder erleben wollten. Uns nicht mehr erinnern wollten! Innerliche Schwüre wurden geleistet!

Wir ... im Heute... wir leiden nicht unter herkömmlichem Gedächtnisverlust! Oder gar unter einer Krankheit.
Ja – mag sein, dass wir in unseren „Sturm- und Drangjahren“ einige Gehirnzellen mit Alkohol „ausgeschwemmt“ haben... Aber niemals in diesem Maße!

Deshalb – aufgrund dieses Verdrängens, dieses „nicht mehr erleben und erfühlen Wollens“ - also erinnern wir uns heute an Vieles aus der Kleinkindzeit nicht mehr!

Wir beschlossen damals schon, uns nicht mehr erinnern zu wollen!

Wir beschlossen zu „vergessen“, weil dies alles kein Zuckerschlecken war!

Und...
...ein ebenso wichtiges Fakt: Mit diesen „Neins“, mit der Ablehnung, der Unliebe... und darauf entstehenden unwahren Gedanken und Gefühlen, wurde die Basis für ein Ego, einen Selbsterhalt, gesetzt.
Und da habe ich noch eine Geschichte aus meiner Kindheit, welche hier mal versinnbildlichen kann, was ein Kind zu prägen vermag...
...und ich erinnere hier nun an das Kapitel 5... den Umgang mit der Andersartigkeit...

Als ich noch nicht mal zur Schule ging, konnte ich schon grundlegend schreiben, lesen und rechnen.
Wie kam´s?

An sich entstand es daraus, dass einerseits wohl auch ein bisschen übertriebener Eifer meiner Eltern darin lag. Vor allem meiner Mutter.
Andererseits sah ich mich benachteiligt. Mein Opa las oft die Zeitung – mit blieb nichts, als Bilder zu betrachten. Ich wollte selbst wissen und lesen können, was darin stand. Also konnte ich dann lesen.
Teils so „liebenswürdige“ Bemerkungen meiner Mutter im Laufe des Erlernens erspare ich mir jetzt lieber... Später dazu mehr!

Na jedenfalls...
...meine Eltern versuchten, mich schon ein Jahr früher in die Schule einzuschulen. Es wurde sogar ein Intelligenztest gemacht, der ein Ergebnis jenseits von 140 IQ ergab...

Aber: abgelehnt! Kommt nicht in Frage.

Was war also?
...In der Schule war es für mich dann extreeeem langweilig!
Ich sollte laut Aufforderung der damaligen Klassenlehrerin, sogar Spielzeug mitnehmen, mich verkehrt hinten an die Wand hinsetzen und spielen. Nur damit ich den Unterricht nicht störte!

Denkste! Was interessierte mich Spielen?

Es kam dann so, dass die Gute das Jugendamt verständigte...
...jedoch unter der Vorgabe, ich wäre aufsässig, würde ständig den Unterricht stören, wäre schwer erziehbar.
Jo.
Und so landete ich – nachdem das Jugendamt sämtliche Dinge in die Hand genommen und meine Eltern in jeglicher Argumentation ignoriert hatte – in einem Heim für Schwererziehbare. Völlig abgeschottet von der Außenwelt. Von meinen Eltern.

Das „seltsame Kind" wurde mehr oder minder weggesperrt!

Ich hielt sie erst für die Verräter. Und meine Gedankenwelt glich einer Gruselkammer!
In diesem Heim war es an der Tagesordnung, dass bei Nichtbefolgung auch Schläge ausgeteilt wurden. Ein Klassenkamerad neben oder hinter mir bekam mal so eine ins Gesicht gedroschen, dass er vom Sessel kippte.
Ansichtskarten nach Hause (*Briefe waren ja nicht erlaubt*), wurden absolut zensuriert. Wenn in den wenigen Zeilen nur ansatzweise was stand, was nicht ins Konzept passte, musste man neu schreiben. Oder es wurde gar nichts gesendet. Eingehende Post wurde ebenso zensuriert.
Irgendwann – so nach 3 Monaten – für mich als Kind eine schier endlose Zeit, begann tiefe Resignation. Und erst daraufhin wohl stellte man irgendwann mal fest, dass ich eigentlich gar nicht schwer erziehbar sei... und schickte mich wieder nach Hause.

Dieser Tage meiner Buchentstehung, stand ich nach vielen vielen Jahren wieder vor dem Gebäude...
...und selbst hier lief es mir noch kalt über den Rücken.

Was also soll ein Kind aus derlei Dingen mitnehmen können?
Was geht in einer Kinderseele ab?

Wie kann ein Kind bei solchen Geschehnissen – und ich bin mir sicher und bewusst, dass es noch weit schlimmere Erlebnisse gibt – seelisch, emotional überleben...?

Das Kind begann aus dem Herzen zu gehen... hinein in einen Verstand.
Es wurde zum nüchternen Strategen. Zum Ego in Persona!
Liebe wurde verbannt, denn Liebe konnte so etwas niemals tun!

Und... wundert es Dich nun weiterhin, dass heute vieles so ist, wie es ist?
Wundert Dich, dass Du – bei Deinem Erlebten - so bist, wie Du bist...?

Erkennst Du Parallelen?

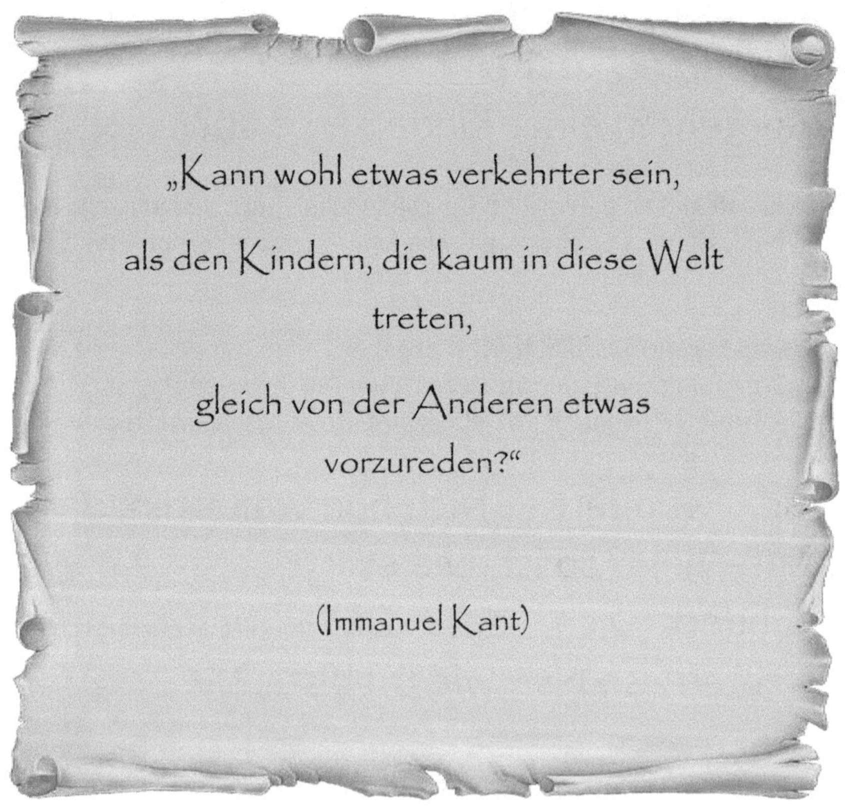
„Kann wohl etwas verkehrter sein,
als den Kindern, die kaum in diese Welt treten,
gleich von der Anderen etwas vorzureden?“
(Immanuel Kant)

Kapitel 7 –
Die 3 Furien der Anpassung

Sind Dir diese bekannt?

Ich kenne sie unter den Namen…
…"sei brav", „sei sauber", „sei fleißig".

Jetzt nehme man also neuerlich die Situation zur Hand: Du bist Kind.

Was zur Hölle ist für Dich - als Kind - der Begriff „brav"…?

Ich hielte ihn einzig für ein abstraktes Ding!

Eltern versuchen zumeist, dem Kind gewisse Dinge mitzuteilen:
Man schmatzt nicht, man schreit nicht, man hat seine Klamotten sauber zu halten… und so schier unendlich mehr!
Dies und noch viel mehr…, wird dann verallgemeinert, zusammengefasst unter diesen ominösen Begriff „brav".

Eltern sind schon angepasst! Sie haben diese Vorgaben zumeist längst automatisiert. Sie funktionieren im System.

Die Einhaltung all dessen dann, ist also „BRAV"…?!

Oftmals werden aber nun regelrechte Dramen entwickelt, wenn das Kind da z.B. mal verschmutzt nach Hause kommt!

Also ich erinnere mich da noch an Stories… sapperlotti!

Oder... ich musste zum Beispiel für Schabernack meines Bruders gradestehen... denn ich war der Ältere. Ich wurde verdroschen – u.a. auch mit einem Teppichklopfer. Musste stundenlang auf Steinfliesen knien, wurde mit Flohmarktklamotten bekleidet und Fußtritten im tiefsten Winter aus der Wohnung gejagt... ich sei nicht mehr ihr Kind (*meiner Mutter Kind*). Insgesamt oft war man mit Schlägen leichter zur Hand, als mit brauchbaren, sprachlichen Argumenten. Mir wurden meine Freunde ausgesucht bzw. vorgeschrieben... Und noch so einige „liebevolle Dinge" mehr...

Ja. Und ich lebe noch immer!

Natürlich ist man mitunter jetzt nicht sonderlich erfreut als Eltern, wenn Kinder wirklich Mist bauen. Aber... und ich denke da jetzt auch immer an mich... als Erwachsener... Wie schnell kleckert man sich mitunter eben mal an...? „Shit happens"! Kleinigkeiten also...

Und? Macht man bei sich selbst hier auch so ein Drama draus, wie beim Kind? Wie gleich sind die Maßstäbe hier? Wie sehr bin ich selbst noch Kind...?
Wie sehr maßregle ich mich sogar heute noch, als Erwachsener...?!

Was hieße nun für ein Kind: *„sei fleißig"*? Oftmals mit dem Nachsatz... *„damit aus Dir etwas wird!"*

Diese Aussage mag ja in unserem Erwachsenendenken mitunter durchaus logisch erscheinen...
...doch für ein Kind???

„Ich soll erst fleißig sein... etwas lernen... damit aus mir etwas wird???"

Kindlicher, oftmaliger Logik zufolge, wird da nun unweigerlich folgen:

„Ja wenn ich erst werden muss… …dann BIN ich noch nicht(s)!“

Und dann gebe ich da grundsätzlich noch zu bedenken: Diese Art von Aussagen… und noch Üblere… werden ja zumeist nicht nur einmal geäußert…, sodass man selbst als Kind vielleicht drüber „hinweg sehen“ könnte…
…sie werden oftmals wiederholt. Mitunter mit körperlicher Maßregelung „untermauert“!

Anzahl der Impulse!!!

Wie also soll sich ein Kind entwickeln…?

Ja. Aus rein logischem Verstand nun zum Beispiel, wäre es durchaus nachzuvollziehen, dass ein Kind – später dann Erwachsener – nicht mehr in die Windel kacken sollte!
Zumindest jetzt nach einer Erwachsenenvorstellung.
Was tut man?
Das Kind wird mit verschiedenen Mitteln angehalten, so bald als möglich auf ein Töpfchen oder gar das WC zu gehen.
Jetzt erklär mal einer dem Kind, wieso es das grade SO tun sollte?

Versteht das Kind die Belange, Begriffsbestimmungen der Erwachsenen?
Nein. Woher denn?

Klar… wie zum Einen, erklärte man einem Kind zuerst einmal, was man sich unter einem Begriff vorstellt?
Und unweigerlich dazu … wie erklärt man einem Kind den Grund, das Motiv, warum dies so zu sein hat?

Es wird unbewusst vorausgesetzt! Es wird angepasst. Basta!

Das Kind hat also mitunter nicht die Gelegenheit, selbst erfahren zu können / dürfen, dass z.B. „in die Windel kacken" mitunter nicht der Weisheit letzter Stein ist. Also unangenehm ist.
Bevor das Kind wohl selbst auf den Schluss kommt (*wobei ich hielte Kinder nicht für dumm! In ihrer Art „bemerken" werden sie es ganz gewiss schon...*), dass aufgrund dieses unangenehmen Gefühls vielleicht eine andere Lösung angenehmer, „Sinnvoller" wäre (*z.B. das Geschäft auf einem Töpfchen zu verrichten*), wird diese Erfahrung schon vorweggenommen. Ohne „Sinnerklärung". Und das Kind wird ehestmöglich auf das Töpfchen antrainiert, angepasst. Punkt.

Es hat hier – wie auch in vielen anderen Gelegenheiten und Anlässen, nicht die Gelegenheit, von selbst nach einer Alternative zu suchen, diese zu finden.

Du wirst nun vielleicht lachen – oder mich für dumm erklären. Lächerlich vielleicht.

Aber mit solch kleinen, unwichtig scheinenden Dingen beginnt es!

Oder aber zum Beispiel auch mit Aussagen! Völlig belanglos scheinende Aussagen...
Aus der Sicht der Erwachsenen mitunter nicht böse gemeint..., gesehen als Vergleich..., als Gedankenstütze... bis hin natürlich auch zu definitiven „Erpressungen", Druckmitteln!

Aber wie gesagt: AUS DER SICHT DER ERWACHSENEN !!!

Sieh Dir doch bitte einmal die folgende Grafik an.

Lies Dir die Aussagen durch... und lasse sie ein wenig wirken!

Nun…?

Kommen da noch Erinnerungen hoch…?
Und somit gäbe es eindeutig den Hinweis, wie nachhaltig – selbst für Dich im Erwachsenenleben noch – eine Erfahrung ist, die Du für Dich selbst… aus Deinem eigenen Erkennen und Bestreben hast.

Im Gegensatz zu etwas, das man Dir nur vorzeigt. Zu dem man Dich womöglich sogar zwingt, nötigt... Erinnere Dich an die Grafik eben...

Verstehst Du jetzt? Fühlst Du es?

Insgesamt also hat – wenn man dem Gedanken mal Zeit und Raum gibt – diese sogenannte Anpassung, die eigentliche Entwicklung des Menschen komplett kastriert!
Man beachte Studien über die Intelligenzentwicklung von Kindern!
Da steigt einem das pure Grauen hoch!
Kinder, in zarten Kinderjahren noch mit großer Intelligenz behaftet, „verschlechtern" sich im Zeitraum bis zu ihrer Volljährigkeit, zu einem hohen Prozentsatz frappant!

Auch nur ein blöder Zufall?

Weil Kinder nicht erleben!!!

In einer ach so schnelllebigen und unbewussten Zeit, ist demzufolge einfach kein Platz mehr für eine eigenständige Entwicklung des Kindes.

Und...
...genau aufgrund dieser vielen Regeln, Vorgaben, einer Gesellschaft, eines Systems...
...und den in den Eltern und Umfeld bereits tief verwurzelten, verankerten Anpassungen, schließt sich hier jedes Mal ein Generationenkreis.

Das Hamsterrad wird am Laufen gehalten!

Denn nicht zuletzt stecken da ganz andere Absichten einer Gesellschaft bzw. sich abgrenzenden Macht- und Kapitalschicht dahinter:

Nur ein funktionierender Mensch, ist ein profitabler Mensch!

Somit kontrollierbarer, steuerbarer Mensch!

Und wie kontrolliere ich – seit Anbeginn – am Besten...?

Mit MANGEL und ANGST!

Seit jeher sind dies die mächtigsten Instrumente ... in all ihren Formen und Schattierungen, um Menschen „gefügig" zu machen.
Daraufhin werden wir angepasst!

Du glaubst mir nicht?

Was hätte das mit Kind-Sein zu tun, mit Auswirkungen auf das Heute zu tun?

„Sei brav – sonst bekommst Du Hausarrest!"

„Räum schön auf – sonst gibt's heute kein Eis!"

„Halten Sie sich an Ihre Anweisungen – sonst fliegen Sie raus!"

„Befolgen Sie die Regeln – sonst sehen Sie selbst zu, wie Sie weiterkommen!"

Deutlich genug...?

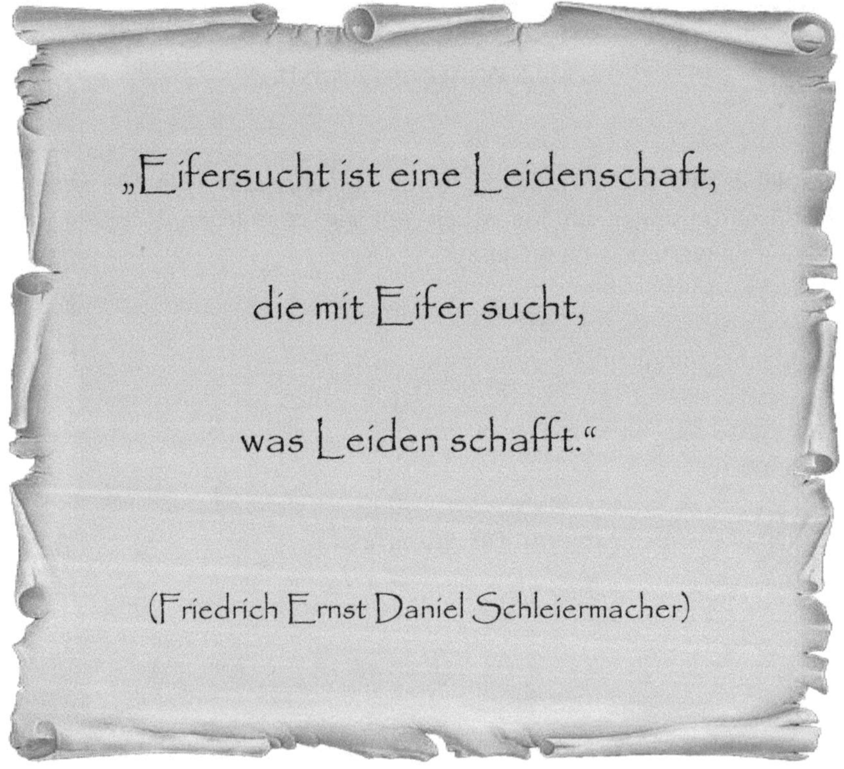
„Eifersucht ist eine Leidenschaft,
die mit Eifer sucht,
was Leiden schafft.“
(Friedrich Ernst Daniel Schleiermacher)

Kapitel 8 – Neid, Eifersucht

Ein kleiner erneuter „Klangtest" gefällig?

Höre und FÜHLE doch mal z.B. rein in diese beiden Worte: Neid, Eifersucht...

Also ich getraue mich zu behaupten: „Toll" ... klingt für mich Anders!

Diese beiden Dinge sind jedoch auch zwei schwergewichtige Brocken im kindlichen Heranwachsen. Unweigerlich wird man damit konfrontiert!

Ich bezeichne diese beiden Begriffe, oder „Seins-Zustände" auch immer gerne als die „Hyänen" der Emotions- ... oder insbesondere der Mangelwelt!

Ich tue mir in gewisser Weise mittlerweile schwer, mit irgendwelchen „Schuldzuweisungen".
In dem Bezug auf Kinder nun, im Einklang mit Neid und Eifersucht nun, will ich jedoch sehr behutsam doch dieses Wort „Schuldzuweisung" verwenden...
Denn... nur allzu leicht kann diesen „Hyänen" in einer Zeit von wirtschaftlichem Überfluss und schon sichtlicher Verschwendung, Leben eingehaucht werden.

Die Kinder bekommen es ja mit. Es ist im täglichen Leben nun ja nicht so, dass jeder, der arbeiten geht, gleich viel verdient wie der Andere. Dass alles gleich viel kostet. Dass, abgekürzt zusammengefasst, kein sozialer Unterschied zwischen den Einzelnen bestünde. Dass soweit

Status herrschte, dass jeder sich so ziemlich alles leisten könnte. Es wird also verglichen. Ständig. Überall... bei allem, in allem. Das Leben scheint oftmals auf einen einzigen Wettkampf, Vergleich gedrillt.
Alles wird regelrecht darauf ausgerichtet!

Wir werden ständig bewertet!
Und wir bewerten ständig selbst!

Der hat einen besseren Job, der andere einen höheren Lohn (*vielleicht ja komplett „ungerechtfertigt“*), der Nächste ein tolleres Auto, sie hat schickere Klamotten, die haben ein größeres oder überhaupt ein Haus... unendliche Vergleiche, soweit das Auge reicht.

Und das bekommt natürlich auch ein Kind mit! Was denn sonst!?
Und wie wird das Kind sich denn Verhalten... wenn zum Beispiel Papi mit seinem fetten Benz protzt... im Gegensatz zum Papi, für den ein Auto eben 4 Räder hat und fährt... also reiner Nutzgegenstand ist?

Wiederum nur als Beispiel meiner Kindheit:
Meine Eltern waren nie betucht. Sie ermöglichten, was möglich war. Aber oft musste da – z.B. bei Kleidung – auf jene von Flohmarkt, von Kindern aus der Verwandtschaft u. dgl. zurückgegriffen werden.
Wie ich dann schon ein bisschen größer war, bekam ich damals 5 Schilling die Woche „Taschengeld“. Das sind heute umgerechnet 36 Cent.

Ein Klassenkamerad, Sohn einer Lehrerin und eines gutverdienenden Vaters, bekam neueste Klamotten, Fahrrad, Radio... und 500 Schilling Taschengeld. Das wären heute 36 Euro.

Alles in allem heute... ca. 40 Jahre danach ... in dieser Weise auch nicht mehr vorstellbar. Aber zahlen vergleichen kann man durchaus...

Aber was bedeutete es für mich damals? Als Kind?

Und ich war nicht das Einzige!

Neid! Ganz unumwunden... blanker Neid. Und Eifersucht! Aus dem ständigen Vergleich herrührend! Mir schallern heute teils noch die Ohren, wenn ich an die ständige „Meckerei" („*Vergleicherei*"), vor allem meiner Mutter denke. Und in ihrem „Schlepptau" natürlich deren Mutter – meine Oma also... Unendlich sage ich Dir!

Ich war also auch schon in diesen unbewussten Strudel einbezogen: weshalb konnte „DER"... und ich nicht? Vergleich!
Eine Erwartung war in gewisser Weise an die Eltern gestellt, dass ich auch „so leben" wollte.
Eine Erwartung jedoch, die selbst nach Erwachsenenmaßstäben nicht zu erfüllen war. Nur wie soll man dies zum Beispiel als Kind verstehen... erfahren... möglichst aus Eigenem?

Ein möglicherweise interessantes Detail, ein Hintergrund, den es grade an dieser Stelle zu beleuchten gilt:
Wie kommt das Kind in den Neid, die Eifersucht... also letztlich in den Mangel?

Nur, weil ein Anderer mehr von etwas hat...? Das hielte ich für verfehlt! Ich deute – nicht zuletzt neuerlich durch ein „praktisches Beispiel" mit / durch meine 10-jährige Tochter – auf einen anderen Urheber hin!

Das Beispiel: Eine Mitschülerin meiner Kleinen zog vor einiger Zeit um. Wir selbst sind nun mal finanziell nicht so betucht... und meine Kleine hat nur ein kleines Zimmer. Die Mitschülerin hat seit kurzem ein großes Zimmer... mit allem Drum und Dran, was sich ein Kinderherz offenbar

so wünscht... Und prahlt damit! Fragt die dann meine Kleine mit entsprechend hämischen Unterton, wieso sie denn nur so ein kleines Zimmer hätte...
Die Mitschülerin also ist bereits voll in diesem „Fahrwasser", sich über Dinge im Außen zu definieren. Hervorzutun. Wettkampf!
Vor allem Aufmerksamkeit und Bewunderung auf sich zu ziehen!

Weshalb nun aber dieses? Woher sie das wohl hat? Vom Osterhasen?

Daher zum einen, da sie zu wenig Aufmerksamkeit vom Umfeld erhält...!?

Zum anderen, weil das Kind generell sehr auf sich bezieht und eben gerne im Mittelpunkt steht – so man ihm dies nicht schon aberzogen / angepasst hat...!

Dieses „im Mittelpunkt stehen" leite ich nun wiederum eigentlich noch relativ wenig von dem so viel gescholtenen Ego ab – je nach Alter des Kindes natürlich. Dieses „im Mittelpunkt stehen" sehe ich vielmehr noch aus dieser kindlichen „Unbelastetheit" her.

Hier bin ich... und das bin ich! Seht her!

Da ist also der „gesunde" Selbstwert noch nicht gänzlich demontiert!

Das wirkt zumeist erst später... Und genau dann geht's von Selbstsicherheit, Selbstbewusstsein ... in Ego über. Definition über ein Außen beginnt!

Wo also – und deshalb drückte ich vorhin aus, behutsam umgehen zu wollen – setzte man mit einer „Schuld" an?
Vor allem aus einer kindlichen Sicht...!?

Kannte man da schon jegliche „Probleme“ hinsichtlich des Geldes aus einer Erwachsenenwelt? Oder die anderen Probleme, die Erwachsene so oft vor sich her wälzen...? Nö!
Man sah nur jene Unterschiede, die sich im Außen oft sehr deutlich darlegten. Auf die man von so Manchen auch sehr deutlich „hingewiesen“ wurde...
Es scheint in gewisser Weise in der Natur des Lebens, des Heranwachsens zu liegen, dass man gewisse Dinge nicht so sehen kann.

Dass man als Kind gewisse Erfahrungen machen soll, muss.

Und ich würde – nun ... aus meiner heutigen Erkenntnis – Kinder sogenannter „reicher Eltern“ nicht unbedingt bessergestellt sehen, glücklicher schätzen. Sie haben mehr Sachen im Außen – durchaus. Es ginge meiner bescheidenen Meinung sogar soweit, dass der Eindruck nicht gänzlich von der Hand zu weisen ist, dass die Liebe des Kindes in gewisser Weise „erkauft“ bzw. das Verlangen „beruhigt“ würde!

Da wird Kindern alles nur Erdenkliche gekauft... Wie es bei uns so schön hieß: „Der Zucker in den Arsch geblasen“...
Aber dass vielmehr einmal intensive Zeit mit dem Kind verbracht wurde, Liebe und Aufmerksamkeit gebracht wurde... nö. Da war vielmehr der gute Job eher wieder wichtiger. Und das Einkommen. Und dass man eben dies und jenes jederzeit kaufen, tun kann...
Ein wirkliches „Brauchen“, „Benötigen“, zum Überleben, oder zumindest zum Leben... weit gefehlt.
Damals – in meiner Kindheit – hörte ich oft diesen Satz: „Das brauchst Du nicht!“ Grade wenn es darum ging, dass z.B. in einem Supermarkt mal dies oder jenes lockte (*freilich von der Wirtschaft und Strategen, damals wie heute schon, bewusst so deponiert...*).
Dieser ständige Vergleich also... er war damals wie auch heute, doch von diversen Strategen einer immer weiter wachsen wollenden Wirt-

schaft regelrecht geplant! Es wurde gefördert! Eine regelrechte „Geiz-ist-geil-Gesellschaft" erwuchs. Die Schaffung einer Gesellschaft wurde und wird heute noch regelrecht unterstützt, in der man eben mehr galt, wenn man mehr hatte!

Ich habe Unrecht?

Na dann verweise ich mal ganz eindeutig auf gewisse Studien, in welchen bzw. vielmehr ... wie vielen Händen sich das meiste Geld/der meiste Besitz befindet! Und wie sehr diese Menschen Geltung haben... oder sich „zur Not" Geltung verschaffen!
Geld regiert die Welt heutzutage. Ein Auswuchs, dessen Grundstein schon früher gelegt wurde.

Damals freilich... da nahm sich auch keiner die Zeit, mir das vielleicht ein bisschen näher zu erklären... sowas mit mir gemeinsam zu „erarbeiten". Damals fühlte ich als Kind wohl eher nur wiederum Auswirkungen des Mangels, unwahre Gedanken! Wut. Zorn. Minderwertigkeit (*ich bin meinen Eltern nichts wert, sonst würden sie ja...*). Etc. etc. etc. Die Liste ließe sich beliebig fortsetzen.

Hier im Heute... hat mir das Damals ermöglicht, selbst kleine Dinge wertzuschätzen. Heute erkenne ich vielmehr, dass ich damals wie heute, bestimmte Dinge nicht fürs Leben „brauche", auch wenn sie noch so locken. Sowohl im Außen als auch im Innen. Ich habe heute mitunter wenig „Problem", auf oft Vieles zu verzichten.

Mich selbst wertzuschätzen. Anzuerkennen – ohne Besitz! Dies jedoch einzig durch eine gewonnene Bewusstheit und Eigenverantwortung!
Und manchmal kaufe ich mir heute doch etwas... was ich nicht „brauche". Aber dies ist eben eine kleine Belohnung an mich selbst.

Wie Viele im heutigen Leben laufen aber noch durch ihr tägliches Treiben... stets begleitet oder gar gejagt von den „Hyänen"...?

Wie viele erkennen ihr Potential, ihren „Besitz" nicht... jammern, schauen auch heute noch immer nur auf die Anderen, lassen sich ablenken und blenden... und zollen zumeist diesen Dingen im Außen Neid und Eifersucht..., entwickeln da oftmals sogar kleine „Wettkämpfe", wer hat das Bessere, das Größere, das Schönere, das Neuere, das Modernere usw. usw. ...
...anstelle ihr schon vorhandenes Glück am Schopfe zu packen...? Oder wenn es zu diesem Wettkampf nicht „gereicht"... dann wird eben die „untere Schublade" geöffnet und gelästert und geschimpft über „die Anderen"!

Wie oft – grade in zwischenmenschlichen Beziehungen – wird das Kapitel der vermeintlichen Liebe angepriesen ... schön augenscheinlich unter deren „Deckmantel", versteckt jedoch ein Neid, und vielmehr jene Eifersucht sogar angezogen...? Zum Drama gemacht und als „Hinrichtungsgrund" für jegliches Empfinden zueinander verwendet...? Es wird nicht einfach nur Liebe gelebt. Sondern es wird unter deren Deckmantel – wie ich immer sage – „Kuhhandel" betrieben.

„Ich liebe dich, wenn..., wegen..., solange Du dies und jenes...!"

Liebe ich aber auch noch, wenn nicht mehr...? Wenn das „Wegen" sich geändert hat? Wenn meine Erwartungen, Vorstellungen von der ach so holden Prinzessin, oder dem edlen Prinzen nicht mehr überein stimmen... oder mein Gegenüber spätestens irgendwann mal die Schnauze voll hat... von meinen Veränderungsversuchen...?

Oh ja – genau DAS!

Menschen versuchen, den jeweils Anderen ständig zu ändern!

Weiterhin anzupassen! An eigene Vorstellungen!

Alte abgekupferte Muster treten voll zutage! Werden weitergegeben!

Ein höchst hilfreicher Ansatz „Du bist o.k. – ich bin o.k.!" aus der Transaktionsanalyse, kommt aufgrund unbewusster Konditionierung und Projektion dessen, wenig bis gar nicht zu Einsatz. Man nimmt den Anderen nicht an, wie er IST.
Man hätte den jeweils anderen gerne, wie man selbst will, sich ihn/sie vorstellte.

Ja vielfach nimmt man sich – zutiefst unbewusst und angepasst - selbst nicht einmal an, wie man ist!
Wie also soll ein Anderer mich annehmen können, wenn ich es bei mir selbst nicht schaffte???

Aber DAS sieht man ja auch nicht. Aus tiefer Unbewusstheit heraus. Der/die Andere ist ja dann immer leichter der Trottel, das Arschloch, das Schwein/die Schlampe.

Anstelle mal sich selbst, seine Baustelle anzusehen, wird vielmehr einfach ausgetauscht. In der schwachsinnigen Meinung, na der/die Nächste wird´s jetzt richten..., wird mir erfüllen und ausgleichen...!

Wie soll es aber auch anders sein...?

Wie könnte eine Sucht, jene Eifersucht, die nie angesehen, geklärt, angenommen wurde...
...deren vermeintlicher „Hunger" also nie wirklich geklärt, gestillt oder angenommen wurde...
...nicht auch noch heute, als hungriges „Monster" da draußen lauern und zubeißen, bei jeder sich bietenden Gelegenheit...?

Da sind ja lieber immer die Anderen schuld, diese Verräter, Schweine... und sonstigen Schimpfnamen und Bezeichnungen.

Damals als Kind haben sich derlei Dinge oftmals sehr direkt geäußert.
Kinder hatten sich sozusagen „in der Wolle".
Es gab noch keine oder zumindest nur sehr wenig Beeinflussung, dass man dies und jenes nicht täte... und dergleichen.
Diese wurde erst anerzogen, angepasst.

Es wurde angepasst an das, was das Heute abbildet.
Das Kind erlernte, selbst solche „Hyänen" eines Mangels, einer Angst ...

...hinter Masken zu verbergen...

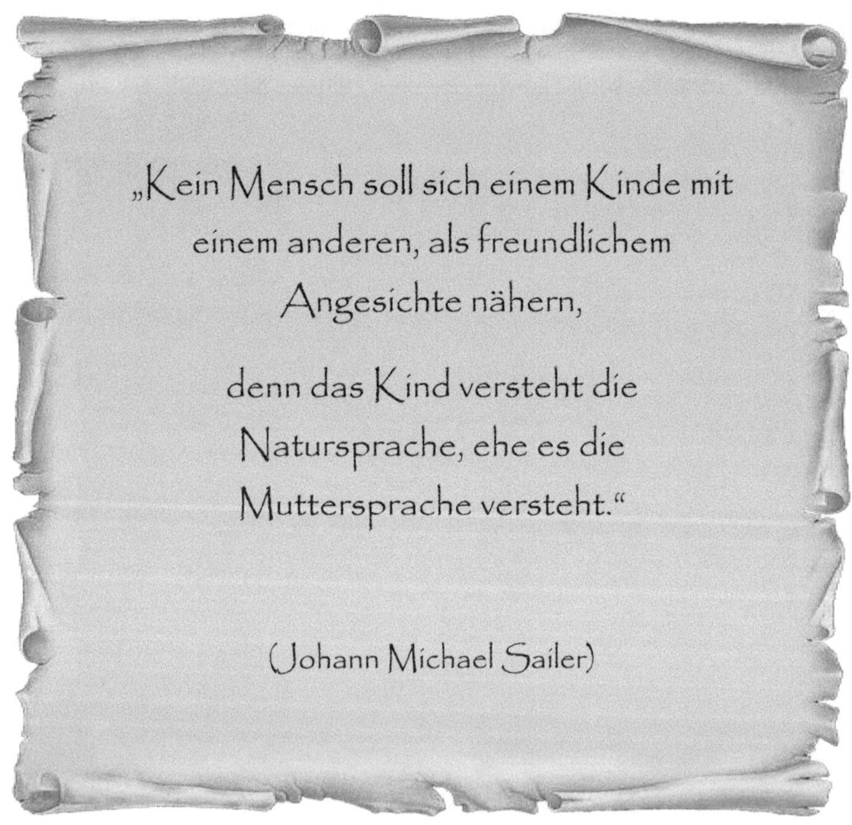
„Kein Mensch soll sich einem Kinde mit
einem anderen, als freundlichem
Angesichte nähern,
denn das Kind versteht die
Natursprache, ehe es die
Muttersprache versteht."
(Johann Michael Sailer)

Kapitel 9 – Masken

Freilich sollen unsere Kinder gut behütet aufwachsen!

Selbstverständlich sollen sie Kind sein dürfen und nicht gleich mit aller Härte des Lebens konfrontiert sein... meint man.
Grade wenn man selbst nicht immer sooo tolle Erinnerungen an seine eigene Kindheit hat, will man dies doch gerne "anders" machen.... oder? Seinen Kindern „ersparen“...

Und jetzt aber gleich ein „Seitenhieb“ – neuerlich aus eigenem Erlebten. In diesem Fall mit meiner kleinen Tochter:

Sie kommt ja aus einem anderen Land. Dort ist es Usus, dass die Kinder z. B. schon sehr früh in eine Bildung einbezogen werden. Hierzulande würde man lauthals aufheulen und protestieren.

Nun sollte die Kleine hier also eingeschult werden. Vom Wissenstand gar kein Problem.

Was tat man aber nun? Und vor allem – mit welcher Begründung?
Man schickte meine Kleine – trotz allen Erklärungsversuchen unsererseits – in die Vorschule.
Begründung: „Sie solle ja noch nicht sofort den Ernst des Lebens kennen lernen müssen... und noch Gelegenheit haben, Kind zu sein“.

Oha.
Zum einen also...: man stufte sie eigentlich zurück. Vom Wissen her hätte es sogar soweit gereicht (*abgesehen vom sprachlichen Wortschatz*), dass sie beinahe in der 2. Volksschule hätte anfangen können.
Zum anderen: Das mit dem „Kind-Sein“ klang zwar schön... aber worauf war das denn in Wahrheit reduziert?

Dass sie in der Klasse – meist oft alleine – hinten mit ein bisschen Spielzeug herumwursten konnte, bis zur chronischen, fast „eitrigen“ Langeweile…? Während die anderen vorne schön im Grüppchen integriert waren…

DAS sollte deren psychologisch fundiertes „Kind-Sein“ bedeuten???

Bescheinigt von vermeintlich pädagogisch ausgebildetem Personal?
Völlig vorbei an der individuellen Situation des Kindes?
In Wahrheit reine Bewertung eines Objektdenkens!

Soviel also auch zu Erlebnissen eines Umfeldes, bei denen sich die Eltern sogar alle Mühe gegeben hätten…
Es war für uns als Eltern oftmals schmerzhaft, dann diesen „Erlebnisberichten“ unserer Tochter folgen zu müssen…

Wie soll ein Kind sich dabei fühlen? Vor allem nicht auf sich bezogen…!? Denn erklärt hat das von diesen hohlen Pfeifen dem Kind natürlich keiner! Wozu auch? System bestimmt… mit „pädagogischem Prüfsiegel“.

Doch stelle ich andererseits bzw. eben gleichzeitig die Frage zur Systemsteuerung in den Raum:

Tun wir damit wirklich Gutes?

In vorigen Kapiteln habe ich doch immer wieder davon gesprochen, dass Kinder sehr empfindsam sind.
Dass sie 1000 "Antennen" haben, mit denen sie ihre Umwelt wahrnehmen.

Sie stellen also oft noch nicht bewusst fest, kategorisieren oder analysieren das Erlebte..., sondern sie fühlen vielmehr und speichern alles ab. Auch wenn sie schon kleine Meister im Taktieren sind...
Umgekehrt haben sie noch wenig bis gar keine Vorurteile (*diese prägen sich erst mit der Zeit aus, sie erlernen sie von uns*), wenige bis keine Hemmungen (*auch diese entstehen erst durch das Anpassungsprogramm Erziehung*), sind einfach sensibel und offen für alles. Wie eine zarte Blume.

Sie "saugen" einfach alles auf. Wie ein trockener Schwamm.
Wir sogenannte Erwachsene, mit unseren im Mangel gebliebenen inneren Kindern, bewegen uns durch das tägliche Leben aber oft mit Masken. Mauern.

Wir sind Schauspieler unserer selbst.

Und dass oft Saumäßige! Wir glauben nur, wiiieee gut wir wären. Lassen uns teils blenden, womöglich von irgendwelchen Titeln, Positionen, von vermeintlich Erlerntem u. dgl.
Sind davon teils derart eingenommen, wie gut wir wären. Glauben, dass diese Masken keiner zu durchschauen vermag. Wir haben einen unbewussten "Tunnelblick", in dem was wir tun.

So.
Und ich stelle jetzt in den Raum, dass die Kinder aufgrund ihrer Sensibilität und ihres "Erfahrungsdurstes" sehr wohl durchschauen, welch "morbides Maskenspiel" wir hier in unserer ach so erwachsenen Welt betreiben!

Nicht verstehend... dennoch fühlend!
Sie merken, dass Maske eben Maske ist, dass Dinge nicht so sind, wie wir sie oft vorgaukeln!

Gleich wie in einem Film! Auch wenn wir - und somit jeder von uns - es nur wirklich herzensgut meint...!

Ich kann mich also der Erkenntnis nicht entziehen, dass Kinder dann genau dadurch auch "lernen", sich zu verstellen!

Sie sehen es ja. Sie erleben es ja. Vorbildwirkung! Anzahl der Impulse!

Mama und Papa machen das auch so.
Also muss es wohl seine Richtigkeit haben.
Wenn das so ist, ja dann sollte ich das wohl auch so machen.
Und das Kind macht...! Oh ja.... Das Verhängnis nimmt seinen Lauf!

Als Erwachsene also, sind wir dann schon derart in diesem "Maskentheater" verstrickt, verwoben....
...sodass wir es zumeist nicht einmal mehr bemerken. Es war normal so... immer schon.

Weißt Du lieber Leser, liebe Leserin...
...ich habe durch meine Vereinstätigkeit Gegenden kennen gelernt... Menschen kennen gelernt... für die unser westliches Leben definitiv Wunschtraum, Schlaraffenland ist. Selbst mit unseren sogenannten Problemen.
Ich habe mit diesen Menschen gesprochen, gelebt.
Als ich diesen Menschen manche von unseren "Problemen" schilderte, schüttelten sie nur fragend den Kopf, wie sowas denn ein Problem sein könne.
Ob die Menschen hier wirklich Ahnung hätten, was z.B. wirkliche existenzielle Probleme seien...?

Und ich hatte viel Zeit, um zu beobachten. Auch die Kinder.

Wenn man mit den Kindern spricht... dann ist da schon so eine Lebensakzeptanz und kindliche Weisheit, die schon beinahe schmerzlich ist.
Kinder, die oftmals die Eltern bei der Arbeit unterstützen (*sofern die überhaupt denn eine bekommen können*), um sich selbst den Schulbesuch zu finanzieren!

Kinder, die dort mit der Armut aufwachsen.

Kinder, die einerseits absolut Kinder sein können und dürfen...
Kinder, die jedoch auch von Anfang an damit aufwachsen, dass das Leben dort kein Schlaraffenland ist, wie hierzulande...

Einerseits aus einer inneren Einstellung her! Denn sie spielen, lachen, hüpfen umher - wie es Kinder tun. Mehr und intensiver und freier, als hierzulande oft...

Sie kennen sozusagen keine Abhängigkeit zu verschiedensten Dingen, eines oftmals täglichen (*westlichen*) Lebens.

Und noch von der äußeren Realität her. Dass man im Dreck lebt, oft nichts zu essen hat, die Eltern - sofern überhaupt eine Arbeit da ist - unterstützen muss. Zusammenhalten muss. Also wirkliche Probleme bewältigen muss.
Sie wissen es! Sie leben es! Sie nehmen das Leben, wie es ist!
Und sie sind trotzdem aus einer inneren Stärke zufrieden! Sie sind glücklich!!! Oftmals glücklicher als manche Menschen hierzulande.

Diese Menschen - einfach "gestrickt" - nach unseren "Maßstäben".
Diese Menschen gehen oft sehr "gerade Wege". Wege, die unserer westlichen verwöhnten Mentalität sehr hart vorkämen. Doch es gibt nur diese Wege in dieser Armut. Es gibt keine Alternativen.
Und doch wissen diese Menschen dort herzlich zu sein. Zu lieben!

Je entwickelter ein Bereich, ein Land scheint, desto mehr werden Masken getragen, gelebt.

Wechselt man zum Beispiel den Hintergrund, das Land, die Gesellschaft, das Umfeld...
...dann entsteht solche Abhängigkeit. Sehr schnell sogar.

Ich konnte es bei meiner Tochter sehen, bemerken, fühlen!
Ich habe schon erwähnt, dass ich mich hier sicherlich nicht zu einer „finanziell privilegierten Bevölkerungsschicht" zähle. Und doch mangelt es uns an nichts. Ich bin dankbar und zufrieden.
Nur könnte ich in diesem hiesigen Umfeld niemals „künstlich" jene Umstände erschaffen, aus der meine Tochter kommt!
Vor allem: wollte ich das?

Somit ist es in gewisser Weise für mich nur mehr bedingt beeinflussbar, bzw. nicht „verhinderbar", dass für das Kind unweigerlich eine Anpassung an das hiesige System erfolgt.

Und Kinder hier... sie erlernen von klein an, diese Masken ebenso zu tragen. Kinder verlernen mitunter, sie selbst zu sein, da sie unbedingt nach einem Erwachsenenschema angepasst sein sollen. Da sie von den Erwachsenen ja nichts Anderes gezeigt, vorgelebt bekommen!
Wir sind deren Vorbilder, zu denen sie aufblicken!

Wenn das Leben selbst – oftmals zu sich selbst – schon insgesamt derart hinter Masken verborgen wird...

...es letztlich – so sehr man auch beschönigen oder herunterspielen versucht – um Lüge und Verschleierung geht...

...wiederum: ist es noch verwunderlich, dass vieles so ist, wie es ist?

„Menschen in Masken“

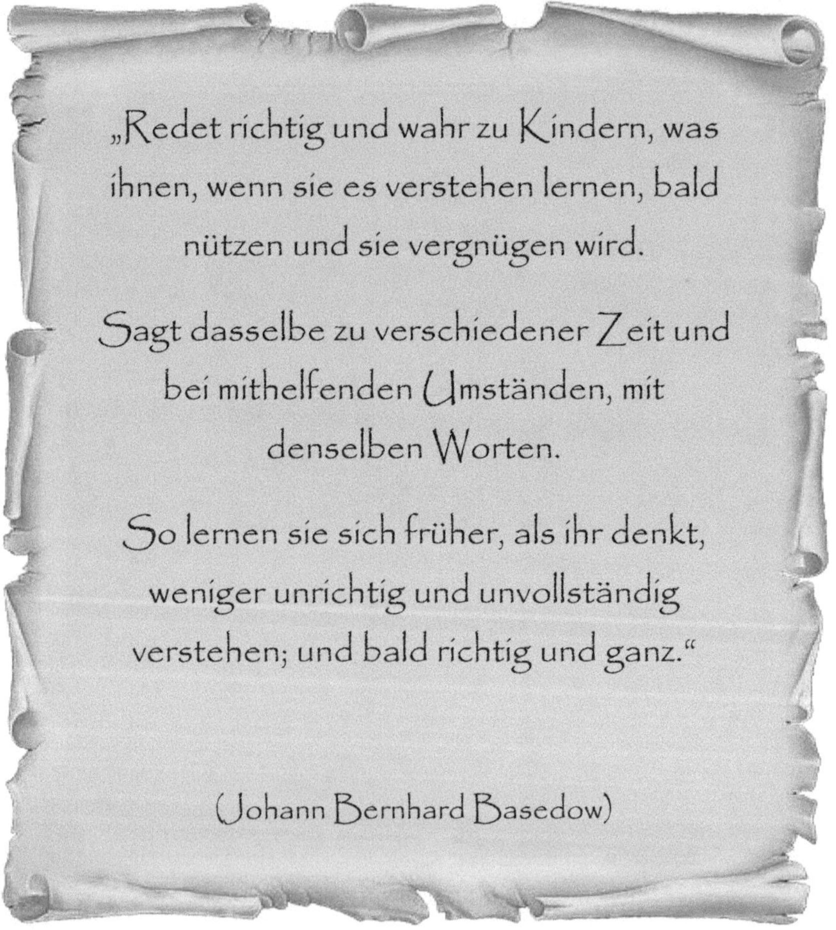
„Redet richtig und wahr zu Kindern, was ihnen, wenn sie es verstehen lernen, bald nützen und sie vergnügen wird.
Sagt dasselbe zu verschiedener Zeit und bei mithelfenden Umständen, mit denselben Worten.
So lernen sie sich früher, als ihr denkt, weniger unrichtig und unvollständig verstehen; und bald richtig und ganz."
(Johann Bernhard Basedow)

Kapitel 10 – Lügen

Könnte man diesem "Thema" durchaus Raum verleihen und sogar unterstreichen, dass eine Bewusstheit im Leben - und damit verbunden eine wirkliche Authentizität - ja geradezu unumgänglich ist?

Dass auch „nur“ Maskerade an und in sich Lüge ist...?

Eins zum Kapitel vorweg: den provokantesten Ansatz zum Thema „Lüge“ hebe ich mir für den Schluss des Kapitels auf...!

Nun jedoch - wie erging es Dir bei unseren anfänglichen „Aufwärmübungen“? Erinnerst Du Dich noch?

Wo bist Du möglicherweise hier schon, auf Maskerade oder Lüge in Deinem Leben gestoßen?

Ich nutze in diesem Zusammenhang nicht gerne so abgedroschene Sprüche....
...doch...
...wer kennt zum Beispiel den Satz "*Lügen haben kurze Beine*"...?

Wäre es also möglich, dieser Phrase - im Zusammenhang mit einer Authentizität - durchaus Wahrheit abzugewinnen?

Denn... haben wir nicht alle schon mal Erfahrung mit einer Lüge getätigt, die dann irgendwann "aufgeflogen" ist...? Und wenn´s nur eine kleine Flunkerei war...

Doch: sie flog auf... vermutlich grade zu einem Moment, in dem wir am wenigsten damit gerechnet hatten..., grade wo man es am wenigsten „gebrauchen“ konnte...

Grade dass uns halt keine lange Nase wächst, wie bei dem Märchen von Pinocchio... und Lüge somit sofort und unabdingbar bewiesen ist!

Ich benenne in diesem Zusammenhang nur ein Wort: RESONANZ !

Wenn ich Lüge denke, spreche, handle...
...dann strahle ich dies auch unbewusst aus!

Und selbst wenn mein Gegenüber dies nicht bewusst wahrnimmt, nicht bestimmt zuordnen kann...
...mein Gegenüber MERKT DAS! Erkennt die Lüge!

Was ist denn im Endeffekt dann das Ergebnis?
Klar... das, worum es sich mit/in der Lüge handelte, wird offenbar. Und war zumeist unrichtig. Lüge eben.

Nur was stößt denn unwillkürlich mehr auf?
Das "verdrehte Fakt"... oder die Tatsache selbst, dass "man gelogen hat" oder "angelogen wurde"?

Und vielfach durfte ich in meinem bisherigen Leben nun genau in jene Richtung beobachten, dass die Lüge an sich, oftmals dann nur mehr zum „Nebendarsteller“ gerät. Vielmehr „treffend“ ist, dass ein Gegenüber mich anlügt, mich zum Narren halten will, mich bescheißen will... anstatt einfach mit dem Fakt, der Wahrheit heraus zu rücken!

Woher aber trifft mich diese Lüge dann, verletzt mich vermeintlich...?
Alte Muster, alte Verletzungen brechen hier auf! Alte unwahre Gedanken, im Weiteren Gefühle/Emotionen... Be- und Verurteilungen ... womöglich Handlungen!

Möchtest Du mit mir – genau an dieser Stelle nun – einmal kurz innehalten und dies genau betrachten…?

Versetzt Dich mal als Beispiel in folgende Situation:
Mein… oder Dein Gegenüber also war eben grade unehrlich. Hat gelogen. Schlimmere Form davon: betrogen. Ich muss jetzt hoffentlich nicht so weit ausholen… Fassen wir es als fette Lüge zusammen, o.k.?
Fakt: Lüge… Unwahrheit, Unehrlichkeit des Gegenübers

Verletzt er/sie uns damit?
Wie macht er/sie das?

Zuckt da z.B. jetzt ein Gedanke in der Art hoch: *„Ja der/die hat mein Vertrauen ausgenutzt. Ich war immer ehrlich … und erhalte dies nun als Lohn dafür…“*…?

Das Gegenüber ist also ein richtig unfaires „Rabenaas“ – richtig?

Und jetzt bitte ich Dich, dies einfach mal so stehen zu lassen, ohne sich weiter darin gedanklich zu „verhaken“!!!

O.K.? Nicht verhaken!!!

Ich nehme gedanklich jetzt mal Deine Hand und drehe Dich von dem Gedanken weg… in eine andere Richtung.

Folgende neue Richtung:

„Das war Dein Gegenüber grade getan hat, gesagt hat – was auch immer diese Lüge – nach Deiner Meinung nach - darstellt…

...DAS ist im Grunde genommen einzig seine/ihre Verantwortung – nicht Deine! Seine/ihre Wahrheit – nicht Deine! Es ist sein/ihr Leben – nicht Deins!

Einzig, wie Du nun auf das Dir „Dargebotene" reagierst... DAS IST Deine Verantwortung!"

Nimm Dir Zeit... und lass dies bitte jetzt mal richtig wirken!

Und jetzt darf ich gleich noch eine „Zugabe" dazu tun:
Folglich den Lebensgesetzen bezeichnet man eines davon als ***„Spiegelgesetz"***.
Man misst diesem bei, dass mein Außen immer nur jenes reflektiert, was in meinem Innen geschieht.
Ich dürfte mich also im Weiteren dann ehrlich, bewusst und verantwortlich fragen:

„In welchem Bereich belüge ich mich selbst, betrüge ich mich selbst...?!"

Oder „alternativ":

„Wo liegen jene Punkte IN mir, bei denen ich dieses Lügen, Betrügen zutiefst ablehne?"

Sozusagen mitunter auch jenen Teil in mir verdränge, ablehne, in dem auch ich zu solchen Dingen mitunter fähig wäre...?

Und Du würdest Klötze staunen, zeigte man Dir im Detail, wozu Du alles fähig wärst!

Das Leben – der Spiegel meiner selbst!

Wie geht es Dir dabei?
Was entwickelt sich hier an Gefühlen in Dir?

Völliger Nonsens, Verweigerung?

Ist es ein absolutes gedankliches Unding für Dich, dass ein Geschehen im Außen, auch nur ansatzweise, irgendwas mit Dir zu tun haben könnte...?

Ja? Ist es das?

Oder entsteht ein leichtes Prickeln, eine sanft einziehende Erkenntnis, dass diesen Worten Wahrheit innewohnt...?

Erinnere Dich bitte ... an all jene Momente, an die Du vor allem bis jetzt, KEINE Erinnerung hast!
Und dann behaupte jetzt noch einmal unwiderlegbar, dass das Außen nichts mit Dir zu tun haben könnte...!

Nur als Hilfe...: nicht alles spiegelt sich immer genau 1 : 1... man darf durchaus ein bisschen Freiraum, Interpretationsraum lassen...

Und nun schließe ich den Kreis wieder in Richtung Kind....
...und in Richtung einer Zukunft von uns allen...:

Hattest Du als Kind Erlebnisse, wo man Dich angelogen hat? Zumindest angeflunkert?

Hast Du Erinnerungen, wo Du selbst geflunkert oder gelogen hast...? Mitunter dermaßen, dass sich die berühmten „Balken bogen"?

Natürlich hattest Du die! Und da hilft im Heute kein Herabspielen des Ganzen! Dieses Understatement ist nur eine gewitzte – schon fast wahnwitzige - Mechanik des Verstandes, des Ego... um über Tatsachen hinweg zu täuschen. Herunter zu spielen. Sich mitunter selbst tierisch in den Sack zu lügen! Zu Rechtfertigen. Vorläufer einer Verdrängung.

Lüge ist Lüge! Punkt! Ende!
Jetzt gehst Du selbst – als Erwachsener – bei einer Lüge, bei Betrug schon derart an die Decke...!

Wie also muss sich ein Kinderseelchen fühlen, wenn es angeflunkert, angelogen wird... und dann selbst feststellen/herausfinden darf, dass es eben Lüge war...???

Ob kleine oder große Lüge: da mache ich tendenziell so gar keinen Unterschied!

Ein Kind kann zu diesem Zeitpunkt noch nicht soo genau differenzieren. Die Lüge genau definieren. Diese Schulung erfolgt erst später im Leben! Aber das Kind ist keinesfalls blöde!!!!
Nochmal: Kinder haben 1000 Antennen... und spüren, fühlen vielmehr als wir glauben!

Viel mehr, als wir durch unsere Erwachsenen- bzw. Ego-Bildung noch zugestehen wollen! Was wir schon längst verdrängt und in einer Unbewusstheit ersäuft haben!

Doch: Zu jenem Zeitpunkt ist Mami und Papi DIE Bezugsperson! Die Hero´s, das Maß der Dinge!

Und ausgerechnet die lügen Dich als Kind dann an! Halleluja!

Der Erwachsene - womöglich gar Mami und Papi – hält sogar noch krampfhaft fest dran... kann und will vor so einem kleinen „Stöppel" das Gesicht nicht verlieren!
Das Kind wird gar noch gescholten... usw.

Und dann noch:

Das Kind bezieht zu allererst einmal auf sich selbst!

Das Kind hat noch keine, oder nur sehr wenig andere „Referenz-/ Vergleichswerte"!!!
Was anderes soll ein Kind denn empfinden, oder an Gedanken und Gefühlen schaffen... wie Ängste, Minderwertigkeit, Schuld, Trauer, Selbstzweifel usw. usw. ...?

Eine sehr große Lüge meiner Kindheit war zum Beispiel:
Meine Eltern hatten durchaus in ihrer Beziehung schwierige Zeiten. Dinge, die in heutigen Beziehungen im Grunde nicht anders geworden sind. Dinge, die sich um einen „wirtschaftlichen Erhalt" des Familienüberlebens bewegten. Dinge, die sich aus verwandtschaftlichen Zwistigkeiten ergaben. Dinge aus gegenseitig sanktioniertem Beziehungsdenken entsprangen. Dinge, die sich um Spiegelungen im

Außen bewegten, die aber keiner erkannte oder sehen wollte. Zumeist waren ja die Anderen die Arschlöcher und Idioten!

Und dann spielten meine Eltern – so gut es meist nur ging – prachtvolles Theater!
Theater eines ach so wundervoll friedlichen, störungsfreien, heilen Familienlebens.

Seltsamer Weise bekamen wir Kinder aber ganz genau mit, wenn der Haussegen schief hing! Selbst wenn man uns – dem Kapitel folgend – mitten ins Gesicht log und „gute Miene zum Bösen Spiel" machte.

Was nimmt man sich als Kind aus diesem Theater denn mit? Erneut – ein Kind, dass in erster Linie auf sich bezieht? Was weiß es denn von den Problemen der Erwachsenen...!?

Hattest Du liebe Leserin, lieber Leser, als Kind je ein „Problem"???

Zumindest eines, wie Du es heute selbst als „Problem" definieren oder darstellen würdest...?

Ich nicht!

So... und nun drehen wir den Spieß mal eben noch kurz um!
Wir selbst haben gelogen!

Woher wir´s eben gelernt, miterlernt haben, wissen wir ja nun...
...beziehungsweise... noch nicht alles. Da komm ich aber jetzt noch dazu.

Neuerlich zuerst noch ein „Fallbeispiel" zur eigenen Lüge aus meiner Kindheit:

Ich war zu jener Zeit sogar schon in der *(damals)* Hauptschule – heute Mittelschule. Es gab da in den oberen Klassen jedes Jahr eine Woche, in der die Bundeshauptstadt besucht wurde. In jener Unterkunft dann waren wir nicht die einzige Klasse, sondern wir trafen auf eine Tiroler Klasse. Hatten da wirklich Spaß in Tüten, Nächte wurden fürs Blödeln und Quatschen genutzt, weniger fürs Schlafen.
Na jedenfalls lernte ich da als 13-Jähriger meine erste „große Liebe", Annemarie kennen. Meine Güte! Der Kontakt blieb auch nach dieser Schulaktion weiter vorhanden. Damals schrieb man sich noch Briefe. Schickte sich Audiokasetten… es war einfach schön!!!

Jedenfalls – zuhause angekommen – erzählte ich (*für mich doch in gewissem Maße sehr zu meiner eigenen Überraschung*) noch ausführlich und freudig von dem Erlebten.
Alles war super – alles war toll. Vorerst…

Nach genau 2 Tagen nahm alles eine „verheerende Wendung". Plötzlich war alles verrückt, blöd, jenes Mädel war eine Hure, Schlampe etc. (*es waren ja nur jedes Mal ca. 15-20 Leute im Zimmer – aber sie war und blieb eben Bezeichnetes*)…

Kurzum: Dies Mädel wurde seitens meiner Mutter „zur Persona non grata – zur unerwünschten Person" erklärt. Um es jetzt mal schön auszudrücken. Dazu dann gleich noch eine „Schote"… und…

…diese „Geschichte" sollte mich aber noch länger, auf noch ungewöhnlichere „Weise", beschäftigen… Mehr dazu später.

Da nun in meinem bisherigen Leben immer schon alles bestimmt, reguliert, vorgeschrieben, sanktioniert, und vieles mehr… wurde, hatte ich für meinen Teil hier schon die Schnauze aber gewaltig gestrichen voll!
Ich wollte dann irgendwann so mit 15 (bereits in Berufsausbildung), einmal Annemarie besuchen. Von zuhause (*Vater getraute sich „um des*

lieben Friedens Willen", nicht anderwertig zu entscheiden) – also Verbot. ALLES, was das Mädel betraf.
Ich wiederum wollte mir dies nicht mehr gefallen lassen. Und griff dann bewusst zur Lüge!

Alles schien anfangs noch perfekt! Ich hatte eine Geschichte aufgetischt, dass ich mit einem Kollegen übers Wochenende Schifahren ginge. Einem Kollegen, der verhältnismäßig sogar in der Nähe wohnte. Alles passte.

Nur hatte ich eines nicht bedacht:
Dass meine Eltern meinen Kollegen anrufen würden, um zu überprüfen. Und der wusste noch nix davon. Auf den Gedanken kam ich zu der Zeit nicht. Bis zu dieser Zeit – danach nicht mehr.

Dass diese Lüge sodann auch körperliche Repressalien nach sich zog, brauche ich doch vermutlich nicht extra zu erwähnen, oder?

Heute betrachtend, möchte ich nun die Lüge an sich nicht beschönigen, rechtfertigen oder sonstige Ausflucht betreiben. Auch hier war und ist Lüge eben Lüge. Ich hatte gelogen. Punkt.

Doch worauf ich hinaus will...
In meiner damaligen Situation hatte ich für mich keine andere Wahl mehr! Ich selbst war nicht „Bestimmer" über mein Leben! Es gab so gut wie keine Freiheiten. Ich war körperlich – jedoch vor allem aber seelisch, längst im Knast! Hochsicherheitstrakt. Alcatraz war noch ein Ferienparadies dagegen!

Und ich wollte doch wenigstens nur ein einziges Mal raus aus diesem „Knast", verdammt nochmal!
Das Seltsame in meiner Kindheit war: Uns wurde ständig eingebläut, dass Lüge Sünde sei. Dass man immer ehrlich sein solle. Keine Wahrheit könne so schlimm sein, wie eine Lüge...

...und was war dann?

Klein Ernold war immer ehrlich, hat sich wohl redlich dran gehalten... ...und wurde letztlich dennoch in vielen Dingen dazu gemaßregelt. Für mich fühlte sich dies dann an, wie schlimmer Verrat! Heute betrachtet, hätte es zu keiner Zeit einen Unterschied gemacht, ob ich Wahrheit sprach, oder log... die Repressalien waren die Gleichen.

Zum Thema „Verrat" aber noch ein weiteres Kapitel.

Was also nimmt man sich als Kind aus solchen Erlebnissen heraus?

Und dann noch jene andere – zuvor erwähnte – „Schote":

Was nun, wenn man von den Eltern selbst angehalten wird, zu lügen...?

Oha! Das gäb´s etwa nicht? Na dann lausche und staune!

Wenn die Eltern irgendwo „Scheiße bauen"... und dann sogar noch die Kinder mit reinziehen, nur um von ihrer Scheiße abzulenken?
Nie passiert?

Und neuerlich spreche ich (noch) nicht von irgendwelchen kapitalen Strafsachen, sondern halt eben so kleine Dinge...

Nachbarschaftsstreitigkeiten lagen damals bei meiner Oma, im Schlepptau meine Eltern, wöchentlich an. Damals gab´s noch keine gerichtliche Mediation. Keine Schlichtungsstellen, kein Fernsehen, welches solche Dinge für den „Rest der Welt" gar noch medial aufbereitet, um weitere Stunden vor die Glotze zu bannen...

Damals... vor nun ca. 40 Jahren ... da gab es nur Gerichte. Klagen. So

auch die damaligen Nachbarn. Wegen dem berühmten Gestrüpp, welches teils weit über die Grundgrenze wucherte.
Und in einem Anflug von Zorn, wurde da dann einfach abgeschnitten. Mitunter hatte man die Gartenschere wohl ein wenig weiter hinüber gehalten über den Zaun. Als Erwachsener.

So. Nun hatte man aber nicht bedacht, dass dieses Gestrüpp, wenn es abgeschnitten wird, sich durch das logische (natürliche) Vertrocknen zusammenzieht.
Es kam, wie es kommen musste. Nachbarn kommen nach dem Urlaub nach Hause, das Gestrüpp ist kurzgeschoren. Zumindest teils einiges kürzer dann, als die Grundgrenze, der Zaun. Klage – Gericht.

Und dann...
...dann kam eine Verhandlung vor Ort... weil man musste dem Hrn. Richter ja erklären, wie es kommen konnte, dass das Gestrüpp teils gut einen halben Meter zu viel „beschnitten“ war...
Der „Trocknungsvorgang“ also wird sogar durch einen Sachverständigen mehr oder minder bestätigt, was aber noch immer nicht erklärte, wie die Schnitte hinter der Grundstücksgrenze hinkamen (*aus Sicht der Nachbarn gesehen*). Dort wo also – aufgrund der Höhe und diversen anderen Dingen – eigentlich ja nur ein Erwachsener hinkäme...
...ja wenn da nicht dann klein Ernold „instruiert“ worden wäre, da mal – aufgrund seiner doch kleineren Händchen – durch den Zaun (Maschendrahtzaun) zu fahren und ein bisschen hier... und ein bisschen da...
SO konnte man das aber letztlich natürlich dem Herrn Richter nicht sagen! Das wäre ja Schuldeingeständnis!

Also was war wohl geschehen... zuvor... vor der Verhandlung...?
Eine nette Geschichte wurde „einstudiert“ und es dem kleinen Ernold eindringlich nahegelegt, bei dieser Geschichte zu bleiben, komme was wolle!

Ich wurde also zum Lügen angehalten. Ich wusste ja damals noch nicht, ob da auch schon mit Eid gearbeitet wurde, aber irgendwie hallt da so eine Belehrung, ich müsse auf jeden Fall die Wahrheit sagen, noch in meinen sehr verblassten Erinnerungen. Vor allem, was kann ein Kind mit „Eid" anfangen...
Es kam dann also letztlich nicht was man wollte..., sondern wohl eher das was sollte. Es gab eine Verurteilung samt Schadenersatz.

Ja. Ich weiß.
Dies ist schon ein gravierendes Beispiel. Aber es vermag sehr klar zu verdeutlichen, was in diesem Sinne von Eltern oder Umfeld, hier unbewusster Weise fabriziert wird! Welcher Einfluss auf ein Kind genommen wird.

Ein Einfluss, der fürs gesamte weitere Leben prägend sein kann und zumeist wird!

Unbewusst? Wieso unbewusst? Die Eltern fordern hier das Kind doch ganz klar auf zum Lügen!
Ja. Tun sie.

Das Unbewusste jedoch erstreckt sich auf jenen Teil, in dem sie ihre eigene Verantwortung abgeben wollen. Verstecken wollen!

Liebe Leserin, lieber Leser!

Meine „kindliche Gabe" zu verdrängen, vergessen zu wollen, hat wohl in dem Sinne gründliche Arbeit geleistet. Denn für mich ist meine Kindheit oftmals ein blinder Fleck.
Mein Herz sagt mir, dass da noch unendlich viele andere, zumeist kleine Dinge waren, die mich genau dazu veranlassten: mich ... oder diese Erlebnisse zu verstecken, verdrängen, wegzuschließen, um sie nie mehr

zu sehen. Würde ich diese heute voll erkennen, dann könnte ich vermutlich ganze Buchbände füllen.
Selbiges 8 Milliarden Menschen auf diesem Planeten.

Was glaubst Du…
…sollte es einzig bei Dir, so absolut und gänzlich anders gewesen sein…?

Oder dürfen wir uns erlauben, zumindest einmal davon auszugehen, dass da genauso bei Dir, bei Geschwistern, bei Deinem Partner/Deiner Partnerin, bei den Eltern, Familie, Freunden, Bekannten und auch jenen, die wir noch nicht kennen…
…oft riesengroße Potentiale an verdrängten, vermeintlich vergessenen Erinnerungen, dahinschwelen wie ein Brand, der bis heute nicht erkannt… geschweige dem gelöscht wurde…?

…Dass es da Dinge gab, die bis heute in unserem Speicher namens Gehirn vorhanden sind, die unbewusst als Vorgaben, Beispiele, Muster dienen…

…Beispiele und Muster, mit denen aber heutiges Erleben, Verhalten immer noch abgeglichen wird…?
Die immer noch zumindest einen Teil der Grundlage für heutige Gedanken und Handlungen/Unterlassungen bilden…?

Gedanken, Gefühle… sie haben keine Halbwertszeit, kein Ablaufdatum!

Wunder Mensch! Hier erahnt man vielleicht einen kleinen Teil davon!

ALLES ist gespeichert! Ohne Ausnahme!

Es ist nur einer Art biologischem Schutzmechanismus zu „verdanken", dass das Verdrängen und Vergessen so „gut" funktioniert!
Vielleicht wären wir sonst ohnehin längst alle ein Fall für die Klapse...
...und doch wirkt es!

Feiiiin.
Und nun will ich dem Thema „Lüge" – wie eingangs zum Kapitel versprochen – noch einen besonderen Denkanstoß..., ja einen weiteren fetten „Arschtritt" verpassen...

Ich nehme nun einmal an, dass wir uns wohl soweit bewusst sind, was nun „absichtliche Lüge" betrifft.

Beispiel: Ich bin mit meinem Fahrzeug bei einem anderen angefahren..., gar noch beobachtet worden...
...und behaupte stock und steif... lüge also: „Nein – ich war das nicht!"

Gut.
Und jetzt kommt aber zugleich im Anschluss nun, das versinnbildlichte „Glatteis"...

Jenes „Glatteis", auf welchem wir uns mitunter tagtäglich lang machen...

Beispiel: Ich habe Dir lieber Leser, liebe Leserin in meinem Buch nun schon „Erlebnisse aus meinem Leben" geschildert, richtig...?

War dies Wahrheit ... oder ... Lüge...?

Du hast doch sicherlich schon mal Dinge aus Deinem Leben anderen Menschen erzählt...

War dies Wahrheit ... oder ... Lüge...?

Worauf will ich hier nun hinaus?

Zuvor im Kapitel habe ich auch das „Flunkern", etwaige „Halbwahrheiten" angesprochen. Schon richtig.
Oder ich ergänzte nun dazu, wenn ich etwas nicht erzähle, verschweige...
Wäre dies dann automatisch auch als „Lüge" gleichzusetzen...?

Ich habe mir angewöhnt, mit diesen Bereichen sehr vorsichtig umzugehen!
Vor allem aus der – ebenso ankonditionierten Be- und Verurteilungsdenkweise, der Objektdenkweise...!

Grundsätzlich aber nun stelle ich an Dich die Frage?

Bei gleichem Geschehen: Wie unterscheidest Du – Deine Wahrheit... von meiner Wahrheit...?

Hoooppallllaaaaaaaa..!

Reisst es uns spätestens jetzt die Beine unter dem Arsch weg und wir landen auf jenem erwähnten „Glatteis"...?

Wenn nicht, dann lass mich noch ein wenig nachhelfen!

Wer gäbe mir das Recht, meine (*zwangsläufig immer subjektive*) Wahrheit, Dir aufzuzwängen?

Wer gäbe mir das Recht, meiner (*zwangsläufig immer subjektiven*) Wahrheit... Ausdruck, Nachweis durch Dein Handeln abzuverlangen?

<u>Beispiel</u>: Wir – Du und ich – wir machen einen Ausflug!
Ich gehe jetzt erst gar nicht auf Details ein. Diese sind hierzu irrelevant.

Du erzählst nun am Ende des Tages davon, dass der Tag für Dich im Großen und Ganzen suuuuper toll war. Schmückst das aus, schwärmst davon.
Ich nun hingegen erzähle, dass der Tag ... na sagen wir mal halt ein Tag war.

Worin liegt nun für jeden die Wahrheit...?!

Wäre die (D)eine Aussage, gegenüber der Anderen, nun letztlich wirklich Lüge...?

Oder doch vielmehr ist beides ... und alles dazwischen... und drum herum, letztlich einzig subjektive Wahrheit...?

Wie reagiere ich?

Nehme ich diese „subjektive Wahrheit" meines Gegenüber so an, lasse sie gelten, stehen...
...oder beginne ich – gemäß Anpassung – sofort meine Wahrheit zu projizieren. Dahingehend „einzuwirken"..., das Bild anzupassen..., passend zu machen?
„Nur" innerlich... oder gar auch äußerlich...?

Stehe ich selbst zu meiner Wahrheit...
...oder lüge ich mir auch daraufhin noch in die eigene Tasche...?

Wenn man also jetzt mal so ein wenig „Zwischenbilanz“ zieht…

Man könnte mitunter auslegen, dass da mitunter gewaltig Potential für ein Jammern vorläge… richtig?
Dass da teils immens viel „Klebstoff“ namens „Vergangenheit“ verschüttet wurde…

Doch wir sind noch längst nicht durch…!

Kapitel 11 – Zorn, Wut, Ungerechtigkeit... Verrat

Dies sind harte Worte... oder?

Hast Du dies schon einmal... oder gar öfter empfunden?

Woher kommt´s...?

Ich hatte ja nun schon ausgeführt, dass ein kleines Kind in erster Linie einmal auf sich bezieht. In jeglicher Hinsicht.

Somit steht also durchaus auch im Raum, dass ein Kind aus diesem Ich-Bezug *(der wohlgemerkt noch lange kein Ego-Bezug ist, sondern nur meiner Meinung viel eher noch aus instinktiven Überlebensvorgaben resultiert)* gewisse Erwartungen hegt.

Erwartungen, die das Kind mit Sicherheit erfüllt sehen möchte.

Dass nun einerseits ein Kind nicht die geringste Vorstellung von einem sogenannten organisierten Erwachsenenleben hat, noch andererseits schon die Fähigkeit beherrscht, von Beginn an klare und nachhaltige Ansagen zu tätigen... und vor allem auch umzusetzen...
...na dann ist soweit der Begründung von leichtem Unmut... bis hin zu Zorn oder Wut – logisch gesehen – nichts entgegen zu setzen.

Ich für mich, erkenne noch heute hier ein altes Muster!

Habe ich Kohldampf... so richtig richtig... und bekomme nichts zu essen (*das schließt nun mitunter ein, dass ich z.B. keine Pause in der Arbeit bekomme, um zu Essen...*), dann werde ich mitunter ziemlich stinkig!

Oh ja! Ich kann mich heute wohl in Worten ausdrücken... aber der „dezente Unmut“ bleibt. Verstärkt sich genauso wie damals...
Ein kleines Beispiel nur, welches aber schon doch recht deutlich zu zeigen vermag, wie sehr alte Muster wirken!

Weiter jedoch.
Ich habe im Buch bisher schon einige Erlebnisse aufgezählt, die sehr wohl Wut, Zorn erzeugen können!

Denn...
...man betrachte doch erneut die Situation des Kindes!

Das Kind ist Kind.
Hat seine eigenen Gedanken und seine Gefühlswelt.
Ist neugierig, will erfahren, erforschen... und nach wie vor - über allem - geliebt werden und selbst lieben.

Jetzt kommen da aber zumindest mal zwei solche Erwachsenen, und schreiben Dir ständig vor, was Du zu tun, zu lassen... eigentlich auch zu denken, zu fühlen hättest...!

Haben Deine Eltern mitunter je damit aufgehört, Dir vorzuschreiben?
Oder wie man es heute so gerne ausdrückt: „beratschlagen“...

Findest Du das – selbst im Heute - noch wirklich toll...?
Hast Du Dir – soferne Du schon „Eltern“ bist

– darüber schon einmal Gedanken gemacht, wie das dann erst als noch unbedarftes Kind zu sein vermag...?

Und ich bitte Dich, just an dieser Stelle noch einmal das vorige Kapitel - vor allem auch den letzten Teil – in Erinnerung zu rufen!

Bisherige Beispiele von mir haben vielleicht schon einen Ansatz von Raum geliefert, wie sehr ein Kind also in seiner Entwicklung beschnitten wird. Es wird in gewissem Maße in der Tat er-zogen.

Mir drängt sich da immer so ein geistiges Bild vor Augen, dass das Kind „gezogen" wird. Aus seiner Form, seinem Sein, welches es eigentlich ist.
Das Kind wird angepasst an die Form, die es gemäß Recht, Regel, Gesellschaft, Religion / Ideologie ... und noch so einige andere Dinge ... zu sein hat! *„Tu dies und jenes... damit aus dir einmal etwas wird!"*
Doch in dieser Weise eher kaum, was das Kind sein will! Sondern was das System namens Gesellschaft vorgibt! Oder Du!

Oder als anderer bildlicher Vergleich:
Du kaufst ein Auto. Dieses Auto hat seine technischen Werte.
Jetzt gehst Du aber her, und genehmigst dem Auto nicht nur ein kleines aber feines Tuning, damit es besser geht...
...nein Du versuchst, den ganzen Krempel letzten Endes komplett umzubauen, damit es am besten gleich noch für alles einsetzbar ist! So einsetzbar, wie es die Gesellschaft nach Deiner Vorstellung fordert.

Es ist also in gewisser Weise nicht mehr Dein Auto, sondern das der Gesellschaft.

So.
Und nun ersetze das Wort „Auto" durch „Kind"!
Dann sind wir genau dort, was doch – überspitzt ausgedrückt – seit unzähligen Generationen geschieht!

Und wie passt nun dann noch dieses 3. Und 4. Wort dieses Kapitels in dieses morbide Spiel…?

Ungerechtigkeit – Verrat

Vielleicht sollte ich zur besseren Verdeutlichung noch ein paar Beispiele bringen…

Aktion Kindergarten:

Ich war noch im Kindergarten, war ein wohl erzogenes Kind, dass niemandem etwas zuleide tat. Lieber gerne auf etwas verzichtete, schon damals lieber jeglicher Auseinandersetzung aus dem Weg ging…

…oder war ich doch seltsam…?

Du erinnerst Dich an jenes Kapitel…?

Nun… auf jeden Fall gab es da ein Kind in meiner Gruppe – Kathrin. Und ich sehe sie heute noch vor mir, als wär´s letzte Woche passiert…

Ich hatte in meiner Jausentüte ein Brötchen und ´ne Banane bei.
Schon als ich mein Brötchen aß, riss mir diese Kathrin immer etwas davon aus der Hand.
Was wusste ich damals, was mit diesem Kind los war? Sie war jedenfalls oftmals sehr aggressiv. Immer aggressiv. Tat dies mitunter auch bei anderen Kindern. Aber ich war wohl ihr „Favorit". Es gab schon Anmahnungen der Kindergartentanten… aber wohl vergebens.

Na jedenfalls schälte ich dann meine Banane... Kathrin tritt wieder vor mich hin... und greift schon beinahe brutal nach der Banane. Zerquetscht das Ding zwar fast ... schiebt sich diese Masse sofort in den Mund.
Und schon hatte es geschallert. Wie aus einem Reflex heraus, war es da in mir hochgezuckt... Zorn, Wut... und schon hatte es „geklingelt". Ich hatte der - als Kind - eine Richtige angeschoben!

Wo aber nun liegt ... oder besser gesagt ... lag der Verrat darin?
Ich will´s Dir gern erklären... aber frage lieber nicht nach Sonnenschein, was ich mir dann anhören musste!
Erst von den Kindergartentanten... denn, wie kann man denn so auszucken? Erst also „seltsam sein"... und wie kann man dann ohrfeigen? Ja überhaupt und sowieso... wie kann man denn wütend werden..., die Herrschaft, Kontrolle verlieren...? Huuuuch! Das macht man nicht!!!

Und in gewisser ähnlicher Schiene dann noch mal die „ausführlichere Variante" von zuhause! Plötzlich war ich „Täter".

Ich sollte mich also nicht von so gut wie allen „verraten" fühlen, in meinen Bemühungen, Gedanken...???

Aktion Verantwortung:

Ein nachhaltiges Wort. Eine noch nachhaltigere Bedeutung!
Für uns als Erwachsene aber schon oftmals nicht wirklich zu erfassen...
...na wie denn erst als Kind?

Jedenfalls war ich seitens meiner Eltern zum Beispiel auch oft angehalten, für meinen kleineren Bruder die „Verantwortung" zu haben.
Nur so als Kind...: Was zum Geier ist gemeint mit dieser „Verantwortung"...? Was soll das sein, darstellen...?

Nun… ich sollte es in diesem Sinne „erlernen“, dass ich für fast jeglichen Scheiß, den mein Brüderchen gebaut hatte, grade zu stehen hatte! Und wenn´s drauf rauslief, dass ich die Ohrfeigen oder „Trachtprügel“ kassierte.

Na aber hallo!
Und da sollte man sich als Kind nicht in seiner Integrität (*auch wenn ich damals auch die Bedeutung dieses Wortes noch nicht kannte*) verraten fühlen…? War ich nur Sündenbock … oder was!?

Aktion Annemarie:

Du erinnerst Dich an meine Geschichte mit der Schulwoche, meiner „ersten großen Liebe“?

Nun…
…Wie sollte man sich als Kind da fühlen?
Wie schon beschrieben… ich kam damals doch ein bisschen stolz nach Hause. Erzählte alles bis ins letzte Detail. Es war eines meiner wenigen wirklichen Erlebnisse, bei denen kein Einfluss aus dem Elternhaus stattfand, ja gar nicht möglich war.

Dachte ich da noch…
Meine Mutter war damals die Erste, die alles erfuhr. Abends dann noch Vater, nachdem er von der Arbeit nach Hause gekommen war.
Super. Alle freuten sich, lachten.
Doppelt Grund für mich, stolz zu sein. Da ich es augenscheinlich ja mal richtig gemacht hatte … auch in den Augen meiner Eltern.
Zwei ganze Tage vergingen.

2 (!!!)

Und plötzlich waren – für mich völlig unvermittelt – dicke Gewitterwolken aufgezogen. Sehr dicke Wolken!

Was war geschehen?

Ganz einfach: Meine Mutter war ihrerseits auf ihre Mutter getroffen… hatte meine Erlebnisse dort erzählt…
Das war´s.
Zumindest für diesen Teil der Geschichte. Möchte man glauben…

Was ich mir dann – für den weiteren Teil – anhören musste… unglaublich!
Plötzlich war alles Scheiße! Frechheit!
Was hatten wir da in jenen Zimmern zu suchen? Was ist da wohl tatsächlich in jenen Zimmern passiert?
Wohl gemerkt: wir waren da nie unter 15-20 Personen! Was also wird groß passiert sein – großer Gott!!!
Was ist das für ein Mädchen, dass mitten in der Nacht fremde Jungs ins Zimmer lässt? (*Also wieder Einzahl…*)

Du kannst Dir vielleicht ohnehin schon vorstellen, worauf das hinauslief…?!
Meine Mutter und die ihre hatten wohl „Kriegsrat" gehalten! Hatten sich in ihrer Form von Mutter-Kind-Beziehung und umgekehrt dann noch emotional ausgetauscht, hochgeschaukelt… Gleich im „Duett" dann über mich be- und verurteilt!

Erkennst Du das Zusammenwirken von Impulsen…?
Und diese Spinnereien – vor allem meiner Mutter und ihrer – die setzten sich dann unendlich fort! Ich hatte Kontaktverbot – schrieb aber heimlich. Dann kam die Geschichte mit der Lüge… es gab Dresche von Vater und Mutter. Verbote ohne Ende… ja dass ich grade noch atmen durfte.
Was also sollte ich als Kind davon halten…?
Erst alles eitel Wonne… dann Staatsverbrechen. Familienfeind Nr. 1?

UNGERECHTIGKEIT -- VERRAT !!!

In gewisser Weise, in doppelter Hinsicht. Zum einen – durch dieses plötzliche Verdrehen von gut auf böse. Erst war es super, gut, schön... alles toll. Dann auf einmal alles böse, Scheiße.

Worin lag die „Ungerechtigkeit“?

Na bitte...! Ich meine: wieso konnten Eltern einfach hergehen, und aus einer Sache, zwei Verschiedene machen? Wie konnten sie einfach alles umdrehen? Nach ihrem Gutdünken..., ihrer Laune... von mir aus nach dem Wasserstand des Sees in unserer Nähe... Furzegal!

Wie konnten sie...!?!

Und ich... ja was wohl, wenn ich sowas getan hätte...? Zumindest versucht hätte...!? Bisherige Beispiel könnten mitunter belegen, dass diese Dinge schon „nachhaltig“ im Keime erstickt worden wären!

Wo also hierin findet sich eine Gerechtigkeit...???

Hier schrie – zum wiederholten Male – eine Ungerechtigkeit geradezu zum Himmel!
Aber ich war ja nur Kind! Das Kind hatte die Fresse zu halten und zu parieren!

Zum anderen – mein Vater sah an sich gewisse Dinge oftmals etwas anders, lockerer, entspannter...
...aaaaaber... um des lieben Friedens willen, oder zumindest dessen, was man uns teils vorzugaukeln suchte ... hielt er die Klappe.

Vertrat nicht seine Meinung, seinen Standpunkt, kuschte. Ließ sich sogar im Gegenteil von der Mutter noch soweit aufwiegeln, dass es nicht nur einmal vorkam, dass dann abends, nach Herrn Vaters Rückkehr, noch eine Tracht Prügel fällig wurde.

Zulasten uns Kindern also!
Auch Verrat also! Auch Ungerechtigkeit vor dem Herrn also!

Noch was gefällig?

Aktion Sesselschaukeln:

Nun ... heute als Eltern „wissen“ wir ja vielleicht, das Sesselschaukeln mitunter heftige Folgen haben kann.

Als Kind auch? Nö! Je doller, desto besser, cooler... ☺

Wie dem auch sei. Eines Abends... ich saß zuhause am Küchentisch, sollte wohl noch Schulaufgaben machen oder dererlei Kram... da schaukelte ich mit dem Sessel.
Folge: Es gab tierischen Anschiss. Oder besser... in dessen Zuge oder Folge, wollte mir meine Mutter wohl wieder mal eine Ohrfeige verpassen.
Ich – ja nicht gänzlich dumm oder ungeschickt – und vor allem ja den Sessel schon geeignet platziert, zum Schaukeln – wich dieser beabsichtigten Ohrfeige aus.
Jedoch war´s wohl zu viel Schwung, ich kippte nach hinten weg und knallte mit der Birne an den Heizkörper. Einer jener damaligen Heizkörper, die noch diese schmalen Kanten an den Heizrippen hatte...

Ergebnis: Platzwunde. Ab zum Arzt.

Dort nun erstmal die Wunde genäht. Bekam dann noch so ein schönes, äußerst modisches Gitternetzhäubchen über den Verband verpasst... dann ab nochmal zum Onkel Doktor, zum „Gespräch“.
Alleine – erstmal ohne Eltern.
So.
Und wie mir ja nun in meiner bisherigen Erziehung immer stets eindringlich nahegelegt wurde: ich hab es genau so erzählt, wie´s eben passierte. Natürlich auch, dass mir die Mutter eine scheuern wollte...

Danach: Eltern zum Rapport.

Es war zwar damals eine ganz andere Zeit ... von wegen Kindererziehung und „gesunde Watschn“... aber die Worte des Doc´s waren wohl scheinbar wenig erquickend...

Schweigende Heimfahrt folgte.

Daheim aber...
...na mein Vater verkrümelte sich wohl nach bester Möglichkeit... und die Mutter verpasste einen noch heftigeren Anschiss samt Ohrfeigen, was ich denn für ein fieses Aas wäre, SIIIEEEEE ... als Mutter / Eltern beim Doktor derart anzuschwärzen...? Zu lügen...!? Und so weiter... und so weiter... und so weiter...
Verrat für mich... an mir... an allem, was ich bisher kannte!

Viele Dinge geschahen. Viele Dinge beeinflussten... prägten.
Diese Beispiele, diese Dinge mögen für manchen nun beinahe wie eine „Abrechnung“ klingen. Sind sie aber nicht.

Nicht mehr!

Nur... wie anders könnte ich ein Gefühl dafür entstehen lassen, was Dinge wie Zorn, Wut, Verrat und eben all die anderen Mängel und Ängste betrifft, wenn nicht durch Erlebnisse...?

Und wie viele dieser Erlebnisse gibt es nun alleine schon?

Ich zum Beispiel denke jetzt nur alleine schon mal an meinen jüngeren Bruder.
Wie haben beide die gleichen Eltern. Und doch wird er manche Dinge womöglich gänzlich anders wahrgenommen haben...

...subjektive Wahrheit... Du erinnerst Dich? ☺

Was nun erst, würde ich Dich lieber Leser, liebe Leserin in mein Gedankenbild mit einbeziehen wollen? Gänzlich andere Menschen, andere Situationen...
...und doch vielleicht Ähnlichkeiten. Doch vielleicht noch schlimmere Erlebnisse und Empfindungen... oder auch nicht!

Selbst das größte Mitgefühl ist immer noch grenzwertig! Denn Du bist nicht ich. Niemand ist ich... und ich bin wiederum niemand Anderer...

Eine gravierend erscheinende Polarität des Lebens!

Jeder ist für sich alleine... und doch sind wir Eins!

Diese Erscheinung im menschlichen Körper, gibt uns einerseits dieses Gefühl einer Isoliertheit, eines Alleinseins.
Im großen Kreis der Schöpfung jedoch, sind wir nicht einzig diese Körper!

Als sehr deutliches Beispiel dieses „Nicht-gänzlich-empfinden-könnens"..., dieser „Trennung"...
...und liebe erkrankte Menschen... und deren mitunter mitfühlende Angehörige - nehmt es mir bitte nicht übel, dass ich folgende harte Aussage treffe...

Aber es ist doch so:
„Bevor ich nicht selbst krank BIN, direkt und selbst mit allem daran und darin konfrontiert bin...
...solange werde ich nie wirklich WISSEN, wie sich ein kranker Mensch wirklich fühlt!"

So ist es auch mit den generellen Erlebnissen eines Menschen. Wenn ich Mitgefühl habe (*bitte nicht verwechseln mit „Mitleid"!*), zeigen kann, mich bis zu einer gewissen Grenze hineinversetzen kann, dann bin ich schon sehr weise… und in der Lage, mich heran zu tasten. Dann nähere ich mich diesem Eins-Sein.

Doch wirklich gänzlich hinein, werde ich durch die Gebundenheit an den Körper niemals gelangen – es sei denn, ich muss, kann, soll, darf jenes Erlebnis, jene Erfahrung, am eigenen Leib erfahren!
Und selbst dann lässt sich die ureigene „Erfahrung", das „Empfinden" noch immer nicht 1:1 auf einen anderen Menschen, von einem anderen Menschen übertragen, anpassen, abgleichen. Subjektive Wahrheit!

Ich bin nicht Du – Du bist nicht ich!

Ist es mir also zumindest ansatzweise gelungen, Dir zur erzählen…, Dir ein Bild zu schaffen, welche Art von möglichen Dingen geschehen in einer Kindheit…?

Konnte ich an einigen Deiner inneren Kerkertüren rütteln, sodass sie Deine Erinnerungen freigeben…?

Denn letztlich soll es um Dich, Deine Vergangenheit, Dein inneres Kind gehen, dass nun endlich seine Fesseln abstreifen darf…

Zuvor allerdings komme ich noch zu einem Punkt, der aus diesen Erlebnissen heraus vieler Menschen Leben überschattet…

… der Angst. Und daraus entstehend Resignation und Frust.

...der Angst, die eine immense Fesselung an unsere Vergangenheit bewirkt...

...eine Angst, die Mitunter jeglichen Mut zum Tun schwinden und uns anstelle dessen... jammern lässt...

...oft aus dem Verborgenen... wie die Angst selbst!

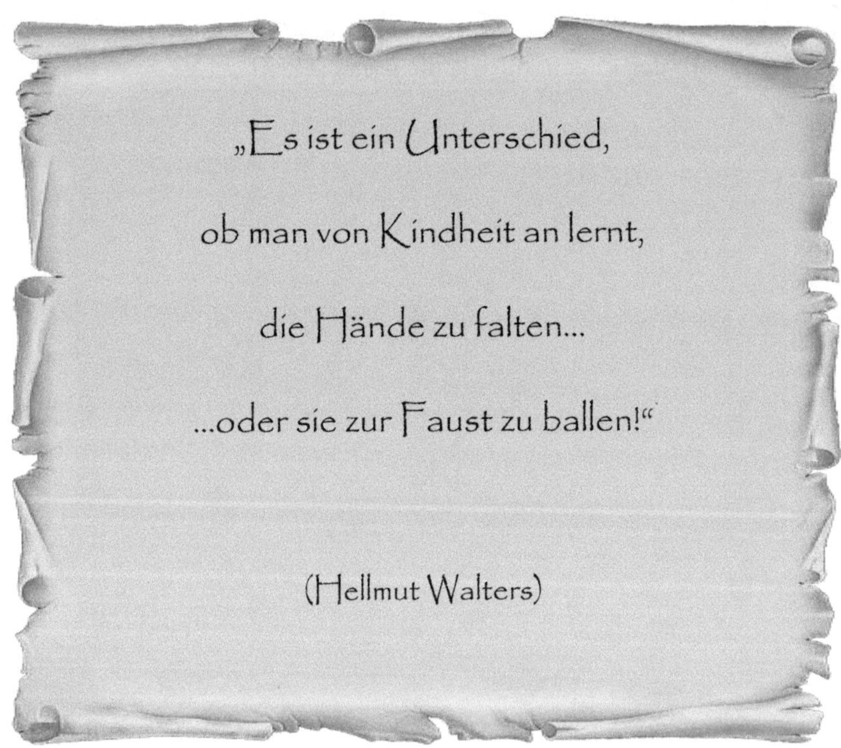
„Es ist ein Unterschied,
ob man von Kindheit an lernt,
die Hände zu falten...
...oder sie zur Faust zu ballen!“
(Hellmut Walters)

Kapitel 12 - Angst, Resignation, Frustration

Nun lieber Leser, liebe Leserin...

...jetzt wollen wir noch ein Kapitel betrachten, dass zu dem – meiner Meinung nach – umfassendsten Bereich in unser aller Leben gehört. Einem Bereich, der sich wie ein unendlich weit verzweigtes „Wurzelwerk“ in alle Themen des Lebens verstrickt.

Wann hat ein Mensch wohl das erste Mal Angst?

Erinnerst Du Dich noch an (D)einen solchen Moment?

Wir hatten in einem der Kapitel zuvor ja schon angesprochen, dass z.B. ein Baby bereits vor seiner Geburt alles um sich mitbekommt. Über die Mutter. Prompt und direkt.
Das Kind ist also bereits – noch ungeboren – in der Lage... oder beinahe oftmals genötigt – ANGST zu empfinden. Ob es nun will, oder nicht! Es bekommt hier die Angst der Mutter, mitunter des Vaters – des Umfeldes zu spüren. Wiederum nicht aufgetrennt in genaue Bereiche, Inhalte – so wie wir „Erwachsenen“ diese Ängste kategorisieren... mitunter verdrängen.

Aber dennoch... dieses Ur-Gefühl einer Angst und deren Ableger ist da.

So.
Dann kommt der Geburtsmoment.
Neuerlich – das Kind wird aus der wohlig warmen, hoffentlich nun doch behüteten Zeit eines Heranwachsens in Mamis Bauch...
...in eine kalte, grelle, womöglich laute Umgebung geboren!

Schock für das Kind!

Es weiß ja bitte nicht, was hier grade abläuft. Das dies einer der natürlichsten Vorgänge des Lebens ist...!
Dennoch: Schock! In manchen Fällen wurde bei Kindern in der Tat ein richtiggehendes Schockverhalten festgestellt.

Warum wohl schläft ein Baby nach der Geburt zumeist unzählige Stunden? Weil´s einfach nur müde ist? Weil´s ja vorher auch nichts Anderes gemacht hatte...?

Ja – selbstverständlich ist der Geburtsvorgang auch für das Kind Stress pur! Gleich in doppelter Form. Den eigenen Stress... und den der Mutter! Das Kind ist noch immer mit ihr verbunden!

Und dann...? Ja dann ist es wohl vielleicht eine Art natürlicher Mechanismus, dass sich das Kind in den Schlaf zurückzieht, um erst einmal in den folgenden Tagen, Wochen zu verarbeiten, dass jetzt Schluss ist „mit Mami“. Sondern jetzt eigenes Leben beginnt.

Was kann ein kindlich reiner Geist denn alleine schon anfangen mit plötzlich auftretenden Bedürfnissen wie „Trinken/Essen“...? Mit Notdürften samt seinen kleinen Startschwierigkeiten im Bäuchlein, wenn noch alles zwickt und zwackt...?

Seltsamer Weise hat die Natur bei Tieren in den meisten Fällen vorgesehen, dass das Neugeborene sofort in den ersten Minuten nach

der Geburt – wörtlich voll umgesetzt – auf die Beine kommen muss, ansonsten ein Überleben nicht gewährleistet ist.
Beim Menschen hingegen bleibt dies völlig außen vor und die Eltern sind hier absolut gefordert!

Wie verhält es sich im weiteren Heranwachsen des Babys/Kindes?
Wie schnell sind Kinderwagen, Kindersitze, Babyschaukeln und dergleichen zur Hand?
Weshalb aber...?

Seltsame Frage?
Nun... es gibt zum Beispiel hinreichende Studien und Berichte über sogenannte primitive Volksgruppen. Indigene Völker, Stämme, die weit außerhalb einer sogenannten gesellschaftlichen Entwicklung leben.
Was machen die Menschen jedoch in diesen Gruppen, weit weg von vermeintlicher Zivilisation? Haben die Kinderwägen, Trageschaukeln und sonstiges Utensil? Oder tragen diese Frauen ihre Babys nicht vielmehr zumeist in Tüchern... direkt am Körper!?

Wo nun – die Frage an Dich – wird mitunter wesentlich mehr Gefühl und Bindung über Körperkontakt entstehen können...? Ich erinnere mitunter auch noch einmal an das Kapitel „Berührungen“...

Wo nun – die nächste Frage an Dich – wird mitunter wesentlich weniger Angst über diese körperliche Trennung entstehen können...?

Wie war es denn bei Dir selbst?

Ich wiederum kann mich an diese Zeit nicht mehr erinnern. Aber „Technik“ macht´s möglich.

Meine Eltern und Großeltern hatten – wie viele andere wohl auch – oftmals das Bestreben, alles auf Foto oder Film festzuhalten.

Selbstverständlich wichen die damaligen Möglichkeiten noch erheblich von den heutigen ab… aber dennoch:

Wie viele Aufnahmen – egal nun ob Foto oder Film – wurde ich ständig präsentiert. Und wie viele „verdammte Male" lag ich in so einem beschissenen Kinderwagen…!?!?!? Hier wiederum egal, ob ich wach war oder schlief…! Wach sein oder schlafen wollte…!

Und wie ist es heute?
Ich bin doch auch nicht völlig bescheuert oder blind! Wie viele Kinder werden in irgendwelchen Tragen, Körbchen, Wagen, Schaukeln herum geschleppt…!? Fast ALLE!

Wie also könnte es mitunter ausbleiben, dass Kinder Ängste empfinden, da einfach die körperliche Bindung – und damit sehr viel unbewusste Kommunikation, für die das Kind tausende Antennen hat – schon rigoros unterbunden werden? Trennung wahrlich gelebt wird?

Wie könnte es ausbleiben, dass Menschen im Heute, letztlich derartige Berührungsängste haben?

Ursache – Wirkung!

Und wenn mir jetzt einer erzählen möchte, dass ich Schwachsinn erzählte, den strafe ich lügen!

Weshalb?

Weil ich es doch selbst erlebt habe! Diese Erfahrung ein Teil von mir IST!
Es mir bei tiefem Hineinhören und -fühlen, in teils schon schmerzhafter Bewusstheit klar wurde…!

Wer Lust und Laune hat... ich setze mich mit jedem gerne einmal auseinander! Und wir werden da keine Aufstellungen, Hypnosen oder sonstigen Schmarrn brauchen...!

Weiter also in der „Liste“...
Angst durch Lüge, Verrat. Wir hatten zuvor dieses Kapitel.

Wir Erwachsene – und ich schließe mich in den vergangenen Monaten und Jahren immer mehr ein – wir glauben immer, wir wären so dermaßen schlau!
Nun. Ich will nicht bestreiten, dass wir gewisse praktische Dinge für ein Außen, ein Überleben dazu gelernt haben.
In Wirklichkeit jedoch haben wir uns von einem Leben und dessen maßgeblichen Dingen, immer weiter wegbewegt. Wir sind in gewisser Weise – zumeist vor lauter Anpassung – „verdummt“.

Wir sind dermaßen verkümmert, sodass wir uns Maskerade zulegen mussten. Wir sind dermaßen verkümmert, dass wir uns zumeist lieber um den Anderen „kümmerten“, als um uns selbst. Wie sind dermaßen verkümmert, dass wir uns lieber mit allem möglichen Kram im Außen ablenken, verdrängen, anstelle bei uns selbst zu bleiben, sich um uns zu kümmern...
Wir Erwachsene haben keinen offenen Geist mehr – gleich Kindern.

Wir sind Angepasste!

Wir be- und verurteilen, klassifizieren, kategorisieren. Lassen uns gleich vom ersten Eindruck täuschen, ein zweiter interessiert uns schon gar nicht mehr.
Es nimmt sich keiner mehr Mühe und Zeit, sein Gegenüber wirklich kennen zu lernen! Wozu auch?

Aus Mangel und Angst!

Wie oft begegnet mir im heutigen täglichen Sein, Mangel und Angst! Vor allem Mangel und Angst, der Andere z.B. könnte „besser" sein als ich. Intelligenter, schöner... ja was weiß ich denn alles!
Konkurrenzdenken, Besitzdenken soweit das Auge reicht. Der Herrscher „Ego" thront über allem.
Der Geist, dieser „Schlappschwanz", humpelt ohnehin nur mehr unbewusst hinterher.

Und dann benutzen wir eben Maske, Lüge. Man verschanzt sich in einer Bewusstlosigkeit (*ohne Bewusstheit also*), in einer Ohn-Macht (*man hat diese Macht längst abgegeben und anderen überlassen*) hinter verschiedensten Regeln, Gesetzen, Richtlinien, Vorgaben. Im vermeintlichen Glauben, dadurch Sicherheit zu erhalten.

Wir fordern, erwarten, setzen voraus... vertrauen in unserer ach so überragenden Weisheit... wir erwarten... projizieren auf Andere...
...aber wehe, wenn diese Forderungen, Erwartungen nicht erfüllt werden!

Dann ist Schluss mit lustig! Dann spricht man mitunter von Betrug, Verrat.

Und hier spreche ich noch nicht einmal von den wissentlich begangenen Dingen, mit denen Andere bewusst geschädigt werden.

Wie kommt der Erwachsene dazu?

Indem er es als Kind gelernt hat!

Wie kommt nun das Kind dazu?
Indem es ihm tagein, tagaus vorgelebt wird! Von Erwachsenen!

Ein Teufelskreis also...

Erst hat das Kind vielfach noch Angst, da all dies neue Dinge sind. Anforderungen sind, die ein Kind nicht gänzlich alleine bewerkstelligen kann. Bewerkstelligungen, die einem Kind aber auch mitunter durch Vorgaben, durch Anpassung abgenommen, abgesprochen werden.
Später dann – im Laufe der Anpassung – setzten die Wiederholungen die Basis dafür, dass alles „normal" wird.
Das Kind hat keine „Lust", ständige Ängste, ständige Gefühle, dass dies oder jenes (*mit ihm*) gar nicht stimmt, zu ertragen. Es gibt irgendwann auf und passt sich eben an. Es sitzt ja letztlich „am kürzeren Ast"!

Zwei weitere große Kapitel der Ängste:

Worin entsteht denn oftmals Angst noch in Kindern?
In einer Schulzeit vielleicht?
Nahmen wir alle – unter einem ständigen „Damokles-Schwert" einer Benotung – also Leistungsdruck und ständiger Bewertung – eine Prüfung einfach mal ganz locker?
Oder gab es – genau aus dem Grund dieser Benotungen – oftmals Prüfungsängste? Im Weiteren Ängste dann vor den Reaktionen oder Benotungen der Lehrer? Noch weiter... dann Ängste vor den Reaktionen der Eltern...?
Einhergehend dann Ängste vor einem Versagen, einer Scham, einer Kleinheit, Minderwertigkeit etc. etc.

Angst bei Trennungen der Eltern.
Egal nun, was der Hintergrund, die Ursache ... und auch dann schlussendlich Umsetzung einer möglichen Trennung ist. Diese Tragweite kann ein Kind noch nicht wissen, wenngleich es – wiederum auf Gefühlsebene – mitunter bereits viel mehr „weiß", als es den Anschein erweckte...
...Aber was wird ein Kind ... aus seiner kindlichen, vor allem zumeist auf sich bezogenen Logik schließen?

Wenn ein Eltern-/Partner-Teil „so einfach" geht – dann kann auch der andere womöglich irgendwann gehen. Dann bin ich alleine!

Angst meine Herrschaften – pure Angst!

So. Und hier nun bleibt es nicht umhin, hier nun auch noch die gewaltsamen Übergriffe ins Boot zu holen.

Wie oft denn nämlich, findet in Beziehungen jegliche Art von Gewalt statt...?!?

Und ich beginne hier bereits, laute Streitigkeiten, „psychische Gewalttaten", genauso Ereignisse, wo mitunter irgendwelche Türen oder Teile fliegen, ebenso als Gewalt anzusehen. Wenn auch noch nicht körperlich!
Fortzusetzen dann jene Beziehungen, die in Tätlichkeiten enden! Begonnen mit noch „harmlos" scheinenden Schlägen... bis hin zum „worst-case", wo ein Mensch gar umgebracht wird. Und Kinder in irgendeiner Weise ja dann einbezogen sind.
Sei es „nur", dass sie das Geschehene dann wohl oder übel akzeptieren müssen ... bis erneut dorthin, wo sie solche Dinge gar selbst mitverfolgen, miterleben müssen...!
Ob diese Dinge nun unter dem Vorwand einer Alkoholisierung oder eines Drogeneinflusses... oder unter sonstige Abschiebung eigener Verantwortung geschehen... Belanglos für das Geschehen an sich!

Was nun, wenn sich solche Gewaltakte auch direkt gegen Kinder richten...?
Wie oft hört, liest man in Medien von Misshandlungen von Kindern?

Da tauchte seit Jahrzehnten am Ende immer wieder die alte Debatte über die „gesunde Watschn (*Ohrfeige*)“ auf...?

Wie Du lieber Leser, liebe Leserin aus meinen bisherigen „Beispielen“ wohl schon erkennen konntest, lag „die Hand auch sehr locker“ bei meinen Eltern...
...doch gab und gibt es immer noch Schlimmeres, was Kindern widerfährt!

Wie also könnte es je anders sein, als dass Kinder durch die verschiedensten Geschehnisse – vor allem dieser Art – fürs Leben geprägt sind...?

Hast Du lieber Leser, liebe Leserin, schon einmal von der inhaltlichen Aussage vernommen:

„Gewalt sei ein Ausdruck verzerrter Liebe“...

Wenn man dies oberflächlich betrachtet, scheint sich ziemlich rasch ein kompletter Widerspruch hervor zu tun: Gewalt – Liebe.
Wie kann dies zusammenpassen...?
Vor allem: „Erklär mir DAS jetzt mal so verständlich, als wäre ich grade ein z.B. fünfjähriges Kind!!!!“

Na?
Ich warte!!!!

Und doch...

...bereits mehrfach getätigte Untersuchungen und Studien geben viel Aufschluss dazu.
Es würde nun hier sicherlich den Rahmen sprengen, ins Detail zu gehen.

Doch... es gilt als anerkannt, dass sich in vielen Fällen einer Gewalt (*egal nun in welcher Form (psychisch, physisch, sexuell, sozial, ökonomisch), am Bekanntesten jedoch die häusliche Gewalt*)) zwischen dem Täter... oder auch „Gefährder“ benannt... und dem Opfer eine emotionale Bindung befindet.
Also auch eine Form der Beziehung!

Dieser Begriff der erwähnten „Verzerrung“ nun stellt sich für mich auch aus zweierlei Sichten dar:

1) Zuerst aus der des Opfers. Ich weiß ja nicht, wie Deine Kindheit verlief liebe Leserin, lieber Leser. Aber es könnte mitunter durchaus gewesen sein, dass Du schon mal eine ordentliche Ohrfeige bekommen hast...
   Also nicht nur bildlich gesprochene „Arschtritte“, wie ich sie verwende... sondern mitunter Körperliche, Tatsächliche...!?

   Nicht nur, dass man nach „so etwas“ (*also körperlicher Gewalt*) dann physisch dezent durcheinander ist...
   ...auch psychisch, geistig, seelisch... verzerrt sich doch unweigerlich jegliche Wahrnehmung. Bei einer einzigen Ohrfeige mag sich dies wieder „normalisieren“.

   Wenn man aber ständig „gegen den „Watschenbaum“ (*Ohrfeigenbaum*) läuft“... und schlimmere Gewalteinwirkungen... dann kann sich mitunter die gesamte Wahrnehmung eines Menschen auf Dauer verzerren!

   „Kann“ nicht nur... sondern WIRD definitiv!

Wie kann man sich das vorstellen?

Vergleichen wir zwei Kinder!

Das eine Kind wird geliebt, bekommt viel Aufmerksamkeit, Zuwendung, Respekt u. dgl. mehr. Ein behütetes Verhältnis.

Das andere Kind läuft halt so mit. Wird ständig ignoriert, ab und an dann nur niedergemacht, kritisiert, bekommt immer wieder Schläge etc. etc. Das ganze Repertoire eben.

Soweit noch klar?

Das behütete Kind... und da fängt es schon mal an: Wird dies je Schläge erhalten...?
Wohl kaum! Es wird – so wie es ihm angedeiht, wie es miterlebt – ebenso heranwachsen. Und vor allem wahrnehmen.

Das andere Kind hingegen erfährt eben vielfach immer Negatives. Mitunter auch Gewalt.
Jetzt könnte dieses Kind mitunter zu dem fatalen Schluss, auf den unwahren Gedanken kommen, dass dieses Schimpfen, ja auch gar Schlagen der einzige Moment ist, in dem es eine „Aufmerksamkeit", „Zuwendung" erhält.
Die Wahrnehmung also wird verzerrt! Mächtig verzerrt! Das Kind beginnt diese Gewalt einer Zuwendung gleichzusetzen.

2) Nun aus der Sicht des Täters, des „Gefährders"...

Meine eigene folgende Definition dessen klingt so einfach... wie auch schockierend zugleich:

Wenn der Erwachsene als Kind nichts anderes, als „Verzerrung" gelernt, erfahren hat... ja wie bzw. was soll er als Erwachsener grundsätzlich weitergeben können...?

Es sei denn, er hat durch eigene Erkenntnis diesen Teufelskreis durchbrochen!

Kennst Du womöglich den Satz:

„Wenn ich mal groß bin, werd´ ich nie so wie meine Eltern!"...?

Wenn ich mich an meine Kindheit erinnere...
...und dies spüre ich förmlich noch in mir, als wäre es erst gestern geschehen...

Ich hatte mir schon damals geschworen:
Sollte ich je Kinder haben, so würden diese niemals Gewalt von mir erfahren!

An dieser Stelle, in der Tat erneut so eine – für mich sich als schiere Perversität, beinahe abstrakt darstellende Aktion einer Gewalt – aus meinem (Er-)Leben:
Früher wie heute, ist es zu Krampus und Nikolaus ja vielerorts noch Thema, dass eben Besagte zu den Kindern gebeten/eingeladen werden. Dies ist ein doch schöner Brauch und läuft sehr gediegen ab.

Nicht so damals bei mir, einmal bei uns Kindern.

Nun... wie wohl alle Jungs, hatten wir wohl auch ein wenig „große Klappe". Klar. Wir meinten immer, wenn der Krampus käme, würden wir ihn in die Waschmaschine stecken... Cooooool!

Dann kam besagter Abend.
Wir saßen in unserem kleinen Wohnzimmer hinter dem Esstisch, auf einer Eckbank. Ich glaube, des Nachbars Junge war auch da.
Vor dem Nikolaus ... ja da kam zuerst der Krampus.

Und er kam. Besser gesagt... DIE kamen!
Gleich zu dritt.
Drei solche riesen Teufel, groß bis fast unter die Decke, natürlich noch nicht so geschnitzt und schon fast Kunst wie heute... aber dennoch wild, böse... mit einem Getöse...

Und dann lief nur mehr alles durch dicke Watte ab: Diese drei Arschlöcher hüpften und brüllen umher, droschen mit ihren Ruten vor uns auf den Tisch, sodass regelrecht die Fetzen flogen und in unsere Gesichter spritzten...
...und vor allem meine Mutter wiegelte noch zusätzlich... ja ja... wir würden die Krampusse ja in die Waschmaschine stecken... und noch so Einiges mehr. Sie konnte einfach ihre verdammte Klappe nicht halten und aufhören...

Irgendwann... nach unendlich scheinender Zeit... da war dieser „Spuk“ zu Ende.

Da war wohl auch noch ein Nikolaus. Aber im Grunde ausgeblendet.
Und dann kam für mich noch der Oberschock: wie der letzte der drei Idioten von Krampussen, seinen Arsch endlich bei der Türe rausschiebt, sehe ich auf seinem „Kopf“ eine Fellmütze.

Just und haargenau die gleiche „Fellmütze“, die mein Vater immer trug.
Und mein Vater...? Wo war der seltsamer Weise – während der gesamten Aktion...?
NICHT DA !!! Wie vom Erdboden verschluckt...!
Na weshalb wohl...?

Mütze? Krampus? Vater weg?

Klickt es jetzt bei Dir...???

Nicht einmal wirklich Hand angelegt... und doch ebenso „getan" mit ihrer Stichelei: meine Mutter!

Natürlich hat er ... und auch meine Mutter später alles abgestritten. Mühsam versucht, mich entweder als Lügner zu bezeichnen... oder es im Laufe der Zeit ... noch mühsamer... als „Zufall" herunter zu spielen...

Vielleicht war dies in seinen Augen, in den Augen meiner Eltern noch Spaß... uns großmäuligen Jungs mal „den Marsch zu blasen"...

Doch was daraus entnimmst du - in einem solchen Fall - als Kind...?

Wut, Zorn, Minderwertigkeit, Leere, Verrat, Abstoßung, Mangel... ANGST!
Für mich war es regelrecht eine zutiefst traumatische Erfahrung in multibler Ebene!

Und glaube mir...: es hat langes und intensives In-mich-Gehen benötigt, um mir das Geschehene überhaupt einmal zuzugestehen, einzuräumen, dass es tatsächlich passiert ist und nicht nur ein böser Traum war, wie man mir es weiszumachen versuchte...
Zuzugestehen, dass meine Eltern nicht nur die „lieben Eltern" waren, als die sie sich in der Öffentlichkeit gerne zur Schau stellten...

Oder noch eine Begebenheit, die einem – grade als Kind – sehr große Angst und Verlorenheit bewirken kann:

Es war Winter.

Irgendetwas hatte ich wieder einmal – wie halt oft – nicht zur Zufriedenheit meiner Eltern, vor allem meiner Mutter getan. Ich hatte was „ausgefressen“.
Erstmal gab´s zuhause tierisch Einlauf. Anschiss mit wüstesten Beschimpfungen. Schläge noch und nöcher.

Dies sollte aber noch nicht reichen!

Meine Mutter trug mir im Weiteren auf, irgendwelche alte… ja schon beinahe Lumpen anzuziehen, die noch nicht auf dem Müll gelandet waren.

Und danach…

…ja danach dann jagte sie mich – mit richtigen (*körperlichen*) Arschtritten folgend – hinaus auf die Straße. Ging hinter mir her, trat mich weiter – solange sie zumindest glaubte, niemand würde das Szenario beobachten. Über ganze Straßenzüge hinweg. In besagten, scheißkalten Bergwinter. Ich sollte verschwinden. Nie wieder auftauchen. Ich sollte selbst sehen, wie ich zurande käme. Ich wäre nicht mehr ihr Kind!!!

Ich wollte weg sein. Tot sein. Dies nicht mehr mitmachen. Begann zu laufen…
Irgendwann wohl holte man mich wohl wieder zurück… denn weit war ich am Ende nicht gekommen. Wohin sollte ich denn auch…?

Doch etwa eine „Entschuldigung“… irgendein Funke einer Reue, einer Liebe… erfolgte bis zum Tode meiner Mutter nicht.
Im Gegenteil: all dies hatte nie… oder nie so… stattgefunden. Wäre von mir erfunden…

Oder noch ein Vorfall…

…der zugegeben unserer kindlichen „Abenteuerlust“ entsprang. Inhaltlich gesehen, sicherlich nicht zu großer Freude einlud. Wir hatten – wo unsere Eltern endlich mal weg – Kerzen in unserem Zimmer angezündet und wohl sowas wie „Indianer Jones“ gespielt. Dabei tierische Wachsflecken am Boden und einen Rußfleck auf der Betondecke verursacht…
Zugegeben wirklich keine tolle Sache. Vor allem auch nicht aus einer Erwachsenensicht, was hätte passieren können…!

Letztlich endete es aber damit, dass mich mein Vater – nach vorherigem Anschiss und Tracht Prügel durch meine Mutter - zu Boden riss, sich mit seinem gesamten Gewicht auf meine Arme kniete, sodass ich mich nicht mehr bewegen konnte… meinen Kopf mit beiden Händen beutelte und gegen den Boden schlug… Dass er noch etwas dabei schrie, bekam ich nicht mehr mit…

Ich sah nur seine tiefrote, wütende Fratze vor mir…
…und mein kleinerer Bruder stand kreidebleich daneben und wusste in dem Moment wohl auch nicht mehr, ob das grade nur ein schlechter Film… oder doch Wirklichkeit sei…

Angst … tiefste Ängste, Paniken sogar… bei erkennen der Anpassung. Einer Anpassung, dies sich mitunter oft verschiedenster Mittel und Möglichkeiten bedient.
Mittel und Möglichkeiten, die dem Kind eindeutig und unwiderlegbar (*zumindest nicht mit kindlichen Mitteln*) eintrichtern:

„Dies ist nicht der Weg des / deines Seins… sondern was und wie die anderen – eben Eltern, Umfeld – es wollen, vorschreiben!“

Was sollte auf diese – und die vielen noch unerwähnten Dinge – folgen?

Freude? Entwicklung? Vertrauen? Liebe?

Nein.

Noch heute selbst, wo ich so viele Dinge hinter mir lassen, abladen durfte...
...noch heute ist mir jenes Gefühl sehr bekannt, als ich mich damals immer und immer weiter zu verschließen begann.

Egal worum es ging...
...da war niemand, dem ich mich anvertrauen konnte. Alles unterlag einer rigorosen Kontrolle.
Ich wollte auch keine Konfrontationen mehr.
Also lag mein Bestreben einzig nur mehr darin, „unsichtbar" zu werden. Zu bleiben.

Nur ja keinen Anlass mehr für irgendetwas zu geben!

Dass dies nicht wirklich funktionierte... heute läge es auf der Hand. Damals jedoch war es für mich noch einzige Zuflucht. Für sehr lange Zeit!
Und kam doch wieder ein Punkt am Weg des Lebens daher, der irgendwie aneckte, der Repressalien nach sich zog... es wurde einfach geschluckt. Ohne Sicht auf Ausweg.

Liebe Leserin, lieber Leser!
Solltest Du eine Kindheit gehabt haben, in der Dir noch üblere Dinge einer Anpassung angediehen sind, so darf ich Dir mein tiefstes Mitgefühl versichern!

Und grade aus diesem Grund dieser Erfahrungen ergeht die aus tiefstem Herzen gemeinte Einladung an Dich:

Kümmere Dich darum! Hör auf zu jammern!

Es geht nicht primär darum, die „alte Suppe“ wieder aufzuwärmen.

Es geht darum, dass Dein inneres Kind noch immer in Dir steckt und mitunter noch immer diese „Höllenqualen“ leidet, weil sich niemand je um es angenommen hat.

Du bist der/die Einzige, die dies zu tun vermag. Heute. Jetzt!

Solltest Du nicht solche, ähnliche... oder überhaupt derartige Dinge erleben haben müssen, die auf diese Weise Ängste in Dir entstehen ließen...
...so lade ich Dich dennoch ein zu einer bewussten Reise in Dich!

Denn es müssen nicht derart gravierende Dinge sein, die Ängste in einem entstehen lassen.

Solche gravierenden Dinge prägen. Sind auffällig. Leicht zu sehen oder zu entdecken.

Doch vielmehr die kleinen, unscheinbaren Dinge... und hier dann jedoch oft die Anzahlen der Wiederholungen sind es, die völlig beiläufig doch Ängste entstehen lassen können, wie wir sie im Heute aufgrund unseres „Unvermögens“, unseres „Verlernens“ von Bewusstheit und Verantwortung nicht mehr sehen. Nicht mehr sehen wollen...
Und wenn es nur eine Sache war, die ein einziges Mal vorkam, gesagt wurde, gefühlt wurde...

Und damit eilen wir schon zum nächsten Kaliber, einer auf Kinder „abgefeuerten“ Anpassung…

…“Das Helfersyndrom“!

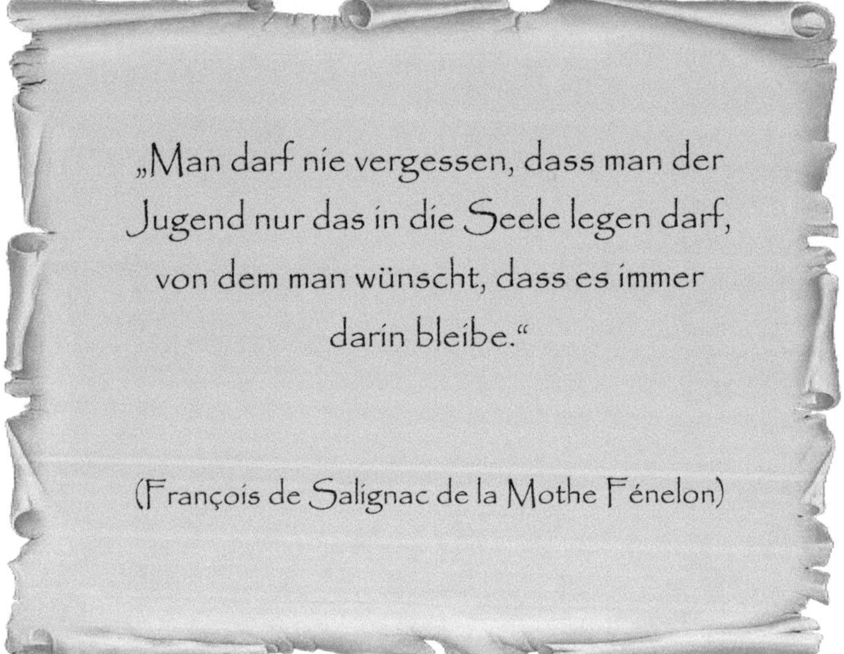
„Man darf nie vergessen, dass man der
Jugend nur das in die Seele legen darf,
von dem man wünscht, dass es immer
darin bleibe.“
(François de Salignac de la Mothe Fénelon)

Kapitel 13 – Das Helfersyndrom

Nun wirst Du Dich vielleicht fragen, was ausgerechnet ein „Helfersyndrom" mit einer Vergangenheit bzw. Kindheit zu tun haben soll...
...oder gar mit dem Buchtitel...? Aufhören zu jammern...?

Sehr viel - sage ich Dir!

Und glaube mir: hättest Du mir dies mit Helfersyndrom früher an den Kopf geworfen... ich hätte Dich unter Umständen geohrfeigt, denn ich hätte es als Beleidigung empfunden!

Helfersyndrom also...
... klingt irgendwie krank, so ein wenig übel... oder?

Nun, das „Helfersyndrom" symbolisiert in der Regel ein Modell seelischer Probleme. Vielfach „versteckt" findet man dieses Syndrom im sozialen Berufen wieder, wo es ja definitiv darum geht, anderen Menschen zu helfen. Oftmals helfen zu müssen, da sie ihren Alltag nicht anderwertig bewältigen können.

In der heutigen Psychologie, mitunter auch Psychotherapie, wird dieses Helfersyndrom mitunter auch einer Konfliktbewältigungsstrategie zugeschrieben, die in sich, mitunter eine Art Abwehrmechanismus darstellen kann.

Wie aber passt dies nun in die Kindheit?

Hier die schallende „Ohrfeige"... und sehr ernüchternde Antwort dazu:

Laut diesem Seelenproblem-Modell nun hat ein vom „Helfersyndrom" Betroffener, zumeist ein schwaches Selbstwertgefühl und ist irgendwann auf seine Helferrolle total fixiert. Dieses unbedingt Helfen... beziehungsweise „gebraucht- werden-wollen"... dieser Anspruch an seine Hilfe also... kann mitunter zu einer regelrechten Sucht ausarten. Der Betroffene versucht in seiner „Helferrolle" ein Ideal zu verkörpern, dass er selbst bei seinen Eltern... oder generell in seiner Kindheit vermisst hat!

In groben Fällen vermag diese Hilfsbereitschaft im weiteren Verlauf – anfänglich meist unbemerkt – zu einer Selbstschädigung / Selbstaufopferung und Vernachlässigung von eigenen sozialen Kontakten führen.

Nicht selten unterschätzt der Betroffene auch seine Grenzen... oder Grenzen eines Möglichen und ignoriert mitunter irgendwann auch die Frage, ob die Hilfe überhaupt erwünscht oder sinnvoll ist.
Er wird oftmals zum „Einzelkämpfer"... lehnt also Hilfe anderer ab.
Und wie bei vielen Dingen, die sich „überspitzen"... sind dann – grade im Falle von Zurückweisungen oder Kritik – Erscheinungen wie Depressionen oder sogar Burn-Out möglich. Oder schlimmere Dinge, wie das tägliche Weltgeschehen nur allzu oft „beweist".

Eine Analyse von vielen Beziehungsmustern in diesem „Dunstkreis" des „Helfersyndroms", ergaben eine oft ziemlich klare „Dreiecks-Beziehung"... auch als „Drama-Dreieck" bekannt! Die Rollen darin sind klar definiert:

Opfer... Verfolger... Retter!

Nicht das mich hier jetzt jemand falsch versteht und mir unterstellte, dass wirklichen Opfern nicht geholfen gehörte!
Dies steht völlig außen vor!

Doch „Kandidaten für ein Helfersyndrom“ sprengen diesen „Hilfsrahmen“ oftmals bei weitem, indem sie schon beim kleinsten „Fingerzeig“ von „Opferrollenspielern“ tätig werden!

„Opferrollenspieler“...?

Oooohhh ... welch schier unglaublicher Ausdruck...!?

Und doch gibt es sie zuhauf! All die armen „Opfer“-„Rollenspieler“...
...die Jammerer...
...die einfach nur ihren Arsch nicht hochbekommen wollen... und es lieber über diese Schiene versuchen, über die dann sogleich agierenden „Helferlein“, eigentlich ihrer eigenen Verantwortung zu entgehen! ***„Irgendein Trottel wird schon was machen...!“***

Was also wird uns in dieser Definition ganz klar „um die Ohren“ gehauen?

„...Ein Betroffener hat zumeist ein schwaches Selbstwertgefühl...“!
„...Ein Betroffener versucht ein Ideal zu verkörpern, dass er selbst bei seinen Eltern... oder generell in seiner Kindheit vermisst hat...“!

Und an dieser Stelle springt mir doch beinah selbst der Draht aus der Mütze: Wie viele Kinder damals – wie heute... gab es, gibt es, die definitiv Dinge bei ihren Eltern... oder generell in ihrer Kindheit vermissten... es heute noch tun...!?!?!?!?!?

VOR ALLEM LIEBE...!?!?!?

Ich vertrete die Meinung, dass meine bisherigen Beispiele ausführlich genug waren. Jene Beispiele, die selbst nur den Gipfel des Eisberges darstellen. Alles andere ist noch immer tief begraben, verdrängt...

Jetzt gibt es aber noch so unendlich viele andere „Varianten der Unliebe“!
Was ist denn unweigerlich die Folge, all dieser Unliebe... außer mitunter wenig Selbstwertgefühl!? Angst!? Mangel!?
Dieser Betroffene ist – und entschuldige diese harte Definition – letztlich ein pures Mangelkind! Aus dem Mangel heraus ein Angstkind!

Und woher hat er´s? Wer hat´s „erfunden“...???
Nein!
Nicht Ricola! Nicht die Schweizer!
Das Kind selbst ... in Interaktion mit seinem Umfeld!

Ist es jetzt noch immer zweifelhaft, dass dieses Helfersyndrom NICHT aus der Kindheit und somit Vergangenheit stammen soll?

Es ist für mich eine Art „Perversion des Lebens“, dass man mitunter genau aus dieser Minderwertigkeit dann versucht, Ausgleich zu schaffen!
Für mich – heute – aus einer nie zuvor dagewesenen Authentizität heraus – kann ich auch hier nur bestätigen. Wenn ich anderen „helfen“ konnte, war dies für mich ein winziger Lichtblick einer Anerkennung! Ein Strohhalm zum Anklammern! Und vor lauter Hoffen auf diesen einen Strohhalm, blendet man mitunter auch völlig aus, ob ein „Gegenüber“ grade Hilfe will oder benötigt! Du siehst praktisch „den Wald vor lauter Bäumen nicht“!

Dies also zu einer möglichen Seite, einer Ursache. Zu einem Verstehen, wie so ein Helfersyndrom entstehen kann, ohne jemals „krank“ oder „böse gemeint“ zu sein!
Erneut für Dich ein Beispiel aus meiner Kindheit. Von mir an Dich sozusagen, ein weiterer „Seelenstriptease“...

Ich war schon seit Kindheit an immer hilfsbereit. Ich tat es gerne! Ich fühlte mich pudelwohl dabei! Freute mich über Lob! Na ich mein´... welches Kind tut dies nicht? In meinem Fall wiederum noch besonders, wo Lob ohnehin nicht grade am „Tagesplan" stand... wenn ich das mal so salopp ausdrücken darf...
Du wirst Dich erinnern an meine Erzählungen und so vielleicht erahnen, was ich meine...

Auch wenn ich schon im Zuge meiner Kindheit immer und immer wieder an Zeitgenossen und –genossinnen geriet, die diese Hilfsbereitschaft teils schamlos auszunutzen schienen. Mir fehlte manche Erklärung dazu... Was hätte mir damals ein Begriff wie „Opferrollen-Spieler" sagen oder bedeuten mögen...!?

Und nochmals allgemein: Du selbst als „bemühter Helfer", siehst es nicht. Kannst... oder mitunter willst nicht unterscheiden, zwischen „Opferrolle" ... oder wirklichem Opfer...
Aber... im Hinterkopf hatte ich immer manche erzieherischen Gedanken meiner Eltern, dass „Helfen" eben Charaktersache und etwas Gutes sei!
Und wenn meine Eltern dies sagten... auch wenn sie viel sagten... dann war DAS wohl richtig so.

Jahre zogen ins Land. Nebst dem schon im Vorkapitel erwähnten „Theater" meiner Eltern nun, stellten sich selten, aber doch Momente ein, wo grade meine Mutter sich uns Kinder anderwertig „zur Brust" nahm...
...nicht aber um vielleicht Lob oder liebende Worte zu verteilen. Und selbst wenn... dann immer jedoch unter dem Übergewicht einer mehr oder minder direkten Beschwerde über den Vater.
Über sein Tun oder Lassen, sein Verhalten... Mutter ließ es – zwar spät aber doch - sogar in diesen Momenten durchblicken, dass nicht alles Friede, Freude, Eierkuchen sei. Kurzum... der Vater wurde teils doch ziemlich derb, ins negative Licht gerückt. Irgendwie werde ich bis heute

dieses teils starke Gefühl nicht los, dass meine Mutter versuchte, uns maßgeblich dazu zu bewegen, Partei zu ergreifen.
Denn sie war ja die arme Hausfrau, die ja sämtlichen Scheiß tun, alles also schaukeln musste. Wir armen Kinder, für die „ER“ ja selten Zeit hatte usw. usw. usw. Und er – der Vater – spiele nur den feinen Herrn.

Sie spielte Opferrolle! Sie machte sich zum Opfer... und versuchte uns, gleich noch mit hinein zu ziehen! Oder besser gesagt, noch weiter. Denn irgendwie waren wir ohnehin schon zu „Opfern“ gedrillt, wo die Welt „da draußen“ ja doch meist nur aus Arschlöchern, Betrügern und noch vieles mehr bestand...

Dass sich mein Vater aber seinen Arsch aufriss, um die Familie finanziell über Wasser zu halten...? Das wurde weder groß erwähnt... noch war es uns als Kinder in dem Sinne so verständlich! Vater war nicht viel zuhause. Richtig. Das sahen, merkten wir ja.

Und sozusagen noch gleich als kleine „Perversion“ des Lebens obendrauf...

(Vieles wurde mir erst viel viel später ... durch glaubwürdige, vor allem „andere“ Berichte und Erzählungen klar, ... viel mir wie Schuppen von den Augen...)

Insbesondere meine Mutter hatte hier eine Art „Zwitterposition“ inne: auf der einen Seite war sie das Opfer schlechthin. Oder eben besser der „Opferrollenspieler“.
Vermeintlich selbst aus einem Dramadreieck - „Ihre Mutter, ihre Schwester und sie selbst“ - geprägt... und dies dann in oftmals schier sämtliche Lebens- und Tagesgeschehensbereiche ausgeweitet...
Zum anderen aber hatte sie auch ein schier „unbändiges Verlangen“, ständig „Gutes zu tun“. Zu helfen. Helfersyndrom. Mitunter auch oftmals, wenn sie darum gar nicht mal gebeten... und in Einzelfällen dies strikt abgelehnt worden war. Sie jedoch glaubte sich gesehen.

Mitunter auch wiederum – eigene Erfahrung – auch wenn ich darum gebeten hatte, sich nicht einzumischen ... äh... nicht zu helfen...
Man erkennt also auch hier nun ganz deutlich, wie sehr Muster weitergegeben werden. Unbewusst. Unverantwortlich.

Du liebe Leserin, lieber Leser, kennst vielleicht solche „Rollenspielchen". Und vielleicht noch Schlimmeres drüber hinaus...

Was also, als doch noch kleines Kind, solltest du von solchen Eindrücken halten...?
Auch wenn es mir im direkten Sinne schon damals widerstrebte, da jetzt groß Partei zu ergreifen, denn ich liebte meinen Vater ebenso...
...irgendwie wurde hier definitiv ständig die Mitleidstour gestartet.

Und die arme Mami musste natürlich geholfen werden. Ein NEIN gab es nicht für mich. Gibt es wohl für kein Kind. Das ist doch Mami oder Papi. Der / dem geht es schlecht! Also HELFEN !!!

Über das „Wie" zerbrach man sich nicht wirklich den Kopf. Denn welche Möglichkeiten hast du als Kind denn wirklich, in so einem Erwachsenentheater groß Rolle zu spielen. Gar wirklich zu „helfen"! Darum ging und geht es – damals wie heute - aber gar nicht.

Einzig um diesen „Hilfsdrang" für diesen armen Elternteil! Oder wem immer in der „Erweiterung" dann „geholfen" werden sollte/musste.

Genau DER Drang... und nur DER ist sozusagen das „Übel der Wurzel"! Die Weichen zu einem Helfersyndrom waren unwiderruflich gestellt!

Blödsinn?

Nun... wenn ich mir mein späteres Leben dann so revue-passieren lasse...

Blödsinn mag viel sein. DAS aber ganz gewiss nicht!

Nur… es bedurfte letztlich einer ziemlich harten Konfrontation mit mir selbst!
Mit dem Spiegel des Lebens… und dem einen oder anderen „Arsch-Engel", der mir mitunter mit wesentlich unfreundlicheren Worten, als ich sie hier verwende, mal „reinen Wein einschenkte"! Der in dieser Weise grundehrlich zu mir war!

Unter anderem gehört zu diesen „Arsch-Engeln" auch mein über alles geliebtes Bruderherz! Und ich danke Dir, mein lieber Heiko, hiermit aus tiefstem Herzen… und den Anderen ewig dafür, erkennen zu dürfen!

Und dies nun als kleiner Seitenhieb an die heutige Erwachsenenwelt:
Wie sehr wurde in der letzten Zeit der Begriff „Gutmensch" geschaffen, forciert… zumeist jedoch letztlich als ironische, sarkastische, gehässige oder verachtende Verdrehung des eigentlichen Wortsinnes, „guter Mensch" in eine Verunglimpfung verdreht…?!

Menschen wurden dafür abgewertet, für das, was sie tun. Für ihr – aus der Sicht des Aussprechenden, Abwertenden – übertriebenes „Gutsein".

Mag wohl sein, dass in diesem „Dunstkreis" der Verunglimpfung, so mancher an Menschen geraten ist, die – zumeist unbewusst – unter einer Form dieses Helfersyndroms leiden oder litten.
Nur allzu leicht wird dann oft diese „aufgesetzte, aufgedrängte" Hilfsform eher kontraproduktiv empfunden. Der Begriff spielt auch an auf einen möglichen Unterschied zwischen „gut gemeint" und „gut gemacht". Gutmenschen hätten gute Absichten, möchten bestimmte Probleme lösen, oder die „Welt verbessern". Ihre Handlungen und/oder die verwendeten Mittel gelten aber in den Augen derer, die den Begriff *„Gutmensch"* negativ verwenden, als zweifelhaft oder unnütz.

Wenn ich nun ... heute ... erfüllten Herzens auf mich blicke – worin meine Verantwortung besteht – dann kann ich kein Übertreiben feststellen. Auch keine Ironie, keine Abwertung. Auch ist mir in meinem Tun mehr als bewusst, dass ich nicht die gesamte Welt retten kann und werde!

Ich selbst unterhielt mit meiner Frau einen kleinen gemeinnützigen Verein – bis zuletzt (Ende 2017) nur mehr Privatinitiative - der einigen Kindern half, überhaupt eine Schulausbildung zu bekommen. Damit sich diese im Späteren, möglichst selbst eine kleine Zukunft erschaffen können. Als unnütz würde ich selbst diese meine Hilfe und Handlung also keinesfalls sehen.
Diese Hilfe geschah jedoch nicht (*mehr*) aus einem Helfersyndrom. Sie geschah einzig von Herzen. Sie geschieht auf Wunsch und nicht aufgrund Sucht. Heute kenne ich meinen „Wert“ und benötige kein „Helfen“ für eine „Geltung, Anerkennung“. Und ich danke dem Leben aus tiefstem Herzen für diese Lehre, die Erkenntnis!
Sie geschieht nicht, um Dank oder Anerkennung zu bekommen... sondern einzig zu ihrem Zweck: zu helfen. Aus Notwendigkeit. Für Opfer.

In diesem Kapitel nun habe ich – auch wenn es sehr unscheinbar war – jedoch schon den „Grundstein“ für das nächste abenteuerliche Stück der Reise gelegt...
...Du erinnerst Dich an meine Erzählung... die von meiner Mutter, welche wohl erwartete, dass wir Kinder Partei ergriffen...?

Und genau dies ist schon der nächste Abschnitt unseres Weges...:

„Die Erwartung“

„Zwei Dinge sollten Kinder von ihren
Eltern bekommen:
Wurzeln ... und Flügel“
(Johann Wolfgang von Goethe)

Kapitel 14 – Erwartungen – Vorsicht: Falle!

Die Erwartung also... meiner bescheidenen Meinung nach, wohl eine der größten Fallen im menschlichen Sein. Als schier größtes Konfliktpotential im zwischenmenschlichen Begegnen!

Ein Zitat von Kathrin Hepburn besagt:

„Liebe ist nicht das, was man erwartet zu bekommen,
sondern das, was man bereit ist zu geben!"

Wie komme ich aber nun hierauf...?

Hattest... oder hast Du nicht auch eine gewisse Erwartung, als Du z.B. mein Buch kauftest...?
Dass es Dir auf die eine oder andere Weise, zumindest irgendeinen Ansatz lieferte... um dies oder jenes...?

Schön, wenn ich Dir diesen Ansatz oder Anstoß liefern konnte!

Was aber, wenn nicht...?

Jaaa... man vermag vieles im Leben hinter sogenannten „Motiven" verstecken. Oder sogenannten „Zielen".
Nur... zwischen „Ziel" und „Erwartung" besteht ein mitunter gravierender Unterschied!

Aber es wird und bleibt oft ständig irgendeine Form von Erwartung inkludiert, unbewusst vermischt.

Was ja in diesem Sinne nun nicht zu be- oder verurteilen ist!
Nicht vergessen: Wir kamen als Menschen zur Welt! Nicht als selbsterfüllende Maschinen, oder sonstiger Sience-Fiction-Kram...

Bevor ich ins kindliche Gefilde gehe..., ein kurzes Beispiel, um hier gleich einmal ein paar bisherige Themen zu rekapitulieren.

Erst unlängst im Radio eine heiße Debatte entbrannt:
Die Frau/Freundin hatte Geburtstag. Ihr Mann/Freund und sie hatten sich schon abgesprochen, dass er sich umsehen wolle, dass er für sie... nein eigentlich für ihren Hund und fürs Auto... einen geeigneten Hundekäfig zum ordnungsgemäßen Transport organisiert. Dies solle das Geschenk werden.

Der Geburtstag naht. Kein Käfig ist besorgt. Er wird angemahnt.

Der Geburtstag wird gefeiert... die Freundinnen/Freunde von ihr bringen alle Geschenke. Von ihm ist keines dabei.

Schließlich am Folgetag spricht sie ihn an, weshalb er ihr kein Geschenk gemacht habe... wo alle anderen aber doch haben. Sie „erwarte“ sich schon etwas zu ihrem besonderen Tag.

Als Antwort / Rechtfertigung erreicht sie dann in etwa: „Er habe doch das Wertvollste als Geschenk gemacht: seine „Zeit““

Na ... und dann geht das „Affentheater“ los. „Also er hätte ihr wenigstens eine Blume, oder irgendein Zeichen der Anerkennung schenken können. Oder wenigstens einen Gutschein für den späteren Kauf der Box. Oder irgendwas!“ Oder, oder, oder...!

Angepisst bis obenhin, beleidigt, enttäuscht, die gesamte Palette an negativer Emotion wird aufgefahren.

Schließlich wendet sich jene Dame in einer Sendung ans Radio und stellt die Frage tatsächlich an die Nation:

„Gehört es sich, dass man vom Mann/Freund zum Geburtstag etwas geschenkt bekommt... oder nicht?“

Wobei in den folgenden „Erläuterungen“ das *„oder nicht“* zwar auf Umwegen – aber dennoch, kategorisch ohnehin schon ausgeschlossen wird.

Was also haben wir hier Schönes...?

Pure Erwartung!

Sie erwartet, dass sie zu ihrem Geburtstag etwas geschenkt bekommt!

Was haben wir noch?

Mangelkind in seiner reinsten Form!

Und: Sie, unbewusster Weise ihr inneres Kind – bzw. mit im Boot ihr heutiges Ego - versuchen sich nun via Radio, von der gesamten Nation Bestätigung, Meinung, Anerkennung oder dergleichen zu holen, was sie ja erwarten dürfe. Was ihr zustünde. Was wertzuschätzen sei!

Alte Muster! Muster, die bis heute aus einer Kindheit übernommen sind, die mittlerweile Gedanken und Handlungen in mehrfacher Hinsicht nach sich zogen und weiterhin deutlich ziehen, wie man sieht!

VERGANGENHEIT !!!

Versuchen wir mal generell in die Situation reinzugehen und wieder ein paar „Arschtritte“ zu verteilen...:

Wie komme ich dazu – als Erwachsener – mir irgend etwas, von irgend jemandem zu ERWARTEN...?

Hallooooooo?!?

Wo steht das?!?
Wo bildet sich eine Vorschrift, eine Grundlage dazu, die diese Erwartung begründen würde...?

Am Ende – weil man das halt einfach so macht...?

Sagt wer...???

Weil es halt immer so war?

Sagt wer...???

Einerseits also hat der Mensch es irrwitziger Weise geschafft, unter ständigem Versuch, sich auf irgendeine Regel, ein Gesetz, eine Vorschrift oder was auch immer... zu beziehen. Damit Grundlage für ein Tun oder Nicht-Tun... und somit letztlich für eine Erwartung zu beschaffen. Zu konstruieren.

Der Mensch hat es sich offenbar einfach gemacht: Alles was von diesen zitierten Vorgaben abweicht – Beurteilung. Sanktionierung – Verurteilung.

So.
Und jetzt kommt noch das „Andererseits“! Was noch viel umfassender ist...

Jeder von uns ist Mensch. Soweit klar. Auch, dass jeder Mensch so seine „Erfahrungen“ gemacht hat... und der Großspeicher Gehirn nun zumeist einzig nach diesen Erfahrungen – zumeist aus ökonomischen Gründen – ratifiziert.

Neue Erfahrungen bedeuten größeren Aufwand – werden also zumeist gemieden. Selbst, wenn die gegenübertretende Situation eine andere ist... dann beginnt der Verstand anzupassen, zu konstruieren.

Es „wird passend gemacht“!

Und in diesem Ganzen liegt nun der Haken!
Der Mensch geht – teils mit braver Unterstützung seines Ego - immer nur nach SEINER Auffassung, SEINER Einschätzung, SEINER Erfahrung etc. vor.
Und im Weiteren im Notfall nach SEINER „passend Machung“.
Das „Welt- und Verständnisbild“ des Anderen wird in Grund und Boden gestampft. Ignoriert.

Hatten wir dieses Thema nicht bereits?

Der Andere ist aber - zum Teufel nochmal - nicht ich!

Wie also komme ich dazu, vom Anderen etwas zu erwarten?!?

Weil er/sie es vorher schon zig Male getan hat? Oder ein Anderer? Jetzt leite ich automatisch davon ab, dass dies auch im jetzigen Fall so zu geschehen hätte? Ich erwarte?

Und jetzt hole ich noch einmal all dieses Regel- und Gesetzwerk hinzu...

Nur weil es für – sagen wir – 1000 in irgendeiner Weise passend war...
...ist es automatisch... hat es automatisch das 1001-te Mal ebenso passend zu sein?

Geht's noch...?!?

Was geht jemanden anderen an..., was gibt jemandem anderen das Recht, für mich zu bestimmen, was zu geschehen hätte..., was für mich passend oder richtig sei...!?

Diese junge Dame aus dem vorigen Beispiel hat erwartet... weil es halt immer so war, immer so gemacht wurde... irgendwer womöglich mal festgelegt hätte, dass es so zu sein hätte... Geschriebenes oder ungeschriebenes „Gesetzt"... ist doch pillepalle! Es hat...!

Einen deftigen Tritt in den Arsch...!

Sonst aber auch nichts „hat"...!
Erkennst Du lieber Leser, liebe Leserin mitunter nun, **welche Anpassung** wir erfahren haben? Wie sehr man mitunter auf das Kind selbst eingegangen ist... oder vielmehr nur einer sogenannten gesellschaftlichen Vorgabe...? Weil „man" eben...

Oh ja... „man" stirbt auch eben mal, weil das Leben nach unzähligen Statistiken und Forschungen zufolge, zu Ende ist!

Wenn das jetzt ein zu harter Brocken ist...
...der „Arschtritt" zu feste war...

...lass Dir ruhig Zeit!

In letzter Konsequenz jedoch läuft es genau und einzig drauf hinaus! Zumindest aus der zu „erwartenden Sicht" der Dinge!

Kann´s weitergehen?

Gut!

„Mein Mann/Freund ... selbstverständlich auch umgekehrt geltend für das weibliche Geschlecht – meine Frau/Freundin... denkt nicht an mich! Wertschätzt, anerkennt mich nicht!"

Wem obliegt es in erster Linie, mich zu achten, mich wertzuschätzen, mich anzuerkennen...?!?!?

Meiner Partnerin/meinem Partner? Ja klar... und gleich weiter auch dem Weihnachtsmann, dem lieben Gott, den Engeln und so weiter!

BULLSHIT!

ICH SELBST bin in erster Linie dazu verantwortlich! Niemand sonst! Man benenne mir einen einzigen Grund, warum der/die Andere müsste...!?!?!?!?

Und dann noch womöglich aus einer Selbstverständlichkeit heraus...!? Und morgen schneit es rosa auf die Akropolis... oder wie...?!?

Eine völlig andere Sache ist, wenn nun zum Beispiel meine Partnerin, in Respekt und Anerkennung zu sich selbst, in Wertschätzung zu sich selbst... dann VON SICH AUS, mir ein Geschenk macht!
DASSS liegt in ihrer Verantwortung!

Niemals aber aus meiner Erwartung, einem sogenannten konstruierten „Recht" heraus...!!!

Weshalb ... oder wie zum Geier also käme ich drauf, von ihr... oder von irgendjemand Anderem ... etwas zu ERWARTEN ...?!?!?

Dann noch weiter:
Aus welchem Grund besteht heutzutage wirklich oft noch ... oder besser oft nur... eine sogenannte Anerkennung, Wertschätzung etc.... in Form eines Geschenkes???
Dazu später dann noch eine kleine wahre Begebenheit – ich werde Dich daran erinnern...!

Weil man – nebst schon zweifelhafter Erwartung – eine Wertschätzung, Anerkennung, einzig durch ein Geschenk manifestiert, umgesetzt sieht...?

Man ist also schon so weit reduziert und seelisch verkümmert, dass nur ein Geschenk – in welcher Form auch immer – eine Anerkennung, Wertschätzung definiert?

Wie weit sind wir „gesunken", unserer selbst entflohen?

Der Mann/Freund führte an, er habe ihr seine Zeit geschenkt!
Einige Kommentare haben dies schließlich als überhebliche Ego-Floskel betitelt.
Ich für meinen Teil hielte „Zeit" – aus tiefstem Herzen – als in der Tat eines der wertvollsten Dinge, die man überhaupt schenken kann!
Grade noch dazu in einer heute so dermaßen überdrehten, überhasteten Phase der Menschheit!

Da las ich – beinahe schon entsetzter Weise – kürzlich aus einem übersetzten Brief eines 9-jährigen Grundschülers, als Klassenarbeit.

Die Kinder sollten einen Wunsch formulieren...

Das Kind schrieb:
„Ich wünschte, ich wäre ein Smartphone.
Meine Eltern lieben das Smartphone mehr als alles andere, auch beinhaltend ihren eigenen Sohn. Mich.
Sie kümmern sich so sehr um das Smartphone, so oft, dass sie vergessen, auf mich aufzupassen, sich um mich zu kümmern...
Sie spielen Spiele und sprechen über ihre Telefone für Stunden. Aber sie haben keine Zeit, mit mir zu sprechen oder mir zuzuhören.
Ich fühle mich einsam... in einer Familie voll mit Smart-Geräten!"

Jetzt also mein nächster „Arschtritt"!

Wenn nun so ein Kind – und derer wird es im Heute sicherlich nicht nur eines geben – schon als Kind Mangel erfährt. Erfährt, dass Smartphones nun wichtiger sind... ...wie wird ein Kind - dann als Erwachsener - wohl sein und leben?

Wie sehr wird der Erwachsene – in sich, noch immer als das mangelnde Kind – erwarten. Und zwar auf Teufel komm´ raus!?

Man könnte in diesem gesamten Bereich der „Erwartung" also die These aufstellen, dass wir – immer von uns ausgehend – das Verhalten (oder Nicht-Verhalten) des Anderen einzig nur interpretieren! Wir legen es so aus, wie wir selbst es auffassen, aufnehmen.

Mit dem Beisatz, der nur allzu oft weg gelogen, verdrängt wird: „Wie wir es auffassen, aufnehmen WOLLEN"!

Freilich. Auch das Kind erwartet in dem Fall schon...

Freilich. Auch das Kind fasst in dem Moment auf...

Nur wer hilft ihm aus dieser unwahren Gedankenspirale?

Klärt das Kind jemand auf, dass der Erwachsene eben der Erwachsene ist...
...und der tut, was er eben tut...? Dass Vieles nichts mit dem Kind zu tun hat...?

Kaum... bis hin ... zu rein gar nichts!

Selbst wenn uns das Gegenüber jetzt sein Tun oder Nicht-Tun bis ins augenscheinlich letzte Detail erklärte...: Wir interpretieren... unser Gehirn gleicht mit unseren Erfahrungen ab, ratifiziert unsere Reaktion oder Nicht-Reaktion.

Kennst Du denn Satz:
„Du hörst auch nur, was Du hören willst"...?

Genau das!

Oder kennst Du jene Aussage, die oft auch zu Kindern getätigt wird:

„Zu Dir kann man auch reden, wie gegen eine Wand!"

Erinnere Dich bitte an zuvor geschildertes Beispiel!
Wie oft wollte das Kind reden, gehört werden...
...fand jedoch kein Gespräch, kein Gehör?

Es hat im Weiteren dieses Ignorieren irgendwann normal gefunden, kopiert.

Und dann wunderte man sich…?

Grade diese vorige Aussage hat durchaus auch im Erwachsenenleben ihre Gültigkeit behalten.
Nicht aber, dass es daran läge, dass jemand unter Taubheit oder sonstiger tatsächlicher, gesundheitlicher Beeinträchtigung litte…
…oh neiiiiiinnnn…

Es ist einzig dem gleichen Umstand zu verdanken, dass sowohl das Kind als auch der Erwachsene, eben einfach nur das hört, was er hören will. Klammer auf: (Wie er es will!) Klammer zu!

Und jetzt komme ich zum „Sahnehäubchen“ … einer Bewusstheit, einer Eigenverantwortung, einer Selbstliebe…:

Aus welchem Grunde benötigt diese gute Frau aus dem Radio-Beispiel, nun ein „Zeichen der Anerkennung, Wertschätzung“…?

Direkt ausgedrückt: Etwa, weil sie selbst zu wenig davon hat?

Weil sie nicht in der Lage ist, sich selbst genau dieses (Anerkennung) zu geben?!

GENAU DAS !

Aber – und hier neuerlich, schier selbstverständlich - ein ERWARTEN. Dass die Anderen … inklusive ihrem Mann/Freund … ihr dies ermöglichen…?
Hier findet „Ersatzbefriedigung“ eines eigentlichen Bedürfnisses statt.

Mangelkind in seiner reinsten Form!

Das Kind, die Frau früher... bekam wohl offensichtlich zu wenig Anerkennung. Wertschätzung. Hatte nie gelernt, sich selbst vom Einfluss des Umfeldes abzukoppeln, welches – wie aus diesem Beispiel ersichtlich – eben offenbar nicht anerkannte, nicht wertschätzte!

Es treffen sich – bildlich gesehen – erneut auf dieser Ebene, die besagten Bettler... greifen sich in die Taschen in ERWARTUNG, dass der Andere etwas habe... Und sind dann entsetzt, entrüstet, enttäuscht, dass der Andere auch nichts hat!

In dem konkreten Fall des „Radio-Beispiels" böte ihr der Partner aber sogar seine Zeit als Geschenk.
Nur ist sie so „blind" ... und sieht, erkennt es nicht! Verdrängt dies.

Wie nun aber konnte dies in der Kindheit entstehen...?
Freilich ... man kann in gewisser Weise nur mutmaßen...! Doch... aus welchem Grunde konnte das Kind zu wenig Anerkennung erfahren?

Und zwar aus der Sicht des Kindes! Nicht des ach so Erwachsenen!

Unaufmerksamkeit der Eltern/des Umfeldes? War tatsächlich ein Smartphone wichtiger...?
Unbewusstheit der Eltern/des Umfeldes?

Nochmal: voriges Beispiel mit dem „Wunsch des Schulkindes"!
Falls Du´s nicht mehr in Erinnerung hast... blättere zurück auf Seite 251!

Oder ein anderes Beispiel:
Ein Kind malt ein Bild. Gibt sich wirklich große Mühe. Kommt dann stolz zu den Eltern gelaufen... „Schau Mami... Papi... Ich hab´ – *(noch dazu für Euch)* – ein Bild gemalt!

Und was macht Mami und Papi... so denn überhaupt beide hier sind? Mami ist womöglich beim Kochen..., Papi schaut in die Glotze..., oder irgendwer von den beiden telefoniert oder spielt am PC oder am Handy...
Tausend Dinge, die jedoch dem Kind keine ... oder nur mäßige Aufmerksamkeit, Anerkennung, Wertschätzung ermöglichen!

Und dann noch gleich so ein erneuter „Seitenhieb“ in Richtung Maske oder Lüge...: selbst wenn dann dieses schöne Bild von Mami und Papi beäugt wird... und dann in dieser ach so überschwänglich, gigantisch beschissen falschen Theatermanier gelobt wird, als wär´s mindestens ein Rembrandt oder Monier...
...glaubt man denn wirklich, das Kind kann nicht zwischen ehrlichem (!) Interesse und solch hochgezüchtetem Verarsch-Theater unterscheiden...???

Was ERWARTEN sich Eltern oder Umfeld da von dem Kind...!?!?!?

Kinder sind bitte nicht blöde!!!

Eine andere Situation der kindlichen „Erwartung“...
Nun... einem kleinen Kind, gar Baby ist es wohl eher schwer zuzumuten, dass es z.B. nachts um 3, selbst in die Küche tappt und sich dort mal eben ein Gourmetmenü zurecht zaubert.
Richtig?

Vielmehr wird es also so laufen, dass das Kind aufwacht, tierisch Kohldampf hat... und sich in mehr oder minder lauter Art und Weise versucht, verständlich zu machen, dass da Hunger bzw. Fläschchen angesagt ist!
Stimmt´s... oder hab ich Recht...?

Im Weiteren ist zumeist Mami eingeladen *(denn Papi schläft den Schlaf der Glücksseeligen... *grins*)*, völlig verschlafen in die Küche zu tappen und dem Nachwuchs sein „Happi-Pappi" zu bescheren.

Das Kind hat Kohldampf – schreit – ERWARTET die Erfüllung seines Wunsches!

Voilá! Die „Erwartung" ist beinahe augenscheinlich geboren!

Wohl in diesem Kontext – und meiner bescheidenen Meinung nach – viel eher als Überbleibsel eines überlebens-/instinktgesteuerten Erhaltungstriebes. Denn – wie erwähnt – es kann ja (noch) nicht anders!

Doch... es besteht allzu leicht die „Gefahr", dass diese „Grenze" im Weiteren dann verwischt. Zwischen Überlebensnotwendigkeit... und regelrechter Erwartung.

Die „richtige Erwartung" hielte ich dann schon für ein Produkt eines ziemlich gezielt gesteuerten Egos. Ein Produkt, tiefster eigener Bequemlichkeit oder Unfähigkeit. Bequemlichkeit und/oder Unfähigkeit, seinen Geist soweit in die Gänge zu bekommen, dass man mal zumindest in Betracht zieht, neue Muster zuzulassen. Berechnung. Objektdenken. Letztlich auch Abgabe und Abschiebung eigener Verantwortung!
Es wurde der „Zeitpunkt verpasst", in gemeinsamem, liebevollem Wirken mit dem Kind dann zu erleben, zu „erarbeiten", zu erfahren...

... dass man sich selbst, viel an „Erwartung" erfüllen kann und darf...
Ja selbstverständlich schier, kann man einem Neugeborenen jetzt keinen Vortrag halten, wie es sich denn so mit den Erwartungen im Leben verhält!
Wie sehr Mami und Papi denn überhaupt in der Lage sind, diesen so generell und im Einzel zu entsprechen!

Kinderphantasien sind da mitunter sehr bunt und lebhaft.
Das aber interessierte - selbst im besten Falle des Falles - das Kind noch nicht die Bohne! Es ist noch mit gänzlich anderen Dingen des erstmal Zurechtkommens im Leben ausgelastet.
Wenn Kinder nun aber größer werden..., mitunter natürlich immer wieder ERWARTEN...
...dann erwächst mitunter nun aus dieser Kombination „kindliche Erwartung“ versus „elterliche Erwartung (*selbst noch ein Kind*) sehr viel Potential für Konflikt, falsche Interpretationsmöglichkeit, Nährboden für unwahre Gedanken...
Es wird zu einer Gratwanderung zwischen Erfüllung notwendiger Erwartung... und völliger Erfüllung jeglicher Erwartung. Beides für sich zu sehr polarisiert, bringt viel Konflikt.

Kinder erwarten nun einmal grundsätzlich. Was wissen bzw. mehr verstehen Kinder schon vom Regelwerk der Erwachsenen?
Können sich Kinder schon etwas drunter vorstellen, zum Beispiel 8 Stunden des Tages oder mehr, in einer Arbeit zu malochen... vielleicht noch länger.
Für diese Zeit mal so und so viel Gehalt zu bekommen, dass man grade so über die Runden kommt? Welchen Begriff stellt Geld für Kinder dar? Alles oftmals einzig abstrakte Dinge.

Die Eltern/das Umfeld jedoch ERWARTEN sich – längst schon angepasst an das Regelsystem – in Unbewusstheit von den Kindern Verständnis.

Blöderweise nur meist: das Verständnis eines Erwachsenen...
Und reagieren dann auch wiederum so. Uninteressiert. Nicht anerkennend, nicht wertschätzend.

So „herzerwärmend“ mit Aussagen „Lerne, damit aus Dir etwas wird“! Sonstige Bekundungen, die leise... aber dennoch, sukzessive ein Selbstwertgefühl des Kindes demontieren... Von Liebe oftmals weit und breit kein Land in Sicht...

Ich komme nun – genau just in diesem Kapitel „Erwartungen" – noch auf eine ziemlich üble Sache zusprechen, auf die ich ehrlich gesagt erst dieser Tage – während dem Schreiben meines Buches - regelrecht gestoßen (*worden*) bin...

Erwartung ... „getarnt" auch unter dem Begriff „Ehrgeiz"!

Wie schon öfters im Leben gesehen... sähe ich auch hier zwei Seiten einer Medaille.
Zum Einen, kennt jeder doch bitte den Ehrgeiz. Nicht zuletzt von einer Schulanpassung her.

Ehrgeiz. Erwartung an sich selbst. Dass man dies und jenes erfüllte. Erbrachte. Der „Grund" dazu ... eigentlich Nebensache, nur Maske.

Wie alles im Leben: ein klein bisschen, ein gesundes Maß davon, schadet in keiner Weise.

Vielmehr möchte ich aber hier das „ungesunde Maß" ansprechen!

Ein Beispiel dazu: Da fand wohl dieser Tage – im schönen Frühling – in einer Landeshauptstadt, hier in Österreich – ein Junior-Marathon statt. Grundsätzlich eine feine Idee, Kinder von „elektronischen Fesseln" namens PC, Handy und dergleichen loszueisen...
Jetzt schwebt mir da aber wieder dieses - auf Bild festgehaltene - Szenario vor Augen... und irgendwie kommt mir das Kotzen!

Eine Menge Leute...
...davor auf so hingezeichneten Startlinien ... dann die Teilnehmer.
Ein Junior-Marathon. Da möchte man doch meinen, da stehen die Kinder vorne... und laufen dann eben. Oder nicht...

Weit gefehlt!

Da stehen... oder was auch immer... bei jedem noch sichtbaren Kind (*die, die wirklich laufen wollten, waren wohl schon weg...*) je ein Elternteil...
...und zerren das jeweilig zugehörige Kind an einem Arm nach oben oder nach vorne...
...aber so, dass die Kinder oft grade noch mit einem Bein den Boden berühren, teils schon regelrecht verdreht dranhängen... weinende, schreiende Gesichter... und los soll´s gehen!

Ich bin ja ein friedliebender Mensch...
...doch würde ich in solchen Situationen gerne mal diese Eltern zum Kind" machen... und ihnen leibhaftig vorführen, was sie da grade mit ihren Kindern anstellen!!!

Was ist das???

Noch Ehrgeiz?

Bloß dann... von wem? Wohl augenscheinlich einzig von den Eltern!

Ein „Ehrgeiz", der das Kind in dem Moment zu etwas zwingen will, was das Kind selbst aber so ganz und gar nicht will...! Also regelrecht eine verzerrte Art von Ersatzbefriedigung dessen, was man selbst – also als Elternteil – nicht zuwege gebracht hatte!?
Letztlich also auch Erwartung, dass das Kind nun dies und jenes zu tun hätte...in dem Fall, bei diesem Junior-Marathon ... zu laufen!

Also als Kind musste ich zwar bei solchen Dingen nicht mitmachen...
...glaube ich mich zumindest zu erinnern. Doch gab es genügend andere „Events", bei denen mein Mitwirken letztlich in der einen oder

anderen Weise erzwungen wurde... um es mal sehr salopp auszudrücken!

Nur ein Paradebeispiel, bei dem z.B. mein Bruderherz und andere Kinds betroffen waren... ich halt „so nebenbei" mit...
Meine Eltern hatten es sich damals in den Kopf gesetzt, eine Kindergruppe ins Leben zu rufen. Unter der Schirmherrschaft von Vereinen. Nun... grundsätzlich war die Idee wohl keine Schlechte, zumal damals für die Kinder im Ort nicht viel getan wurde.

Im Zuge dieser Kindergruppentätigkeit kam es dann zu der „Idee", für z.B. ältere Leute, an Muttertagen, an Weihnachten, u.a. auch politisches Wahlgeplänkel... und sonstigem Hokuspokus, öffentliche Auftritte zu organisieren. Mit Liedchen, Gedichten und sonstigem Zeugs. Dazu musste natürlich auch immer schön brav geprobt werden. Vorgabe war..., dass dies alles immer freiwillig sei...

Denkste!
Einmal gefangen... immer gehangen! Sozusagen...
Und entsprechend waren dann auch die teils markigen Ansagen, wenn dieser „Freiwilligkeit" nicht entsprochen wurde. Vor allem mal wieder meine liebe Frau Mutter ... oh... wie konnte sie da doch außer sich sein...
Und... um dem dann noch gleich das „Sahnehäubchen" des Ehrgeizes und der Erwartung aufzusetzen... jeder musste geradezu zu einem perfekten Gedichte-Aufsager und Theaterspieler mutieren, um den Ansprüchen meiner Mutter gerecht zu werden... die sich nebstbei noch in ihren Hirtenspielchen, mit damals unendlich scheinenden Monologen selbst einbrachte und bestätigte...

Unglaublich – ich sach´ Dir...! Das war dann ein Theater... im wahrsten Sinne des Wortes...!

Es entwickelt sich dieser „elterliche Ehrgeiz", diese Erwartung also oftmals zu einem teils sehr abstrakten Szenario, in dem es scheint, dass

die Eltern nun irgendwie von dem Kind erwarten / erreichen wollen, dass es das umsetzt, was sie selbst nicht oder nie erreichen konnten... Wobei dieses „nicht können“ ja schon ein Abstrakt in sich darstellt. Jeder kann.
Einzig natürlich aus der Prägung des Umfeldes und dessen Auswirkungen vermögen sich solch augenscheinliche „Verzerrungen“ ergeben...
Sehr bekannt in sportlichen Bereichen. Doch andere stehen da um nichts nach!

Ich könnte heute mit Sicherheit ein berühmter Tonstudiotechniker sein... doch damals.... Mit DEM Umfeld...?

Die Spirale beginnt sich also oft vielfach zu drehen.
Kinder beziehen – entweder schon durch Aussagen, wie zuvor direkt bestätigt – oder aus dem Verhalten, dem sich ihrem kindlichen Empfinden (!) darstellenden Gesamtbild – auf sich.
Unwahre Gedanken entstehen. Jene Gedanken, die bei öfterer – gar regelmäßiger - Wiederholung regelrecht auffordern, nach „Beweisen“ zu suchen...

Du erinnerst Dich an meine Einleitung?
„Beweisinstanz“ Gehirn?

Gedanken und Glauben, die letztlich dann Handlungen oder Unterlassungen nach sich ziehen. Ein Charakter entsteht, ein Weltbild entsteht. Und wird ab sofort ins Leben gestrahlt. Gesendet.

Und soll dann irgend etwas Anderes anziehen... als genau das Selbe...?

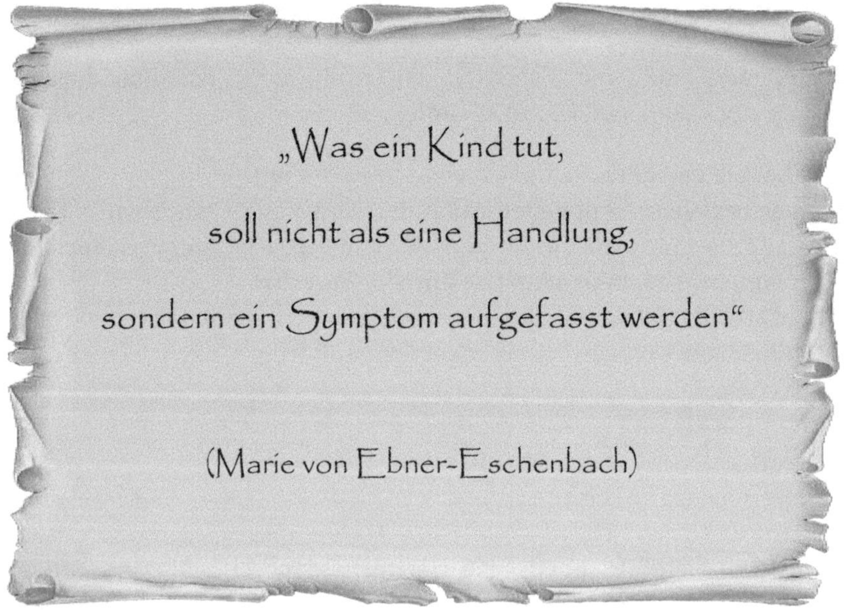
„Was ein Kind tut,
soll nicht als eine Handlung,
sondern ein Symptom aufgefasst werden“
(Marie von Ebner-Eschenbach)

Kapitel 15 – Die dummen Sprüche

Also zu diesem Kapitel ließe sich vermutlich schon alleine ein kleines Buchwerk füllen.

Wer kennt sie nicht...!?

„Du kannst das ja eh nicht!“

„Du schaffst das nicht!“

„Wieso stellst Du Dich so blöd an?“

„Das bildest Du Dir nur ein!“

„Das macht man nicht!“

„Jetzt sei nicht so empfindlich!“

„Hör auf mit dem Blödsinn!“

„Benimm Dich jetzt!“

„Reiß Dich zusammen!“

„Werd´ endlich erwachsen!“

„Sei nicht so kindisch!“

Bis hin natürlich zu richtigen Beschimpfungen. Manches Mal dann noch untermauert mit Gewalt.

Ich will hier gar nicht näher ins Detail gehen, denn ich bin mir sicher, beim Lesen… oder dem gedanklichen Anstoß nun in diese Richtung … fallen auch Dir sicher die einen oder anderen Aussagen Deines damaligen Umfeldes ein.

Zusammengefasst kann man das allerdings mit einem einzigen Satz ausdrücken, bei dem mir heute noch kalt über den Rücken läuft:

So wie Du bist, bist Du nicht in Ordnung!

Wir im Heute… als ebenso Erwachsene… gleichen auf oft erschreckende Weise, unseren Eltern damals (*wenn man unvoreingenommene Beobachter anstellen würde, noch viel deutlicher*), die in ihrer Tagesroutine steckten, genauso ihren vermeintlichen Zeitdruck hatten…, wo Umfeld beeinflusste…

…jenes Umfeld, welches mitunter genauso unbewusst durch den Tag lebte, seine Mängel und Ängste ausbreitete, ausstrahlte…

…Wir sind im Heute – wie auch die Menschen damals waren – sehr oft nicht mehr in der Lage, eine sogenannte „Tiefenwirkung“ dieser Ansagen zu bemerken oder verstehen.

Kannst Du Dir so etwas – als Kind mitzuerleben – heute überhaupt noch vorstellen…?

Kinder sind genau eben in ihrem Kind-Sein noch viel empfindlicher! Kinder haben auch hier noch keinerlei „Referenzwerte“! Kinder werden erst durch jene Sprüche, durch jene Anpassung einer gewissen „Abhärtung“, „Abstumpfung“ unterzogen!

Kinder erfahren:
Ich bin nicht in Ordnung, weil ich die Dinge nicht so empfinde wie andere Menschen. Meine Wahrnehmung ist nicht in Ordnung. Ich bin nicht liebenswert. Die Welt ist feindlich und böse!

Und das schon schier Perverse an dieser Sache ist...:
Wir nun mittlerweile Erwachsene... wir sollten´s doch eigentlich wissen! Wir gingen ja selbst durch diese „Schule“!
Aber nein! Die Anpassung des Systems hat so sehr „ganze Arbeit“ geleistet, sodass wir uns an unsere eigenen Erlebnisse, unsere Erfahrungen, unseren Schmerz, nicht mehr erinnern!
Aus dieser Erinnerung heraus, vielleicht dann im Heute teils ganz anders handeln!

Das große Problem also ist...:
Das Kind selbst gerät in eine Art Leidensdruck. Es ist anders, als alle Anderen! Ein Leidensdruck, der sich oftmals durch Auffälligkeiten ins Außen trägt. Also einer Explosion gleicht.
Oder aber das genaue Gegenteil – dass das Kind unwahre Gedanken, Überzeugungen, weitere erwachsende / folgende, ebenso unwahre Grundsatzgedanken gegen sich selbst richtet. Also vielmehr eine Implosion. Man nennt dies in fachlichen Kreisen auch Introjektion.

Wir beginnen also schon von Kindesbeinen an, uns – so gesehen – selbst Stress zu bereiten!
Es kommt zu mangelnden Bindungen, Fähigkeiten, geringeren seelischen Belastbarkeiten, mitunter Krankheiten. Das heute schon ziemlich genau definierte „Burn-Out“ ist ein Konglomerat all dessen.

Lieber Leser, liebe Leserin... erlaube mir nun hier an dieser Stelle einen „kleinen thematischen Ausritt“.

Und zwar in die Richtung der **hypersensiblen Menschen**!

Im Zuge des Schreibens bzw. Fertigstellens meines Buches, stieß ich wiederholte Male auf dieses „Thema“.

Warum erwähne ich dies nun überhaupt?

Nun... einerseits war ich einer jener zuvor erwähnten Menschen, die aufgrund Liebesentzug, Anpassung, implodierten.
Es ging wohl vielfach an der Außenwelt vorbei, dass man mir in vielerlei Hinsicht Schmerz, teils Qual zufügte als Kind.
Wohl gemerkt als Kind, da ich damals ja noch nicht im Wissen und Fühlen von heute bin.

Und doch... ich durfte im Zuge von Selbstreflektionen, manches Mal sehr deutlich erahnen, was da damals wohl abgelaufen sein musste. Erfahren, was ich bis heute verdrängt hatte!

Ich würde nun – im Vollbesitz meiner geistigen und seelischen Kräfte – heute mich zu behaupten getrauen, dass wir Menschen... die ursprünglichste Form des Menschen – alle höchst sensibel wären!

Und auch wenn man mich für völlig bescheuert erklärte... ich ginge sogar noch weit drüber hinaus!

Ich würde mich sogar zu wagen getrauen, dass diese – oft in diversen Auflistungen aufgezählten – „Merkmale von Hypersensiblen“ grade mal die Spitze des Eisberges sind!

Und jetzt zum eigentlichen „Seitenhieb“.

Wie in vielen Bereichen tauchen da diverse Gruppierungen auf, die sich als „Vertreter der Hypersensiblen“ bezeichnen.
Die jedoch – schier im selben Atemzug – irgend etwas von Regeln behaupten, eng eingegrenzten Definitionen, was und wer denn nun ein Hypersensibler sei... und noch viel anderen Unsinn. Die teils in einem so dermaßen engen „Gedankenkorridor“ verbarrikadiert sind, dass sie kein außenstehendes Argument an sich heranlassen.

Lieber Leser, liebe Leserin!
Wenn ich nun just mit Dir einen Menschen „erwische“, der/die besondere Sensibilitäten aufweist...
...könntest Du Dich im Speziellen, in jene Weise definieren...? Oder würde mitunter alleine diese Frage, diese Aufforderung schon Dich überfordern?

Was sind im Heute wirkliche Hypersensible?

Abnormale? Kranke? Anpassungsgestörte? Und noch so einige Bezeichnungen mehr...?

FALSCH !!!

Sie sind Menschen, wie Du und Ich!
Einzig haben sich diese Menschen ein sehr feines Wahrnehmungsvermögen für verschiedenste Dinge bewahrt.
Eigentlich sähe ich mich veranlasst, diesen Menschen – so auch mir – zu gratulieren!

Im Zuge einer Anpassung scheint es vermutlich nur erforderlich, sich als sensibler Mensch gewisse stärkere Abgrenzungen, Schutzmauern zu errichten! Und hier wiederum sähe ich zumeist diese Schutzmauern in Verdrängung, Ignoranz, Ablehnung, etc. etc.

Über diese Mauern hinweg besteht oft keine und nur eingeschränkte, bewusste Annahme des Anderen. Oder aber man nimmt wohl wahr, gibt jedoch nichts davon Preis, versteckt sich, verweigert sich... nicht zuletzt aus reiner Angst vor Verletzung.
Grade durch die ebenso erlebte Anpassung, die auch an sensiblen Menschen nicht vorübergeht, trübt oder verwehrt diese Abschottung die bewusste Erkenntnis, dass alles, was mir begegnet nur Spiegel von mir selbst... oder Projektion des Gegenübers ist!

Um das nun abzurunden: Wie viele Dinge im Leben, lässt sich auch dieser Ausdruck „Hypersensibilität" nicht einfach bewerten. Gar be- oder verurteilen! Nicht in ein „Schema F" pressen! Nur weil es vielleicht irgendwer mal so behauptet oder festgelegt hätte! Es ist ein höchst individuelles Thema! Es passt in keine Kategorisierung. Keine Liste nach angeblichen Eigenschaften...

Und ich würde jeden Menschen bitten...
Kehrt ein in Eure „Mauern" und forscht dort, wo Eure Sensibilität liegt!
Sie wurde jedem mit Geburt geschenkt!
Sensibilität ist Geburtsrecht, so man es so bezeichnen möchte. Sensibilität könnte mitunter viel Konflikt ersparen!

Es gibt nicht nur ein behauptetes Grüppchen von Hochsensiblen...! Wir alle hätten diese Sensibilität... so wir uns wieder darauf besinnen!

Zurück aber nun zum Kind...
...und seiner Sensibilität, die demontiert wird mit unbewussten Aussagen...

Ich liefere Dir gerne ein Beispiel, welches ich erst letzten Sommer selbst mitverfolgen konnte...
...und das mir in dem Moment ein Gefühl bescherte, als würde man mir grade einen dicken „Wälzer" von Telefonbuch um die Ohren hauen...:

Eine übliche Szene im Tagesgeschehen. Fußgängerzone. Sonnenschein. Menschen nutzen diese Gelegenheit zum draußen Sitzen, Kaffee Trinken... Herrlich!
In dieser Fußgängerzone befindet sich auch ein kleiner Eissalon.

So. Mutter kommt mit Kind die Fußgängerzone entlang.
Kind will ein Eis!
Hier schon sichtlich genervt ... aber noch „einwilligend" ... kauft die Mutter dem Junior ein schönes Schokoeis in einer Tüte..., mit begleitendem „Frust-Gemurmel".

Das Kind an sich ist glücklich. Widmet sich einzig nur mehr diesem leckeren Eis.

Die Mutter nun aber hat noch mehr Stress. Zieht den Jungen eher mehr hinter sich nach. Kommentiert entsprechend gereizt.
Durch dieses unwirsche Vorgehen und Ziehen/Zerren nun dauert es keine paar Schritte, da klatscht das Eis - wie sollte es auch anders sein - erst auf das schöne weiße T-Shirt... und dann unweigerlich der Schwerkraft folgend ... auf den Boden.

Eis „gegessen"!

Was folgt? Und das gleich noch eine „Tonspur" lauter? Eine oder zwei Stufen „Gereiztheit" intensiver...? Und womöglich gleich noch vor „versammeltem Auditorium" der in der Fußgängerzone Anwesenden...?

Ein Anschiss vor dem Herrn!!!

Wie tollpatschig das Kind denn sei! Wie unfähig, einfach nur ein Eis zu essen! Gleich im selben Atemzug noch Äußerungen dazu, was die Zukunft mal bringen wird, wenn dies nun schon nicht funktioniere...!

Und das jetzt mit sehr diplomatischen Worten dargestellt. Die Wirklichkeit sieht meist noch viel derber aus!

Toll .... Nicht!?
Was kommt aber hier gleich noch dazu? Was macht die Mutter denn noch?

Erkennst Du´s?

Falls nicht...
Es entstehen hier nicht nur falsche Grundsatzgedanken im Kind, die jegliches weitere Leben dann prägen werden!
Sie schiebt – aus Verdrängung eigener Erlebnisse, aus Weigerung die Verantwortung für ihr eigenes, unwirsches Vorgehen - die Schuld auch noch auf den Kurzen! Also wird auch noch „Schuld“ als Angst und Mangel geschaffen!

ER hat das Eis fallenlassen, ER hat sich bekleckert! Und... und... und...

SIE „Vergisst“ aber offenbar, dass SIE den Jungen in ihrem Stress und ihrer Reizüberflutung hinter sich herzerrt. Dass der Kurze mit seinen Beinchen IHREN weit ausschreitenden Schritten in ihren schicken Pumps nicht so einfach folgen kann... Dass der Kleine sehr wohl voll konzentriert IST auf sein Eis... und deshalb nicht auch noch nebenbei fast laufen soll... kann...!

Und ... wie schon vorhin kurz angeschnitten: DAS vor „versammeltem Publikum“!

Es reicht also nicht, dass der Junge an sich schon denunziert wird... nein... das bekommen auch gleich noch andere mit!
Auch wenn es dem Jungen just in diesem Moment womöglich nicht wirklich bewusst ist, weil er mit dem Anschiss schon überfordert ist...

Richtig toll, motivierend... und erbauend, was...!?

Jetzt mal die „Zwischenfrage(n)“ an Dich:

Kennst Du womöglich solche Situationen? Von Anderen? Gar von Dir selbst...?!

Wie hast Du Dich dabei gefühlt? Egal nun, ob Du nun wirklich selbst „Betroffene(r)“ warst ... oder ob Du nur einer dieser „Zuseher“ warst...?

Und jetzt das Wichtigste: Hat sich im Zuge dieser Situation, dieser Szenerie ... dann eigentlich irgendwann mal jemand um Dich „gekümmert“?

Sich für Deine Gedanken und Gefühle interessiert... geschweige dem die Situation vielleicht geklärt und Hilfe gegeben, diese unwahren Gedanken auszuräumen...???

Nehmen wir doch nun im Folgenden, einmal die Situation ins Jetzt mit:

Es gilt irgendetwas zu tun... ist ja doch furz-egal was... vielleicht ist es gar ein bisschen kniffelig... Da „faucht" Dich womöglich gleich darauf der Kollege, der Chef... irgendwer ... schon das erste Mal schräg an..., stellt schon verbal deine Fähigkeit oder gar Interesse in Frage... und dann nimmt man Dir das gleich wieder weg. Lässt Dich erst gar nicht weiter versuchen, gar beenden...?

Und mit „schräg" meine ich womöglich sogar „unter der Gürtellinie"...

Sagt Dir ohne weitere Erklärung, wohl aber in schon entsprechend angepisstem Ton: „Du schaffst das eh nicht!" Und Sonstiges...

Wie fühlst Du Dich hierbei...?
Toll...???

Wirst Du jetzt endlich wach?

Lässt Du jetzt endlich Deine eigenen Erinnerungen zu, anstelle sie weiter zu verdrängen?

Erkennst Du die Parallelen? Wie ein Kriminalist so treffend ausdrücken würde: den „Modus operandi"... also die Vorgehensweise...!?

Sooooo. Und jetzt bist Du aber im Heute ein Mensch, der doch im Laufe seines Lebens doch sicher schon viel gelernt, getan hat. Lebenspraxis, Erfahrung hat. Der schon einiges gehört, erlebt hat. Der also nicht wirklich völlig „auf der Nudelsuppe daher geschwommen ist"...

Und dann taucht da einer auf... und behauptet: „Du kannst/schaffst das nicht!". Oder „Das macht man nicht!"

Denkst Du Dir zumindest: „Was für ein Idiot!"...?

Kocht da gar noch mehr hoch, explodierst Du innerlich...

...wie bei einem Zünder, der betätigt wurde, ein Knopf der gedrückt wurde...?

Alarmstufe: ROT !!!

Egal ob „nur“ innerlich... oder ob Dir auch im Außen der Draht aus der Mütze springt!

Oder geht Dir so etwas völlig am Arsch vorbei...?

Und jetzt versuche Dich nochmal, Dich in das Kind zu versetzen! „Switche“ sozusagen mal hin und her!

Unbedarft, zumindest teilweise noch unbeeinflusst... Kind. Und dann bekommst Du solche „Ansagen“!

Und dann „Erwachsener“. Ausgebildet, gestanden. Und dann bekommst Du solche „Ansagen“!

Wie fühlen sich Deine Reaktionen an..., in beiden Fällen?
Vermutlich sehr ähnlich!

DAS KIND – UND SOMIT JEGLICHE VERGANGENHEIT - IN DIR IST ALSO NOCH SEHR PRÄSENT !

Wir bestreiten es nur gerne, verdrängen es gerne! Ist ja einfacher...

Wie oft im Leben – glaubst Du – hast Du diesen Satz ... und Andere... hören müssen...? „Du schaffst das eh nicht!"

Ich sage Dir: wenn Du vorhin bei diesem Gedankenbeispiel innerlich noch zusammengezuckt bist, aufbegehrt hast...und wenn´s nur ein mikroskopisch kleines Unbehagen war... dann war´s wohl das eine oder andere Mal zu viel, dass Du dies gehört hast!

Dann hast Du es nur verinnerlicht. Dann wurdest Du drauf angepasst!

„Du schaffst / kannst das nicht!"
„Das macht man nicht!"

Und dieser ganz simple, harmlos wirkende, schleichende... verdammte, verkackte Satz ... spielt in Deinem Großspeicher namens Hirn im Hintergrund ... immer und immer und immer wieder die gleiche Leier ab: „Du schaffst / kannst das nicht!", „Das macht man nicht". Und so weiter... und so weiter... und so weiter...

GRUNDSATZGEDANKEN!

DAS soll dann einfach gänzlich ohne „Folgen" bleiben?

Hast Du´s bis heute dann geschafft? Oder drückst Du Dich immer noch davor?

Nicht in tausend kalten Wintern!
Irgendwann – nach der Anzahl der Impulse (!) – glaubst Du´s!

Nochmal: **GRUNDSATZGEDANKEN!!!**
Irgendwann geht Dir das – schleichend und unbemerkt – ins Blut über.

Du wirst zu dem, was Du denkst. Du tust, was Du denkst!

Es wird ein Teil deines unbewussten Denkens, Handelns, Glaubens, Charakters.

Und Dein Bewusstsein, vor allem Dein Ego, wird ständig nach Beweisen suchen. Und Du wirst sie – schon wieder unbewusst, im Sinne einer Resonanz, genau dorthin gelenkt – unweigerlich finden!

„Ha – ich wusste es doch von Anfang an!"

Selbsterfüllende Prophezeiung nennt man so etwas!

Kommt Dir das nicht irgendwie bekannt vor? Lass mal bitte kurz ein bisschen wirken!

Kinder sind in vielen Situationen einfach noch nicht so belastet! Sie werden erst! Ein Kreislauf beginnt...

Klar... haben sie auch in gewissen praktischen Dingen einfach noch nicht die Übung. Etwas vielleicht noch gar nicht gemacht. Woher denn auch, wie denn auch? Keiner kam als ausgelernte Profi oder Meister zur Welt!

Na aber grade dann, sollte man Kinder doch einfach mal lassen...!!!

Was macht das Ganze dann nur sehr zeitnah zunichte?
Wir Erwachsenen in unserer eingebildeten „unendlichen Weisheit"!

Verpackt noch in allerhand Vorwand, von wegen knappe Zeit, Dinge die nicht kaputtgehen dürften, was noch mehr Arbeit mit sich brächte... und vieles vieles mehr!

Das innere Kind in uns, dass selbst nie die Gelegenheit dazu hatte, lässt spätestens an dieser Stelle herzlich grüßen!

„Erwachsene Erwartungen" aus tiefer Unbewusstheit heraus, dass...

1. das Kind nicht der Erwachsene ist..., sondern eben Kind - und somit noch „unerfahren".... und...

2. das Kind mitunter ganz andere Vorstellungen haben könnte... oder eben noch keine... und diese aber liebend gerne – in seinem Tempo – erfahren, erleben möchte!

Da gibt es so ein wunderschönes Zitat von Jakob Boßhart:

„Kinder rechnen nicht mit der Zeit. Daher ihre langen und gründlichen Beobachtungen."

Erinnere Dich nun nochmal kurz an das Beispiel mit dem Eis!

„Rechnet" das Kind in Zeit der genervten/gestressten Mutter?
Oder „beobachtet"... ja beinahe interagiert das Kind, voll konzentriert auf und mit dem Eis...?!

Und jetzt der Vergleich, das folgende Erwachsenenbeispiel!
Man überantwortet Dir etwas, dass Dir womöglich sogar Spaß macht, Dich fasziniert. Trödelst Du hier mal erst herum?
Oder gehst Du mitunter in nichts anderes, als ebenfalls in diese Art „Beobachterrolle", konzentrierst, fokussierst Dich einzig auf die Aufgabe?
Hab ich Recht – oder hab ich Recht...?

Wenn man also – ganz offen und ehrlich – zusammenfassen würde...
...so ist nicht von der Hand zu weisen, dass Kinder zumeist immer handeln, reagieren.

Sie sind noch unbeschriebenes Blatt. Suchen nach eigenen Erfahrungen, beobachten, schaffen sich Vorgaben. Vielfach aber müssen sie zumeist vielmehr die Vorgaben des Umfeldes erfüllen... und handeln, entsprechend reagieren. Nicht erfahren. Nicht Erleben.

Wobei... dieses „entsprechend"... oh darüber könnte man nun erneut diskutieren!

Mitunter deshalb, da dieses Thema der Auffassung nach, hier definitiv auseinanderzuklaffen vermag!

Zwischen Auffassung ... Handlung und Reaktion eines Erwachsenen.
Und vielmehr der Auffassung ... Handlung und Reaktion eines Kindes!

Da liegen – im wahrsten Sinne des Wortes – Welten dazwischen!

Denn ... jedes neue Leben, ist eine neue Welt für sich!

Und es erwächst teils dann schon wieder aus der „erwachsenen" Unbewusstheit oder Überheblichkeit der „Drang", diese kindliche Welt genau in die Form der Erwachsenenwelt pressen, anpassen zu wollen! Nicht die kindliche Sichtweise zu sehen..., sondern nur mehr durch die Brille der Anpassung.

In gewisser Weise – trotz dieser Auffassungskluft jedoch – liegt gleichzeitig Vieles nah bei einander.

Darf ich an dieser Stelle erneut an die Thematik „subjektive Wahrheit" erinnern...?

Kreise schließen sich in gewisser Weise.

DENN: Man(n) und Frau nehme sich doch im Heute einmal die Zeit für Bewusstheit und vor allem Ehrlichkeit, Authentizität!
Und vergleiche dann an der Basis die Handlungen und Reaktionen...!
Die des Erwachsenen... und die des Kindes...!

Wie schnell ist man denn z.B. wütend, beleidigt, „verletzt", gekränkt, enttäuscht, ...schreit, ...schimpft, ...wirft mit Sachen umher... und noch so vieles mehr...?

Naaaaaaaa...?

Sind DAS wirklich Reaktionen, Handlungen eines ach so vernünftigen, wohl erzogenen, gebildeten Erwachsenen...???

Wirklich...?

Oder bricht hier ... beinahe 1:1 ... plötzlich das innere Kind voll durch!?

Und genau DAS geschieht hierbei! Vergangenheit wird gelebt!
Da kommt ein Gegenüber, drückt in Dir gewisse „nicht sichtbare Knöpfe"... und Du bist in Rekordzeit von 0 auf 180... und eine schier

absolut kindliche, oft auch fälschlicherweise kritisierend, verurteilend, anprangernd, abwertend „kindisch“ bezeichnete Reaktion, tritt zu Tage.

Und das bedeutend dann was?
Dass draußen grade das Wetter umschlägt? Dass der Herrgott unter Magenverstimmung leidet...?

Nein!

Es bedeutet nichts anderes, als dass Du selbst, als Kind, mit derartigen Situationen befasst warst.
Und dass sich in Deiner Zeit als Kind, niemand die Zeit oder Mühe gemacht hat, diese Dinge mit Dir liebevoll anzusehen, zu klären, zu lösen!
Du durftest damals vermutlich, einzig und alleine Deine unwahren Gedanken dazu formen, behalten... übergehen lassen in Fleisch und Blut. „Friss oder stirb!“

Und heute bricht dieser vers(t)aute „Vulkan“ beim Drücken der richtigen Knöpfe aus! Und wie...!
Das Leben hält Dir den Spiegel direkt vor´s Gesicht!
Ausweichen unmöglich!
Genau deshalb, weil es nie angesehen, geklärt, liebevoll gelöst oder/und angenommen wurde... da schickt Dir das Leben immer und immer wieder solche „Idioten“, solche – wie ich sie gerne nenne – „Arsch-Engel“, die genau diese Knöpfe drücken!

So lange, bis Du endlich hinsiehst! Bis Du liebevoll annimmst!

Soviel also - auch als Seitenhieb – zum Verdrängen und Vergessen!
„Arschlecken.de“!

Man könnte – anlehnend an das Zitat, eingangs zum Kapitel – also erneut durchaus in den Raum stellen:

Die tatsächliche Reaktion des Kindes ist dann vielmehr nur noch „Symptom“! Das Kind agiert nicht, sondern re-agiert einzig.
Symptom der vorherigen Einwirkung!
Keinesfalls eine „Entwicklung“ des Kindes.
Vielmehr eine Verstrickung ins Anpassungssystem!

Und es macht hierbei nicht den geringsten Unterschied, ob ich nun das Kind als tatsächliches Kind meinte..., oder das innere Kind im Erwachsenen, welches bis heute nicht gesehen wurde!

Und jetzt noch ein anderes Beispiel in Richtung dumme Sprüche...
Ertappst Du Dich mitunter bei Aussagen, wie „Mensch bin ich doch blöd...“, „was bin ich für ein Trottel...“ und all diese „süßen“ Selbstanerkennungen und Wertschätzungen (D)einer gewissen Unfähigkeit..., Vergesslichkeit... was auch immer...?
Oooochh...!

Lust auf ein weiteres kleines Erlebnisbeispiel?

Du erinnerst Dich noch an die Buchpassage, als ich davon erzählte, dass ich schon vor Schulantritt lesen, schreiben, rechnen konnte?

Nun.
Dazu... und vor allem zu den „dummen Sprüchen“ nun folgende Episode. Ich hoffe, ich bekomme das jetzt, vor allem wegen der Betonung richtig hin...

Es gab da auf jeden Fall irgend so einen Artikel in einer Zeitung, der mit Blumen einpflanzen zu tun hatte.

Und klein Ernold las laut dann da eben, dass man geeignete Gefäße aussuchen müsse. Diese befülle man dann mit verschiedenen „Blumento-pferden".

Noch in meiner Verwunderung und sämtlichem Zurateziehen von Vorstellungskraft, Erinnerung und Kopf-Kino mich laut fragend, was denn „Blumento-pferde" seien..., wie solche aussehen würden... und was die vor allem mit den Pflanzen zu tun hätten...

... da schallert schon von der Küche das lauthalse hämische Gelächter meiner Mutter herüber...
...unter dem markigen „Nachsatz": *„Na Ernold, Du bist schon so ein blödes Arschloch!"*

Wortwörtlich!

Mir dröhnt diese Aussage noch in Ohren und Geist... als wär´s eben erst gewesen!
Gemeint war natürlich „Blumentopf-Erde". Keine Pferde! Aber entschuldige...: was weiß ein 5-Jähriger, der eben erst Lesen lernt...!?

Und das wahrlich Erschreckende ist: wie oft ertappte ich mich als Erwachsener dabei, mich selbst als „Arschloch" oder „Trottel"zu schelten...!?

Egal welche dummen Sprüche also nun in Deiner Kindheit fielen, ja auch heute noch sogar von Dir selbst an Dich „geschenkt" werden...
...ob dies nun Dein Können, Dein Sein, Dein Wissen, Dein Glauben... oder Tun oder Lassen betraf... oder heute betreffen...
...all diese Sprüche hatten damals Auswirkung. Haben heute Auswirkung und vor allem Folge!

Und sei es, dass Du diese damals gespeichert, kopiert hast und nun im Heute selbst verwendest, lebst... mitunter sogar bereits weitergibst!

Entsteht also nun langsam ein „Erwachen“, ein Erkennen...?

Vor allem kein von mir angeleitetes weiteres Denken..., sondern so eine Art Verselbstständigung DEINES Denkens und Seins...?

Mitunter sogar ein leiser Wunsch tief in Deinem Inneren, Dich endlich von dieser Vergangenheit zu „trennen“...?

Doch zuvor bedarf es wohl noch einiger deutlicher Tritte in eine gewisse Richtung...

...um das Erkennen noch zu schärfen...!

Und wohl schon das folgende Zitat vermag sehr klar zu verdeutlichen, welche Wege es dazu gibt...

(Die Erwartungsfalle)

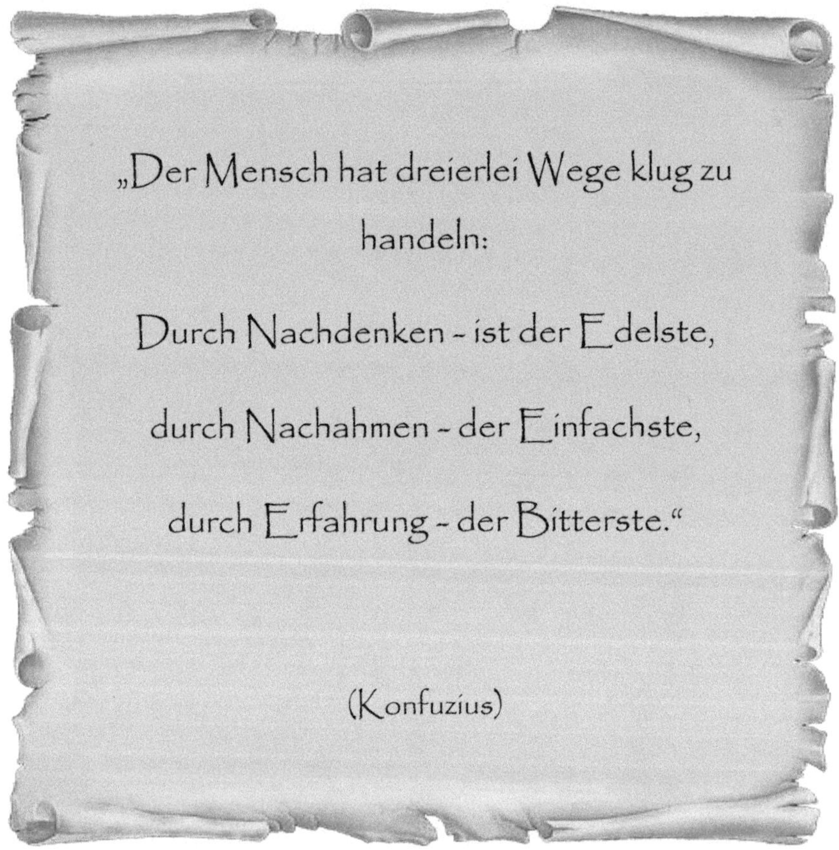
„Der Mensch hat dreierlei Wege klug zu handeln:
Durch Nachdenken - ist der Edelste,
durch Nachahmen - der Einfachste,
durch Erfahrung - der Bitterste."
(Konfuzius)

Kapitel 16 - Grundsatzgedanken

Ein Thema nun, dass man bei nur halbwegs genauem Hinsehen, nun schier endlos behandeln könnte.

Ein Thema, dass sich aufgrund seiner Thematik... und vielmehr deren Bedeutung und Auswirkung, im täglichen Leben überall aufgreifen und verdeutlichen lässt!

Ein Thema, dass aufgrund seiner zumeist gigantischen Unbewusstheit, massiven Schaden anzurichten vermag... und es im Grunde auch tut!

Ein Thema, dass seine Wurzeln ebenso schon in der Kindheit, verschärft durch Anpassung, Konditionierung durch ein Umfeld, erfahren hat.

In zweifacher Hinsicht würde ich hierzu alte Grundsatzgedanken gleich einmal erneut zum Überlegen ... Hinterfragen und Prüfen geben.

Vor allem jedoch zum Hineinfühlen!

Als Einleitung dazu, als bildliches Beispiel, möchte ich da einmal das einerseits simple, andererseits wahrlich „berühmte" Ei bringen wollen.

In zweierlich Hinsicht:

Hinsicht A)
Was war wohl zuerst da? Das Huhn... oder das Ei...?
Worin eröffnet sich nun eine brauchbare Basis für weitere Gedanken, Aussagen, Handlungen?

Hinsicht B)
In dem Sinne das "berühmte Ei des Kolumbus".

Wie lange ging man in bekannter Debatte davon aus (*zumindest so überliefert*), dass das Ei alleine nicht stehen könne...?
Bis ein Herr Kolumbus durch eine sehr simple, aber dafür umso wirkungsvollere Demonstration, jeglichen Grundsatzgedanken dazu (*das Ei alleine könne nicht stehen*) wiederlegte...?

Und damit stelle ich vorweg - geltend für alles in diesem Zusammenhang - dann die mächtige Frage in den Raum:

"Wie gültig... und letztlich auch wiederlegbar... sind unsere gesamten Grundsatzgedanken...???"

Da es für das gesamte Wort keine eigene Definition gibt, erlaubt mir, dieses Wort jetzt mal ein bisschen zu "zerlegen", wonach wir mitunter eine gemeinsame Definition erörtern, darlegen können.

Ich verliere mich hier nun keinesfalls in irgendwelchem, spirituellem Krimskrams... und sage mal:

"Allem Handeln / Nichthandeln geht ein Denken voraus!"

(*Im Grunde IST dies auch schon ein Grund(satz)gedanke). *grins**

Egal - in welche Richtung man dieses Denken und im Weiteren Handeln dann sehen will...
Ob einzelbezogen, oder gesellschaftlich, politisch, religiös...

...es reicht in jeden einzelnen Lebensbereich hinein. Legt fest, bestimmt.

Vielfach wird diese Zugrundelegung dann auch mit einem anderen Wort kaschiert, das da lautet: "GLAUBE".

Bleiben wir aber nun bei einem annähernd biologischen, nachvollziehbaren (*beweisbaren*) Prozedere, so gilt dies aber anhand von wissenschaftlichen Messungen bestätigt.

Beispiel 1: Bevor Du die Hand zu Deinem Kopf erhebst und Dich dort kratzt, geht ein Gedanke dazu voraus! Es juckt - also kratzen.
Selbstverständlich ist dieses kleine Beispiel nun schon ziemlich in die unbewusste Schiene, getarnt als vermeintlicher "Reflex", einzuordnen.

Beispiel 2: Du hast Hunger - gehst also in den Laden... und/oder stellst Dich an den Herd und kochst Dir etwas. Du machst Dir Gedanken was es denn sein soll, wie es zubereitet wird etc. etc. etc.
Dies ist definitiv unter bewusstes Denken einzureihen.

Beispiel 3: Du verstehst Dich - mal vornehm ausgedrückt - mit Deinem Arbeitskollegen nicht allzu toll, merkst, dass er einen Fehler gemacht hat.... noch während Du von weitem schon den Chef herannahen siehst... unternimmst aber nichts, um Deinen Kollegen auf den Fehler hinzuweisen. Wartest also schon regelrecht auf den Anschiss des Kollegen, um ihn in einer sonderbaren, morbiden Art und Weise einer Zufriedenheit / Schadenfreude zu genießen.
Dies also auch eindeutig unter „bewusstes Denken“ einzureihen.
Soweit klar, mit-verfolgbar?

Gut.

Jetzt zur Definition "Grundsatz":
Ein Grundsatz ist eine Erkenntnis, Aussage oder Regel, welche die Basis für nachfolgende Überlegungen, Aussagen oder Tätigkeiten bildet. Grundsätze und Systeme von Grundsätzen können im Regelfall wie folgt beschrieben werden:

- allgemein anerkannt,
- klar formulierbar,
- nicht weiter reduzierbar,
- konsistent (= *widerspruchsfrei*) und einleuchtend (*plausibel*),
- Hilfsmittel zum Umgang mit Komplexität

(*Quelle: Wikipedia*)

Ein GrundsatzGEDANKE - nach Beiziehung der herkömmlichen Definition - könnte also jeglicher Gedanke sein, der sich mit einer sogenannten Erkenntnis, Aussage oder Regel im Vorfeld / vor Ausführung befasst.

Und jetzt ein „Spot" aus der Gehirnforschung: Es wurde schon festgestellt/gemessen, dass einer tatsächlichen einfachen Handlung, einer Ausführung eines Gedankens... im Hirn eine bis zu 10 Sekunden frühere Gehirnaktivität festzustellen ist!
Meine Fresse!
Wie viele Gedanken allein schon können in 10 - für ein Hirn schon unendlich scheinenden - Sekunden getätigt werden...!?!?!?

Zu den vorher grade verwendeten Beispielen also...:

Beispiel 1 - juckender Kopf: Nun... so komplex ist das Thema nicht. Also wird da in der Denkmurmel zwischen den Schultern, nicht viel ablaufen.

Anders bei <u>Beispiel 2</u> - Hunger: Alleine dieser Gedanke "Hunger" ist doch schon erst einmal zu definieren ... und dann klar auf den Punkt zu bringen. Entsprechend dann schon aufwendig die Umsetzung, die hier aber - im Vergleich - noch immer sehr "praxisnah" orientiert ist. Definition Hunger - Wunsch des Essens - Einkaufen – Kochen - Essen.

So richtig in die komplizierte und vor allem komplexe Gegend, geht es bei <u>Beispiel 3</u> - der unausstehliche Kollege.
Weshalb liegt hier eine Komplexität vor?
Nun... rationell, gar praxisnah im Herkömmlichen, ist diese Unausstehlichkeit nicht mehr zu klären. Hier hängen nun schon subjektive Erfahrungen, Meinungen, eben Grundsatzgedanken, mangelndes Interesse das je zu klären, ein wirkliches Bild vom Kollegen zu schaffen.... und noch unglaubliche viele andere Faktoren, mit im Spiel.
Über allem ein sehr emotioneller Schirm.
Also nur aus ehrlich zugegebener, eigener Erfahrung nun... da läuft nicht nur ein Szenario im Kopfkino... da laufen plötzlich mehrere verschiedene Szenerien ab und eine wird gegen die andere abgewogen.

Soweit also auch klar?

Grundsatz also ist Erkenntnis (*und Vorsicht bitte: Denn jede Erkenntnis ist immer subjektiv zu betrachten, gilt also so gesehen keinesfalls sofort grundsätzlich für eine allgemeine Anerkenntnis!*).
Auf jeden Fall wird der Grundsatz (*wie sowohl Mensch im Einzelnen als auch die Gesellschaft in der Gesamtheit gerne dazu neigt*) als Basis für nachfolgende Überlegungen, Aussagen oder Tätigkeiten verwendet!
Fällt Dir lieber Leser, liebe Leserin - jetzt gleich auf die Schnelle - ein anderes Wort für diese Basis ein?

Mir schon!

Willkommen im: "SCHUBLADEN-DENKEN"!

Nur jetzt gleich die vielleicht provokante Frage dazu passend:

"Wie weit darf dieses Festlegungs-, Bestimmungs- und letztlich auch Verwendungs- oder Umsetzungsrecht, gegenüber Anderen gehen?

Ich darf für mich so viele "Schubladen" anlegen und verwenden, wie ich im Grunde genommen will!

FÜR MICH!

Wie aber sieht es im Sinne eines Respektes und einer Eigenverantwortlichkeit aus, dem Anderen sozusagen meine "Schubladen" aufzuzwängen? Aus welchem Grund, Motiv, Vorwand auch immer...?
Wo "trenne" ich gut gemeinten Ratschlag... zu aufzwängen subjektiver Meinung, Erfahrung?

Wieder Beispiele gefällig?

<u>Beispiel 1)</u>
Die berühmte heiße Herdplatte!
Wer einmal auf die heiße Herdplatte gegriffen hat, wird es in der Regel freiwillig kein zweites Mal tun, oder!?

Erkenntnis: Die Herdplatte ist heiß. Ich verbrenne mich.
Basis für weitere Überlegungen, Aussagen oder Tätigkeiten: Ich greife nicht mehr hin! ...Oder auch nicht!

Beispiel 2)

Da fährt ein Mensch alkoholisiert mit dem Auto.

Variante a) Er hat ein paar Wochen keinen Führerschein, zahlt kräftig Strafe... und er "versteht", erkennt. Ändert hinkünftig sein Verhalten, hat eine andere Basis geschaffen. Anderen Grundgedanken.
Variante b) Er hat jemanden mit seinem Verhalten verletzt. "Versteht", erkennt, ändert. Hier detto.
Variante c) Egal was passiert... er fährt wieder und wieder und wieder... egal nun ob ein Gesetz, eine Regel, eine Vorschrift oder sonst was besteht... Dieser Mensch wiederum schert sich einen feuchten Dreck um einen Grundsatz..., ja scheinbar nicht einmal grundlegende Erfahrungen. Das völlige Gegenteil also.

Beispiel 3)

Jetzt nehme ich ein kürzlich veröffentlichtes Video als Beispiel.
Es geht in diesem Video um ein Experiment, in dem zwei verschiedene Szenarien dargestellt und die Reaktion der Menschen getestet und gefilmt wird.

In Szenerie eins ist ein doch merklich „schlampig gekleideter" Mann, leicht taumelnd, merkbar verwahrlost angehalten, ein gesundheitliches Problem zu mimen.
Die meisten Leute gehen ohne Beachtung vorbei, manche schauen – gehen aber auch weiter. Im Grunde hätte dieser Mann – im Falle eines wirklichen Notfalles – ohne weiteres draufgehen können, ohne dass es wirklich jemanden tangiert oder berührt hätte.

Dann erfolgt die inhaltliche Szenerie erneut. Diesmal ist der Mann – übrigens der Gleiche – in einem Anzug, sauber „gedresst“ und herausgeputzt.
Der biegt – den Notfall simulierend – noch nicht einmal richtig um die erste Ecke, eilen ihm schon mindestens 2 oder 3 Menschen zu Hilfe.

Was also wirkt hier – wenn nicht Grundsatzgedanken?

Also nochmals aufbauend auf die Definition:
Erkenntnis (*zur Entstehung komme ich gleich noch*): sieht aus, riecht womöglich, torkelt/verhält sich wie ein Penner, ein Alkoholiker, ein Drogensüchtiger. Die ganze Be- und Verurteilungspalette!
Basis für weitere Überlegungen, Aussagen oder Tätigkeiten: Ich gehe weiter, interessiere mich nicht. Helfen? Wozu... ist ja Penner, Alki, Drogi...
Soll sich doch jemand anderer "die Hände schmutzig machen"!

Jetzt an dieser Stelle zur Entstehung dieser Erkenntnis!

Und nimm Dir bitte erneut mal kurz Zeit ... DENKE... FÜHLE...!

Bist Du selbst, höchstpersönlich, schon einmal einem solchen Menschen begegnet? So richtig Auge in Auge gegenüber meine ich - nicht nur von weitem gesehen und einen Bogen drum gemacht...
Wie waren Deine eigenen Erfahrungen damit?
Hast Du den Menschen spätestens da, dann bewertet und Dich abgewandt?

Oder hast Du womöglich mit dem Menschen gesprochen? Gar Hintergründe erfragt?

HAST DU DIR NICHT NUR EINE OBERFLÄCHLICHES, SONDERN EIN UMFASSENDES BILD GEMACHT???

Oder in die andere Richtung...
Bist Du einem solchen Menschen noch nie wirklich nahe gekommen..., rührt Deine Meinung, Deine Gedanken, letztlich Dein Handeln (Dein einen Bogen Machen) eigentlich nur aus Überlieferungen, aus Hörensagen, Konditionierungen, aus Meinungen (Be- und meist Verurteilungen) Anderer?

Willst Du gleich ein Beispiel dazu, damit es wirken kann, damit Du erkennen kannst, was ich meine, worauf ich hinauswill???

Hier eine 1:1 übernommene Aussage zu diesem Video:

"Was soll das für ein Experiment sein? Ich kann diesen Scheiß nicht mehr sehen. Vor kurzem kamen ständig diese Burkiniexperimente. WTF!
Ich hab im Krankenhaus gearbeitet, wer mal einen Obdachlosen gewaschen hat und die offener Wunden und Läuse gesehen hat, wird das verstehen. Und Besoffene können schlagartig ungeahnte Kräfte entfalten, meine Kehle hat´s erlebt!"

Toll... oder...?!

Auch wenn Du diese Tätigkeit, die Arbeit noch nie selbst erlebt hast...
...du kannst Dir - und sei es nur aus Medien, Berichten etc.... oder eben spätestens aus dieser Beschreibung - sicherlich eine Vorstellung von Wunden machen, von Läusen. Und Alkoholisierten. Eins spielt hier ins Andere hinein.

Und Du wirst von diesen geistigen Bildern, Vorstellungen wohl kaum begeistert sein, vor Freude tanzen... oder!?

Und schon hast Du die Funktionsweise einer Konditionierung, von daraus möglichem Schubladendenken vor Augen. Obwohl Du selbst nie damit befasst warst! So leicht bist Du von etwas zu beeinflussen! Durch Umfeld und seine Mittel. Durch eigene Unbewusstheit!

Ja. Es steht völlig außer Streit, dass diese beschriebene Tätigkeit wirklich nicht "toll" oder „appetitlich“ ist!
Nur...
...was hat diese Tätigkeit, dieses eine Beispiel - unter tausenden - damit zu tun, dass sich Deine Basis damit fundamentiert... und zu jeglicher weiterer, auch nur ähnlicher Situation, wie eine Blind-Kuppel drübergelegt wird...
...und somit eine neue, individuelle Aufnahme und Bewertung einer Situation im jeweiligen Jetzt, zumeist völlig blockiert...?

WAS ALSO IST DEINE WIRKLICHE - EIGENE - ERKENNTNIS ...???

WAS IST DEIN GRUND-SATZ-GEDANKE ...???

Und wie weit reicht dieser...?

Ooooohhhhh....!

Habe ich da jetzt etwa was Unangenehmes berührt...? Jaaa...?

Dann lass mich das nun - just in diesem Moment - in die Relation des gesamten bisherigen Lebens stellen!

Jetzt nicht nur den kleinen schrillen Wecker am Nachtkästchen anstellen...
...sondern mit bewusster Notwendigkeit und Nachdruck, den Riesengong direkt neben Deinem Ohr mal ordentlich prügeln, so dass ausgeschlossen ist, dass Du noch weiter am Pennen bleibst...!

Relativieren wir nun, WAS wir ALLES den gesamten Tag generell denken!

Relativieren wir nun, WAS wir ALLES den gesamten Tag über Andere denken.

Vor allem über uns selbst!!!

Und letztlich relativieren wir, WAS ALL DIESE GEDANKEN unweigerlich bewirken!

Wie sehr setzten wir selbst - ob nun durch Anpassung, Konditionierung oder eigenes Zutun - diese vermeintlichen Erkenntnisse als Regel, Vorschrift, Gesetzt, Gesellschaftsmaßstab... als Vorlage zu jeglicher Be- und Verurteilung im Weiteren fest...!?!?!?

Verallgemeinern auch noch gleich obendrauf, bestimmen also über andere, ohne dass diese je Möglichkeit hatten, für sich selbst zu überprüfen...!?!?!?

Sprechen Anderen überhaupt durch die Festlegung das Recht und die Möglichkeit ab, zu überprüfen...

...und schließen im Grund somit den Kreis zur erneuten Anpassung, Konditionierung...!?!?!?

Wie weit ging diese, unsere Anpassung?

Rufe Dir die bisher gelesenen Kapitel noch einmal in Erinnerung!
All dies... und noch viel mehr... trägt zu Grundsatzgedanken, zu Deinem heutigen Weltbild bei!
Zu Deiner heutigen Einstellung zu Leben und Gesellschaft, Deinem gesamten Sein, Wirken und Schaffen... einfach zu allem!

Und das, was wir sehen, glauben zu erkennen, ist nicht einmal die Spitze des Eisberges!!!

Um nochmal das erste Beispiel mit der heißen Platte heranzuziehen, um es zu versinnbildlichen:

Wie wirst Du Dich in Anbetracht der Erkenntnis der heißen Platte, der daraus gebildeten Basis für jegliches weitere Denken, Sprechen (*Aussagen*), Tätigkeiten (*Handeln*) verhalten...?

Meine Annahme: Du wirst jede Herdplatte - und sei es nur durch eine unbewusste minimale optische "Prüfung" - checken. Ob sie zumindest heiß sein könnte...!!!

Freilich... eben wahrscheinlich unbewusst, weil Dein Gehirn diesen Vorgang schon vor langer Zeit - und vor allem womöglich einhergehend mit leiblicher eigener Erfahrung - automatisiert hat!

Jetzt wechseln wir aber zu Beispiel zwei! Das Experiment!

Spätestens jetzt kommen die Meisten von uns hier ins Trudeln! Und keine Angst - ich selbst schließe mich da ganz sicher nicht aus! Denn Anpassung erfolgte auch bei mir umfassend und intensiv!

Auf jeden Fall...
...egal wie und wann... wir haben irgendwann entweder tatsächlich eine Erfahrung gemacht, die mitunter "negativ" bewertet wurde...?
Oder wir haben zumindest vom Umfeld, derart viel "Input" ... also Konditionierung erhalten, dass sich spätestens beim Erleben einer zumindest ähnlichen Situation (*also Abgleich mit vorhandenen Erinnerungen, Gedankenmustern, Grundsätzen*), ebenfalls eine "negative" Einstellung wiederholt? Dieser Einstellung zufolge schon vorweg, entsprechend ein Denken, dementsprechend danach Handeln... oder wie im Experiment - nicht Handeln, folgt!
Wir werden zu gedanklichen und emotionellen „Wiederkäuern"!

Seltsamer Weise nun....
...WESHALB FINDET HIER KEINE NEUERLICHE PRÜFUNG DER SITUATION STATT...???

Weshalb ermöglichen wir unsere vermeintliche Beobachtung, maximal nur innerhalb des eigenen Horizontes? Wir bewohnen einen Karton, unsere Box. Wir legen unseren Intellekt sozusagen in Ketten! Verteidigen diesen Mist sogar noch!
Wir schotten uns "von dem da draußen" ab.
Ein "Draußen", dass sich "LEBEN" nennt!

Weshalb gilt diese Erfahrung nun - im Gegensatz zur Herdplatte - sozusagen als "in Stein gemeißelt"...???

Im zusammengefassten Vergleich nun könnte vieles drauf hindeuten...: Was uns selbst angeht, reicht mitunter grade mal noch so aus, um es zumindest unbewusst einer vermeintlichen Prüfung zu unterziehen. Obwohl... zusehends immer mehr, schwindet auch dies.

Es wird weder das Weltbild meines Gegenübers miteinbezogen, geschweige dem respektiert. Und es scheint auch zusehends schon an einfach zu viel Aufwand für die Menschen zu entstehen, eine neue Situation - und sei sie auch noch so ähnlich - bewusst einer neuen Prüfung zu unterziehen.

Ja wir scheinen teils schon in einer derartigen Lethargie verfallen zu sein, wir lassen uns nur mehr berieseln, dass wir – wie vorhin schon erwähnt – nicht einmal bereit sind, unsere eigenen sogenannten Grundsätze mal zu überprüfen. Kein Interesse. Da ja vielleicht mehr Aufwand. Wozu, wenn´s auch so geht?

Und jetzt mal ganz ehrlich:

Wenn man dieses Desinteresse, diese Faulheit, Behäbigkeit, diese ... ja schon Respektlosigkeit - sowohl zu sich selbst, als auch dem Anderen gegenüber - regelrecht in Kauf nimmt...

...wenn man sogar vereinzelt mögliche "Folgen" noch absieht, aber es halt trotzdem egal ist... wegen dem oder dem Vorwand, der oder der Ausrede...

...wie zum Henker soll sich dann im Heute, im Jetzt, im Außen je etwas Anderes zeigen, abbilden...
...als das, was genau zur selben Zeit im Innen geschieht...???

Erinnere Dich bitte nun nochmals an dieses Experiment mit dem verkleideten Mann!

Ich zähle Dir hierzu nun noch einmal einige Aussagen von Kommentatoren auf, um Dir bewusst vor Augen zu führen, welche Art von Grund-Satz-Gedanken, also welche Dinge Menschen für ihr tägliches Denken... und im Weiteren Sprechen (*wie man ja hier nun als "Beweis" 1:1 sieht*)... und wohl auch Handeln an den Tag legen...!!!

- Das ist so armseelig - aber wahr!
- 2-Klassengesellschaft! Traurig aber wahr!
- Erbärmliche Welt!
- Scheiß Gesellschaft!
- Schockierend!
- Traurig - einfach nur traurig sowas!
- Kranke Welt - Kleider machen Leute!
- ...und... und... und...

Nochmal...: Was werden solche Aussagen bewirken? Wenn Menschen dahinter, tatsächlich die Meinung vertreten, so denken?

Dann kann es nur eine "scheiß Gesellschaft" sein und werden! Denn jegliches Handeln wird sich unbewusst dorthin entwickeln. Wird sich genau so äußern... und letztlich vom Außen eine entsprechende Reaktion hervorrufen. Die Meinung, die Einstellung wird sich im Sinne einer Resonanz selbst bestätigen.

Und damit nicht genug!
Sie wird sich verteilen, vervielfältigen!

Und wie viele Menschen denken aber genau so...!?!?!? Und noch schlimmer...!?!?!?!?

UND WIR WUNDERN UNS HEUTE ÜBER DAS HIER UND JETZT...?

UND WIR JAMMERN HEUTE ÜBER DAS HIER UND JETZT...?

Ich klöpple also nochmals deftig für Dich auf den Riesengong...
...ob Du für Dich selbst aufwachst, bewusst wirst, erkennst, denkst, sprichst und handelst... oder auch nicht...
...ob Du damit für Dich - und einzig und alleine nur für Dich - einen Weg einer Veränderung beschreitest ... oder auch nicht...

...dies vermag, will ... und werde ich einzig und alleine Dir überlassen!

Diesen Weg vermag ich nicht für Dich zu gehen. Diesen Weg vermag niemand für Dich zu gehen!

Doch...
...Veränderung zeigt nun auch hier...:

Sie geschieht letztlich nicht im Außen, im Aufmarschieren und herumbrüllen, im Fordern und Erwarten, auch nicht im Beten und Hoffen...
...sondern wieder einmal ganz tief, in der Stille.

In einer Bewusstheit, einer Achtsamkeit, einem Respekt, einer Liebe... vor allem und zuerst zu und IN uns...!

Das ist mein Grundsatzgedanke! **grins**

Und wie trägt sich dieses Desinteresse, diese Faulheit, diese Lethargie... jedoch gleichzeitig auch dieses Jammern und Festkleben an einer Vergangenheit weiter...?

Das Kind kopiert!

„Der einzige Mensch, der sich vernünftig
benimmt, ist mein Schneider.
Er nimmt jedes Mal neu Maß, wenn er
mich trifft, während alle anderen immer die
alten Maßstäbe anlegen in der Meinung,
sie passten auch heute noch!"

(George Bernhard Shaw)

Kapitel 17 – „Kopiermaschine“ namens Kind

Just an dieser Stelle sehr passend, möchte ich noch einen wichtigen Punkt aufgreifen und verdeutlichen, der grade im Kapitel zuvor schon angeklungen ist:

Das Kind beobachtet! Kopiert. Ahmt nach!
Für das Kind eine hilfreiche „Taktik“, um sich im Leben zurecht zu finden. Für Erwachsene (leider) die Möglichkeit, ihr Wunschbild zu erschaffen.
Im Zuge dieser Anpassung wird dem Kind nicht viel Zeit und Möglichkeit gegeben, wirklich SELBST zu erfahren!

Wir sind – man könnte es so nennen – gedankliche... und sogar teils seelische Wiederkäuer!

Zum einen nun passend zum Zitat aus vorigem Kapitel..., zum anderen zu meiner anfänglichen Einführung und zur Leistungsfähigkeit des Gehirns ... bzw. Leistungswilligkeit des Verstandes, nun vielleicht die dumme Frage:

Für welche dieser 3 angeführten „Varianten“ wird sich der Mensch wohl in der Regel „entscheiden“...?

Auf das Kind und dessen Anpassung nun wieder fokussiert:

a) Nachdenken

Zum einen kann ein Kind noch nicht so umfassend nachdenken. Wobei dieses „Nachdenken“ zumeist ja nur in einem Abgleich

bisheriger Referenzen endet. Mehr ist ja nicht da. Weder im Kind... noch im späteren Erwachsenen.
Zum anderen wird dem Kind viel Gelegenheit zum „Nachdenken“ gegeben... wenn ihm doch ständig Vorgaben, also bereits „Nachgedachtes“... „Vorgekautes“ unter die Nase gerieben wird...? Es wird meist nur mehr reagieren.

b) Nachahmen

Also kopieren. Nachmachen. DAS hatten wir ja nun schon hinreichend erläutert und geklärt. Anpassung.

c) Erfahren

Ja. Davon kann ich nicht nur ein Lied singen. Alle Kinder „erfahren“ auf die eine oder andere Weise. Und aufgrund dessen, dass auch hier Referenzen fehlen... vor allem aber oft die Möglichkeit und Hilfe, geschaffene unwahre Gedanken und Gefühle auszuräumen... ja aufgrund dessen wird die Erfahrung in den meisten Fällen wohl bitter...

Jetzt mag man natürlich sagen / vorhalten: „Ja Kinder machen ja doch nicht ausschließlich schlechte / schlimme Erfahrungen!“

In der Tat! Machen sie gewiss nicht!

Doch erneut – wie unter Punkt a) halte ich nun einmal dagegen:

Wie viele Erfahrungen dürfen Kinder wirklich – gänzlich alleine - „erfahren“...??? Ganz ehrlich!?
Oder wo greift sofort wieder die Anpassung, die Vorgabe aus der Sicht der vermeintlichen Notwendigkeit des Erwachsenen? Und welche werden sich wohl mehr „einbrennen“ in die Erinnerungen...?

Nun. Das Kind beobachtet nun in der Tat alles. Nicht nur das Aufgehen der Sonne morgens, seinen Stuhlgang, den Osterhasen am Feld… …sondern noch viel intensiver sein Umfeld!

Und das direkte Umfeld nun stellen in erster Linie einmal die Eltern dar! Die Eltern sind unweigerlich die ersten Personen, die vorzeigen, wie Leben vermeintlich geht!
Klar – ein Kritiker könnte mir jetzt vorhalten, dass das Baby zum Beispiel nicht sofort 1:1 kopiert. Sieht zum Beispiel, wie Eltern sich ankleiden, springt auf und hüpft schon von weitem in seinen Strampelanzug. Fertig! Perfekt!
Oder dass klein Junior gleich aufrechten Rückens zu Tische säße und mit einer „Orgel" von aufgelegtem Besteckservice, ein 7-Gänge-Menü dinierte…

Ich sage nur: erinnere Dich!!!

Alles soweit klar…?

So.
Das Kind beobachtet also.
Kopiert.

Ich habe grade selbst nochmal das Glück, diese Art von Situation live durch meine Kleine zu erleben. Zu erkennen.
Und zu meinem Erschrecken stelle ich immer wieder fest, wie sehr dieses Kind Aussagen, Tätigkeiten… auch Unterlassungen übernimmt. Kopiert!

Ja selbstverständlich tut es das!
Ein Kind ist einerseits sehr wissbegierig. Oft so sehr, woran wir uns gar nicht mehr erinnern können!

Andererseits nun sind die Eltern in erster Linie DIE Bezugspersonen. Die Vorzeiger. Die Vorbilder!
Und wenn die Eltern etwas so machen, sagen... oder nicht machen, nicht sagen... dann IST das so.
Dann muss das richtig sein. „DIE" sind immerhin die Erwachsenen. „DIE" wissen, wie und wo es langgeht!
Kindlicher Gedankengang, kindliche Logik!

Und zugleich - für mich - die einzige „Ausnahme" von einer reinen Eigenverantwortung!

Hier übernehme ich als Erwachsener mitunter sehr große Verantwortung! Verantwortung, ein Kind erwachsen zu lassen!

So. Und jetzt erlaube Dir mitunter einmal den Gedanken, was dann erst los ist, wenn noch weiteres „Umfeld" auf den Plan tritt...!?
Erinnere Dich nun bitte erneut an das Beispiel aus dem vorigen Kapitel... mit dem Kind – Eis.

Natürlich ist das Kind – direkt in der Situation betroffen – gründlich verwirrt! Denn es hat ja schließlich nun sein Eis. Ist konzentriert darauf. Wie also in aller Welt, sollte es gleichzeitig von der Mutter hinterher gezogen, nachstolpern? Wie sollte das Kind den folgenden Anschiss umsetzen, verwerten...?

Wie auch immer das Kind dann reagiert – vor allem schon aufgrund voran gegangener Konditionierung, Anpassung – es wird abgespeichert!

Und das schier Perverse auch an solchen Dingen ist, dass eben auch diese „Vorgehensweise“ von Erwachsenen, die eigentlich Vorbildwirkung haben sollten, Beobachter und „Anleiter“ sein sollten, in ihrem eigenen „unreifen“, unbewussten Verhalten, genau jenes prägende Umfeld für das Kind sind. Umfeld dem Kind gegenüber - abgespeichert... und zumeist irgendwann als „normal“ angesehen. Das Kind kopiert, übernimmt!

Sehr schön zu beobachten – so man sich damit befassen will – ist immer z.B. in Familien, wo mindestens 3 Generationen vertreten sind! Ich hatte das „Glück“!

Was also soll dann ein einst Erwachsener in seinem Leben umsetzen? Auf welche Erfahrungen greift er in seinen Entscheidungen zurück?

Erkennt man DIESE enorme Tragweite einmal, dann ist im Sinne eines bewussten, verantwortungsvollen und respektvollen gegenseitigen Umganges unumgänglich, sich endlich mal vom „Tun und Machen“ Anderer abzuwenden und sich ausschließlich auf seine eigenen Gedanken und sein Tun zu konzentrieren!

Denn im Sinne genau dieser Gedanken und Handlungen, Nicht-Handlungen liegt der Grundstein zu jeglichen Auswirkungen derer!

Darf ich Dir noch ein Beispiel verdeutlichen?

Es geht in diesem Beispiel um die Prägung, die durch die Anwesenheit der Eltern entstehen kann... es schon seit langer langer Zeit tut...

Kinder... werden auch heute - noch immer - doch zumeist von Frauen erzogen! Also unweigerlich auch zumeist geprägt von Frauen!

Und dann kommen solche "Weicheier", oft teils komplett orientierungslose Männer zutage! Verhaltene, gehemmte, schüchterne Männer...? Und noch so einiges mehr...

Bitte - vor allem liebe Männer!!! - wertet dies nun nicht als Beschimpfung! DAS läge mir sehr ferne, zumal ich selbst ein Mann bin!

Aber meine Erklärung zu dieser Aussage:
Ich war doch selbst so ein Weichei!!! Bin es vielleicht teils noch, denn mittlerweile bald 50 Jahre meines Lebens, hunderte, tausende Generationen davor lassen sich doch nicht einfach ausradieren!!! Ich wurde von meiner Mutter... und von deren Mutter erzogen. In Ermangelung des Vaters, der ja immer beschäftigt war.
Auch meine Mutter, die – trotz aller Härte und oftmaligen Brutalität - andererseits absolute „Glucke“ war! Ich hatte ausschließlich nur Kindergärtnerinnen, bis in die Oberschule fast nur Lehrerinnen!

Wir Männer - so behaupte ich - haben oftmals das Problem, dass wir nicht männlich, in voller gleicher Anerkennung nun zwischen Mann und Frau - erzogen wurden!
Das Meiste haben wir uns von Mami abgeguckt!
Papi... ja der war auch ab und an da... aber eben nur ab und an!
Also ... meiner nicht oft...
Oder zumindest - aus meinem gedanklichen uns seelischen Empfinden - viel zu wenig oft.

Papi ging oft in den Keller!
Männer fehlen!

Und das ist jetzt nicht nur so eine Phrase: "Papi geht in den Keller". Meiner ... und vermutlich viele andere... gingen ebenfalls und wirklich in den Keller. Oder in die Garage. Oder in einen Job, eine "Freizeitgestaltung" etc. etc. etc. Er ist halt einfach nicht da! Punkt.

Wie oft wünschte ich mir eine dominante, teils beschützende, teils durchsetzende Kraft und Beistand meines Vaters herbei...!

Die Resonanz des Vaters war nicht da. Mögliche Resonanz... und die mitunter dann wiederum sehr „schlagkräftig“ im wahrsten Sinne des Wortes erfolgte, wenn er nach Hause kam. Und meine Mutter wieder einmal (*so lange*) „Horror-Stories“ auftischte, bis auch mein Vater dann noch auszuckte!

Einzig die „Resonanz“ der Mutter war da. Und die der Mutter "erzählte", wirkte... dass ihr eigener Mann in den Keller geht. Flieht.
In krassen Fällen - sich gänzlich verzieht! Auszieht. Davonläuft!

Und weshalb taten... tun Männer das?
Weil Männer ... sehr oft in der Kette ihrer Ahnen ... selbst nicht diese Männlichkeit, sehr wichtige Resonanz seitens des Vaters erfahren haben? Weil hier ganz einfach - zutiefst unbewusst - Mangel weitergegeben wird!
Ein Kreis des Mangels und der Angst schließen sich!

Man blicke doch nur einen Moment auf die sogenannten primitiven Völker, Stämme. Was geschieht dort?
Freilich genießt das Kind auch die Liebe, Zuwendung, Pflege, Erziehung durch die Mutter. Doch wird – grade bei Jungs – dieser auch maßgeblich durch den Vater ins Leben eingebunden. Teilweise werden diese Mann-Werdungen durch Riten untermauert, durch Selbstfindungszeiträume gestützt, durch entsprechende Feiern sozusagen „besiegelt“. Jungs erfahren also auch die männliche Seite und sind eher in der Lage, diese zu leben.

In welcher Weise findet dies bei uns statt?

So gut wie gar nicht! Denn nicht zuletzt durch schon uralte gesellschaftliche „Regel“, hat es sich wohl eingebürgert, dass der Mann der „Brötchenbringer“ sei. Er ist also nicht da.

Ich hatte leider nicht mehr die Gelegenheit, mit meinem Dad mal zu einem Zeitpunkt eine wirkliche Unterhaltung zu führen, wo ich seine Beweggründe auch wirklich sehen, verstehen konnte.
Doch einmal erhielt ich die Aussage von ihm, er ginge in den Keller, weil er dort seine Ruhe habe. Er dort „herumwerken“ oder nichts tun könne. Einfach nur in Ruhe. Er halte diese "Erzieherei" (*so nenne ich es jetzt mal salopp und zusammengefasst*) nicht ständig aus. Flucht also!
Nur ein Zufall...???
Ein Gefühl sagt mir, dass er „im Keller“ wenigstens noch kleine „Reste“ eines männlichen Seins (Herumwerken, Musik machen, nichts tun) für sich ausleben konnte... und wollte.

Männer also...: Jäger... Sammler...? Oder in dem Sinne nun eher "Mangler" und "Ängstler"...!?

Was ist zum Beispiel mit jenen Männern, die nun Leben schaffen... sich jedoch dann sofort verziehen...?

Ist das reines Desinteresse?

Oder war es aus „genetischer Sicht“ am Ende doch schon immer so. Und einzig der Mensch - in seiner ach so elitären Entwicklung - hat sich da mal wieder was schön zurechtgerückt... Gemäß einem Wunschdenken?

Oder ist es bei manchen das Gefühl, "über den Tisch gezogen worden zu sein"? Es kommt oft genug tatsächlich vor!
Was, wenn einzig die Frau „entscheidet“ und der Mann lediglich zum Statisten wird, ob er nun will oder nicht...?

Was, wenn in manchen Fällen hier absichtlich „einseitige Entscheidungen“ gefällt werden?

Oder wie ist es im Falle eines "Betriebsunfalles" ... also "Ergebnis" eigener Unbewusstheit, Verantwortungslosigkeit... und sich anschließend gleich nochmals drücken genau davor...?
Ist es das Gefühl der Hilflosigkeit, Minderwertigkeit... das nicht zu schaffen...?

Was wäre denn, wenn sich das derzeitig gehandhabte Konzept, sich tatsächlich nur als zusammengereimtes Wunschdenken herausstellte...?

Als sogenannte „Moralvorstellung“...? Oh Schreck!

Unsicherheit? Angst? Gar Panik bei dem Gedanken?

Gäbe es in unserem System, unserer Konditionierung überhaupt Platz für einen solchen Gedanken, eine „Erlaubnis“...?
Oder gilt auch hier Festlegung, Be- und Verurteilung, Beschränkung von Freiheit und Individualität...? Nur weil es irgendwer mal so bestimmt hätte..., dass es „richtig“ oder „falsch“ sei...?

Kopien von Verhalten erschaffen Auswirkungen! Zuhauf!

Und WIR sind es, die Kopie erschaffen, zulassen und leben.

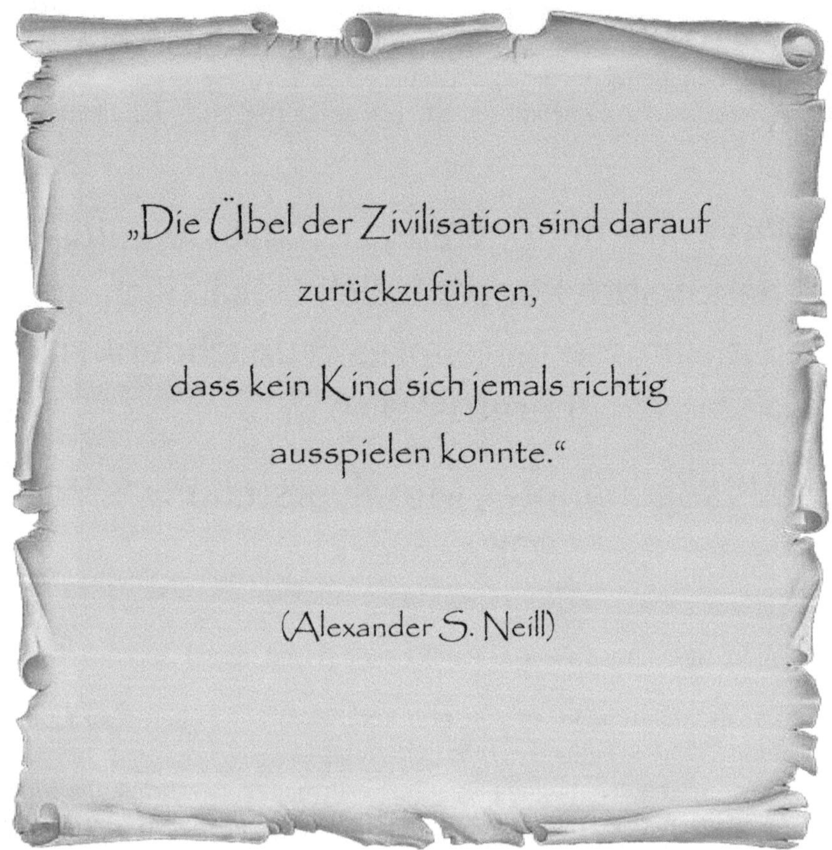
„Die Übel der Zivilisation sind darauf
zurückzuführen,
dass kein Kind sich jemals richtig
ausspielen konnte.“
(Alexander S. Neill)

Kapitel 18 – Auswirkungen der Anpassung

Nun meine liebe Leserin... lieber Leser...
...gerade in diesem Bereich mag man heute vielleicht doch ein wenig ins Grübeln kommen.

Blicken wir doch bitte nur ins Heute!
Nur mit diesem einen Satz ließe sich dieses Kapitel umreißen!

Aus einem durchaus einfachen Grund, der in sich jedoch hochkomplizierte Vorgänge und Fertigkeiten vertuscht, erkennen wir jedoch die Auswirkungen nicht (mehr). Wollen sie nicht erkennen!
Das harmlos scheinende Vergessen. Oder vielmehr... das Verdrängen, Betäuben, Verstecken, Verleugnen... oder wie auch immer man dies letztendlich bezeichnen will!

Über allem – so behaupte ich... und Studien belegen dies – liegt eine Art Schutzmechanismus. Vor allem des kindlichen Auffassens, Lebens.

Wie schon, oder noch, im Buch erwähnt...
...für eine reine, nichts als lieben und geliebt werden wollende Kinderseele, sind diese Anpassungsprozesse mitunter grausam.
Sie gehen soweit, dass ein Kind dies alles nicht mehr... am besten nie wieder ... erleben möchte.

Heute... ja heute würde so mancher Schlaumeier dann sagen: „Ja genau dieses Verdrängen ruft das alles erst auf den Plan.
Im Sinne eines Lebensspiegels. Einer Resonanz. Usw. usw. usw.

Das mag für gewisse Bereiche absolut richtig sein. Doch es gilt im Sinne dieses Buches, eine gewisse „Reihenfolge“ einzuhalten...

Just an dieser Stelle nun werde ich Dir noch eine „Auswirkung", in Form der Beschreibung eines früheren Erlebnisses schildern.
Eine Auswirkung, die sicherlich nicht per Strohhalm aus dem Bierglas gesogen wurde... sondern bereits in früher Vergangenheit begründete:

Ich erinnere an dieser Stelle noch einmal an Kapitel 10. An meine „erste große Liebe" namens Annemarie. Beziehungsweise vielmehr an das zutiefst verachtende und abstoßende Verhalten meiner Mutter.
Laut dieser, war Annemarie ja eine Schlampe und noch so einiges mehr.

Und ich führe dieses Beispiel bzw. die Fortsetzung davon, nun sehr im Detail und mit Absicht so aus.
Denn ich möchte Dir Gelegenheit geben, möglichst intensiv in dieses Erlebnis einzutauchen, um für Dich selbst Deine Erkenntnis daraus ziehen zu können!

Nun...
...wie es oft im Leben spielt, versandete dieser einst so schöne Kontakt. Jeder ging seiner Wege.

Viele Jahre später – ohne je wieder Kontakt gehabt zu haben – kehrte ich nach meinem Dienst nach Hause zurück. Ich war mittlerweile liiert. Beim Durchsehen der Post stieß ich auf ein Kuvert.

Es war von Annemarie!
Sie wünschte mir darin einzig herzlich ein frohes Weihnachtsfest.

Weiß der Geier, warum ausgerechnet zu diesem Zeitpunkt. Zu Weihnachten. Wie sie an meine ... bzw. eigentlich die Adresse meiner Frau/Freundin kam...

Egal!
Ich freute mich so richtig richtig!

Irgendwie schien meine Freundin damit aber nicht so wirklich ganz einverstanden...
...denn von ihrer Seite kamen sehr bald ... nun sagen wir mal vorsichtig... „kritische“ Bemerkungen.

Meine Stimmung sank und sank...
...und irgendwann beging ich den „fatalen Fehler“...
...und äußerte mich dahingehend zu meiner Freundin, um dieses Gemecker für beendet zu erklären:
„Wenn´s Dir so gar nicht passt... dann schick es halt zurück! Ich hab´s gelesen – und das ist mir wichtig!“

Danach...
...es wurde nicht mehr drüber gesprochen.

Bis...
...ja bis zu jenem Moment, als ich wohl eines abends – nach Weihnachten - auch zuhause war...

...und das Telefon klingelte (*damals noch Festnetz! Die Handy-Phobie gab es zu dieser Zeit noch nicht...*)

Erst ging meine Frau dran, reichte dann jedoch gleich an mich weiter.

Und was dann folgte, setzte mich sowohl seelisch, gedanklich ... als auch beinahe körperlich... auf den Arsch!
Erst wusste ich ja gar nicht, wer da dran ist!
Ich wurde von einer beinahe hysterischen Stimme, nur aufs Wüsteste „niedergeschissen“, beschimpft, beschuldigt... Unglaublich sag ich Dir!

Erst durch mehrfach versuchtes Unterbrechen und Nachfragen fand ich dann heraus, dass es die Mutter von Annemarie war!
Und schon ging die Hasstirade weiter!
Ich kam gar nicht mehr zu Wort...

...und irgendwann wurde dann der Hörer einfach - nach einer letzten Schimpfkanonade - aufgelegt. Wohl eher „aufgedroschen"...

Also...
...der berühmte „Ochs vorm Tor" sah gegen mich wohl wie ein kuscheliges, plüschiges Osterlämmchen aus!

Als ich dann mal irgendwann das eben Geschehene einigermaßen „verdaut" hatte, fragte ich wohl auch meine liebe Freundin, was es mit DEM eben auf sich haben könnte...
...denn bei allem Beschimpfen... es wurde immer nur angeführt, ich sollte mich nicht so blöd anstellen. Ich würde doch wohl wissen, was ich getan hätte! Ich sollte mir sogar noch drohen lassen von ihrer Mutter...

???

Ja gar nichts wusste ich!!!

Wie denn auch...!?!?

Die Freundin gab sich jedoch absolut nichts wissend. Neuerlich wurde bald nicht mehr drüber gesprochen.

So.
Und jetzt kommt des „Rätsels Lösung":

Dieses Geschehnis verfolgte mich sehr lange.
Über Jahre. Zumal ich mich völlig zu Unrecht für etwas beschuldigt fühlte...
...und die „Beziehung" ... der neuerliche, herzliche Kontakt zu Annemarie, derart derb abgewürgt war.

Irgendwann dann, als ich von meiner - dann mittlerweile - Frau längst wieder getrennt war, nahm ich mal allen Mut zusammen...
...und begann zu telefonieren, herumzufragen...

...solange...

...bis es mir gelang, Annemaries Schwester an die Strippe zu bekommen. Und vor allem auch zu halten!

Es gelang mir, zu allererst einmal das Rätsel um die ganze Aufregung, dieses Geschrei und Geschimpfe am Telefon, von vor Jahren zu lösen... mal in knappen, einzig geduldeten Worten, meine Darstellung des – zumindest mir bekannten – Geschehens darzulegen.
Merkbar entstand dann mal zumindest ein wenig Entspannung.

Für mich bis zu jenem Moment, wo ich dann folgenden Bericht eröffnet bekam:

Meine damalige Freundin – denn ich war es ja nicht... und sonst hatte keiner den Brief je zu Gesicht bekommen bis dahin – hatte mich wohl tatsächlich beim Wort genommen.
Den Brief... die Weihnachtswünsche... zurückgeschickt.

Allerdings nicht nur einfach geschickt! Das reichte in ihrer Eifersucht wohl nicht.
Sie fühlte sich offenbar veranlasst, die Weihnachtskarte innen ... wie auch das Kuvert außen... mit allerlei „Sympathiebekundungen" zu verzieren.
Und zwar auch so, dass jeder, der dieses Kuvert in die Finger bekam, alles in aller Deutlichkeit lesen konnte!

Was stand da nun an Bekundungen auf der Karte, dem Kuvert...?

.

Unter anderem wüsteste Beschimpfungen... dass sie (*also Annemarie*) eine dreckige Schlampe sei ... und so weiter... und so weiter... und so weiter...!
Es wurde nun also... nach doch langer Zeit offenbar, was damals den so gesehen – doch verständlichen - Wut-/Zornausbruch ihrer Mutter zu bedeuten hatte.
Deren Beschimpfungen an mich, hätten sie im Grunde zwar niemals gerechtfertigt, da diese ja nicht von mir stammten... aber DAS wäre jetzt ein anderes Thema.
Ich konnte – zumindest mit der Schwester – dann glaubhaft klären, dass ich in diesem Geschehen wirklich nur „Statist“ war.

Doch was blieb...
...außer einem „bitteren Nachgeschmack“...?

Nichts.
Ich schrieb Annemarie in der Folge noch einmal persönlich. Erklärte auch ihr die Sache nochmal. Ich entschuldigte mich für das Verhalten meiner damaligen Freundin (*was sie zu dieser Zeit längst nicht mehr war*).
Es kam auch noch eine annehmende, kurze Rückantwort.
Irgendwann dann nochmal ein wirklich absolut zufälliges kurzes, „kühles“ Treffen in einem Fachgeschäft...
...aber seitdem dann nie wieder Kontakt.

Das „Thema war gegessen“ wie man es schön formulieren könnte.

Was nun aber will ich mit dieser – mir sehr nahegehenden – Geschichte zum Ausdruck bringen?

Zutiefst verwurzelter Mangel, zutiefst verwurzelte Angst bei meiner damaligen Freundin... beides schon in sich verwurzelt in der Vergangenheit!

Vergangenheit, die mitunter viele Jahre später... durch gewisse Erlebnisse, wieder unbewusst und massiv zum Leben „erweckt“ wird! Die – so würde ich sogar behaupten – niemals wirklich ruhten.

Du erinnerst Dich an das eingängliche Beispiel mit dem Vulkan?
Wie viele Vulkane – Echte, wie auch Versinnbildlichte – dümpeln so oft jahrelang vor sich hin? Und irgendwann kommt der Moment, wo das Ding hochgeht! Und dann aber mitunter verheerend!

Niemand hatte damals, zu Weihnachten irgendeinen Ärger, eine mögliche persönliche Abneigung in meine Freundin hinein geschaufelt. Sie kannte Annemarie nicht einmal! So gesehen bestand überhaupt kein Bezug.
Auch – schon ulkiger Weise – bestand auch so gut wie kein Bezug zu meiner Mutter, die noch drüber hätte wissen oder berichten können. Du musst dazu wissen: Meine Mutter und meine Freundin konnten so überhaupt nicht miteinander!
Vielleicht als Hintergrundinfo dazu wiederum: aufgrund meiner Freundin bzw. meines angeblichen Verhaltens, war ich über Jahre hinweg für meine Familie nicht mehr existent! Kontaktverbot vom Vater! Einzig mein Bruderherz hielt die Verbindung aufrecht...

Da gäbe es noch eine Begebenheit dazu, die jetzt aber zu umfangreich wäre. Letztlich jedoch würde sie nur dieses morbide Spiel von gegenseitigem Objektdenken, Verhaften an Vergangenheit und dessen Auswirkungen deutlich belegen.

Hier – in dem konkreten Fall - wurde also einzig durch diese simple Weihnachtskarte an mich, eine „tiefliegende, riesige Emotions-/Mangel-/Angstblase angestoßen, angestochen...
...und diese entlud sich auf diese derbe, gewaltige Weise. Ein Fass von Verdrängung und Unbewusstheit wurde durch eine kleine, schier normal anmutende Sache, förmlich gesprengt!

Im Heute versucht man freilich immer schlau zu sein, nach dem Motto: „Ich hab´s ja gewusst!" Wir hatten diese Thematik schon.

Doch wie konnte die Vergangenheit so lange „kleben" bleiben an dieser damaligen Freundin...!?
Damals waren wir nicht im Heute. Damals – als Kinder - waren wir nicht Schlaumeier. Unser Umfeld hat es versemmelt, verkackt... uns beiläufig zu erklären, dass wir...

a) schon oftmals falsch lagen, unwahr dachten.
b) diese Dinge viel eher hätten richtigstellen können... bevor man sozusagen auf „blöde Gedanken" kam. Bevor diese oft vielen einzelnen Dinge, ihre Wirkung – schön ungehindert aus dem Unbewussten heraus – langsam aber sicher verbreiten konnten... wie ein sehr langsam wirkendes, alles verseuchendes Gift. Bevor wir irgendwann diesen ganzen Schmarren oftmals auch zu glauben begannen. Bevor diese Wirkungen letztlich zu unserem Gedankenbild, unserer Einstellung, zu unserem Charakter beitrugen... Bevor der Vulkan zu brodeln beginnen konnte...
c) Unser Umfeld hat uns letztlich einzig immer nach dem bemessen, bewertet, be- und mitunter verurteilt, was wir bereits getan HABEN ... Vergangenheit also!

Und man darf aus dem rein logischen Aspekt heraus, genau dies nun einmal wirken lassen!

Bereits das Geschehen vor einem Sekundenbruchteil ist schon Vergangenheit! Erst recht, was länger zurückliegt!
Wir wurden somit förmlich auch an und in diese Vergangenheitsschiene gepresst.

Auswirkungen also...

Man kann nur mutmaßen, was hier alles vorgefallen sein musste... in einer Vergangenheit. Was Nährboden geben konnte, für so viel Mangel und Angst...
...und doch kein Einzelfall!

Einzig mit einem Unterschied – und ein noch folgendes Kapitel wird sich ausführlich damit befassen:
Damals in der Vergangenheit erlernten wir auch zu bewerten. Alles und jeder wurde bewertet.

Objektdenken wurde impliziert!

Und damit der Irrglaube, durch Abschiebung von Verantwortung oder Selbstgeißelung, auch nur irgend etwas an einem Problem zu lösen!

Heute wie damals... aus unserem bewertenden Denken schieben wir oft die eigene Verantwortung ab. Wir bewerten die Eltern/das Umfeld. Erklären „die Anderen" zum bewerteten Objekt.
Der Andere – im Speziellen hier – die Eltern, das Umfeld, „die Vergangenheit" war „Schuld". Deshalb... dies und jenes...

„Oder" bzw. oftmals „und"... erklären wir uns gleichzeitig aber selbst zum Objekt, in dem wir uns selbst bewerten. Und das Geschehene bzw. allfällige Auswirkungen einfach hinnehmen, annehmen.

Paradevorwand einer inneren Verweigerung: „Es ist halt so!"

Beides nur wird keine vermeintliche „Lösung" für das als „Problem" beschilderte Geschehen sein! Beide kurz umrissenen „Vorgehensweisen" beschreiben nur ein Herumtänzeln, ein Ausweichen, ein Arrangieren mit dem „Problem".

Es geht auch nicht um Lösungen von Problemen. Es geht in letzter Konsequenz einzig um ein Tun. Ein gewisses ständiges „Bewegen" im Sinne eines immer „bewegten Lebens" – im wahrsten Sinne des Wortes!

Mehr aber wie gesagt dazu später!

Mal ein weiteres treffendes Beispiel – vor allem dieses nun aus Sicht möglicher Entstehung, Begründung von weiterer Angst und Mangel ... und ich lade Dich ein, hier erneut mitzudenken, vor allem mitzufühlen...:

Du bist Kind!
Du hast nun wegen etwas Angst! Womöglich tierische Angst. Tränen in den Augen, Enge in der Brust... usw. usw.
Du eilst zu Mami und/oder Papi: „**Ich habe Angst...!**"

Und nun kommt als Antwort: *„Aber Du brauchst doch keine Angst haben...!"*

???

Ich behaupte: hättest Du damals die Eloquenz eines Erwachsenen gehabt, dann hättest Du wahrscheinlich schon mal gleich nachgefragt, wie Mami und/oder Papi denn auf die Idee käme, dass Du keine Angst zu haben bräuchtest!
Woher sollten die das denn wissen, bzw. sich das Recht herausnehmen, das einfach zu behaupten... wo Du doch Angst hast!!!
Hat man sich im Folgenden dann eigentlich noch Zeit..., Aufmerksamkeit, Zuwendung... Liebe genommen und gegeben, um sich **MIT DIR GEMEINSAM Deiner Angst just zuzuwenden**?

Mitten rein zu gehen?
Womöglich mit Dir zu fühlen und zu relativieren, anzunehmen...?

Oder bliebst Du mit dieser Aussage, vielleicht noch einer Wiederholung, mehr oder minder abgespeist... durftest alleine zurechtkommen mit Deiner Angst... Deinen Gedanken, Deinen Gefühlen und Emotionen...?

Was aber ist nun diese Aussage "Du brauchst keine Angst zu haben"? Eine Verweigerung der Eltern, des/der Aussprechenden... sich selbst mit dieser Angst auseinander zu setzen. Zumal in ihm/ihr selbst noch Angst verdrängt ist und diese mit der nun begegnenden Angst berührt, gespiegelt wird!

Man könnte diese Aussage..., deren Wirkung so zusammenfassen:

„Jemandem zu sagen, „Du brauchst keine Angst haben“, hat die gleiche Wirkung, wie jemandem, der gerade über eine Klippe springt, nachzurufen „Du brauchst nicht zu springen“!
Beides ist schon geschehen... mitten IM Geschehen!“

So. Und erneut ins Heute „transferiert“...: Was erwartest Du in Deinem Leben heute nun...?

Glaubst Du allen Ernstes, dass solche Dinge... und all die anderen Erlebnisse... einfach spurlos an Dir vorüber gingen...?

Da habe ich nun doch tatsächlich gleich mal die nächsten wichtigen Fragen an Dich:

„Durftest Du als Kind...
...wirklich Kind sein...?“

„Oder hattest Du vielmehr ... zu sein...?“

Klingt jetzt ziemlich dämlich... oder?

Ich frage dies nun aus zweierlei Gründen!

Erster Grund:
Im vorigen Kapitel versuchte ich anzudeuten, dass Kindern oftmals nicht die Chance gegeben wird, ihre eigene Erfahrung zu machen.

Nicht nur für den Moment..., sondern weiter, umfassender... Ihnen wird vielmehr – oft schon aus Unbewusstheit und Ungeduld – die Erfahrung des Umfeldes aufgedrückt!
Weil man es halt so eben macht!

Deshalb an dieser Stelle an Dich noch einmal die eindringlichen Fragen:

Durftest Du als Kind – völlig unbeeinflusst – zeitlich unbegrenzt – Deine Erfahrungen machen?

Durftest Du Kind sein...?

Zweiter Grund:

Erinnerst Du Dich wirklich dran, ob Du so richtig Kind sein durftest...?

Oder stammt vieles eigentlich mehr nur aus Erzählungen, Überlieferungen...? Hörensagen, Annahmen, Schöndenken eines Egos? Vielleicht ein paar gestellten Bildchen, ein paar süßen Filmchen?

Sorry... dass ich erneut nun auf meinen „Erfahrungsschatz“ zurück greife...
...doch... wenn ich´s wirklich genau und ehrlich betrachte, weiß ich von meiner frühesten Kindheit so gut wie nichts. Und nicht mal eben nur 3 oder 4 Jahre nichts... sondern viel länger... NICHTS. Maximal äußerst wenig.

Seltsam oder...?

Was – allgemeinen Erkenntnissen zufolge – aber eigentlich nur drauf schließen lässt, dass eben besagte Kindheit erheblich in jenen Sektor einzureihen ist: **Es war kein Honigschlecken!**

Lange lange Zeit hatte ich keine Vorstellung davon, wie sehr Kindheit prägen konnte. Wie sehr Kindheit Ausgangspunkt für viele spätere Auswirkungen sein konnte.
Nur... irgendwann viel später dann, begann es mich doch zu interessieren!
Ansatzpunkt dazu war, dass doch wenigstens Einige aus meinem Bekannten- oder Freundeskreis immerwährend Dinge aus ihrer Kindheit erzählen konnten.
Ich nicht.

Da traf ich nach ewig scheinenden Jahren, zum Beispiel die liebe Tamara..., damals als Kind „süße Nachbarin“ vom Block nebenan...
...heute, immer noch süße, jedoch gereifte, im Leben stehende Frau, selbst Mutter von 2 Kindern...

Die erzählte mir hiervon... und davon... und ich wurde immer stiller. Denn da, wo bei ihr Erinnerungen waren... an ihre Kindheit, an gemeinsame Aktivitäten in unserer Straße...
...war bei mir nichts. Leere.

Oder irgendwann dann mal im gemütlichem Zusammensein mit meinem etwas älteren Cousin. Der hatte ja doch immer wieder Einblick in meine „Erziehung" ... und die seine...
Als der dann mal so rausrückte mit einigen Erlebnissen... oh wie wurde mir dabei mulmig, schlecht...!
Und bei mir erneut – nichts als Leere!

Weshalb wohl...? Weil´s so lustig war?
Oder weil ich schon – unerkannt – unter Alzheimer leide...?

Leider nein!
Wenn Du Lust hast, schau mal kurz an das Buchende... Dort findest Du ein Kinderfoto von mir! Ich... grade beim Spielen...
Sieht SO ein glückliches Kind aus?
Verstehst Du jetzt?

Auswirkung von damals! Für heute!

Was sind noch solche Auswirkungen einer damaligen Anpassung?

Mal als weiteres bildliches Beispiel:
Wenn Du heute zum Beispiel auf bekannte Plattform, mit dem weißen Daumen nach oben, hineinschaust... oder auf eine Videoplattform mit ebenfalls bekanntem Namen...
Wie viele Videos zum Beispiel gibt es, wo Kinder sich zu einer Musik absolut genial einen abtanzen...?

Die Bewegungen bei weitem kein professioneller Tanz ... aber Spaß in den Backen hoch 4 ... und „rock it baby!"

Wie viele Videos nun im Gegenzug gibt es von Erwachsenen? Hmmm?

Und vor allem – und jetzt bitte ganz ehrlich...: Was denkst Du, wenn Du einen Erwachsenen da - völlig abstrakt - einen „abzappen" siehst...?

„Oh wie peinlich" vielleicht? Spürst Du förmlich, wie es Dir die Farbe und Hitze vor lauter „Fremdschämen" ins Gesicht jagt...?
Aber ... weshalb berührt Dich das so? Weshalb schämst Du Dich da jetzt fremd...?
Ich schließe mich da gleich mit ein...

Auswirkung einer Vergangenheit! Zu 100 wenn nicht 1000%!

Wenn Du hier – an dieser Stelle des Buches - schon angelangt bist, dann warst Du zuvor auch im „Kapitel – Die dummen Sprüche"!

Und welche Sprüche waren da nochmal...???

„Benimm Dich jetzt!"
„Reiß Dich zusammen!"
„Lass endlich diese Kaspereien!"
„Hör auf mit dem Blödsinn, das ist peinlich!"
U. V. M.!!!!!! (*und vieles mehr*)

Muss ich da nochmal richtig in diese „stinkende Brühe" voller Unwahrheiten und Unbewusstheiten richtig reintunken? Oder reicht´s auch so?

Was glaubst Du denn, haben diese – und die vielen noch gar nicht erwähnten – Sprüche mit Dir gemacht?
Die sind einfach so vorbei geschlichen, um Dich herum... völlig belanglos??? Haben Dich gar aufblühen lassen...???

Irrtum!!!

Wiederum aus einer tiefen Unbewusstheit der Erwachsenen heraus, wurden solche Aussagen getätigt.
Selbstverständlich auch zumeist noch ohne weitere Definition oder Erklärung!
Und dann noch ein wichtiges Detail dazu – falls ich dieses nicht schon erwähnt haben sollte...
Im Sinne dieser sicher schon abgedroschenen Phrase:

„Der Ton macht die Musik!"

Ich wiederhole: Kinder haben 1000 „Antennen" um aufzunehmen. Nur wir Erwachsenen beachten dies nicht ausreichend... oder gar nicht (mehr).

Und somit kann eine – für einen Erwachsenen oft belanglos klingende – Äußerung für ein Kind ... wiederum zumeist erst einmal auf sich bezogen ... mitunter fatale Langzeitwirkungen entstehen lassen!

Ein Kind ist Kind.
Ist aktiv. Will ausleben. Will lieben... und geliebt werden.
Erinnere Dich an dieser Stelle an Kapitel 7 – Die Furien der Anpassung!

Was weiß denn ein Kind, was es vermeintlich – ob nun zuhause oder gar in der Öffentlichkeit - zu tun hätte? Wen interessiert das denn als Kind...?
Kind will Kind sein!

Und dann kriegt es eine geschoben: „Lass das, das ist peinlich!" Und Anderes. Und vor allem oft genug!

Anzahl der Impulse!!!

Jaaa ...
...und dann sitzt Du zum Beispiel heute vor einem PC, siehst einen, der sich einen „abzappt"...
...und findest es über alle Maßen peinlich und zum Schämen!

Schon klar...!
Und die Kinder werden immer noch vom Storch gebracht...

Aufgrund dieser und anderer erwähnter „dummer Sprüche", die von uns – aufgrund zumeist eigener, nicht anders erlernter Muster, von uns gegeben werden, wird mitunter ein jegliches Selbstwertgefühl von Kindern sukzessive demontiert!

Warum können Menschen heutzutage immer weniger bis gar nicht kommunizieren? Verstecken sich hinter PCs, Handys usw.? Weshalb können Menschen sich nicht mehr „normal" ansprechen... nein sie gehen auf Internetbörsen, verstecken sich hinter Monitoren, künstlichen Identitäten...?

Weil sie ja alle sooo mutig sind? Weil sie vor Selbstwert nur so strotzen? Weil sie alles so richtig vollen Herzens, sie selbst sind und dahinterstehen...?

Weit gefehlt!

Und es sind nicht wieder die PCs oder Handys ... oder sonstige „Helferlein“ dran schuld. Dies ist einzig billiger Vorwand...!
Vorwand, um die eigene „Unfähigkeit“ zu vertuschen!

Auswirkung also!
Und dann gleich noch eine Sache, die mir auch immer und immer wieder aufgefallen ist, auffällt... mitunter vereinzelt noch immer an mir selbst...

Die Situation: Egal was... Du hast grade etwas gut gemacht. Nach Deinem besten Wissen und Gewissen.
Jetzt kommt z.B. Dein Chef, bemerkt dies als guter Chef... und lobt Dich!

Fühl mal rein da...! Angefangen von einer vielleicht nur knappen, aber lobenden Bemerkung... bis hin, dass er Dich – womöglich vor versammelter Mannschaft – mal so richtig und womöglich noch ehrlich gemeint, lobt!

Yiiehaaaaaa...!

Wirst Du nur alleine beim Gedanken dran schon tiefrot? Bekommst Du alle „Zustände“... würdest gerne in einem Loch verschwinden...?

Nun aber lieber Leser, liebe Leserin... woher kommt dies bitte...???

Wenn wir von jemandem gelobt werden, also in der einen oder anderen Weise ein wohlwollendes Gefallen, Interesse erschaffen... na dann wäre dies – jetzt mal rein theoretisch – ja weit davon entfernt, sich ... ich weiß nicht ... schämen, „verschwinden“ und sonst noch alles zu wollen oder zu müssen!
Wenn da also nun selbst ein sehr schmeichelndes und aufwertendes Lob ansteht... wir aber bei diesem ... sozusagen „implodieren“... dann deutet dies für mich eindeutig auf ein sehr schwaches Selbstwertgefühl hin!

Es deutet für mich drauf hin, dass dieser „gelobte Mensch" wohl nie wirklich großartig die Gelegenheit hatte, viel Lob zu erfahren..., viel Selbstwert erkennen und leben zu können!
Der Mensch kann sich dann nicht – übertrieben ausgedrückt – mit stolzgeschwellter Brust hinstellen und sagen: „So ist es! Seht her. DAS bin ich!"

Vielmehr weiß dieser Mensch nicht, wie er damit jetzt umgehen soll. Wird noch unsicherer... Fluchtgedanken! Man will auch hier in gewisser Weise „unsichtbar" werden, damit nicht zuletzt andere die eigene Unsicherheit, den geringen Selbstwert nicht mitbekommen.
Wohl gemerkt bzw. schon beinahe vorausgesetzt, nun in einer tatsächlichen Authentizität gegenüber sich selbst und gegenüber jedermann...
...so auch „jedem-Kind"...

...ein Loben will gelernt sein!
Ein Lob empfangen will gelernt sein!

Durftest Du lernen...?

Wie allerdings nun kann, soll, darf ein Kind Selbstwert lernen, wenn ihm nun aber doch durch viele Vorgaben, das eigene Sein sukzessive abmontiert wird?
Kann ein Kind tagtäglich aus seinem Tun, seinem Sein genau entsprechen?
Ohne eine einzige Vorgabe bitte!

Es darf sich vielleicht mal auf eine Bühne stellen und dort profilieren? In diversen Sportarten...? Und sonstige, oftmals nicht einmal selbst implizierter Schwachsinn... Ich erinnere nur nochmal an den „Ersatzeifer der Eltern“...!

Es darf vor der Schule noch einmal „Kind sein“, bevor der „Ernst des Lebens“ beginnt...
Und wird doch seit Beginn an be- und verurteilt.
Wie schnell das Kind z.B. wächst, wie schnell es nicht mehr in die Windel kackt, wie schnell es laufen und sprechen lernt... und sonstigen Vorstellungen der Eltern oder eines Umfeldes entspricht...
...wie gut oder nicht, es erzogen ist, welche Manieren es hat...
...weiter in der Schule ob es gut lernt oder nicht...
...Ausbildung der gleiche Müll...

Und vor allem dann die Art und Weise der Bewertungen, Be- und Verurteilungen.
Zumeist letztlich – wie schon angeführt – immer in Zusammenhang mit Liebesentzug im negativ gewerteten Fall.
Dann tuen da Glaubenssätze, Religionen auch noch ein Quäntchen dazu...
„... Du bist nicht würdig, dass Du eingehst unter mein Dach...“. Schuld. Erbsünde. Bla bla bla...

Wie also zum Henker kann überhaupt ein großartiges Selbstwertgefühl entstehen...?

Hahaaa.... Und dann kommt einer dieser unwahren, irren Gedanken ins Spiel, sich eben dann nicht über das eigene Sein, sondern über Dinge im Außen zu präsentieren. Aufmerksamkeit, Bewunderung und all diese Dinge zu schaffen. „Der Kamm des Selbstwertes“ schwillt definiert sich schlussendlich über Äußerlichkeiten!
Und heute... da wundert man sich, dass Vieles so ist, wie es ist...!?
Apropos „unsichtbar werden“...
Erinnerst Du Dich noch an meine Schilderungen von dem „unsichtbar werden“?

Wie viele Kinder sehen dies in verschiedenen Bereichen ihrer Anpassung als einzigen Ausweg? Wie viele Kinder wollen – in ganz krassen Fällen – meist Gewalt – z.B. tot sein, weit weg sein? Und sonstige herzzerreißende „Wünsche“...?

Warst Du auch so ein „Wünscher“...?

Wie viele dieser Kinder gehen heute aufrechten Hauptes durchs Leben? Wie viele stehen ihren Mann ... oder ihre Frau?
Oder zucken sie viel lieber gleich beim ersten Anzeichen einer Konfrontation zusammen...?
Alle diese Einwirkungen auf das damalige kindliche Sein... sie erschufen Auswirkungen aufs Leben!
Nichts kommt von ungefähr!
Weshalb sind heute – im Außen – derart viel Unfrieden, Neid, Eifersucht, Gier, Respektlosigkeit, Unliebe ... und viele Kinder des Mangels und der Angst und mehr, unter den Menschen?
Vom sauren Regen? Vom Atomunfall in Tschernobyl?

Konnte ein Kind sich wirklich „ausspielen“ – wie in dem Zitat erwähnt? Konntest Du Dich so richtig „ausspielen“...?
Und mit „spielen“ meine ich nicht ein bisschen mit Püppchen oder Bauklötzchen herum plimpern...
...sondern viel mehr sämtliches Tun. Erforschen, Erfahren... Alles, was ein Kind anfänglich zumeist auf spielerische Weise erfährt – weit entfernt von einem sogenannten „Ernst des Lebens“...!

Ein viel umfassenderes „Spielen“ also...

Nur mal so ein Gedankengang...

Das Spielchen „Was wäre wenn...“...

Was also wäre, wenn kein einziges Kind jemals solche dummen Sprüche gehört hätte, wie „Lass das, Du schaffst das sowieso nicht!"...

...Oder wenn es zum Beispiel aus dem simplen Anlass, weil es ein Wort noch nicht richtig aussprechen konnte, als einziger Kommentar „Mei... was bist Du für ein Arschloch!?" ... wenn es so etwas noch nie gehört hätte?

All die Verachtung, Minderwertigkeit darin nie gefühlt hätte...
...oder wenn jene Kinder niemals Respektlosigkeit, Neid, Eifersucht, Gier, Abwertung, Verurteilung, Unliebe und all die anderen Ableger von Mangel und Angst erfahren hätten müssen...

Was wäre dann wohl heute mit jenem Kind? Jenen Kindern?

Was wäre, wenn...?

Müssten wir uns dann heute über Auswirkungen einer Anpassung, einer Unbewusstheit, einer Unverantwortlichkeit unterhalten...?
Vor allem über solche Auswirkungen, wie sie sich uns nun im täglichen Treiben darstellen?

Oder – und ich weiß, dass dies eine gewagte „These" ist - ...
...ist es so, dass wir diese Anpassung, diesen Weg in jene Richtung mitmachen sollten... ja geradezu mussten...
...um dann noch mit viel mehr Demut, Wertschätzung und Dankbarkeit erkennen zu können und dürfen, worin unser wirkliches Potential liegt, unsere wirkliche Fülle und unser Reichtum verborgen ist...?

Tritt hier die „Lebensschule" mit ihren, für Menschen oft nur schwer verständlichen „Gesetzmäßigkeiten" auf den Plan?

Nehmen wir doch als bildliches Beispiel dazu „Mathematik“: Wir sollen das lernen. Tun wir dann im Weiteren nur so? Arrangieren wir uns, eiern herum, wie wir halt dann auch in Zukunft damit herum zu eiern beabsichtigen? Oder beginnen wir irgendwann, uns darauf einzulassen, es anzunehmen, zu verinnerlichen?

Lassen wir es irgendwann zumindest zu, machen es zu einem Teil des Lernens, des Lebens?

Wie wird es vor allem letztendlich leichter gehen?

Weiterhin mit dem Herumeiern, Herumtänzeln, Vorwände suchen, erfinden...? Oder mit dem drauf Einlassen...?
Nur gäbe ich zu bedenken: Sowohl dem Herumtänzeln ... als auch dem Einlassen... ginge zumindest ein Gedanke voraus. Ein Wille...

Gesetz einer Polarität also... Chance der Erkenntnis darin... und im Leben selbst...?
Ein sich verdeutlichender Hinweis zu einer möglichen Umkehr also...?
Erneut also Hinweis und Zeichen eines Lebens, aus dem Erkennen der einen Seite heraus eine Veränderung zur Balance herbeiführen zu können...!? Im Fluss des Lebens zu sein...!?

Veränderung beginnt nicht durch lautes Schreien, Jammern im Außen... ...sondern wieder einmal, einzig in und aus uns selbst!

Da ja grade in der jetzigen Zeit verstärkt immer die „Debatte“ um ein Ego auftritt. Um dessen Bedeutung, Sinnhaftigkeit... bis hin zu Dingen, es am liebsten auszumerzen, zu töten... und sonstigem Unsinn...
Wenn wir also nun so die einzelnen Kapitel dieses Buches... und die darin enthaltenen Ursachen und Wirkungen revuepassieren lassen...

...ist es da wirklich noch verwunderlich, dass schon von Kindesbeinen an, ein Ego geradezu gefördert wird?

Ein Ego, dass heutzutage genau jene Ellenbogengesellschaft abbildet, wiederspiegelt...?

Wie kann ein Ego entstehen? Was tut es überhaupt?
Nun... das Ego bezieht einzig und alleine auf sich selbst! Es hat mitunter eine Selbstschutzfunktion!

Mit einem großen „Unterschied“: dieser Selbstschutz gilt eigentlich kaum noch um das körperliche Überleben. Wir sind im täglichen Leben weit nicht mehr solchen Gefahren ausgesetzt, wie in den Anfängen eines menschlichen Seins!
Dieser Selbstschutz richtet sich hauptsächlich auf die gedankliche Musterbildung. Auf das folgende Handeln!
Ich wurde schon oft gefragt, wie ich „Ego“ von „Selbstliebe“ ... oder umgekehrt... für mich definiere, unterscheide...!
Nun ... Selbstverständlich könnten wir diese Sache jetzt diskutieren bis zum Abwinken. Jedoch – „keep it short and simple!“

Wie ich schon aus dem Klang des Wortes „Selbstliebe“ entnehme, geht es darin um Liebe. Zu mir selbst.
Liebe wiederum beinhaltet für mich Bewusstheit, Verantwortung, Respekt zum Leben.

Diese „Dinge“ wiederum beinhalten für mich, dass es in einer „Anwendung“ zu mir selbst – aus einer Liebe heraus – zu einer gleichzeitigen Art „Wechselspiel“ gegenüber anderen Menschen kommt.

Das was man ist, strahlt man aus.
Erzeugt Resonanz!

Ein Ego nun ist eben ein Ego. Ego beinhaltet für mich keine wirkliche Liebe!
Ja, das Ego selbst ist nur auf seinen Vorteil bedacht. Und ihm ist es egal, ob Andere mitunter „zu Schaden" kommen!

AAAABER: Liebe lässt auch Ego sein. Liebt es. Trennt nicht, schließt nicht aus!

Versetzen wir diese „Situation" nun wieder ins Kind!

All die beschriebenen und noch nicht beschriebenen, möglichen Ein- und Auswirkungen auf und in ein Kind... all die Mängel und Ängste... sie stärken ein Ego. Das Kind kommt zur Welt und will lieben, geliebt werden. Erfährt jedoch bald, dass das System so nicht funktioniert. Es erschafft Mängel. Ängste. Unwahre Gedanken, unweigerlich dazu gepaart Gefühle, Emotionen... kopiert, was und wie ihm vorgelebt und gelehrt wird...
...und in gewisser Weise erfährt das Kind, dass ihm gegenüber ja auch in gewisser Weise nicht Rücksicht genommen wird. Ego.

Nun...
...nun stelle ich Dir jene anfänglichen Fragen zum 2. Mal...:

„Wie hast Du Dich angepasst, um zu überleben...?"

„Wie sehr hat es Dein Leben beeinflusst, nicht „passend" zu Sein? Dich anpassen zu müssen, damit Du „passend wirst", damit

Du überlebst, Schmerz nicht mehr erleiden musst..., geliebt wirst...?“

„Welche Überzeugungen, Grundsatzgedanken über Dich selbst, hast Du entwickelt?“

„Wie oft sagst Du Dir heute noch: Jetzt habe ich wieder etwas / alles falsch gemacht...?“

Fällt Dir nun schon etwas dazu ein?

Kannst Du in der Antwortgebung, ja womöglich schon in der Art und Tonalität, dem Empfinden bei der Fragestellung an Dein Ich, kann Dein inneres Kind einen Unterschied, eine wenn auch noch so winzige Erkenntnis für Dich ausmachen...?

Zeichnet, kristallisiert sich hier nun Dein Leben heraus?

War es bis dato mitunter Gefängnis eigener Grundsatzgedanken, Emotionen? Unwahrer Gedanken?
Lässt Du es endlich zu, dass dieses Verdrängen, wegschließen ein Ende hat...

und gesehen werden darf, was gesehen werden will...?

Erachtest Du es für möglich und gangbar, dass es durchaus einen sehr starken Weg einer Heilung gibt...?

Einen Austritt aus dem „inneren Knast"....?

„Die Verarbeitung des Urschmerzes beruht auf der Hypothese, dass frühkindliche, seelische Schmerzen, betäubt oder blockiert sind.
Wir agieren, weil wir sie nie verarbeitet haben.
Und wir können sie nicht verarbeiten, weil die Mechanismen, die für die Blockierung verantwortlich sind (die Abwehrmechanismen), uns daran hindern, unsere Schmerzen überhaupt wahrzunehmen."

(John Bradshaw)

Kapitel 19 - Der Klebstoff namens „Trauma“

Ich habe in meinem Buch bisher schon einige Beispiele aufgeführt, die vielfach auf die Erziehung, das herkömmliche Anpassungsgeschehen zurückführen. Die meist Prägendsten sind auch hier oft regelrechten Traumata gleichzusetzen. Oftmals in Verbindung mit Alkohol, Drogen, Gewalt in Verbindung.

Auch letztlich nun in der Entstehungsphase meines Buches, stieß ich – ergänzend nun zum Vorkapitel – mehrfach auf ... nun sagen wir Begebenheiten...

Begebenheiten, die nun zumindest in dem Sinne nicht oder nur sehr eingeschränkt auf mich und direkt auf ein Umfeld zurück zu führen sind.

Begebenheiten, Ereignisse jedoch, die sehr sehr deutlich ihre Auswirkung von damals bis ins Heute transferieren! Die je regelrecht beweisen, wie sehr wir unbewusst an der Vergangenheit hängen, festgemacht sind!
Und dies sind jetzt nur zwei Beispiele... aus einer schier unendlichen „Palette“ an Möglichkeiten.

Selbstverständlich, es erübrigt sich zu erwähnen, dass gewisse „Erziehungs- oder Anpassungmaßnahmen“ regelrechte traumatische Erlebnisse begründen können. Konkreter Ausgedrückt, es vermag nicht nur durch äußere Einwirkung (zum Beispiel Unfall, Gewalt) ein Trauma entstehen.
Sondern ich spiele vielmehr in die Richtung eines psychischen, seelischen, mentalen Traumas an.

Zum besseren Verständnis… zum Mitfühlen und Mitarbeiten nun möchte ich zwei konkrete Beispiele bringen.

Beispiel 1:

Eine Frau, heute schon mitten im Leben stehend, an sich ein sehr liebevoller fröhlicher Mensch…,
…litt bis vor noch nicht allzu langer Zeit unter extremer Flug- bzw. Höhenangst.
Was geschieht im herkömmlichen Leben dazu oft?

Man fliegt entweder nicht.
Oder man besorgt sich vom Onkel Doktor ein paar Pillchen oder Tröpfchen, erzählt was auf der „berühmten Couch"… und ab die Post!

Diese Dame nun jedoch hat sich – über äußeren „Anstoß", eigenes Interesse und Willen, dem auf den Grund zu gehen – dann mit Dingen abseits der „Medizin" befasst.

Und heraus kam Folgendes:
In ihrer Kindheit damals, am Lande… da gab es unter anderem einen Heustall. Zu jener Zeit damals, bekam eine der Katzen Junge, diese versteckten sich am Heuboden. Einem Heuboden, auf den eine lange Treppe führte. Einem Heuboden, der – wie zumeist jeder Heuboden – auch ein sogenanntes „Heuloch" besaß. Wo der Inhaber sein Heu also nicht mühsam über die Stiege schleppt, sondern einfach hindurch nach unten wirft.
Wie es nun so kam, wuselten die Kinder also da auf dem Heuboden herum…
…und die Schwester dieser Frau verlor irgendwann das Gleichgewicht…
…und stürzte über mehrere Meter hinweg nach unten auf den Betonboden.

Lag dort erst mal regungslos!

Absoluter Schock für diese Frau! Besser... dieses damalige Kind, Mädchen!
Die Schwester nun hatte letztlich Glück im Unglück! Denn sie kam mit ein paar Prellungen und einer schweren Gehirnerschütterung davon!

Jene benannte Frau nun aber erlitt durch dieses markante Erlebnis im Zusammenhang mit dieser Höhe vom Heuboden, mit dem Fallen der Schwester derart ein Trauma, sodass dies sich im Heute als Flugangst äußerte.

Diese Spiegelung des Außen in Form dieser Angst stellt sich für einen objektiven Beobachter nun mitunter in der Tat etwas „verzerrt" dar.
Doch der menschliche Geist hat in diesem Sinne eine Art Schutzmechanismus!

Manche Menschen erinnern sich nach Traumata gar nicht mehr. Teilweise zeitlich begrenzt, teilweise bleibt ein Erinnerungsabschnitt vermeintlich gelöscht.
Der Verstand, das Gehirn, dieser Mechanismus also blockiert, verzerrt mitunter jene Erinnerungen, da sie in dem Menschen, in seiner Seele einen derartigen Schmerz ausgelöst haben, der vielleicht ansonsten schwerwiegende Schäden mit sich ziehen würde.

In solchen Fällen nun wie z.B. mit der Flugangst nun hat das Gehirn, die Erinnerung... das Leben..., einen Weg gefunden, zumindest unbewusst doch immer wieder an die Oberfläche zu dümpeln, zu spiegeln... um gesehen zu werden.
Wir Menschen sind also mitunter eingeladen, die uns begegnenden Dinge, Erlebnisse, Konfrontationen, „Arsch-Engel" im heute nicht immer nur 1:1 zu sehen, immer nur gewissen eigenen Vorstellungen..., einem Schubladendenken entsprechend...
Um letztlich nun - als Erwachsener und nicht mehr als labile Kinderseele – zu beobachten, anzunehmen... und zu heilen!

Wie es im Falle dieser Dame geschehen ist!
Heute fliegt sie mit Spaß... fliegt sogar lieber, als mit dem Auto zu fahren!

Beispiel 2:

Auch dieses Beispiel nun aus einem aktuellen Anlassfall – obwohl er denn mit Geschehnissen verknüpft ist, die mittlerweile über 70 Jahre zurückliegen!

So. Folgende Ausgangssituation:
Hier – in meinem Lande Österreich – fanden letzten Jahres Wiederholungswahlen zum Bundespräsidenten statt, da man bei der Erstwahl offenbar bestätigte Ungereimtheiten festgestellt hat.
Wie manchen vielleicht bekannt sein dürfte, wurde einer der Kandidaten dem „rechten Lager“ zugesprochen.
Ein anderer Politiker nun fühlte sich offenbar nun dafür verantwortlich, bemüßigt... den Rest der Österreicher vor einem solchen „Nazi“ zu „warnen“.

Wie vieles im heutigen System Gesellschaft, so wurde auch dies dann gerichtsanhängig.
Der Aussprechende (*zudem auf bekannter Plattform mit weißem Daumen im blauen Kästchen*) wurde dazu angehalten, diesen Eintrag zu entfernen. Er selbst entschuldigte sich auch.
Er wurde – so die Begründung des Gerichtes – jedoch nicht „schuldig“ gesprochen, da eben der „als Nazi Benannte“ eindeutig dem rechten Lager zugehörig ... und somit eine Grundlage für diese Aussage nicht von der Hand zu weisen sei.
Eine Privatklage des „Benannten“ wegen Beleidigung wurde abgewiesen.

Nun.

Diese Angelegenheit griff ein Mann aus dem Volke auf, postete dies auf benannter Plattform mit einer knappen, jedoch zustimmenden Bemerkung.

Im Sinne einer Verantwortung jedes Einzelnen einzig dafür, was er tut oder ist, versuchte ich dann mal in diese Richtung anzuregen, nachzudenken:
Ob es irgend Jemandes Sache und Verantwortung wäre, diesen Kandidaten als „Nazi" zu beschuldigen etc. etc., oder ob wir nicht uns mit uns selbst bewusst befassen dürften...? Ob es sinnvoll sei, auch in diesem Sinne der negativen Äußerung, negative Energie weiter zu verbreiten...?

Im Endeffekt – anders ausgedrückt – also anklagen, jammern!

Zu meiner Überraschung dann kam jedoch ein Statement zurück, dass mir beweist, dass wir aus innerem Mangel, aus Ängsten heraus... offenbar auch aus Traumata heraus reagieren, die sogar noch VOR unserer Zeit lagen!
Und ich benenne diese Zeit jetzt konkret mit der Zeit des „Nazi-Deutschland".

Ich bin der Meinung, wir müssen uns nun nicht extra bemühen, um festzustellen, dass damalige Geschehnisse einzig traumatisch für sehr viele Menschen waren. Dass diese Geschehnisse sehr lange Nachwirkungen zeigten...

...und auch heute offenbar noch zeigen!

Dieser Mann schrieb als Antwort (*wörtlich zitiert*):
„60 Prozent meiner Familie sind in Konzentrationslagern ums Leben gekommen. Wenn jemand ein Nazi ist, dann will ich ihn auch so nennen. Ende der Durchsage"

Dieser Mann nun ist in etwa in meinem Alter. Also mitunter einer jener Glücklichen, der die direkten Kriegswirren nicht mehr miterleben musste!
Und doch zeigt sich hier ein sehr deutlicher Zusammenhang seines Reagierens mit der Vergangenheit! Wie sehr noch alter Hass gelebt wird. Obwohl man nie persönlich damit befasst war!

Ich nun... für meinen Teil zum Beispiel...
Ich bin wiederum Kind von Eltern einer Nachkriegszeit. Vater und Mutter waren jeweils 45 und 44 geboren.
Auch viele meiner Familie verschwanden entweder in KZ´s, in Kriegsgefangenschaften usw.

Weshalb aber nun sollte ich mir anmaßen, weder nun einen Präsidentschaftskandidaten, oder irgendeinen unbekannten Menschen auf der Straße als „Nazi“ zu bezeichnen?

Selbstverständlich: es gibt im Heute neuerlich Gruppierungen, die dieses damalige Gedankengut zum Teil ultramäßig hochhalten, verteidigen, leben...
...doch...
...ich hielte diese Menschen als tiefste Mangel- und Angstkinder!
Menschen noch dazu, die von dem wirklichen Geschehen von damals doch keinen blassen Schimmer haben! Sich in ihrer geistigen Umnachtung lediglich hinstellen, einen auf „dicke Hose“ machen und irgendwas nachplappern!
Ich würde doch – jetzt rein bitte als Vergleich gesehen – mal sehen wollen, wenn man sozusagen das damals nochmals nachstellte... und diese „Nazi-Menschen“ dann jene Situationen durchleben lässt, die all die traumatisierten Überlebenden damals wirklich durchleben mussten!
Ob die dann immer noch einen auf „dicke Hose“ machten? Ob sie immer noch erhobenen Armes, irgendwelche Parolen einer Verachtung brüllten?

Oder ob sie dann – in wirklicher Erfahrung des IST – nur kläglich den Schwanz einziehen und reumütig in der nächstbesten Versenkung verschwänden...?!

Weshalb denn entstehen grade dieser Tage solche Ängste in der Bevölkerung?
Wegen der Klimaerwärmung...?
Abgesehen davon..., ja - wegen dem auch...
...nein!
Aus Mangel und Ängsten heraus!

Aus Mangel, selbst nicht genug zu bekommen... im Hinblick auf Vergangenheit: selbst nie genug bekommen zu haben!
Aus Angst, benachteiligt zu sein... im Hinblick auf Vergangenheit: selbst immer benachteiligt worden zu sein! Der Andere – der „Fremde“ könnte uns ja jetzt was wegnehmen.

VERGANGENHEIT des Mangels und der Angst wirkt im Hier und Heute! Über Generationen hinweg!

Und genau dieser Mangel und diese Ängste sind jene Mittel, die gewisse Wenige ausnutzen. Wenige, die ganz genau wissen, wie der Rest der Menschheit damit zu steuern und kontrollieren ist.
Noch.

Denn der Krug geht solange zum Brunnen, bis er bricht!
Ich möchte hier bitte das jetzt so verstanden wissen, dass ich keinem der beiden „Lager“ zugehöre! Überhaupt keinem „Lager“!
Ich möchte hier jedoch einmal mehr, ganz deutlich in Erinnerung rufen, dass heutige Systeme nun doch definitiv nicht mehr wirklich wirksam sein können! Warum „kracht“ es denn an allen Ecken und Enden?

Dass wir alle – und ich meine damit auch wirklich ALLE – eingeladen sind, endlich doch unsere Verantwortung wieder zu übernehmen!

Nicht alles auf irgendwen schieben! Gleichzeitig aber jammern auf Teufel komm raus!
Und schon gar nicht auf eine Vergangenheit!

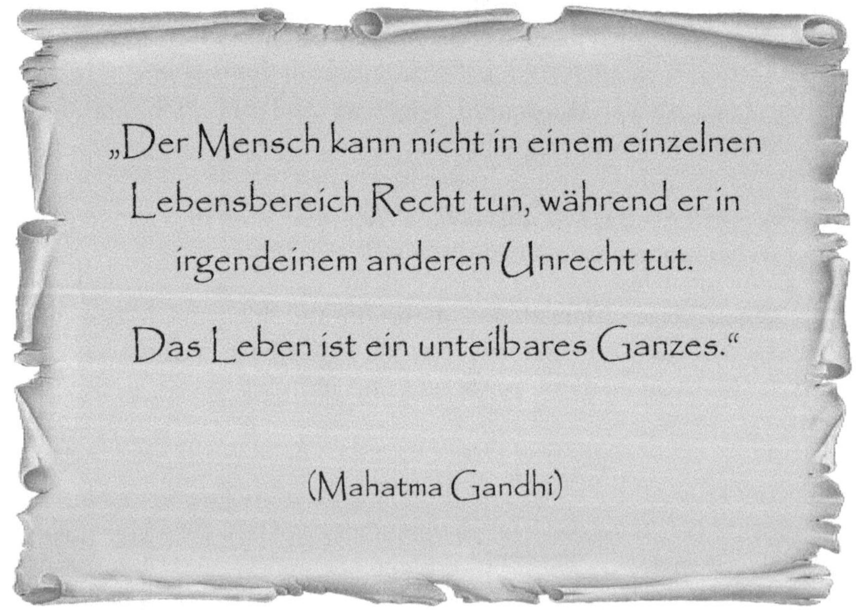

Kapitel 20 – Gerechtigkeit, Schuld, Glaube

Durch ein Gespräch mit einer lieben Freundin angeregt, fiel mir da ein Thema auf, dass einerseits sie sehr zu beschäftigen schien...
...und ganz ehrlich gesagt, auch mich lange Zeit sehr intensiv begleitete. Um es auch den Punkt zu bringen: sicherlich auch lange zu unwahren Gedanken - und im weiteren mitunter Handlungen - verleitete:

GERECHTIGKEIT !

So.
Zu allem "Überdruss" nun ist der Mensch ja aber nun kein rein rational denkendes Wesen. Wie ein PC oder so...
Da kommen ja unweigerlich... und untrennbar noch Gefühle, Emotionen hinzu. Subjektive Prägungen, Konditionierungen.

Jetzt ist ja nun diese "Gerechtigkeit" auch oft schon von Kindesbeinen an ein großes Thema!

Freilich "sieht" man als Kind hier keine großartige Begründung zu Dingen, wie sie eben sind. Das Kind ist noch nicht in diesem Strudel des ständigen Beurteilens.
Wohl aber fallen einem Kind Unterschiede auf! Und es lernt sehr bald durch entsprechende "Vorbilder", diese Verhaltensschiene zu rutschen. Sie unbewusst zu kopieren!

Warum sind manche reich... manche hingegen bitter arm...?
Warum manche kerngesund bis ins hohe Alter... weshalb sterben oft schon Kinder...?

Warum gibt es sogenannte "gute"... und auf der anderen Seite so viele "schlechte" Menschen...? Vor allem: die "Guten" scheinen doch immer eins auf die Fresse zu bekommen..., während die "Schlechten" ständig davon zu kommen scheinen...

Jaaaa... auch unter Geschwistern taucht dieser Begriff "Gerechtigkeit" sehr bald auf. Wieso bekommt mein Geschwister dies und jenes, wieso ich nicht...? Da ginge es wohl gar nicht "gerecht" zu...!

Die Unterschiede alleine nun sind einfach nun mal Fakt. Punkt.
Der Mensch erschuf das Bewertungssystem.
Was nun aber das "Chilli in der Sauce" ausmacht, sind nun sämtliche Gedanken, Be- und Verurteilungen - gepaart mit den erwähnten Gefühlen und Emotionen. Hier nun werden erst - zumeist aus Mangel und Angst heraus - die Dramen erschaffen!
Und hier ... damit entsteht erst das eigentliche Konfliktpotential!

Es wird nicht angenommen, wie es ist!
Gegebenenfalls so stehen gelassen... oder auch verändert. Es wird womöglich gekämpft.

Oder... und das ist leider zumeist der Regelfall: Es wird Drama um eine eigene Erwartung, Vorstellung geschaffen!

Es wird gegen das gearbeitet, was ja schon IST: Das Leben! Was und wie es ist!

Und ich wagte mich jetzt in gewissem Maße, für mich zu trennen... zwischen etwas annehmen... gegenüber dem, etwas hinzunehmen.

Ich bitte Dich, Dir da nur mal ein paar Minuten Deiner Zeit zu nehmen, mal kurz das Buch beiseite zu legen und erneut unseren kleinen „Klangtest", Gefühlstest vorzunehmen!

Nimm dazu bitte einmal diese beiden erwähnten Worte... „AN-NEHMEN“ und „HIN-NEHMEN“.

Sprich Sie einzeln, langsam, deutlich und ganz bewusst aus... und fühle vor allem in Dich hinein!

Ich kann hier nun nur für mich sprechen...

Doch beim „AN-NEHMEN“ entsteht in mir so ein Gefühl der liebevollen Verinnerlichung. Ich nehme es in mich auf. An... zu mir.

Beim „HIN-NEHMEN“ dagegen erwächst so ein leiser Eindruck des vielleicht notgedrungenen Akzeptierens, innerlich jedoch lieber Wegschiebens. Ein leichter Moment von Leid, Opferrolle, Mangel, Angst. Hin... weg von mir.

Nun.
Im Heute - so wir dazu bereit sind, uns dem zu öffnen - da "wissen" wir mitunter viel mehr. Im Heute - im Nachhinein!

"*Mit voller Hose ist immer gut stinken*"... so lässt sich diese Aussage meines Opas durchaus auch hier anwenden.

Denn...
...wer möchte einem Kind denn erklären wollen ... oder erst gar mal können ... dass zum Beispiel eine Krankheit, sehr oft einzig nur Reaktion auf ein davor stattfindendes unwahres Denken und Handeln ist...?
Dass aus einem vermeintlichen Mangel... Neid, Eifersucht, Minderwertigkeit etc., eben unwahre Gedanken... und genau aus diesen Gedanken, dann Leiden entstünde...?

Das wollen ja selbst viele Erwachsene im Heute noch nicht gelten lassen und tun dies in einer Unbewusstheit ab, als Blödsinn, spirituellen Hokuspokus und dergleichen mehr!

Welches Kind sähe in einem Leiden, einem Geschehnis den Boten, den "Arsch-Engel", der mich im Sinne einer Gesetzlichkeit des Lebens, einzig auf meinen unwahren Gedanken, meinen Mangel, meine Angst hinweisen möchte...?
Ebensolches sehen Erwachsene im Heute auch nicht!

Als Erwachsener kann ich mich dann leicht brüsten! Ich hab´s ja gewusst!
Im Nachhinein!

Jedoch...

1. Einen Scheiß haben wir "gewusst"! Denn warum hat man es denn dann nicht angewendet... wenn man es schon "wusste"...?
2. Im Nachhinein kann sozusagen jeder Vollpfosten behaupten, damals... da hätte man ja dies oder jenes...! Ich hielte dies einzig wieder für einen Automatismus eines so genannten Verstandes, eines Egos, um sich irgendwelche Dinge letztlich schönzureden. Zu rechtfertigen... und wenn es nur die eigene Unbewusstheit, Unverantwortlichkeit u. dgl. war...

So als kleiner Seitenhieb...: es bildet sich also auch hier wieder sehr deutlich ab, wo man - zumindest gedanklich - mal Schwerpunkt in einer Hilfestellung an Kinder geben könnte.

Nicht erziehen, anpassen... in eine gesellschaftliche Form pressen nach irgendwelchen Normen!

Mit irgendwelchem Schmarrn „vollmüllen“...!

Lassen wir Kinder doch selbst erleben!

Nun.
Wessen bedarf es aber nun letztlich, um solch unwahren Gedanken, Gefühlen, im weiteren Handlungen..., Mustern... auf die Schliche zu kommen?

Ja eines benannte ich vorhin schon: Das Leben selbst!
Es weist auf seine mitunter oft derbe Weise, immer wieder drauf hin.
Grade Gefühle, Emotionen haben keine Halbwertszeit!
Man kann Verdrängen nach allen Regeln der Kunst... ALLES bleibt gespeichert!

Warum wohl reagieren wir im heute, so wie wir reagieren? Warum reagieren wir - wenn man´s genau betrachtet - wie Kinder...?
Weil wir das Rad eben erst erfunden haben?

Wer hat´s sonst erfunden? Ricola? Schon wieder die Schweizer...?
Nö!
Auch - wir selbst waren´s! Schon vor langer Zeit.!

Abgespeichert bis ins letzte Detail.

Wir glauben nur, aus einem sehr ökonomisch arbeitenden Verstand heraus, vergessen zu haben. Es mitunter geschafft zu haben, zu vergessen!

QUATSCH !!!

Gut. Das Zweite nun, dessen ich bedarf, für eine Bewusstmachung..., bin ich selbst!

Ich darf hinschauen!
Ich darf hinfühlen!

Nicht mein Partner/meine Partnerin, nicht mein Chef, nicht der Papst, nicht Gott...

...ICH !

Was hat das Eine aber nun mit dem Anderen zu tun?
Fragst Du Dich das?

Versuche mal an irgendetwas zu denken.... ohne zu fühlen!

Eine leckere Eiscreme zum simplen Beispiel!

OHNE FÜHLEN sagte ich!!!

Oha! Du fühlst also direkt gleich. kannst Dich gar nicht dagegen wehren zu schmecken, zu fühlen, wie dieses köstliche Eis in Deinem Munde schmilzt...?
Ohne, dass auch nur der geringste Ansatz für ein Eis weit und breit in Sicht ist...?!

Na meinst Du nun, das würde grade bei unangenehmen Dingen anders funktionieren?

Leben macht hier - genau für Dich natürlich - eine Extra-Ausnahme???

FAAALSCH!

Leiden beginnt also IN uns!

"Gerechtigkeit" ist für mich nur mehr ein mehr als schwammiger Begriff!

Kennt Leben "Gerechtigkeit"...
...oder IST Leben einfach vielmehr...?

Trennt, teilt, be- und verurteilt das Leben sein Geschehen...
...oder IST es einfach vielmehr...?
Macht Leben durch eine Gefühls- und Emotionseinbindung aus allem und jedem ein Drama...
...oder IST es einfach vielmehr...?

Und dann bekommt man - wieder als Seitenhieb auf das bunt schillernde Programm namens „Anpassung“ - ständig was reingedrückt von wegen „Schuld“!

Entweder wurde man als Kind selbst für irgendwas schuldig erklärt, oder es waren ständig andere schuld! Denn wieso sollte man selbst "schuld sein"? Paaah!
Bis hin zu Religionen, wo ständig von "Schuld" gelabert wird. Oder es sind die Politiker "schuld", die Manager, die Banken... usw. usw. usw.

Ich war in Religion nie eine Leuchte... aber lautete da nicht einmal etwas.... so ungefähr:

"*Als man Jesus ans Kreuz nagelte, nahm er für uns hinweg die Schuld..., die vermeintliche Sünde der Welt?*"
Was auch immer DAS für ein seltsamer Blödsinn sein sollte...!?

Geht´s noch???

Welche Schuld denn?

Will mir jetzt wieder einer mit dem Märchen von Adam und Eva... und der Erbsünde kommen?
Die beiden waren wohl ebenso schon Mangelkinder par excellance! Nur hat man´s schön in ein Glaubensmärchen verpackt!

Wobei ich schon rein sachlich dann in den Raum stellen würde: „Und Adam und Eva reiften wohl in einer Kokosnuss heran!" ... oder wie jetzt? Oder: wer war wohl zuerst da? Das Huhn ... oder das Ei...?

Und wieso soll der gute Mann – sprich Gott... oder Jesus - nun mit all unserem Scheiß belastet werden? Wie käme der denn dazu???

Hätte man wohl gerne...! Abschiebung der Verantwortung!
Ich baue Scheiße... und dann bete ich ein bisschen zu dem lieben Herrgott da oben... schiebe schön meine Verantwortung dort oder dahin... und schon ist wieder gut?
Oder bitte den lieben Gott, dass er doch dies oder jenes richten möge...?

Sonst läuft aber alles prima... oder wie?
Oder da kürzlich wieder so eine Ansage in der Kirche, in DEM Gebet der Gebete: "...denn ich bin nicht würdig, dass du einkehrst unter mein Dach..."

Hallooooo!?

Wer bin ich denn? Was will man mir damit sagen? Dass ich nur irgendwo ein unbedeutender Wurm bin? Schuld habe? Wie krank ist DAS denn!?

Da lässt sich schon angeblich ein Gottessohn für seine Gemeinde ans Kreuz nageln..., wir werden gleichzeitig geboren als eine Schöpfung dieses Gottes... und dann wären wir nicht würdig...?

Wahrlich "Oh mein Gott" kann ich da nur sagen!

Was also ist „Schuld“?
Genauso wie "Gerechtigkeit", in meinen Augen eine Be- und Verurteilung!
Man gab dieser einen anderen Namen. Mitunter mit Aussprache der Schuldzuweisung ein Gesicht!

Was hat man uns noch beigebracht?

Wenn man also Mist gebaut hatte... ob´s nun wirklich so war, oder nicht, sei im Moment dahin gestellt ... dann wurde man be- und verurteilt. Zum Schuldigen erhoben.
Und gefälligst hatte man sich dann auch scheiße zu fühlen! Man war ja der Schuldige!

Also ich kann mich an meine Kindheit nur mehr sehr wenig erinnern. Doch mein späteres Erwachsenenleben spiegelte mir dann schon Einiges, woraus sich deutliche Rückschlüsse ziehen ließen!
Es ließ mich spät - aber doch - erkennen, dass ich tief in mir kein Problem hatte, wenn ich was „Falsches“ getan hatte. So genannte „Fehler“ passieren nun mal! Ja und!?

Ich stand zu meiner Verantwortung, dies oder jenes getan oder unterlassen zu haben! Punkt.
(*Es kam übrigens - soweit ich mich erinnern kann - nie jemand persönlich zu Schaden!)*

Dies war vielen aber nicht ausreichend genug. Die Übernahme einer Verantwortung reichte nicht! Es war teils förmlich zu beobachten, dass die eigentliche Anschuldigung des Faktes halber, ins Leere ging - kein Drama erschuf. Der "Schuldige" musste " jedoch wirksam gebrandmarkt" werden. Zum Teil öffentlich "zur Schau gestellt" werden.

Der "Schuldige" muss leiden!

Das ging bei meinen Eltern los. Übers weitere Umfeld, in Ausbildung, Beruf. Egal wo und was - Leiden musste entstehen. Sichtbar gemacht sein! Dann erst galt die "Schuld" anerkannt, gesühnt.

Wie also nun... so frage ich Dich lieber Leser, liebe Leserin... wie sollte, ja könnte nun eigentlich Schuld entstehen? Wie Ungerechtigkeit...?

Wenn ich etwa meine Verantwortung NICHT übernähme...?
Wie ist das denn.... nehmen wir mal an... lassen wir mal das kleine Kind in uns "zu Wort" kommen...
Du bist wieder Kind!
Du hast jetzt irgendetwas "ausgefressen", irgendeinen vermeintlichen Mist gebaut... muss ja nichts Großes sein...

...und jetzt beobachte mal Deine Gedanken, Dein bisheriges Tun...!

Hat man sich da z.B. in der Regel – schon aus „schlechtem Gewissen“ - nicht meist klammheimlich aus dem Staub gemacht...? Zumindest solange man sich noch in "Sicherheit" wähnte, unbeobachtet fühlte...?

"Ja ... ich war das nicht!"... lautete die "Devise"...

Weshalb aber?

Ich behaupte jetzt: Könnte man ganz einfach und sachlich seine Verantwortung übernehmen, dann bleibt es beim Fakt ... und Ende. Kein „schlecht“ oder „gut“, kein „falsch“ oder „richtig“. Dies alles zusammen ist einzig Bewertung – nicht Fakt oder Geschehen an sich!

Oder - wiederum auf das Kind gemünzt - es „lernt“ eben nach Möglichkeit, zu seinem Denken und Tun zu stehen.

WASSSSSSS aber macht man in Wirklichkeit?

Man macht ein Drama draus!

In glimpflichen Fällen ist erstmal Schluss mit lustig, Liebe: Hahn zugedreht und ein strenges Wort!
In "nicht ganz so glimpflichen Fällen" setzt es nebst Beschimpfungen, Wut, Zorn eine kräftige Abreibung, Tracht Prügel...
So sieht´s aus im Schneckenhaus!
Und DAS prägt ein Kind. Traumatisiert ein Kind!
Schafft Muster „par excellance“ fürs spätere Leben!

Und jetzt springen wir ins Heute. Unmittelbar. Wie oft fährt jemand mit dem Auto bei einem anderen an? Mein Gott - kann eben passieren!
Und wie oft haut dieser Jemand dann aber schnellstmöglich einfach ab? Flüchtet vor seiner Verantwortung?
Obwohl er Monat für Monat in so eine Versicherung - genau für diesen Zweck - einbezahlt...? Und dennoch!?

Nicht weil er nun womöglich nur alleine "Angst" hat, vor seiner Verantwortung zu stehen..., sondern unbewusst und zusätzlich vielmehr aus tierischer Angst, dass das Gegenüber nun ein riesen Theater draus machen könnte...? Ein Drama? Genauso wie damals!

Diese Muster der Gedanken-Gefühlskombination überlagern also definitiv massiv ein allfälliges rationelles Denken. Der Mensch wird wieder zum "Fluchttier". Speicher wird abgerufen... sämtliches Verhalten auf Notprogramm gestellt... „Affenhirn" regiert... und ab die Post!

Plagt diesen Jemand dann am Ende ein "schlechtes Gewissen"...? Oder auch nicht? Vielleicht!
Abgehaun ist abgehaun. Verantwortung verweigert ist verweigert!

Haben wir uns dieses Gedanken- und Verhaltensmuster ... anwendbar auf jede Zeit, jede Person oder Sache, jede Örtlichkeit - also mit dem Bambusrohr aus dem Boden gesogen?

Also... ohne jetzt meine Eltern, mein langjähriges Umfeld nun erneut schon wieder "an den Pranger" stellen zu wollen... *(die thematische Anführung ist aber zu Zwecken der Verdeutlichung notwendig... und authentisch)*...
... ich wüsste nun nicht, wo ich trotz der spärlichen Erinnerungen anfangen und wo aufhören sollte, an dazu "passenden" Erlebnissen zu berichten.
Ständig wurde be- und verurteilt. Schuld zugewiesen. Ungerechtigkeit der Welt und des Lebens zur Schau gestellt.

Aber - und dies nun ein Seitenhieb in Richtung Polarität - ist es aber möglicherweise genau diesem massiven Erleben von Abschiebung der Verantwortung im Damals zu verdanken, dass ich heute sehr klar erkennen und direkt zu meiner Verantwortung stehen kann...? Polarität. Ausgleich.

Gedanken. Gefühle. Emotionen also.
Grundbausteine für jegliches Leid. Drama.

Man erschafft dieses. Ein Verstand erhält unbewusst den Auftrag, genau dazu passend nach Beweisen zu suchen.
Und selbstverständlich werden diese auch gefunden!
Ausstrahlung ... Resonanz!
Man geht selbst mit dieser Ausstrahlung in das Leben... und bekommt unweigerlich präsentiert, wonach der Suchauftrag lautet.
Selbsterfüllende Prophezeiung!

Ist die Welt traurig, ungerecht, beschissen... in meinen Gedanken, meinem Glauben... mitunter meinem Tun... dann wird sich die Welt genauso darstellen, reflektieren! Grundsatzgedanken – Du erinnerst Dich?
Es wird mir all das zeigen, was bis tief in mich verwurzelt ist!
Klar...: nicht immer genau 1:1... das wäre auch zu simpel. Aber mit nur ein bisschen Fantasie und Offenheit kann es mir gelingen, mich im Leben zu erkennen. Was ich selbst bin... oder zumindest zutiefst ablehne.

Ich will damit nun keinesfalls implizieren, dass man sich nur alles schönreden, schöndenken sollte!
Bullshit!
Das wäre das andere Extrem.
Wie vorhin schon gesagt: Leben IST!
Aber es ist weder schön noch hässlich, gut noch böse, reich noch arm, gerecht oder ungerecht!

Leben IST!

Das Leben lädt uns jedoch ein... jede Sekunde des Seins ... es einfach anzunehmen!

Und damit auch das Mensch-Sein!

Wenn ich, Du... irgendjemand nun also wütend ist... dann IST er/sie. Wir sind keine Maschinen!
Wenn ich, Du... irgendjemand nun also traurig ist... dann IST er/sie.
Und wenn ich, Du... irgendjemand nun fröhlich ist... auch dann IST er/sie.

Es liegt offenbar in der Bestimmung des Menschen, diese Emotionen und Gefühle zu erfahren, zu erleben.

Doch steht nirgends geschrieben, dass man diese Gefühle und Emotionen... zumindest ab einem gewissen Erkennen heraus - ständig und überall etwas, jemandem an die Backe hängen und ein Drama draus machen muss...!

VERGANGENHEIT WAR DAMALS !!!

Nehmen wir - zu ganz klaren Verdeutlichung - ein krasses Beispiel:
Jemand "verliert" einen geliebten Menschen.
Wie hat „man“ - und ich formuliere nun bewusst in dieser geschlechtslosen Ausdrucksweise - bisher drauf reagiert?

„Man“ hat einen geliebten Menschen verloren: Traurigkeit. Wut. Zorn. Hass aufs Leben, gar Hass auf einen ungerechten Gott... das ganze Repertoire an zumeist negativer Emotion tritt auf den Plan.

Lieber Leser, liebe Leserin... nimm mir nun meine folgenden Worte nicht übel!

Es ist...

a) nicht gesagt, dass es genau Dich betreffen könnte oder gar sollte,
b) aus meiner Lebenserfahrung kein Einzelbeispiel...

Ein Mensch ist gestorben.

Wieso habe ich verloren? Was habe ich verloren?

Gemäß einer allgemeinen Definition zum "Verlust" stellt sich dies so dar:
"Der Ausdruck "Verlust" bezeichnet allgemein das "Verlorengehen" von etwas Materiellem, wie Eigentum... oder eine nahestehenden Person. Das Verb "Verlieren" bezeichnet dabei auch das Gegenteil des Sieges."

O.k. also.
Der materielle Besitz kann verloren gehen. Wobei man selbst hier schon philosophieren könnte, was nun wirklich „Besitz“ ist... und nicht nur menschliches Konstrukt.
Im gleichen Atemzug aber nun wird hier auch davon gesprochen, einen nahestehenden Menschen "verlieren" zu können? Mensch ist also Materielles?
Ganz im Ernst: Wie kommt man auf so eine Differenzierung? Eigentlich so einen Schwachsinn? So einen Widerspruch dann in sich?
Gut... zugegeben: Der menschliche Körper besteht aus Materie. Energie.

Nur... wenn ich also den Menschen verliere, dann betrauerte ich den Verlust seines materiellen Körpers?
Oder ginge da – zumindest bei näheren Hinsehen oder Hinfühlen – doch die Intention schon mehr in Richtung „Besitz“?

Nonsens!

„Wunder“ einer sprachlichen „Verwirkung“, Verdrehung...
Wobei... wie viele Beziehungen zum Beispiel basieren in der Tat vielmehr auf Besitzdenken... denn einem freudigen Teilen von Lebenszeit und -inhalt...!? Nur mal so als Einwurf...

Wenn ich nun also schon von verlieren spreche... wieso dann wiederum nur einen Nahestehenden?
Dieser gehört mir also, ist in gewisser Sicht mein Besitz.... ein Nicht-Nahestehender (*gemäß Definition*) aber nicht...?

Häh? Was?

Und wie wiederum komme ich drauf - wie ich es auch drehe und wende - dann ich jemals einen Menschen verlieren kann?
Hat der mir jemals "gehört"...?
Oder schieben wir´s zuletzt erneut auf irgendeine "Verstümmelung" oder „Fehlinterpretation“ der Sprache...?
Könnte es also durchaus Sinn machen, vielleicht mal von der Seite heran zu gehen, dass mir ein Mensch niemals gehörte... ich ihn also auch nicht verlieren kann!?

Ich mich nur vielmehr darüber freuen und feiern darf, wenn ich mit diesem Menschen Zeit und Leben teilen durfte...? Und das aber am besten zu „Lebzeiten“...!

So. Und jetzt noch das andere, oft miterlebte "Extrem": Der ach so geliebte Mensch stirbt. Eben genau jener „Besitz“...

Habe ich diesen Menschen wirklich so geliebt, wie ich behaupte... zu 100%... und genau so wie er ist...? Oder habe ich ständig nach meinen Vorstellungen zu ändern und manipulieren gesucht... und es mir zur Not halt nach meinen Vorstellungen in Gedanken gerichtet und den "Rest" des ganzen Ich dieses Menschen, ausgeblendet? Verweigert? Ist der vermeintlich geliebte Mensch - in nüchterner Betrachtung - nicht vielmehr nur Objekt einer Begierde ... oder ein nützlicher Anwesender gewesen...?

Ersatz oder vermeintlicher Ausgleich eigener Mängel oder Ängste...!? ...Wie auch immer sich diese Begierde... oder der Bedarf sich grade dazustellen versuchte...?

So vieles heutzutage biedert sich an unter dem „Deckmantel Liebe"... und doch ist es zuletzt meist nur die unbewusste Suche nach Erfüllung von Wünschen, Ausgleich von Mängeln! Besitzdenken, Mangeldenken, Objektdenken.

Schon gar nicht mehr zu verurteilen, wegen tiefster Unbewusstheit als "Schuldausschließungsgrund" - wie es im Juristischen so schön heißt! Oder mit einem Bibelvers: "Herr vergib ihnen, denn sie wissen nicht, was sie tun!"
Menschen im Heute glauben. Sie glauben an so viel. An eine Gerechtigkeit, an eine Schuld, an eine Politik, eine Religion, ... ja mitunter an den Weihnachtsmann, an Außerirdische und Leuchten...

Doch glauben sie an das Leben, seine „Gesetze", seine Bestimmung, sein Sein, seine Macht...?

Glauben die Menschen überhaupt an sich selbst...?

Glauben und halten Menschen sich an das JETZT...?

Letztere Dinge wohl kaum!

Also ich entwickle mich diesmal beinah zum Phrasendrescher... aber diese passte an dieser Stelle auch, wie die Faust aufs Auge:

"**Deinem Glauben nach geschehe Dir!**" .... vermeinte da angeblich einst ein sehr weiser Mann namens Jesus.

Und neuerlich ein deutlicher Hinweis auf Spiegel und Resonanz!

All dies - sieh Dich doch mal um...! All dies, was im Außen tagtäglich geschieht... ist ein Konglomerat dessen, was in uns geschieht!
Das, was geschieht..., basierend auf dem, was wir glauben!
Und wenn Du nun glaubst, dass alles wäre Müll, wäre nicht so... nun ... dann IST das auch ebenso... und wird Dir genauso begegnen.

Erinnerst Du Dich mitunter nicht zuletzt an das Kapitel 19...? An jene Beispiele... und der unzähligen Dinge mehr, die da noch von uns mitgeschleppt werden...
Dinge, die jedoch im Heute und Jetzt Auswirkungen unglaublichen Ausmaßes begründen...!?

Glauben bedeutet nur nicht, auch zu wissen!

Der Grat dazwischen ist oft nur imaginär dünn..., Wissen nur relativ.

Eine Bewusstheit gebiert keinen Glauben. Eine Bewusstheit gebiert Leben.
Eine Bewusstheit gebiert auch keine Gerechtigkeit oder Leid, kein Drama.
Es empfindet auch keine Schuld oder Strafe. Es betrachtet das Geschehen einzig als logische Schlussfolgerung dessen, was die eigenen wirklichen Bewusstseinsinhalte angeht.

Was - im größeren Rahmen - die Bewusstseinsinhalte von uns allen angeht.
Ein kleines Zahnrädchen ist noch kein Uhrwerk. Und doch... viele ergeben ein Uhrwerk. Und genau eines mag so ausschlaggebend sein, dass das gesamte Uhrwerk nicht funktioniert!
Oder besser: dass dieses Uhrwerk genau das anzeigt, was es anzeigt!

Bist Du nun im Glauben von etwas, (D)einer Annahme, Interpretation..., Grundsatzgedanken...?
Oder bist du lebend, in der Bewusstheit und Verantwortung eines jeden Einzelnen..., und doch des gesamten Lebens?

Es liegt also in unserer Macht!
Wir sind Schöpfer!

Uns wurde im Zuge der Anpassung auf vielschichtige Weise suggeriert, dass man nur dann stark sei, wenn man etwas durchhält, um etwas kämpft, fleißig ist. Am Besten keine Gefühle zeigt.

In meiner Wahrheit aber hat dies nichts mit Stärke zu tun. Auch nicht mit Glauben.
Glauben ist für mich nur ein Gedankenkonstrukt, woran ich mich festmachen kann.
Festmachen, um nicht immer wieder den eigenen Ängsten ausgesetzt zu sein, oder diesen überhaupt erst zu begegnen!
Glauben bedingt für mich auch eine eindeutige Abschiebung eigener Verantwortung. Ein Festmachen letztlich an Erwartungen, Vorgaben einer Gesellschaft oder weniger vermeintlich „Elitärer“.

Bewusstheit heißt für mich, einzig und alleine für mich selbst einzustehen. Vergangenheit als das anzunehmen was sie ist: Vergangenheit. Unwiederbringbar. Unumkehrbar.

Liebevoll mit mir selbst umgehen, meinem Körper, meinen Gedanken. Selbstverständlich auch „Schwäche“ zuzulassen. Im Jetzt.

Glauben ist für mich nicht Kampf. Glauben ist für mich Sein!

Wo also berühren sich nun in gewissem Maße Zeitlinien... wo können wir Berührung erschaffen... sodass eine Umkehr des bisherigen stattfinden, entstehen kann...?
Wir haben mitunter die Macht, auch aus der Objekt-Rolle auszusteigen, in die wir uns einst begaben. Zu der wir uns einst bekannten und entschieden, in dem wir unsere Verantwortung und Macht abgaben. In der Erwartung, dass Andere für uns tätig würden und die Verantwortung trügen...

Ein großer Irrtum also!

Doch was nun bedeutete eine Objekt-Rolle? Was ist ein Objekt-Denken?

In welchen Zusammenhang wäre dies zu bringen, mit der Vergangenheit?

Mit Bewertung, Vergleich, Wettbewerb, die/der durch Anpassung geschaffen wurde!

Mit dem ewigen Jammern, dass das heutige Geschehen merklich prägt?
Ich behaupte, das Jammern ist nur ein Auswuchs, eine Folge dessen!

Mit einem oft augenscheinlichen Ungleichgewicht derjenigen, die „ein Sagen“ haben und denen, die gesagt bekommen...?

Dazu im folgenden Kapitel noch einmal „gut anschnallen“!

Denn spätestens dort sollte klar werden, wie sehr wir nur mehr „Kopf-Denker“, und „Objekt-Denker“, trennende Menschen sind…

…und längst nicht mehr Herzmenschen!

„Das getrennte Herz“

„Das falsche "Ich" ist mit Objekten verbunden; es ist sogar sich selbst Objekt. Objektivität aber ist Irrtum. Das einzige Subjekt, das es gibt, ist die Wirklichkeit. Verwechsle nicht Dich mit dem Objekt, nämlich Deinem Körper, oder dem Anderen. Das lässt das falsche "Ich" aufsteigen - und im weiteren Verlauf die Welt und ihre Bewegungen darin mit allem Leid, das sich daraus ergibt.

Halte Dich nicht für dies oder jenes oder irgendetwas; glaube nicht, so oder so zu sein, oder der und der. Du brauchst nur Schluss mit dem Irrtum zu machen; die Wirklichkeit offenbart sich Selbst."

(Ramana Maharshi)

Kapitel 21 – Objekt „Kind“ – Objekt „Mensch“

Ich habe nun in meinem Buch schon einige Themen aufgegriffen, die mitunter ein Kind nachhaltig prägen.
Grade letztere Beide Kapitel ... wie auch Vorige, vermögen durch diese nun wichtige Erkenntnis zutage fördern!

Elternhaus mit Umfeld war ... und ist also einer der größten Themenbereiche.

Der andere Themenbereich heißt da denn „Schule – Ausbildung“.

Schon ein renommierter Professor namens Gerald Hüther drückt sich dahingehend aus, dass im Heute diverse Firmen, Arbeitgeber im Grunde genommen mit der Schulausbildung... oder vielmehr mit dem Ergebnis dessen nur mehr wenig bis nichts anfangen können.
Es geht sogar schon weiter, dass man in ersten Universitätsverbänden dahingehend äußert, dass man keine Menschen mit Zeugnissen mit Be- und/oder Verurteilung sogenannten Wissensstandes, also Erfüllung einer erwarteten Norm..., sondern vielmehr Studenten in die Reihen aufnehmen will, die GEEIGNET für ein Studium des jeweiligen Faches sind!

Und sowohl Herz als auch Verstand sagen mir mehr als deutlich, dass zwischen vermeintlichem „Wissen“ und „Eignung“ mitunter Welten liegen! Ich erfahre das in eigener Erfahrung immer wieder...

Erinnerst Du Dich grade an dieser Stelle noch an meine Schilderung? Wo ich doch schon in Wissen und Eignung so manchen anderen Kindern meines Alters voraus war... man dies jedoch letztlich als

Störung und Anpassungsunfähigkeit mittels Abschiebung in ein Heim für Schwererziehbare abtat...?

Weiter jedoch...
Schulen folgen also – schon seit zu langer Zeit – starren Systemen, die von Regierungen, Gesellschaften als sogenannte Mindestnorm vorgesehen sind.

Was wäre aber nun, wenn Schulen vielmehr – außerhalb dieses Systems – Kinder dahingehend unterrichten würden, wofür sie sich wirklich EIGNEN?!

Und da käme mir keiner irgendwie blöde, dass Kinder sich dahingehend, noch nicht in ihrem Tun und Denken, schon eben in Kinderjahren abbildeten! Welch schiere Arroganz wäre dies!?

Was wäre also, wenn am „Ende" von Schulen gut ausgebildete, „geeignete" tolle junge Leute herauskämen, die aufgrund der Förderung ihrer Eignung, schon ganz genau wüssten, was sie wollten...?

Ich behaupte nun einmal ganz rotzfrech: Ein Großteil unseres Wirtschaftssystems – und gleich mit im Anhang diese ganze sogenannte Vermittlungsschiene – könnte abtreten! Zusperren! Das würde in der Tat kein Mensch benötigen!
Grade bei dieser „Vermittlungsschiene" namens Arbeitsvermittlung stelle ich grade samt und sonders fest, dass dies einerseits offenbar einzig eine Marktlücke aufgetan hat, mit der Geld zu verdienen ist. Andererseits wird hier ein Mensch nicht nach wirklicher Befähigung, Eignung abgefragt und vermittelt..., sondern nach arbeitsmarkt-politischer Strategie!

Dort, wo am Meisten, Leichtesten zu „vermitteln“ ist (*man stellt es auch gerne so dar*), dort „fördert“ man. Nur dass hier genau schon eine teils enorm hohe Fluktuation, Sättigung herrscht, das geht ganz beiläufig völlig an der Praxis vorbei!
Das, wo Menschen zusehends z.B. in all ihren Problemen allein gelassen sind... DAS wird arbeitsmarktpolitisch – ganz typisch dem vorherrschenden „Reparatur- und nicht Präventionssystem“ – völlig ignoriert.

Wie Prof. Hüther das ebenso – zwar derb, aber sehr treffend – ausdrückt: Das System scheint es geradezu drauf anzulegen, dass aus den Schulen/Ausbildungen möglichst viel „Ausschussware“ – wörtlich von ihm benannt - „Müll“ – herauskommt, der genau solche Systeme unterstützt. Mit dem genau solcher Müll verteilt werden kann!

Und damit auch doch gleich ein deftiger Seitenhieb auf die derzeitige Politiksituation!
Der Gedanke ist doch seit langem nicht abwegig – und sogar direkte Aussagen von der sogenannten Elite, von Politikern untermauern dies – dass ebensolcher „Müll“ geradezu erwünscht ist, damit Politiker schön fleißig dirigieren und die Bevölkerung sozusagen schön am Schachbrett hin- und herschieben können!
Dies sind jene Menschen, die „Probleme lösen“, indem sie Andere zu Objekten machen!
Und jene die ihre Stimme für dieses System abgeben, diesem ganzen Theater zusehen... und dann maximal jammern, sind jene, die sich selbst zum Objekt machen.

Allerdings: wenn man heute ebendiese Situation betrachtet, scheint sich ja doch immer deutlicher abzuzeichnen, dass diese politische Struktur irgendwie zu bröckeln beginnt!

Weshalb?

Nun... zum einen waren früher – so vor 20-30 Jahren viel höhere Geburtenraten vorhanden. Diese gingen doch erheblich zurück.
Zum nächsten wirken die Schulen ... und somit jegliches Umfeld (*denn ein jeder musste schließlich durch die Schule*) ja auch so aus, dass eben alle dieser Anpassung ans System unterzogen werden. Auch jene, die wirklich geeignet gewesen wären.

Somit also konnte man früher noch argumentieren, dass sozusagen – wie beim Rahmabschöpfen – die obere Schicht, sagen wir mal 10-15%, als „geeignete Kandidaten" zur Verfügung standen. Die restliche Masse blieb sozusagen als „fügsamer Kunde" unberücksichtigt. Teils sich selbst überlassen. Immer schön berieseln. Nichts aufkommen lassen. Dieser „Rest" wurde also zum „Müllfahrer", jenen die Fußballstadien füllen und grölen... schön wie die Taube aus der Hand fressen!
Was konnte sowohl einer Politik, wie auch Wirtschaft, Besseres passieren?

Was geschieht aber im Jetzt, im Heute?

Aufgrund der Verallgemeinerung dieser – ich nenn es jetzt einfach mal „Verblödung" – kommen nicht mehr genug dieser „Rahmschicht" an!
Unternehmen, Politik, Wirtschaft – jedem geht der „Nachwuchs" aus!
Qualität – sofern man überhaupt im Sinne eines Kapitalismus noch davon sprechen kann – geht schon lange sukzessive verloren!
Es beginnt sich mehr und mehr abzuzeichnen, dass das bisherige System – vor allem auch jenes namens Schule – SO nicht mehr funktioniert! Da können sich so manche „Sesselfurzer" noch solch angeblich sinnhafte Programmchen oder sonstigen Mist aus der Birne pressen...
...sie gehören doch eben – genau wie zuvor geschildert ... und aufgrund der nun einsetzenden zeitlichen Wirkung dessen – zu diesem Kreis, die zwar angepasst, vermeintlich wissend.... Aber mitunter noch lange nicht GEEIGNET sind!!!

Es geschehen also zwar augenscheinlich vielleicht – im Außen – „Reformen". Doch das Wichtigste – die nötige Geisteshaltung zu wirklichen Reformen, einem nötigen Umdenken findet nach wie vor nicht statt.
Oder anders ausgedrückt: Auch hier findet oberflächlich präsentiert „Veränderung" statt, welche aber letztlich nur der sichtbare Teil der unsichtbaren Manipulation, der Steuerung, des „Müll-Verhaltens" ist.

Was alles hat dies also nun mit dem Kind, mit einer Vergangenheit... mit DIR zu tun?

Das will ich Dir gerne sagen!

Auch Du... wie jedes andere Kind... kam auf die Welt. Mitunter einem wichtigen Ding, einer Eigenschaft die sich da „LUST" nennt!

LUST – ZU ENTDECKEN!

Aus dieser Entdeckungslust wird unweigerlich dann auch Lust am eigenen Gestalten, am Selbstausdruck in verschiedenster Art und Weise erwachsen.
In Erweiterung dessen wiederum – je nach erfolgender Anpassung – am GEMEINSAMEN Entdecken, Gestalten!

Warum führe ich hier „je nach erfolgter Anpassung" an?
Nun... diese Lust nun wird sich daraus entwickeln, wie bisherige Erfahrungen... und somit lebendige Beziehungen von einem Menschen zu anderen, zwischen Menschen untereinander, verlaufen sind!

Und jetzt kommt der große „Knackpunkt" dieses zwischenmenschlichen Zusammenwirkens!

LUST - oder – MUSST !?

Einfach erläutert:
Tust Du selbst zum Beispiel lieber etwas mit Lust?
Oder „musst“ Du lieber etwas tun?

Wie hast Du für Dich mehr erlernt?
Nimm Dir hierfür doch mal einen Moment Zeit!

Aus einem lustvollen Tun? Eigentlich gar nicht drüber nachgedacht, gar nicht bewusst gelernt, sondern einfach mitgetan... und plötzlich konntest Du´s auch?

Oder hast Du mehr erlernt, als Du Dich stundenlang irgendwo reingesetzt hast, Dir man stundenlang irgendwelche Theorie ins Hirn gepaukt hat, Du zuhause dann noch weiter aus Büchern oder dergleichen „büffeln“ musstest... usw. usw. usw.?

Ich wäre ja glatt versucht, diese vorherige Aussage „Lust – Musst“ vielmehr noch auszuweiten auf ...

„Lust – oder FRUST“!

Und was nun passiert aber in der Gesellschaft – ob nun schon vor zig Jahren... oder bis heute?
Genau diese Eigenschaft, diese LUST ... sie wird durch das vorherrschende System mit all seinen Dienern ... gebrochen! Sie wird umgewandelt in FRUST!

Das Kind erfährt, bekommt mitunter mehr oder minder gesagt, ausgedrückt, dass es so – wie es IST – nicht richtig ist. Dass es „anderes“ sein soll! Mehr tun soll!

Erinnere Dich bitte: ***„Tu dies oder jenes, lerne, mache... damit aus Dir etwas WIRD!“***

Frage doch bitte mal den Großteil der heutigen Kinder, Schüler...! *„Wieso gehst Du zur Schule?“*
Was kommt zumeist als Antwort, wie aus der Pistole geschossen? *„Ja weil ich muss!“*

Gibt’s also noch Fragen dazu?

Und nun zum Kind!
Durch diesen „anders“ werden sollen, müssen..., durch diesen Bruch einer Lust, einer Begeisterung, einer Freude...
...wozu wird das Kind dann...?

Zum Objekt!

Ja. Zum Objekt von Erwartungen. Seien es nun beginnend jene der Eltern (*deren Erziehungsmaßnahmen, Wünsche, Hoffnungen, projizierten Ehrgeize etc.*), des sich zusehends erweiternden Umfeldes...

Erneut jener Professor und renommierter Neurobiologe, legt aus seiner langjährigen Tätigkeit dar, dass ein weiterer wichtiger Eckstein dieser „kindlichen Demontage“, die jeweiligen Bewertungen sind.

Wir kennen diese. Ob wir nun zum Beispiel etwas „gut“ oder „schlecht“ gemacht haben.

Was ist denn „gut“ oder „schlecht“???

Vor allem: aus welchem Blickwinkel wird hier betrachtet?

Jedenfalls nun aber ruft diese oftmalige Bewertung nun mitunter eine gewisse Ausgrenzung aus einer Gemeinschaft hervor! Manchmal schleichend, manchmal wie ein Schlag mitten auf die Fresse!

Diese Ausgrenzungen nun – so Prof. Hüther – rufen im menschlichen Empfinden eine gewisse Art von Schmerz hervor. Ein Schmerz, der im Grunde einem wirklichen körperlichen Schmerz sehr ähnlich, angeglichen scheint! Das ist nicht nur auf Kinder beschränkt – sondern dies setzt sich bis ins Erwachsenenalter fort.

Ein Kind also, dass z.B. zum ersten Mal bewertet wird (*ob nun mit Aussage, Reaktion, Handlung – egal*), dass also erlebt, dass es so nicht richtig ist – hat im Grunde genommen **ein sehr großes Problem**!

Das Kind nun selbst, wird es sicherlich noch bei weitem nicht so direkt formulieren können... Doch es empfindet sich als Objekt. Es erlebt es ja so.

Und genau nun in jenem Augenblick geschieht es das ebenfalls erste Mal, dass sich die gesamte, weltoffene Wahrnehmung nun zusammenzieht, fokussiert... eine Art Tunnelblick auf das Problem ausrichtet, um genau diesem zu entkommen. Auf dessen Behebung.

Sämtliche Aufmerksamkeit wird also oft einzig nur mehr dieser „Problemsituation" zugewandt! Das Rundherum tritt völlig an den Rand.

Zur Lösung nun bieten sich dem Kind zumeist dann nur zwei Möglichkeiten an:

1) Das Kind macht den Anderen auch einfach zum Objekt. Bewertet.
   Als Beispiel: Das Kind bekommt von Mama eben grade einen Anschiss – ob nun begründet oder nicht... Das Kind ist so also nicht richtig. Wird bewertet, Objekt. Also – leichtere Variante der Lösung: Ebenso Bewertung! *„Blöde Mama!“*
   Und just genau mit diesem ersten „Entscheid“ schon ist das Kind in unserer heutigen Erziehungs- und Gesellschaftskultur angekommen!
   Grundsatzgedanken. Grundsatzglauben. Grundsatzhandlungen.
   Genau dies ist also keinesfalls angeboten, sondern rein aus unserem System heraus anerlernt dadurch, da das Kind eben diese Erfahrung machen musste. Und dies nicht nur einmal, sondern viele Male.
   Anzahl der Impulse!

   Das schier Perverse daran ist – erinnere Dich bitte erneut an meine Einführung... und lass uns damit schon mal einen „Sack zumachen“:
   Der Verstand des Kindes schon erhält sooooofort unbewusst sodann eine Art Suchauftrag! Der Verstand des Kindes wird nach Beweisen suchen... und diese unweigerlich finden! Die Anderen machen, tun, leben das ja auch so!

   Und dann noch das „Sahnehäubchen“ oben drauf!
   Kinder sind nun ja eben nicht blöde! Sehen, erleben, erfahren... dass dies offenbar normal ist. Lernen. Lernen sogar so gut, dass sie diese Eigenschaft der eigentlichen Manipulation sogar ausbauen. Dies andere Menschen im Zuge ihrer täglichen Begegnungen spüren lassen. Arbeiten damit!
   Weshalb denn frage ich Dich, gibt es im Heute da draußen eben Welche, die „das Sagen“ haben... und viele nicht...!?

Klickts???

Wenn man also dann neuerlich z.B. in das vermeintliche Bildungssystem – damals wie heute – hineinblickt, geht es doch eigentlich nicht um die einzelnen Fächer an sich. Oder zumindest nur am Rande.
In Wirklichkeit geht es doch ständig um Bewertung. Besser zu sein als der Andere! Zu begreifen, wie kann ich das alles einsetzen, um anderen zu zeigen wie gut ich bin. Wie ich dies alles besser für meine Zwecke nutzen kann! Wettbewerb!

2) Die zweite Gruppe der betroffenen Kinder nun – und ich hielte diese für die Überzahl – **können** nun andere nicht bewerten! Und genau deshalb, da sie in gewisser Weise noch „schwächer" sind, ist der „noch einfachere Weg" dann sozusagen diese Bewertung gegen sich selbst anzuwenden! Genau da nun liegt die „Geburtsstunde" von Mängeln wie Minderwertigkeit. Introjektion. Aussagen wie „Ich bin zu doof!", „Ich kann dies oder jenes nicht", „Ich bin nicht liebenswert", „Ich bin nicht schön genug" etc. etc. etc. Wie lange sollte ich diese Reihe an „Selbstbewertung", Selbstgeißelung fortsetzen...!?
Dadurch nun, dass sich Kinder schon – zumeist auch unbewusst – dann mit dieser Bewertung selbst zum Objekt machen, stellen sie sich damit selbst ins Aus! Nehmen sich aus der allfälligen Gemeinschaft. Richten gegen sich selbst!

Wenn der Lehrer nun zum Beispiel sagte, „Du kannst einfach kein Deutsch"... na dann wird das innerlich wie äußerlich nur mehr „abgesegnet": „Ja ich bin zu blöde".
Es wird also völlig kontraproduktiv – angenommen, verinnerlicht.

Es wird also – auf so gesehen völlig verzerrte Weise – ebenso das Problem fiktiv, augenscheinlich „aus der Welt" geschaffen. Beschlossen, man kann so miteinander umgehen.

Man könnte es auch so „zuspitzen" und definitiv festmachen: Es wird an sich nicht das eigentliche Problem gelöst, sondern einzig, dass man augenscheinlich **das Problem überwindet**, an ihm vorbeimogelt, ausblendet, in Grunde genommen sich selbst bescheißt... zum Objekt gemacht zu werden!

Sowohl in Eltern- als auch Lehrerbeziehungen... Ja ich würde sogar noch weiter ausdehnen auf jegliche Arbeitgeber-beziehungen, Arzt- / Patientenbeziehungen, und vieles mehr... dann begegnen sich dann sozusagen physisch wohl die Menschen. Oh ja. Objektbegegnung!
Geistig, psychisch, seelisch jedoch... Da gehen sie mitunter völlig aneinander vorbei!
Die Menschen sind nur mehr in Objekt-Rollen, nennen wir es teils auch „Masken" unterwegs. Der eine macht den anderen nur mehr zum Objekt, durch Bewertung.

Und ich lehne mich jetzt vielleicht ein wenig weit aus dem Fenster...
...doch ein gewisses Gefühl sagt mir, dass auch dadurch bereits erste Grundsteine für spätere Mobbingsituationen, Burnout, Partner- oder überhaupt zwischenmenschliche Probleme deutlich gelegt sind!

Denn was bildet sich denn zum Beispiel in Partnerschaften ab?
Solange beide die jeweilig anderen Erwartungen erfüllen. Alles eitel Wonne!

Doch weicht irgendjemand von diesen Erwartungen ab... ooohhhh... ja dann aber gibt's Zoff!
Dann kommt die Bewertung – Erwartung erfüllt: ja oder nein – diiiiirekt zum Einsatz.
Objekte – nicht Menschen – begegnen sich...
Und schon wird dann jeweils der Andere ebenfalls zum Objekt gemacht... oder man macht sich selbst zum Objekt!
Und schon gibt's Donnerwetter. Oder Drama.

Macht es jetzt langsam, aber endlich deutlich „KLICK“...???

Dieses Objekt-Denken, -Fühlen, -Verhalten nun ist unser derzeitiges Beziehungsverhalten! Gesellschaftsverhalten!

Hier tritt nun endlich mal ganz klar zutage, wo, wann und welcher Grundstein zum heutigen Konfliktpotential gelegt ... und im Weiteren perfektioniert wurde!!!

Jetzt ist natürlich in gewisser Weise doch interessant:
Woher kommt dies?

Aus der Vergangenheit...!

Nicht aus der verstellten Klimaanlage, oder dem Backofen!

Mal ein bisschen „Geschichtsunterricht“:
Viele von uns erinnern sich noch selbst vielleicht..., inzwischen immer mehr von uns vielleicht nur mehr eher aus einem Geschichtsunterricht, Büchern, Dokus etc. ... so wir denn aufgepasst haben...
In früheren Zeiten traten ja verstärkt zum Beispiel noch Kriege auf. Kriege, bei denen mitunter vielerorts wirklich alles kurz und klein gebombt und geschossen wurde. Geraubt, geplündert, gemordet in dieser oder jener Auftrag oder Namen.
Teils ja leider noch heute. Die Technik hat sich zwar präzisiert – obwohl manche Vorfälle dies als wahrlich schlechten „Witz“ abstraften...
...aber im Grunde genommen waren die Menschen durch die Not, Elend, Bedrohung, Krieg usw. großteils gezwungen, sich zu einer Gemeinschaft, einem Kollektiv zusammen zu tun.

Als primären Grund: um zu überleben!

Ein Einzelner wäre hier völlig untergegangen. Somit bestand die unbedingte Notwendigkeit, als Masse zu agieren, reagieren. Individualität war samt und sonders ausgeschalten.
Durch diese Masse nun bedurfte es strenger Hirarchie, klarer Kommandos um die Masse zu steuern. Der Einzelne durfte also geradezu gar nicht Einzelner, Individueller sein. Er durfte nicht Subjekt sein, sondern hatte als Teil des Ganzen in dieser Masse „zu spuren".
Erinnert in gewisser Weise an Grundzüge des Kommunismus. Scheinbares Kollektiv.
Für mich persönlich – rein nach Gefühl – jedoch nur Tarnung des gleichen morbiden Objekt-Systems.

In unseren Breiten (*zumindest mal Zentraleuropa*) nun haben wir solche schrecklichen Dinge wie Krieg ja nun Gott sei Dank großteils überwunden

Und jetzt mal den deutlichen Schwinger, oder „Arschtritt" dazu ... zur Relation ins Heute:

Schulsysteme, Gesellschaftssysteme, Arbeitssysteme und -strukturen sind noch immer so!

Guten Morgeeeeeen!

Sie sind in dieser Vergangenheit kleben geblieben!

Nimm doch als Beispiel nun mal Deinen Job her!
Wie läuft das da?
Darfst Du dort allen Ernstes Individuum sein? Dich so richtig nach Herzenslust verwirklichen?

Oder läuft das Ganze vielmehr nach einer Geschäftsvorgabe... vielleicht aus irgendeinem Vorstandstürmchen irgendwo... und an Dich ergeht nur das Kommando: *„Erfülle Dein Soll – oder geh!"*...?

Oder nehmen wir andere Gesellschaftsstrukturen. Hausgemeinschaften, Vereine ... was auch immer. Teils Gruppen auf bekannter Plattform mit dem weißen Daumen im blauen Kästchen!
Struktur. Masse. Lenkung. Wem es nicht passt – auf Wiedersehen!

Zwei Beispiele dazu – neuerlich aus eigenem Erleben:

1) Schulklasse bzw. Elternverein. Letzten Jahres. Abschlussfeier für die Kinder dieses Schuljahres.
   Da flattert ein sachliches Email ins Haus: Einteilung der Eltern. Dies jenes das.
   Unter anderem Familie Prinz: Backen von diesem und jenem.
   Punkt.
   Nicht einmal die vorherige Anfrage, ob man denn überhaupt Zeit... oder womöglich gar Lust... dazu hätte.
   Nein.
   Bestimmung. Struktur. Masse.

2) Eben vorhin benannte Plattform.
   Da werden Gruppen zu allen möglichen Themen ins Leben gerufen.
   Zu den Gruppen gibt es Administratoren.
   Und nun... man kann Beiträge – sofern man sie zum einen überhaupt zuerst einmal liest und versteht – auch in verschiedener Weise auslegen. Passend – so sage ich – ist immer etwas, so man das so will. Wenn nicht, ist es eben auch so.
   Vom Admin jedoch wird letztlich selektiert, entschieden. Bewertet.
   Der Beitragende wird – deutlich der anerlernten Rolle – zum Objekt gemacht!

Und wenn es dem Admin dann eben nicht in SEINEN Kram passt, wird der Beitrag gelöscht. Oder in manchen Fällen wird man aus der Gruppe befördert.
Also ebenfalls Bewertung. Bestimmung. Struktur. Masse.

Wenn ich also nun dieses Kapitel zusammenfassen möchte...
...so käme ich unweigerlich zum Schluss, dass ich als Angepasster, als bewertetes Objekt – sowohl weder als Kind noch als Erwachsener – je mein wirkliches Potential entfalten werde können!

Ich werde durch diese Bewertung, durch diese Objekt-Schaffung also geistig und emotional entweder in einen Knast gesteckt. Oder teils regelrecht „kastriert“!
Ein wirkliches Lernen nun funktioniert – und dies mittlerweile vielfach fachlich untermauert – nur in einem interagierenden, co-kreativen Prozess mit einem Gegenüber. Einem Gegenüber, dem ich nicht bewertend als Objekt, sondern als Individualität annehmendes Subjekt begegne. Einem Miteinander!

So – zum besseren Verständnis noch ein Beispiel:
Schüler geht in die Schule. Der Lehrer erklärt dem Schüler mehr oder minder unverblümt direkt: „So wie es aussieht, bist du für Mathe zu blöd. Du wirst es wohl nie kapieren!“

Was haben wir hier?

Der Lehrer – selbst zutiefst angepasster Mensch – geht in die Bewerter-Rolle und macht dadurch, durch seine Aussage, den Schüler zum Objekt.
Er schiebt dem Schüler die Verantwortung zu, er sei zu blöde, um es je zu kapieren. Schiebt seine Verantwortung ab, dem Schüler das so gut und genau... und umfangreich zu erklären, bis dieser es verstünde!

Jetzt stehen – gemäß dem bisherigen und gängigen Objektdenken – dem Schüler zwei „Möglichkeiten“ zur Verfügung:

Variante 1)
Er geht in die „Gegenoffensive“ … und betitelt den Lehrer als „Idioten“. Er schiebt also seinerseits die Verantwortung wiederum dem Lehrer zu, dass dieser z.B. zu unfähig sei, um ihm – dem Schüler – alles gut genug beizubringen.
Ein sehr oft „gesehenes“ Muster der Anpassung.

Variante 2)
Der Schüler bewertet sich sozusagen selbst, bewertet sich mit „Ja – ich bin wohl wirklich zu blöde! Das ist zu schwer für mich, ich schaff das eh nicht!“. Er trifft also unwahre Gedanken, nimmt dies als gegeben an. Im Grunde genommen schiebt der Schüler auch hier in gewissem Male – wie Variante 1 – Verantwortung ab. Und sei es nur unbewusst auf in der Vergangenheit entstandene Glaubenssätze, Grundsatzgedanken wie „ich schaffe es nicht“.
Ebenso also deutlich erkennbare Muster einer Anpassung. In diesem „Fall“ noch gepaart mit Auswüchsen teils tiefstem Mangels!

Was ist nun aber zu guter Letzt dann die Auswirkung dieses Objekt-Seins, Objekt-Denkens?
Kam es – sowohl durch die eine… als auch die andere „Variante“ – zur „Lösung des Problems“?

Ich sage ganz klar: NEIN !

Bei genauem Hinsehen wird man sehr oft eine stark wechselseitige Wirkung und Ausübung von beiden Varianten bemerken können.

Beide haben sich durch dieses Abschieben und Annehmen mehr oder minder an dem eigentlichen „Problem“ vorbei manövriert. Sie haben sich damit sozusagen arrangiert.
Lehrer: Schüler ist zu blöd.
Schüler: Ich schaff das nicht. Ist halt so.

Ende für diesen Moment... jedoch Grundlage für jede weitere, erneute Bewertung.

Was würde nun hier eine „Lösung“ ermöglichen?

TUN!

Herausgehend aus der Objektrolle, in eine Subjektrolle, eine Individualität!

Obwohl dies gleich nun erneut schwer nach Variante 1 und 2 klingen mag...
...in diesem Fall wird es für den Lehrer vielleicht ein wenig „komplizierter“ sein, aus diesem Hamsterrad herauszukommen, als für den Schüler.

Denn...
...nicht zuletzt wird er – zusätzlich zu seiner persönlichen Anpassung und Vergangenheit von einst – gesteuert durch ein Objekt-System. Er hat z.B. einen Lehrplan zu erfüllen. Punkt.
Unter anderem also Regel, Gesetz, Vorschrift.

Was läge aber nun als Beispiel einer Individualität... und vor allem als Beispiel eines TUNs ... förmlich auf der Hand?

Dass sich beide – womöglich in einer freien Zeit – GEMEINSAM, miteinander auf ihren Arsch setzen und pauken. Individuell „angepasst“, dass der Lehrer so lehrt, dass es der Schüler durchaus versteht und lernt!

Kooperation = gemeinsames Zusammenwirken, um Bestehendes zu bewältigen, umzusetzen.

Co-Kreation = gemeinsam Neues zu erschaffen! In diesem Fall... Wissen im Schüler zu erschaffen, gar Begeisterung.

Doch diese Individualität forderte mitunter mehr Aufwand. Aufwand, den oftmals beide Seiten nicht aufzubringen bereit sind.
Aufwand, der sich auch außerhalb von Regel und Gesetz... und Lehrplan befände...

Blicken wir noch einmal in das sehr gute Beispiel „Firmen"!
Welcher Typ von Mitarbeiter wird gesucht? Was wird einem in den Bewerbungen vermeintlich „versprochen"... was davon wird aber eingehalten...?
Du erinnerst Dich an das Kapitel mit den Versprechungen – die dann womöglich nicht eingehalten wurden? Sich wiederholende Muster einer Vergangenheit!

Soll ein Mitarbeiter engagiert sein? Ja!
Soll ein Mitarbeiter nach Möglichkeit Lust an seiner Arbeit haben? Ja!
Soll ein Mitarbeiter Freude daran haben, womöglich sogar Verantwortung zu übernehmen? Ja!

Dann jetzt aber die Gegenfrage: Was tut man dafür? Wie geht es zum Beispiel Dir damit?
Ist man auf beiden Seiten mitunter bereit, sich – zumindest zeitweilig – außerhalb von Regel, Gesetzt, Vorschrift (z.B. Kollektivvertrag) zu bewegen, zu TUN und zu leben?
Ich behaupte nun: Zumeist... NEIN!

Bis auf einige Ausnahmefälle wird jegliches, wirkliches Miteinander über kurz oder lang im Sande verlaufen! Vielmehr nur geschäftspolitischen Vorgaben entsprochen, einzig gegeben, was halt nicht vermeidbar oder eben von Rechts wegen vorgeschrieben ist!
Objektrolle.

Nicht Individualrolle.

Weshalb?

Weil man – wie schon angeführt – in den alten Systemen noch viel zu sehr verhaftet ist! Man – zumeist aus Profitgründen - als Mitarbeiter zum Objekt gemacht ist oder wird!

Ich brauche doch jetzt nur mal grade wieder meine eigene Situation ins Spiel bringen! Wie viele unzählige Bewerbungen habe ich nun schon an Firmen gesendet!
Neuerdings kommt noch hinzu, dass solche Vermittlungsagenturen wie Pilze aus dem Boden schießen. Die also nichts Anderes tun, als genau jenes Objekt- bzw. Bewertungssystem noch zu stützen!
Vor-zu-bewerten nennt man das neuerdings... Vorauswahl.
Oftmals keinen blassen Schimmer von dem, was ich als Bewerber – vor allem als Mensch, mit Grips in der Birne und nicht abgestandener Luft - in meinem Leben schon alles vollbracht habe, geleistet habe, an Menschen- und Arbeitserfahrung gesammelt habe...

Weil diese Leute letztlich nun oft einzig nur über ihre eigene „Fähigkeit" oder vermeintliches Wissen, ein Vorgaberaster, werten und bewerten. Projizieren in ihrem geringen Rahmen. Blicken entweder über Auftrag... oder auch mangelnde Eignung nicht über ihren eigenen Horizont hinaus...
Denn „Vorstellungskraft" ist heutzutage offenbar zusehends Mangelware... zumal ja nicht zuletzt alles schon über diverse elektronische Helferlein regelrecht vorgekaut wird. Eigene Vorstellungskraft ja nicht mehr notwendig ist!

...Aber man wird genau in diesem Schema eben bewertet, angeglichen, eingereiht. Und zumeist durch die selbige Objekt-Systematik unweigerlich ... und oft sehr schnell ... aus der Gemeinschaft herausgenommen. Gestellt.

Ob ich in dem Fall nun will oder nicht! Diese Mühle mahlt!
Gäbe mir jemand hingegen – wie angeführt – die Möglichkeit mich zu engagieren, zur Lust an der Arbeit, zur Freude daran samt Verantwortung...

...ich würde womöglich die Welt aus den Angeln heben!

So aber...?

Jetzt kennst Du nun vielleicht – von Dir selbst – oder aus Deinem Umfeld, vom Hörensagen, Firmen, die zu allen möglichen und unmöglichen Anlässen Incentives veranstalten. Um sozusagen die Mitarbeiter anzufeuern, zu motivieren. Ich habe selbst in einem Unternehmen mitgearbeitet, wo sowas stattfand. Meine Fresse!

Was aber bitte will ich als Firmenleitung mit so etwas bewirken, was doch nur Glorienschein und in gewisser Weise einlullen und Ablenkung ist? Will ich damit Freundlichkeit, Engagement, Liebenswürdigkeit, Kreativität „fördern". Oder gar erkaufen?
Nur was machte letztlich ein Unternehmen, in dem es keine Freundlichkeit, Liebenswürdigkeit ... und auch in gewissem Maße Kreativität gäbe?

ZUSPERREN!

Denn genau letztere aufgezählte Dinge kann ich – Event oder Belohnung hin oder her – von einem Mitarbeiter nicht erkaufen, gar erzwingen!

Andererseits die ernsthafte Zwischenfrage: Weshalb wohl haben solche Online-Shops, Internetkaufplattformen so enormen Zulauf in den letzten Jahren?
Das mit den angeblich besseren / billigeren Preisen ist nur Manipulation, Augenauswischerei, Trickserei. Denn wenn man alles gemäß grundlegenden Geschäftspraxen und Daten gegenüberstellt...

dann würde man deutlich erkennen. Dies liegt jedoch nicht in der Absicht der Anbieter.

Vielmehr jedoch fördert es zutage, dass die Menschen immer mehr abstumpfen. Gar keine Freundlichkeit, Kreativität, Liebenswürdigkeit mehr „benötigen", sehen wollen.
Sie wollen gemäß Konsum-Motto „Geiz ist geil!" vermeintlich billig einkaufen! Ein paar Mal mit der Maus klicken... Haben. Scheiß auf Freundlichkeit, Liebenswürdigkeit.
Einzig wenn´s Probleme mit dem Krempel gibt... ja dann wüsste man wieder, wie schnell man von uns, umfangreich Freundlichkeit, Liebenswürdigkeit und Kreativität einfordern wollte! Dann wird für den Moment gelogen, vorgegaukelt, Schulter geklopft... oder eben die vermeintliche „Anlaufstelle" angeschissen, Frust und Dampf abgelassen...

Oder im umgekehrten Sinne – genauso wenig mit Drohungen von Arbeitgebern. Etwa einer Entlassung zum Beispiel.
Wir lieber Leser, liebe Leserin... wir wurden schon so derart lange diesem System, dieser Bewertung, dieser Objekt-Rolle, dieser Anpassung unterzogen, dass für uns oft alles schon „normal" scheint!
Ja ... dieses und jenes stößt uns mal sauer auf. Dann jammert man wieder ein bisschen... aber spätestens nach der nächsten Ablenkung ist alles schon nur mehr halb so schlimm.
Wir sind also in gewissem Maße schon derart an diese Objekt-Rolle gewöhnt, haben vergessen, dass es auch noch etwas außerhalb davon gibt.

Dieses „etwas" nennt sich schlicht und ergreifend – ergo wirklich erfüllend – **LEBEN !**

In vielen Fällen also wüssten wir mitunter nicht einmal mehr, was wir außerhalb dieser Objekt-Rolle tun sollten..., wie Subjekt und Individualität ginge!

Seien wir uns doch einmal ehrlich!
Wann werden wir aus der Sicht des Mitarbeiters, Dinge wie Freundlichkeit, Liebenswürdigkeit, Engagement, Kreativität, und dergleichen gerne und freiwillig geben... zum Beispiel der Firma schenken...???
Wann werden wir – und ich sehe es mittlerweile genau als dies – dem Unternehmen gerne unsere doch wertvolle Zeit des Lebens „verkaufen" ... zu gut Deutsch: arbeiten gehen...???

Dann, wenn es uns Mitarbeitern in dem Unternehmen GUT GEHT!

Nochmal: **Wenn es uns in dem Unternehmen gut geht!**

Nicht: Wenn es dem Unternehmen gut geht!
Wobei wiederum: Wann geht es letztlich einem Unternehmen gut? Nur nach Umsatzzahlen?
Und WER zur Hölle besorgt dem Unternehmen die Umsatzzahlen?

Ja. In vielen Fällen ... und immer mehr zunehmend, Roboter, Maschinen!
Letztlich aber: Mitarbeiter, denen es gut geht!

Diesen Kreis des Lebens... bzw. Zusammenwirkens und Arbeitens hat man aber offenbar längst der Profitgier geopfert!

Wenn es uns also GUT GEHT, wir in einer Beziehung zueinanderstehen, in der wir **als Individuum** ... und nicht als Objekt... **GESEHEN**, **WAHRGENOMMEN** und restriktive auch **BEHANDELT** werden!

Und ich wage zu behaupten, dass wir Menschen – genau in DEM Falle – hier nicht geizig wären oder hier herumlamentieren, wenn es in gewissen Fällen mal mehr zu tun wäre. Wir werden es GERNE tun.

WENN ES UNS GUT GEHT!!!

Und dazu tragen für mich nun aber weder Events, Incentives... bis schon gar nicht zu nüchternen gierigen Zahlenvorgaben oder Drohungen bei! Das gliche für mich wie jenes tagtägliche Einlullen, alles wäre ja in bester Ordnung! „Wir schaffen das!"

Wie nun reagieren dann aber jene Menschen – sei es nun Eltern, Lehrer, Firmenchefs... wie auch immer... auf Individualität: Sie laufen weg! Auch wenn nicht körperlich – jedoch innerlich. Geistig.
Oder der Mitarbeiter wird mehr oder minder schnell „abgeschossen", zumindest auf ein „sicheres Abstellgleis" verschoben.

Sie packen und raffen es aus altem Systemdenken heraus nicht, dass der individuelle Mensch vor sich, nicht Feind oder Konkurrent, oder – wie in vielen Fällen - nicht kontrollierbares, nicht lenkbares Objekt ist! Sondern im Grunde genommen einzig Geschenk und mögliche eigene Inspiration und Bereicherung sein könnte!

Jedoch: altes System. Bewertung. Lenkung. Masse!

Moderne Führungskräfte werden also für eine mögliche Zukunft gefordert sein!

Unsere Kinder werden hinkünftige, mögliche Führungskräfte sein!

Was also können wir diesen mitgeben?
Was **WOLLEN** wir diesen mitgeben???

Stures Pauken eines alten Systems?

Oder dürfen wir dieses System endlich einmal aufbrechen, und angefangen bei unseren Kindern… ja sogar uns selbst (*siehe da!*) nicht einfach nur auftragen, was sie / wir zu tun haben.

Sondern sie im Gegenzug einzuladen, zu ermutigen, zu inspirieren, zu motivieren, selbst in die Bewegung zu kommen, es selbst herauszufinden, was sie / wir machen wollen und sollen. In ihre / unsere eigene Kraft zu kommen!

Und gleich als wichtige Frage dazu:

Kannst Du Dich – ohne äußerliche Einflüsse oder Beiziehung von äußerlichen Motivationen (*Geld, Urlaub u.v.m*) – noch motivieren, inspirieren, ermutigen?

Was im Endeffekt „bezwecke" ich nun mit meinen Worten hier…, mit meinem Buch…. Zunehmend mit meinem gesamten Tun und Wirken?

Dich… ja genau Dich lieber Leser, liebe Leserin ebenso einzuladen. Zu ermutigen, zu inspirieren, zu motivieren, endlich … seit langer langer Zeit wieder in Deine Kraft zu kommen! Selbst herauszufinden!

Ich schreibe Dir hier ganz gewiss nicht vor, was Du zu tun oder zu lassen hast! Ich erwähnte das schon!

Jedoch versuche ich Dich mit meinen Ausführungen, meinen Darlegungen mal anzustoßen. Deine Energiereserven aufzuspüren! Und sei es nur durch gewisse Provokation. Durch meine Rolle als „Arsch-Engel".
Deine Kraft ist nicht völlig verpufft. Hinweggespült in einen Gully.

Nur hat das System dazu mitunter tatkräftig beigetragen, diese Energie in alle möglichen, oft sinnlosen Verbraucher und Kanäle zu splitten. Abzuleiten... anstelle zu fokussieren!

Wie lautet der Titel meines Buches?

Vergangenheit war damals!

Als Kind warst Du zu unselbstständig. Damals konntest Du nicht einfach mal am Tisch mit Deinen Eltern, mit der Faust auf den Tisch knallen und meinen: „Lieber Vater, liebe Mutter... ich glaube ihr irrt hier und jetzt!"

Heute nun aber bist Du selbst! Du bist Du! Niemand schreibt Dir mehr vor!

Das was Du glaubst, dass oder der es noch immer täte oder tut...

...das ist nur wiederum Objekt-Denken zu Dir selbst hin!

Hör also auf zu jammern!

Komm in die Gänge!!!

Finde Deine Energie wieder!

Ein Anderer wird's nicht tun!

DIE CHANCE

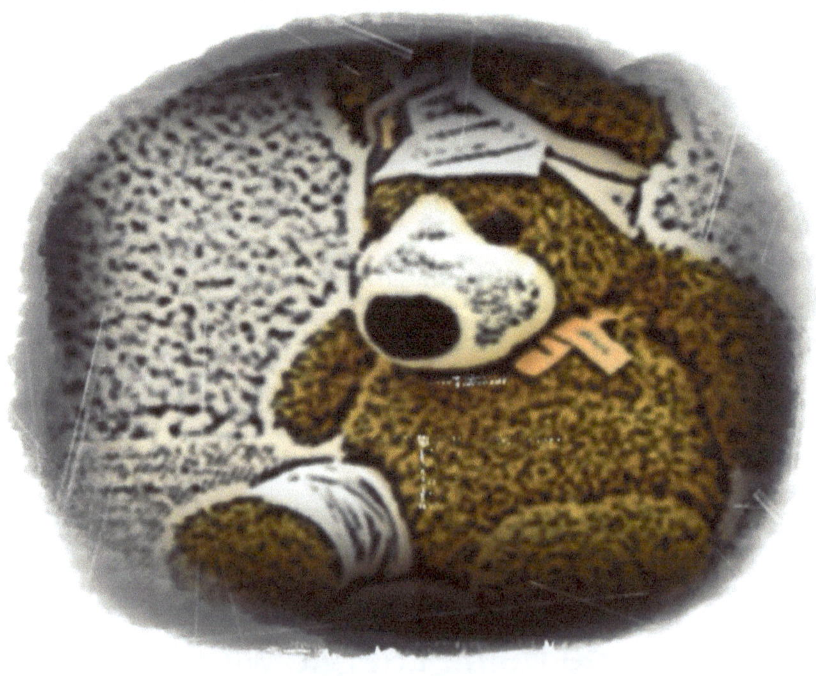

ZUR WENDE

Narben erinnern uns an das Erlebte...

...doch sie bestimmen nicht unsere Zukunft!

Ein kleines Zwischenrésumé:

Liebe Leserin, lieber Leser!

Wir haben also nun mittlerweile ein gehörige Wegstrecke zurückgelegt, auf der wir zusammenfassend festmachen könnten:

Wenn wir noch einmal zurück schauen... Es gibt unzählige Gründe, Geschehnisse, Anlässe, die in der Vergangenheit passiert sind. Es gibt viele Menschen, die uns im Zuge dieser Dinge mehr oder minder prägten. Ich habe nur einen Bruchteil vom Möglichen geschildert.
Unsere Vergangenheit.

Und haargenau dieses eine einzige Wort... namens „Vergangenheit"... ist nun der Schlüssel zur mitunter alles entscheidenden Frage!

Vergangenheit, so prägend, schmerzlich,..... was sie auch immer war...

SIE IST NICHT MEHR !!!

VERGANGENHEIT WAS DAMALS !!!

Unwiederbringlich, unabänderbar, VORBEI!

Letztlich jedoch – und dies möchte ich aus tiefstem Empfinden zum Ausdruck bringen – hat sie uns zu dem gemacht, der/die wir heute sind! Bis zu genau dieser Sekunde, in der Du diese Worte liest!

Die Frage, die also zur Entscheidung ansteht:

Wollen wir weiterhin an dieser Vergangenheit festmachen, ihr nachhängen, sie weiterhin über unser Leben bestimmen lassen...?

Oder wollen wir unser immer noch verletztes, vernachlässigtes „inneres Kind“ endlich in den Arm nehmen, es an der Hand nehmen, Wunden sehen und heilen...
...und endlich unser Leben, unsere Bestimmung, beginnen...???

„Wer fragt: "Was hat man zu tun?"

- Für den gibt es keine Antwort.

"Man" hat nichts zu tun. "Man" kann sich nicht helfen, mit "Man" ist nichts mehr anzufangen. Mit "Man" geht es zu Ende.

Wer aber die Frage stellt: "Was habe ich zu tun?", den nehmen Gefährten bei der Hand, die er nicht kannte und die ihm alsbald vertraut werden, und die antworten: „Du sollst Dich nicht vorenthalten!"“

(Dr. Martin Buber)

Kapitel 22 – Die Umkehr - Der Ansatz nach draußen

Nun lieber Leser, liebe Leserin!

Wie tief sind wir nun vorgedrungen, zu Deinem inneren Kind? In Deine Vergangenheit?
Welche Themenbereiche mit Ähnlichkeiten haben wir angesprochen, berührt…?
Welche noch nicht…?

Hast Du - für Dich - nun genug „Arschtritte" erhalten?

Diesem zum Kapitel einleitenden Zitat nun folgend, möchte ich bereits auch hier einen sehr starken Impuls zur Veränderung geben und folgen:

Wer ist „man"...?

Abgesehen von einer geschlechtslosen Formulierung, um mitunter Personen nicht zu benennen..., schon gar nicht sich selbst...

Was hat „man" noch zu tun? Objektdenken!
Gibt es für „man" eine Umkehr, einen Ansatz, eine Veränderung, Individualität...?

Ja. Sogar eine sehr Einfache:

Werde vom „man" zum „ICH"!!!

Bist Du also „man"...? **Oder bist Du vielmehr endlich „Du"...**?

Willst Du also – gemäß einer ehemaligen Programmierung in Deinem weiteren Leben, also immer in der „unpersönlichen 3. Form" sprechen...
...oder doch von Dir?

Willst Du mehr oder minder direkt weiterhin Bewusstheit und Verantwortung auf „man" schieben... oder willst **DU** endlich die Deine einnehmen...?

Bewusstheit! Verantwortung!

Neue Denk- und Sichtweisen, neue Bewusstheit, neue Verantwortung vermag dann Fragen hervor zu bringen:

Wer bin ICH?
Was habe ICH noch zu tun?

Gibt es für MICH eine Umkehr, einen Ansatz, eine Veränderung?

Also weit entfernt von „man“... da irgendwo im sinngemäßen entfernten „Orbit eines Lebenskreises“...
...sondern vielmehr mittendrin!
Im Zentrum des Ich, des eigenen Seins! Den Fokus nach innen gerichtet.

Es wird Dir also vielleicht im weiteren Buchverlauf auffallen, dass es ab jetzt kein „man“ mehr geben wird.

Das Objekt „Man“ wird zum Individuum Ich, zu wir!

„Man“ wird zum lebendigen Menschen, zur Persönlichkeit!

Ein wichtiger Tipp und möglicher Anreiz für Deine Veränderung:

Beobachte Dich in der nächsten Zeit... wie sehr Du „man“... bist oder bleibst...

...und ob bzw. wie sehr Du zum „Ich“, zu Dir selbst wirst...!

Wir haben nun sehr tiefreichende Kapitel hinter uns. Einige Kapitel, die an den Grundfesten rütteln, die längst Verschüttetes hervorholen vermögen...

Deshalb eine Bitte: Lege das Buch nun einmal für einen Moment zur Seite...
...und nimm einige sehr tiefe, entspannende Atemzüge...!

Eiiiiiiiin...

Auuuuuuss...

Eiiiiiiiin...

Auuuuuuuss...

Egal wo Du grade bist. Egal ob gar jemand zusehen könnte ... oder nicht! Vergiss das alles für einen Moment! Entspanne Dich mal!

Es geht jetzt rein um Dich!

Und es wird letztlich Dir nun zeigen, ob Du für dieses Thema eines Sehens, Erkennens, Reisens zu Deinem Kind und Heilen... bereit bist...
...oder ob Du schon bei dieser kleinen, unbedeutend scheinenden Aufgabe zurückzuckst... oder mit Mut voranschreitest!

Bedenke:

Selbst große Dinge beginnen immer im Kleinen!

Und gleich eine weitere Bitte...:
Wir haben bis jetzt eine Reise durch dieses Buch hinter uns, welches ja doch sehr nachhaltig – mitunter durch Beispiele – aufzeigt, wie sehr ein Kind geprägt wird. Wie sehr Vergangenheit nachhängt, an uns klebt... oder wir vielmehr an ihr.
Welche mitunter „schlimmen Dinge"... und womöglich noch Schlimmere ... Kindern angedeihen.

Und doch sind wir hier!

Hier... und Jetzt!

Ich meine also, spätestens JETZT ist es an der Zeit, dass wir uns einmal so richtig richtig loben! Ja dass wir feiern! Womöglich mal einen Korken knallen lassen!

Loben? Feiern? Wofür?

Genau dafür, dass Du, dass ich... und jeder andere, seine Kindheit hinter sich gebracht hat!!!
Dass wir mitunter zeitweise durch eine regelrechte Hölle gegangen sind..., auch wenn wir heute nicht mehr davon wissen...
Und ich betone jetzt: ZEITWEISE

Ja ich weiß... der Begriff „Zeit" wird von jedem oft anders interpretiert.

Ich nun halte mich da an die simpel klingende Definition:
„Zeit ist ein Bereich zwischen zwei konkreten Beobachtungspunkten".
Also in gewisser Weise erstreckbar, interpretierbar.
Angefangen von einer Millisekunde... bis zu astronomischen Einheiten eines Schöpfungsgedankens.

Wie auch immer...
...was ich damit zum Ausdruck bringen möchte:

Diese mögliche Hölle dauerte nicht immer an. Selbst bei augenscheinlich „durchgehendem Leid" gab und gibt es Zeiträume einer Unterbrechung.
Von dieser Darstellung nun also „rückwärts betrachtet" gab es mit Sicherheit auch Momente, „Zeiten", in denen wir als Kinder glücklich waren!

Es war nicht alles „schlecht"!

Selbst wenn wir noch alles wegstreichen, was wir uns eben irgendwann schöngeredet haben...

...es gab schöne Dinge, Erlebnisse, Momente, Erfahrungen!

Jaaa... vielleicht haben wir alle miteinander – der Eine mehr, der Andere weniger – ein bisschen einen Hau weg...
...aber wir sind hier! Wir haben es geschafft zum Henker!!!

Wenn das kein Grund für Lob und Wertschätzung ist... ja was denn dann?!?

Und wenn Du es Dir schon zutraust...
...nimm Dich doch jetzt mal selbst in den Arm!

Klingt bescheuert..., sieht mitunter noch bescheuerter aus...

...ABER WEN JUCKT DAS DENN...?!?!?!?

Wenn nicht spätestens JETZT ...
...WANN soll denn dann die „richtige Zeit“ dafür gekommen sein...?!?

Realistischer Weise nun komme ich nicht umhin, um etwas Wichtiges zu deponieren:
Ja. Ich habe in meinem Buch nun oftmals sehr drastische Dinge beschrieben. Dinge, die man hinlänglich als ziemlich übel beschreiben würde. Dinge, die natürlich sehr nachträglich prägen.

Doch erachte ich – nicht zuletzt aus eigener Erfahrung heraus – es für wichtig, selbst oder grade solche groben Dinge anzuführen. Damit hier wirklich Bewusstsein für das Mögliche geschaffen wird!

Als bildlicher Vergleich...: stell Dir mal etwas vor, was so richtig richtig scharf im Geschmack ist!
Ein höllisch feuriger Chili, der schlimmer als Feuer brennt! Wo Du glaubst, im nächsten Moment springt die Schädeldecke weg...!

Hätte ich nun lediglich ein bisschen „Würze“ angeführt, hättest Du Dir dann je Gedanken, eine Vorstellung gemacht, über das wirklich Scharfe...? Hättest Du Dir es je SO vorstellen können, wie die wirkliche Erfahrung dieses Höllenchilis ist?

So ... nun aber kennst Du die Schärfe und hast wohl eher die Möglichkeit, allfällige „Abstufungen“ darunter besser zu erkennen, eher in Kauf zu nehmen... als die Schraube immer weiter „von unten nach oben“ zu drehen...

Gleiches nun so mit den Beeinträchtigungen, den Anpassungen im Leben.
Und ich bin mir sicher, dass ich bei Weitem noch nicht das „Schärfste“... also das Schlimmste erlebt und beschrieben habe, was Kindern oftmals passiert. Da stoße also auch ich an meine „Grenzen“...

Weißt Du lieber Leser, liebe Leserin... was in diesem Ganzen Erkennen, Erwachen, Annehmen für mich wirklich lustig ist...?

Erneut eine Begebenheit aus meinem Leben:
Irgendwann war das oft zitierte „Fass“ voll. Übervoll. Und als es platzte, ging gleich eine Menge bisheriges Leben den Bach runter. Einfach so...

Unter anderem auch ein eigentlich unkündbarer Job. Für mich stand nur fest: ich musste aus dem Ganzen raus... oder ich würde Tatsächlich in Hinkunft nur mehr eine bestimmte Jacke für mein restliches Leben tragen. (*Man kennt sie unter „Nichtraucher-Jacke“, „Ich-hab-mich-lieb-Jacke“ ... usw. usw.)*

Es gab dann unter anderem zu diesem einhergehenden Jobverlust auch ein ärztliches Gutachten. Und jetzt kommt´s: Da stand dort tatsächlich und wortwörtlich drin, ich „litte“ unter Anpassungsstörungen!

Ich wurde also mein ganzes bisheriges Leben in jeglicher Art und Weise immer nur angepasst. Wenn´s nicht passend war, hat man sozusagen noch „passend gemacht“ ... mitunter mit sehr „ausgeklügelten“ Methoden, so u.a. auch Mobbing/Bossing/Bullying im Arbeitsbereich...

Objekt-Begegnungen! Du erinnerst Dich?

...Und dann „litt“ ich unter Anpassungsstörungen...???
Ich passte also noch immer nicht ins gewünschte Schema...???
Mein „Ich“ hatte also – trotz aller Widerwärtigkeiten - bis dato nie aufgegeben, in seinem Bestreben, endlich „Ich“ zu sein...?
Die hatten mein Ich bis dato noch immer nicht kleingekriegt...?!

Heureka!!! DAS nenn ich mal saubere Arbeit!
Kein Grund zum Feiern also...?

Und ganz ehrlich... ob ich unter diesen sogenannten Störungen „litt“...? Vielleicht eher eben unter diesen Anpassungsversuchen an sich... aber auch schon nicht mehr!

Und solche „Spezialisten“, Fachkräfte... sind aber maßgeblich in verschiedenen Bereichen tätig... und erklären, bewerten dich dann zu allem Überdruss, zusätzlich sozusagen, zum Objekt namens „Vollpfosten mit Prädikat“. Ausschluss aus der Gemeinschaft!?
Sodann also.... Gehst Du mit mir einher, dass es nahezu unzählige Dinge gibt, die ein Kind beeinträchtigen, prägen? Ob Du sie jetzt nun im Detail kennst oder nicht... als „Betroffener“...

Dass es – gegenüber gestellt - gleichzeitig als MENSCH möglicherweise gar nicht wirklich machbar ist, womöglich auch gar nicht Sinn von Erfahrung an sich ist, dermaßen unfehlbar, perfekt zu sein... um nicht

einen einzigen Anlass für einen unwahren Gedanken, Bewertung zu schaffen...? Als „Erzogener" UND „Erziehender"...
Ich selbst hielte es für unmöglich! Nochmal:

Wir sind Menschen!

Menschen werden geboren mit Lust!
Lust – zu entdecken!

Nehmen wir dies dann doch bitte auch gleich einmal ... genau so... an!
Es ist so! Es ist, wie es ist!
Keine Ausrede, keine Generalentschuldigung für sämtliches Denken und Tun!
Aber endlich mal Annahme des Lebens!
Und...
...irgendwie sagt mir mein Herz, dass vieles genau so sein soll, wie es ist!
Ich erwähnte doch schon beim Geburts-Kapitel, dass die Natur einen gewissen Ablauf vorgesehen hat. Er ist nach bisherigem Verständnis nicht änderbar. Nur der Mensch bildet sich das ein...

Es erweckt den Anschein, dass der Mensch gewisse Erfahrungen machen soll... Polaritäten erleben soll...
...nicht zuletzt, um möglicherweise so Chance und Möglichkeit zu haben, das Gegenteil ebenso erfahren zu können!

SO DER MENSCH DIES WILL !

Nur als grobes Beispiel: Wie kann ich – ohne je Mangel erfahren zu haben – je Fülle, Reichtum erkennen und schätzen können...?

Das Gesetz der Polarität also scheint hier voll zu greifen. Eine Art eigene Intelligenz des Lebens?
Wie kann ich je erfahren, was es heißt zu lieben, zu schätzen, Demut und Güte zu entwickeln... wenn ich nicht vorher erfahren konnte, was Nicht-liebe(n), Nicht-Schätzen bedeutet...?
Wie könnte ich eher die Bedeutung erfassen, dass der wahre Wert und Reichtum niemals im Außen gefunden werden kann?
Denn – wenn wir alle dereinst einmal unser letztes Kleid, unseren letzten Anzug tragen... was werden wir von allem Besitz oder vermeintlichen Reichtum im Außen mitnehmen können...?

Nur so viel zum „Besitz“ alleine schon...

Langsam also könnte sich die monumentale Frage für ein weiteres Leben aufbauen:

Wie komme ich aus diesem Hamsterrad raus?

Denn für nichts Anderes halte ich auch dies ... im übertragenen Sinne!
Und hierzu klinke ich mich nochmals bei meinem vorigen Statement ein:

SO DER MENSCH DIES WILL !

Denn... und dies ist eines der entscheidendsten „Kriterien“, mit denen alles neu zu beginnen vermag:

Jeder ist nachhaltig eingeladen, etwas zu WOLLEN !

Denn will ich nicht... so richtig mit ganzem Herzen, mit vollem Dahinterstehen... dann bleibe ich weiterhin mit meinem Arsch im Komfortsessel kleben, be- und verurteile weiterhin Gott und die Welt..., jammere herum, mach dies und jenes... und jenen verantwortlich... und wer und was mir sonst noch so über den Weg läuft...
Aber das war´s im Groben und Ganzen!
Dann ließe der Satz sich kurzerhand umdrehen ... in:

DER MENSCH WILL DIES SO !

Und genau so wird es dann auch sein! Resonanz!

Will ich jedoch Änderung, will ich zuerst einmal herausfinden, wer ich wirklich bin...

...ja dann heißt es hoch mit dem Hinterteil!
...ja dann ist aktives Tun gefordert!
...ja dann ist mitunter warm anziehen und raus aus der Komfort- oder Kuschelzone angesagt!

Du würdest mich in gewissem Maße für bescheuert halten, wenn ich Dir nun riete, zur Beantwortung dieser Frage „Wie komm´ ich raus...?" das Buch erneut von vorne zu lesen... oder!?

Doch... ein Kreis des Lebens vermag sich hier zu schließen... und ein Neuer zu öffnen...
...denn Du vermagst nun, nach dem bisherigen Teil des Buches einen wichtigen Punkt zumindest ansatzweise schon angesehen zu haben..., auch wenn es Dir vielleicht noch nicht ganz bewusst sein mag:

Deine Vergangenheit! Deine Kindheit! Dein Inneres Kind!

Etwas Anderes wollte ich auch nicht erreichen, kann ich auch gar nicht erreichen...

...als so lange zu rütteln, bis es sich in Dir von selbst zu bewegen beginnt!
Bis diese, meine geschilderten Erlebnisse, Anrisse, Szenarien, Fragen... IN DIR ein Eigenleben entwickeln! Sich meine Aussagen immer mehr in den Hintergrund verlegen und ...

...Dein wahres Ich in den Vordergrund tritt!

Darf ich Dir vielleicht noch einen anderen, bildlichen Vergleich darlegen, um einen möglichen Weg aus dem Hamsterrad zu umschreiben...?

Ich habe in meinem Buch nun versucht, doch einige Beispiele zu bringen und damit zu erläutern, was nun alles in einem Kinderleben, einer Anpassung passieren kann. Dies ist nur ein kleiner Teil vom Gesamten, „die Spitze vom Eisberg".

Wie auch eingangs angedeutet, hat nun jeder für sich ganz individuelle Erlebnisse, Auffassungen derer. Im Grunde jedoch werden sich immer gemeinsame „Grundkomponenten" der Anpassung finden lassen – wie auch versucht, in Kapiteln thematisch darzustellen.

Wenn man dies aber alles nun einmal vor sich aufbaut, dann bleiben im Endeffekt zwei grobe Möglichkeiten:

Weg Nr. 1)
Ich verlasse diesen alten Weg nicht, bleibe in einer Komfortzone kleben, lass alles beim Alten, verdränge weiterhin, schaue weg... mach andere zum Objekt und laviere mich sozusagen an der eigentlichen Problemlösung vorbei. Und gut.

Ergebnis dessen wird sein, dass ich mich nicht einmal ansatzweise zu wundern bräuchte, dass eben alles so ist wie es ist. Und auch bleiben wird. Und ich hoffen darf, wenn ich in die Grube fahre, dies alles hinter mir zu lassen...

Weg Nr. 2) nun jedoch...
Ich nehme... Du nimmst mitunter allen Mut zusammen und siehst – im Gegensatz zu Weg Nr. 1) – ganz genau und gezielt dorthin. Insgesamt auf die Vergangenheit, zu einzelnen Erlebnissen.
Dieses Hinsehen alleine wird nicht heilen.

Erst das liebevolle ANNEHMEN dessen als Deine Vergangenheit vermag zu heilen.
Und dann wird es so sein: Was immer Du auch vorher vielleicht in immer gearteter Weise versucht hast loszulassen, loszuwerden... wie man es immer so schön auszudrücken, schönzureden versucht... DU WIRST NIEMALS ETWAS LOSLASSEN!

ALL DIES WIRD DICH LOSLASSEN!

Oooohhh! Das wäre ja mal ganz was Neues... oder!?

Doch... wie klingt DAS für Dich?
Wie fühlt es sich gar an...???

Gib und nimm Dir mal ausführlich Zeit für diesen Gedanken!!!

TU ES !!!

All diese Erinnerungen als Boten... sie werden sozusagen ihre Botschaft erneut überbringen. Und wenn Du diesmal mit Deinem Herzen zuhörst..., endlich einmal dann die Botschaft annimmst und umsetzt...
Ja dann werden diese Boten endlich gehen dürfen. Die sind nicht im Geringsten scharf drauf, in Dir da eine „Dauerstelle" zu besetzen!

Somit vermag Dir das bewusste Ansehen und Annehmen, dann im Sinne eines intelligenten Lebens und Energieflusses, endlich Türen zu öffnen.
Türen, die Du jedoch vorher nie im Leben hättest sehen können, da Du Dein Inneres schon derart vollgestopft und überladen hattest!

Lieber Leser, liebe Leserin!

Um das eben gesagte noch einfach zu vergleichen...
...ich weiß ja nicht, ob Du in Deinem Leben grundlegend zumindest schon mit Kosmetika zu tun hattest.
Nur alleine schon vorweg: Du kannst Dich mit dem Zeug zukleistern bis zum Abwinken... Das „Darunter“ bleibt nach wie vor genau das, was es ist! Du legst Dir also auch damit eine Art Maske auf!

Ich will jedoch auf etwas Anderes hinaus!

Spätestens in unserer Pubertät waren viele von uns damit belastet, dass der Körper ebenso in ein Erwachsensein hinüberwechselte. In diesem Zusammenhang wird es wohl eher nur wenige gegeben haben, die nicht mit diversen Pickeln – vorwiegend im Gesicht – beschäftigt waren. In groben Fällen auch „Akne“ genannt.
Und selbst, wenn wir selbst so absolut nicht betroffen waren, gekannt haben wir auf jeden Fall Menschen mit dieser Herausforderung!

Jetzt wären wir wieder bei der Objekt-Rolle:
Warst Du derjenige, der dann allem Möglichen die Ursache dafür gab?
Oder warst Du derjenige, der vielleicht noch erschrocken darüber war, es aber einfach hinnahm: „Ist halt so“.

So.
Jetzt frag ich Dich:
Wie bist Du vorgegangen?

Hast Du mal eben flüchtig in den Spiegel geschaut? Überhaupt in keinen... oder zumindest die andere Richtung? Hast die Pickel einfach Blühen lassen? Maximal ein bisschen „herumgepopelt“?

Was wird aber unterm Strich dabei rausgekommen sein?
Die Pickel blieben Pickel. Hinterließen womöglich noch sichtbare Narben... aber im Großen und Ganzen war´s das auch.
Die Akne ist Schuld. Oder die Luftverschmutzung. Gar Gott.
Es hat sich nichts geändert! „Man“ hat es „ausgesessen“. „Wir schaffen das!“
Ooooder...

Warst Du jeder Mensch... und hast oft und gründlich in den Spiegel gesehen! Und – so „mühsam“ es jetzt auch klingen mag oder es war – hast Dich um jeden einzelnen Pickel gekümmert?

Liebevoll zum Pickel... nun das wäre jetzt selbst für mein Verständnis vielleicht doch ein wenig zu viel...
...jedoch liebevoll, achtend, bewusst zu Dir selbst!
Mit bestmöglichem Einsatz.
Und wenn gleicher Pickel mitunter öfter kam... na dann hast Du mit gleicher Aufmerksamkeit, Dich eben öfter um den Pickel gekümmert! Solange, bis er nicht mehr kam.
Hier hat sich definitiv etwas geändert. Es blieben keine Narben! Und selbst wenn... Du trugst und trägst sie aus ganz anderem Gefühl einer liebevollen Annahme, eines Seins!
Wie im richtigen Leben!

Ich könnte nun also durchaus hergehen und eben genau jene Geschehnisse aus der Vergangenheit, diese Wunden ... entweder ständig ignorieren, verdrängen, vorbeigehen.
Was sonst denn als Narben und nicht geheilte Wunden sind bis heute IN UNS. Und jedes Mal, wenn ein „Arsch-Engel“ vorbeigeht, legt der seine Finger in diese. Und lässt uns erneut das Damals spüren!

Wenn ich nun jedoch mich dazu verwende, alles genau, in Ruhe, in Annahme, in Liebe anzusehen… mich darum zu kümmern…
…dann vermag ich aus dem Hamsterrad zu entkommen! Dann entsteht Heilung!
Vorsicht jedoch – bitte nicht verwechseln:

Vergangenheit ansehen, erkennen, annehmen. DAS ist eine Sache!

Sie dann jedoch im Weiteren wieder nur als Rechtfertigung, als Vorwand vorzuschieben, wieder Andere und Anderes zum Objekt machen… „Meine Mutter ist schuld, dass ich heute so ein scheiß leben habe, dass ich gestört bin…" etc. etc. etc. Das wäre, wie wenn Du neuerlich den Gärtner zum Bock machst!
So läuft´s ganz sicher nicht!

Selbstverständlich nun kann dieses Buch, jedes andere Buch oder jeder Vortrag, jegliches Seminar oder Anwendung, jegliche Spiegelung von außen lediglich an dem bisherigen Konstrukt Deines Lebens rütteln. Alles was im Außen herantritt, kann immer nur Anstoß, Impuls, Zündfunke sein.
Das eingangs erwähnte „Starterkabel": Vielleicht wird´s wirklich nur ein Stößchen… möglicherweise aber auch ein Erdbeben auslösen.
Ich erwähnte doch schon: Das Leben hat seine eigene „Intelligenz". Sein eigenes Tempo! Da kannst Du lesen, sehen, anhören, dich verbiegen und herumrödeln, …bis zum Erbrechen!
Alles, was unser Verstand (auch Ego) weiszumachen versucht, was nicht alles… am besten gleich, sofort…
…das alles ist Hirngespinst. Konstrukt.

Leben hat sein eigenes Tempo!

Ich würde nur zu behaupten wagen: Je mehr Du Dich öffnest in Herz und Geist…

...umso schneller vermag das Leben einzutreten...

...Dich zu erfüllen!

Ja sieh mal einer an!!!
Egal, was Du im Außen anwendest, kann durch dies niemand Deine Vergangenheit ändern... oder für Dich im Detail ansehen. Schon gar nicht heilen!
Dazu bedarf es rein Deines inneren Zutuns. Deines Hinsehens. Deines Mutes. Deiner Neugier. Deines Willens. Deiner Annahme. Deiner Energie. Deines Lebens.

Vor allem Deiner Liebe zu Dir selbst!

Alleine aus meiner Erfahrung kann ich Dir sagen, dass es all diese Dinge benötigt. Und vielleicht noch mehr...
Denn es werden Dir mitunter Dinge wieder begegnen, die all dies zusammen erfordern!
Die Dich noch einmal auffordern, dies erneut zu erleben, zu erfühlen!
Dinge, die Deine Vergangenheit, Dein Ich sind!
Dinge, die Du – je nach Wille – weiterhin verdrängen, hinter Masken verstecken, verleumden, verweigern kannst. Dinge, vor denen Du letztlich aber nicht davonlaufen kannst!

OOOODER....

Dinge jedoch, die Du heute als bewusster Erwachsener mitunter ganz anders zu erkennen und zu lösen vermagst!

Dieses „innere Kind", dass da auf Dich wartet...
...ja es wartet noch immer auf Deine helfende Hand! Darauf, dass Du Dich seiner – als tatsächlich einzig existierendes Wesen auf diesem wunderschönen Planeten – liebevoll annimmst und diese oft unwahren Gedanken und Gefühle ausräumst!

Dinge, die Du heute sehen, erkennen, klären, annehmen, lieben kannst!

Deshalb nun eine einzige, wichtige Frage an Dich, die ab JETZT alles für Dich und einen weiteren Weg entscheiden wird:

WAS WILLST DU WIRKLICH ???

Just passend an genau dieser Stelle nun…
…eine weitere Frage an Dich (*auch wenn sie Dir vielleicht schon bekannt vorkommt*)…:

Was hast Du Dir von diesem Buch erwartet?

Vielleicht doch ein paar konkrete Tips, Anleitungen oder Ähnliches?
So in der Art…: „Erreichen Sie in 10 Schritten …" oder so…?

Lieber Leser, liebe Leserin!

Lass mich Dich in Gedanken genau jetzt und hier einmal liebevoll umarmen!

Und lass mich Dir aus tiefstem Herzen – in dieser Umarmung sagen – dass Du solche „Schritte-Fiebeln" nicht benötigst!

Die Lösung steckt bereits IN Dir!

Selbstverständlich!

Es gibt viele dieser Leitfäden, Anleitungen. Ja es gibt auch Anwendungen zuhauf. Man verbiegt sich, verdreht sich, übt sich in Haltungen und Achtsamkeit.

Doch all dies, so nützlich es mitunter als „Starterkabel“, als „Zündfunke“ sein mag...

...so sehr ist es letztlich nur eine „schnelle Lösung“!

Doch wie ein „alter Hase“ im sehr umfassenden therapeuthischen Bereich, Abdi Assadi in seinem Buch „Schatten auf dem Pfad“, schon sagte:

„Schnelle Lösungen sind etwas für Junkies!“

Wenn ich Dir etwas von Herzen empfehlen darf...:

Wenn Dir etwas gefällt, wenn Dich etwas anzieht... dann geh hin und probiere es aus! Nimm Dir die Zeit dafür! Mache eigene Erfahrung!

Doch tappe nicht in die Falle, Dein Wohl – sowohl für Herz als auch Körper – von diesem Tun, von dieser Person abhängig zu machen!

So auch nicht von mir, von meinem Buch!

Nichts und niemand im Außen – so toll es sich auch präsentiert – ist ein Heiler, ein Heilmittel!

Dieser mögliche Heiler, dieses Heilmittel ... das bist rein Du selbst!

Lasse Dich anregen, Dich inspirieren, Dich entzünden...

...doch brennen darfst Du selbst!

Folgende tatsächliche kleine Geschichte:

Ich ermutigte meine 10-jährige Tochter doch ein Bild zum Thema "Liebe" zu malen. Was ihr denn einfach so dazu in den Sinn käme...
Ich darf jenes Ergebnis hierzu präsentieren.

Da ich nun sehr neugierig war, fragte ich sie nach ihrem Beweggrund, dies genau mit dieser "Geschenks-Handlung" darzustellen.

Sie meinte darauf aus erstem Impuls heraus, ja wenn man jemandem etwas schenkt, dann sei dies Liebe.
Gut. Ich fragte dann zurück:
"Wofür hältst Du es dann, wenn niemand etwas schenkt?"

Da kam sofort als Antwort:
"Ja dann ist das keine Liebe!"

Erinnerst Du Dich noch an das Kapitel „Erwartungen"...?

Ich folgte nun einfach einem Impuls und nahm mir die Kleine an meine Seite...
...und fragte sie dann sehr direkt:

"Wenn ich Dir also nichts schenke... glaubst Du dann, ich liebe Dich deshalb nicht...?"
Und nach minimaler, aber spürbarer Pause kam dann ein "nachdrückliches", beinah befreiend klingendes... "DOOOOCHHH!"

Dieses Erkennen! Von einem 10-jährigen Kind...!

Vieles in mir wurde berührt. Vor allem dahingehend, wie aufmerksam ich doch immer wieder hinterfragen darf...

...denn wie schnell sich hier schon Gendanken in dem Kind einnisten, wie schnell diese mitunter dann zu Grundsatzgedanken, Glauben und Handlungen führen könnten...

Ich weiß es nun als bewusster Erwachsener ziemlich genau.

Es ist also sehr wichtig, mit den Kindern jederzeit zu kommunizieren. Mögliche unwahre Gedanken schon beizeiten in eine Richtung zu lenken, dass die Kinder selbst mögliche Unwahrheit erkennen und ändern können...

DANKE LEBEN !!!

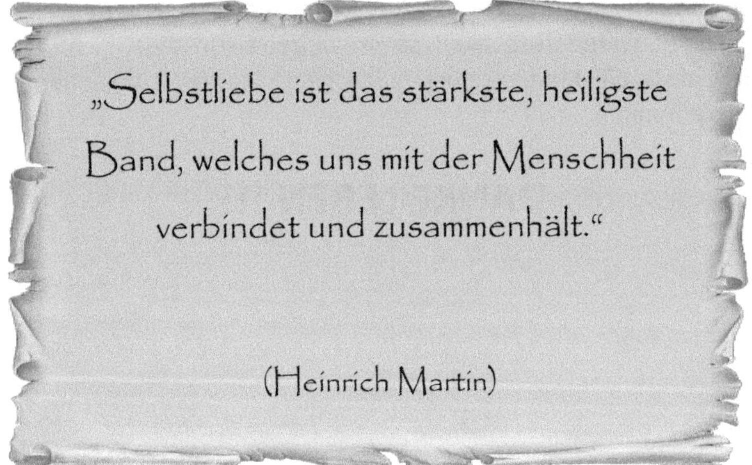
„Selbstliebe ist das stärkste, heiligste Band, welches uns mit der Menschheit verbindet und zusammenhält.“
(Heinrich Martin)

Kapitel 23 – Erneut also: Selbstliebe, Bewusstheit, Verantwortung

Selbstliebe. Bewusstheit. Verantwortung!

Ich darf mir dessen bewusst sein, dass auch ich Mangelkind bin.
Ich darf mir dessen bewusst sein, dass auch ich Angstkind bin.
Ich bin um keinen Deut besser oder schlechter… sofern man diesen „Vergleich" überhaupt benötigt, zulassen will…

Leben selbst trifft auch keinen Vergleich!
Leben IST!

Ich darf die Verantwortung dafür tragen. Für mich! Und nur für mich!
Ich BIN es. Ich bin alles. Ich nehme es so an!
Was aber nicht hieße, dass es so bleiben müsste! Meine Verantwortung!

Und … ich darf all dies lieben!!!!!!!!!

All dies bin ich! All dies ist meine Schöpfung, mein Leben, meine Vergangenheit, meine Gegenwart und Zukunft!

Wer sonst denn sollte es lieben, wenn nicht ich? Aus welchem Grunde sollten denn ständig „die Anderen"…???

Ich bin Mensch ... genau so darf ich mich lieben. Mit allem darum, daran und darin.

Erinnerst Du Dich an die letzten Worte im Kapitel – Lügen? An den schwelenden Brand, der bisher nicht erkannt und gelöscht wurde...?
Mein Herz sagte mir, es würde nun doch sehr gefehlt sein, das innere Kind mit diesem schwelenden Brand zu vergleichen!
Doch jene Gedanken, Gefühle, Emotionen... und mitunter Schmerzen und Wunden aus jener Zeit... sie sind die schwelenden Brände, derer sich bis heute nie jemand angenommen hat!

Alles im Leben hat seinen Hintergrund, sein Tempo, seine Richtigkeit – auch wenn sie oft dem menschlichen, herkömmlichen Denken teils völlig abstrakt scheint.
Manchmal werfen sich Fragen, Gedanken, Antworten auf... doch nicht zuletzt ein Ego - ein strenger Verfechter der Komfortzone - mischt sich dann ein. Streut Zweifel.
Zweifel, die dann zum Beispiel gerne Selbstbewusstheit, Eigenverantwortung, Selbstliebe... allzu gerne verzerren in die Richtung Egoismus, Narzissmus u.v.m.

Da mich genau dieser Bereich, im Zusammenhang mit dem Loslösen aus meiner Anpassung, der Annahme meines inneren Kindes selbst noch befasse (*ich sagte doch schon, ich bin kein Guru, Erleuchteter... sondern MENSCH...*) ...

...da lieferte mir das Leben kürzlich einen Anstoß, der in seiner Weise auf mich noch immer nicht vollständig abzeichnet, wie weit, wie tief sich damalige Grundsatzgedanken eingenistet haben. Wie weit ich mir aufgrund dieser unwahren Gedanken Verletzungen zugefügt habe...

...die bis ins heute wirken. Und jetzt offenbart sich diese Wirkung.

Aus diesem Grunde darf ich - genau zu diesen 3 Begriffen des Kapitels – Selbstliebe, Bewusstheit, Verantwortung (*mit freundlicher Genehmigung der Autorin, Urheberhinweis im Impressum*) hier nun diese Punkte vorbringen und Dich lieber Leser, liebe Leserin, vielleicht auch ein wenig an der Hand nehmen…
…Dir mal ein anderes Lebensbild zeigen, welches Du in dieser Weise vielleicht noch nicht kennst…

…noch nicht anzusehen wagtest…

…Dinge, die Du glaubst, zu schulden…

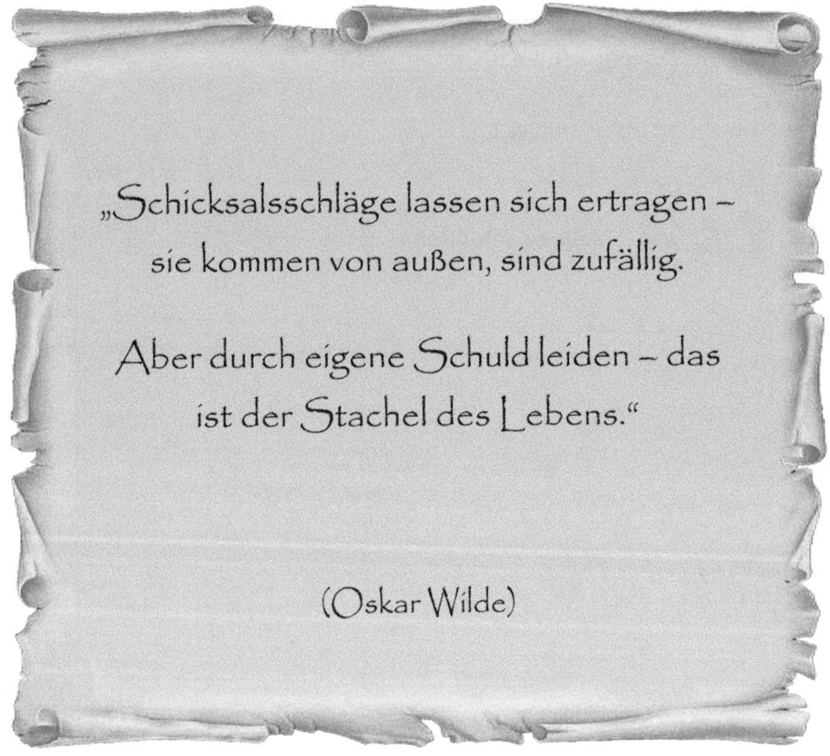
„Schicksalsschläge lassen sich ertragen – sie kommen von außen, sind zufällig.
Aber durch eigene Schuld leiden – das ist der Stachel des Lebens.“
(Oskar Wilde)

Kapitel 24 – Dinge, die Du niemandem schuldest

Lieber Leser, liebe Leserin...
...zuckt beim Lesen dieser Überschrift womöglich sofort ein Gedanke in Dir hoch: „Selbstverständlich schulde ich niemandem etwas!“...?

Dann gratuliere ich Dir!

Lebst Du diese Aussage auch genau so?

Dann gratuliere ich Dir ein weiteres Mal!

Du könntest mitunter dieses Kapitel dann überspringen.
Oder bist Du doch ein klein bisschen neugierig...?

Machen wir´s so: Ich zeige Dir jenes „Lebensbild“... und Du sagst mir dann, ob es in allen Punkten mit Deinem überein stimmt, o.k...?

Grade aufgrund einer oft sehr unbewusst und zugleich subtilen Art und Weise der Anpassung, glauben, denken wir oftmals tatsächlich, dass wir niemandem etwas schulden.
Wenn man jedoch dann Aussagen, ein Gespräch „beobachtet“, stellt man unweigerlich sofort fest, dass es wirklich nur ein Glauben, Denken, eine Selbsttäuschung ist. Die „Realität“ sieht anders aus!
Grundsatzgedanken wirken massivst... und „überblenden“ so jegliche andere Möglichkeit. Verhindern, den Fokus zu erweitern!

Woher weiß ich das nun, wirst Du Dich vielleicht fragen...!?

Aus eigener Erfahrung!!! Zu 1000% !
Denn genau in jene „Grundsatzgedankenfalle“ bin ich auch getappt!

Und nicht zuletzt genau aufgrund dieser nun folgenden Darlegung, dieses „anderen Weltbildes“ wurde ich mit der Nase aber sowas von mittenrein gestoßen...

Ich durfte durch diesen Anstoß selbst meine kleine Lebensbox, meinen „inneren Knast“ mal verlassen... und von außen betrachten!

Da dieser nun folgende Text und Inhalt nun der Einfachheit genau so wiedergegeben wird, wie ich ihn auf der Blogseite vorfand, erlaube ich mir, einen anderen Schriftzug zur Verdeutlichung/Hervorhebung zu verwenden (Urheberhinweis im Impressum – Verweise).

(*Zitat Anfang*)

EINLEITUNG

Von Familienmitgliedern, Freunden und sogar von völlig Fremden, scheint es oft, als hätte jeder eine Meinung über die Dinge, die wir tun, egal wie klein oder unbedeutend diese Dinge uns auch erscheinen mögen.

Manchmal gehen Menschen so weit und bitten Dich, Dich für die Beschlüsse oder Entscheidungen, die wir unserem eigenen Leben machen, zu erklären. Vielleicht fühlst Du Dich verpflichtet zu antworten?

Aber manche Dinge sind nur ganz alleine Deine Sache und Du schuldest überhaupt niemandem eine Erklärung für die folgenden Dinge - auch wenn Du denkst, Du tust es...

DU SCHULDEST NIEMANDEM EINE ERKLÄRUNG FÜR DEINE LEBENSSITUATION.

Egal, ob Du mit Deinem Ex-Freund oder Ex-Freundin zusammenlebst, in verschiedenen Hotelzimmer im ganzen Land abstürzt, oder mit den Eltern lebst für eine Weile, auch wenn Du über Deinen Zwanzigern bist, Du musst Dich niemandem erklären warum Du mit wem lebst, und warum Du etwas nicht möchtest. Wenn Du Deiner Lebenssituation völlig bewusst bist, dann bedeutet es, dass Du Deine eigenen Gründe hast in dieser Situation zu sein, die niemanden etwas angehen.

DU SCHULDEST NIEMANDEM EINE ERKLÄRUNG FÜR DEINE LEBENSPRIORITÄTEN

Du hast Deine eigenen Vorstellungen über die Dinge, die Du und Deine Lieben wirklich komfortabel und glücklich machen würden, was Deine oberste Priorität ist. Da wir alle einzigartige Menschen mit unterschiedlichen Werten, Träumen und Sehnsüchten sind, werden Deine Kernprioritäten anders sein als die, von der nächsten Person. Du schuldest niemandem eine Erklärung für das, was Du feststellst was Deine Kernprioritäten im Leben sind. Das sind Deine persönlichen Angelegenheiten, und nicht die von anderen Leuten.

DU SCHULDEST NIEMANDEM EINE ENTSCHULDIGUNG WENN DU ES NICHT BEDAUERST.

Wenn Du Deine Handlungen nicht bereust und immer noch glaubst, dass jemand falsch ist über etwas oder Du Dich nicht für ihre Vergebung kümmerst, dann musst Du Dich nicht entschuldigen. Viele Menschen sind zu schnell mit Entschuldigungen anbieten und versuchen Wunden zu heilen, die noch nicht bereit sind, geheilt zu werden, was nur dazu führt, die Wunde zu erschweren und mehr Probleme bringt. Du musst Dich wirklich nicht entschuldigen, wenn es Dir nicht leid tut, oder Deine Seite der Geschichte noch nicht angehört wurde.

DU SCHULDEST NIEMANDEM EINE ERKLÄRUNG FÜR DAS VERLANGEN VON ALLEINE ZEIT HABEN.

Du hast vielleicht Angst, dass Du als 'unhöflich', 'anti-sozial' oder 'distanziert' herüberkommst, wenn Du Pläne oder Verpflichtungen absagst, weil Du alleine Zeit brauchst um neu zu starten, oder Du einfach nur ein gutes Buch alleine genießen möchtest. Zeit alleine zu verbringen ist ganz normal, natürlich und eine notwendige Praxis, die mehr Menschen übernehmen sollten. Nimm Deine Zeit überzeugt an, weil Du niemandem eine Erklärung schuldig bist.

DU SCHULDEST NIEMANDEM DEINE ZUSTIMMUNG FÜR IHRE PERÖNLICHEN ÜBERZEUGUNGEN.

Nur weil jemand seine persönlichen Überzeugungen leidenschaftlich teilt, bedeutet es nicht, dass Du dort sitzen musst und nickend zustimmen musst zu allem, was sie sagen. Wenn Du ihren Glauben nicht teilst, ist es unfair gegenüber Dir selbst und der anderen Person, Deine eigenen Gedanken und Gefühle zu unterdrücken und so zu tun, als stimmst Du ihnen zu. Es ist okay und besser, würdevoll anderer Meinung zu sein, anstatt Deine Missbilligung und Frustrationen abzufüllen.

DU SCHULDEST NIEMANDEM EIN „JA“ ZU ALLEM, WAS SIE SAGEN.

Du hast ein Recht „nein“ zu sagen, wann auch immer es keinen zwingenden Grund gibt um „ja“ zu sagen. In der Tat, die erfolgreichsten Menschen in der Welt sind die, die die Kunst vom „Nein-sagen“ gemeistert haben zu allem, was keine Priorität hat. Erkenne die Freundlichkeit anderer Leute an und sei dankbar dafür, aber habe keine Angst, alles abzulehnen, was Deinen Fokus von Deinen Kernzielen und Prioritäten weg leitet. So kommt man weiter.

DU SCHULDEST NIEMANDEM EINE ERKLÄRUNG FÜR DEINE KÖRPERLICHE ERSCHEINUNG.

Du könntest schlank, mollig, groß, klein, hübsch oder was auch immer sein, aber Du musst Dich niemandem erklären, warum Du so aussiehst, wie Du aussiehst. Deine körperliche Erscheinung ist Deine Angelegenheit und Du verpflichtest Dich nur Dir selbst. Dein Erscheinungsbild sollte nicht Dein Selbstwertgefühl bestimmen.

DU SCHULDEST NIEMANDEM EINE ERKLÄRUNG FÜR DEINE SPEISEN-VORLIEBEN.

Es gibt bestimmte Lebensmittel, die Du aus verschiedenen Gründen einfach nicht magst, einschließlich der Geschmackspräferenz und Gesundheitsfragen. Du musst Dich überhaupt niemandem erklären, warum Du bestimmte Nahrungsmittel bevorzugst. Wenn Dich jemand belästigt, warum Du bestimmte Lebensmittel isst (oder warum nicht), zucke mit den Achseln und sage einfach, dass Du Dich besser fühlst, wenn Du diese Lebensmittel isst, oder eben nicht isst.

DU SCHULDEST NIEMANDEM EINE ERKLÄRUNG FÜR DEIN SEXLEBEN.

Solange es mit einer anderen einwilligenden, erwachsenen Person passiert, schuldest Du niemandem eine Erklärung dafür, wo, wann und wie Du Dein Sexualleben führst. Du kannst für die Ehe warten, One-Night-Stands probieren oder mit gleichgeschlechtlichen Begegnungen nach Herzens Vergnügen experimentieren und Du musst trotzdem niemandem Deine sexuellen Vorlieben erklären.

DU SCHULDEST NIEMANDEM EINE ERKLÄRUNG FÜR DEINE KARRIERE ODER PRIVATLEBEN ENTSCHEIDUNGEN.

Manchmal zwingen uns Umstände, zwischen Arbeit und "ein Leben haben" zu entscheiden. Die Entscheidung ist nicht immer einfach und am Ende wählst Du vielleicht Arbeit, nicht, weil Du nicht um Deine Familie oder Dein soziales Leben kümmerst, sondern weil Du an etwas arbeitest, dass Dir Sicherheit in der Zukunft gibt. So oder so, Du schuldest anderen keine Erklärung für die Berufswahl und Dein persönliches Leben, solange Du zuversichtlich bist, was Du tust und warum Du es tust.

DU SCHULDEST NIEMANDEM EINE ERKLÄRUNG FÜR DEINE RELIGIÖSEN ODER POLITISCHEN ANSICHTEN.

Ob Du ein Demokrat, Republikaner, Katholik, Protestant oder Muslim bist, es ist Deine eigene persönliche Entscheidung. Du schuldest niemandem eine Erklärung dafür, warum Du so bist, wie Du bist und warum Du was glaubst, was Du glaubst. Wenn Dich jemand nicht akzeptieren kann für das, was Du bist, ist es sein/ihr persönliches Dogma - nicht Deines.

DU SCHULDEST NIEMANDEM EINE ERKLÄRUNG DAFÜR, DASS DU SINGLE ODER IN EINER BEZIEHUNG, SCHWUL ODER HETERO BIST.

Es ist Deine Angelegenheit und nicht die, von jemand anderem! Single sein ist keine Persönlichkeitsstörung. Du bist frei, in einer Beziehung zu sein oder nicht. Es ist Deine Angelegenheit über Dein geschlechtliches Sein oder Deine Vorliebe! Außerdem bist Du weit mehr, als Dein Beziehungsstatus oder eine Vorliebe… und das alles ist nur eine von diesen sozialen Etiketten und niemand sollte sich darum scheren.

DU SCHULDEST NIEMANDEM EIN DATE, NUR WEIL ER/SIE DARUM GEFRAGT HABEN.

Jemand könnte nett sein, gut aussehen und Du könntest sogar ein wenig interessiert sein, aber Du schuldest dieser Person kein Date, nur weil sie gefragt hat. Oder auch wenn es ein berufliches „Date“ betrifft… Wenn Du das Gefühl hast, dass Du nicht zu diesem Date gehen möchtest, dann mache es nicht. Du magst vielleicht einen Grund zur Ausrede bringen, aber halte Deine Entscheidung kurz und stehe dazu. Besser jedoch sei ehrlich! Sei Du!

DU SCHULDEST NIEMANDEM EINE ERKLÄRUNG FÜR DEINE ENTSCHEIDUNG ÜBER DIE EHE.

Unabhängig davon, ob Du Dich dafür entscheidest zu heiraten und Kinder zu haben, oder ob Du unverheiratet bleibst und ohne Kinder, es ist Deine eigene persönliche Entscheidung. Sogar Deine Mutter, die gerne Enkelkinder haben möchte, sollte verstehen, dass die Ehe eine persönliche Entscheidung ist und nicht für jedermann geeignet ist. Sie sollte Deine Entscheidung respektieren, egal wie schwer es ist zu schlucken.

DU SCHULDEST NIEMANDEM EINE ERKLÄRUNG FÜR DEINE BEZIEHUNGS-ENTSCHEIDUNGEN.

Manchmal machen Leute unangemessene Kommentare über Deine romantische(n) Beziehung(en), was wirklich nicht ihre Sache ist. Vielleicht belauschst Du Kommentare wie: ”Ihr seid nicht das Traumpaar” oder ”Du solltest jemand anderen finden”. Es sind Deine Entscheidungen - nur Deine! Lebe Dein Leben und bleibe nie, niemals in einer Beziehung, nur weil jemand anderes sagt, Du musst. Mache Deine eigenen Fehler wenn Du musst, aber lerne immer von ihnen.

(*Zitat – Ende*)

DAS sind mal Vorgaben, was?

Bist Du – falls Du vorher annahmst, *„Ich bin niemandem etwas schuldig"* – jetzt noch immer voll dieser Meinung?
Oder gelang mir bzw. der Autorin doch Anstoß zum Nachdenken, zur Bewusstmachung...?

Ich gebe zu...
...da sind ein paar „harte Nüsse" dabei, die so jeglicher Anpassung wiedersprechen, die ich erfuhr!

Hier jedoch beginnt Bewusstheit! Ich mache es mir bewusst, dass es möglicherweise unwahre Gedanken waren, die ich aus mancher Anpassung, Vorgabe gezogen habe.
Ich darf mal hineinfühlen!
Und dann entscheiden! Ich für mich! Jeder für sich!

Ich – für meinen Teil nun – sehe in diesen Punkten weitreichende Punkte und Veränderungsmöglichkeiten zur Bewusstheit, Selbstliebe, Verantwortung!

Denn...

...wenn ich mich nach dem richte, was Andere wollen... verleugne ich da letztlich nicht mich selbst?

Wer bestimmt über mein Leben?

Schiebe ich – wohl insgesamt aufgrund Anpassung – ständig irgendwelche Ausreden, Vorwände, Entschuldigungen, Rechtfertigungen und mehr vor...? Schaue ich lieber auf den Anderen, suche Ursachen, erneut Vorwände, Rechtfertigungen darin...?

Oder vertrete ich mich selbst!?

Trage ich dafür dann die Verantwortung...???

Jene erwähnte Eigenverantwortung!?

Lieber Leser, liebe Leserin...
...ich führe hier – vielleicht zur besseren Verdeutlichung noch zwei wichtige Punkte ins Gespräch:

Punkt 1)

All diese Punkte umzusetzen...
...dies deutete für mich keinesfalls auf Grobheit, Verletzungsabsicht, Rüpelhaftigkeit, schlechten Charakter oder sonstigen Unsinn hin, der hinlänglich auch mit Egoismus betitelt wird!

Ich denke und glaube aus tiefstem Herzen, dass ich diese Punkte... und noch mehr ... alle mit Bedacht, mit Bewusstheit, mit Respekt, mit Liebe umsetzen kann.
Zuerst jedoch zu mir selbst!

Denn aus einem leeren Gefäß kann ich nicht teilen, nicht weiterschenken!

Bin ich selbst jedoch erfüllt mit Bedacht, Bewusstheit, Respekt, Eigenverantwortung, LIEBE...

...dann vermag ich weiter zu schenken!

Es gibt für mich hier keinen Zwang. Einzig Ruhe, Ausgeglichenheit, Sanftheit, Freiheit...

Punkt 2)

Für mich deutet auch aus dieser Gedanken- und Lebenskonstellation, dann ganz deutlich auf dieses schon uralte Vorurteil, diesen grässlichen Grundsatzgedanken hin, dass jemand einen anderen „verletzten" könnte.

Denn einzig ich selbst bin für meine Gedanken, meine Gefühle, Handlungen verantwortlich!!!

Niemand anderer schaufelt diese in mich hinein! Sie kommen aus mir!!!

Selbstliebe... Bewusstheit... Verantwortung...

Drei wichtige Säulen für ein gänzlich anderes Leben!

Und mit dem nächsten Kapitel möchte ich sowohl zu diesem, als auch dem Titel des Buches „Vergangenheit war damals"... einen Kreis schließen.

Denn um diese drei Säulen errichten zu können, bedarf es zuerst einer wichtigen Sache, Fähigkeit, Notwendigkeit: Dem Loslassen (*können, wollen*)!

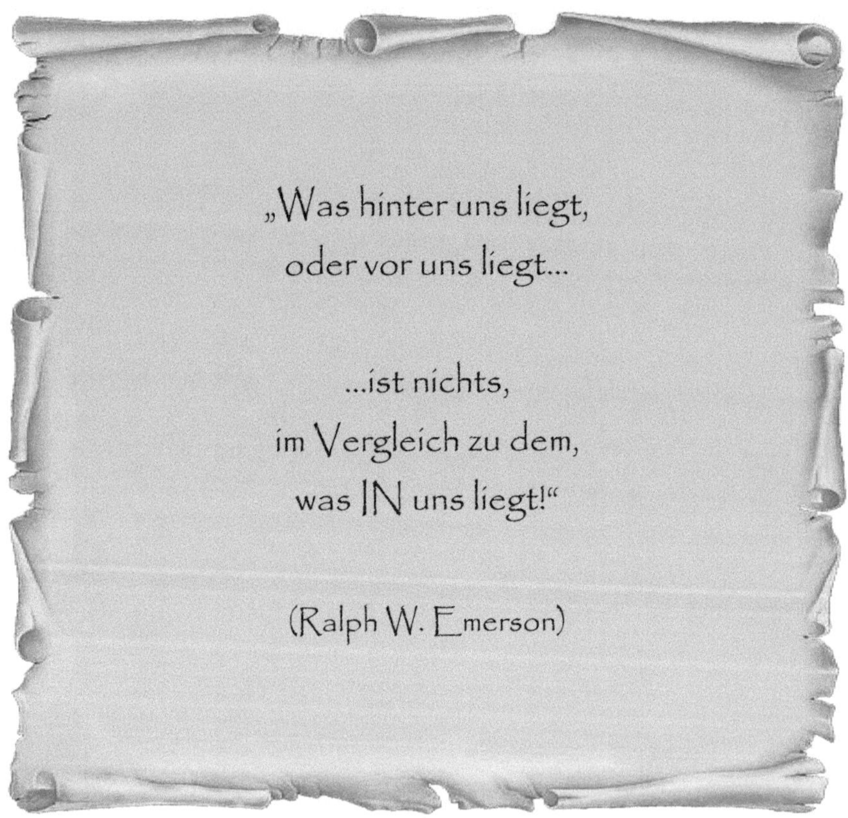
„Was hinter uns liegt,
oder vor uns liegt...

...ist nichts,
im Vergleich zu dem,
was IN uns liegt!“

(Ralph W. Emerson)

Kapitel 25 - Loslassen

Kürzlich las ich auf bekannter Plattform wieder einen Post, der inhaltlich da lautete...: „...meine Vergangenheit schmerzt und ich schaffe es nicht, sie loszulassen..."

Was nun, wenn ich Dir sagte, dass Du selbst Deine Vergangenheit niemals loslassen könntest... in dem Sinne...?

Nicht mit allen Mühen, Anwendungen, Behandlungen und dergleichen...

DU WIRST NICHTS LOS!

Es ist nicht diese Komfortsesseltaktik, diese Vorgehensweise... ich nehme z.B. irgendwelche Pillchen ... und schon ist gut. Oder ich geh zu einem Anwender, Therapeuten oder sonst jemandem, bezahle den... und DER macht dann schon...!

So läuft´s nicht!

Was nun aber, wenn ich Dir sagte, dass Du eingeladen bist, jene Vergangenheit, jenes innere Kind zu sehen. Zu sehen mit Deinem Herzen!
Dieses innere Kind – Dich - zu erkennen. In den Arm zu nehmen.

Jetzt ... im Heute... da ist niemand mehr da, außer Dir selbst. Niemand der Dich (weiterhin) anpasst, außer Du selbst. Niemand der Dich abmontiert, beschimpft, unterdrückt, missachtet etc. etc. etc. ... außer Dir selbst!

Die „Vögel", Boten, „Knöpfe-Drücker", „Arsch-Engel", die Dir im Außen begegnen, sind nur genau das!

Eben nur die Boten, „Knöpfe-Drücker“, „Erinnerer“, „Arsch-Engel“!
(* Definition am *Ende des Kapitels***)**

Mit diesem immer noch präsenten Kind, noch einmal durch jene Vergangenheit zu gehen und ihm beizustehen... liebevoll... gütig... barmherzig... vergebend... annehmend... heilend...

...und dann wird die Vergangenheit einst Dich loslassen!?

Wie wäre das für Dich?
Wie fühlt sich dieser – womöglich neue - Gedanke für Dich an?

Verrückt, bescheuert...?

Dann klammerst Du Dich noch immer an alte Muster. Du verhaftest noch immer in Deiner Komfortzone!
Oder fühlt es sich: angenehm, beruhigend, wohltuend...?

Ooohhh... dann hast Du erlaubt, das Tor zu Deiner Freiheit schon einen Spalt weit aufzustoßen!

Erlaube Dir die Zeit, die Muße, den Gedanken... das Szenario, das folgende, gedankliche Spiel...:

Was würde das Kind,
das Du einst warst,
über den Menschen denken,
der Du heute bist?

Dort schließt sich ein Kreis Deines Lebens!

Und gleichzeitig vermag sich ein Neuer zu eröffnen...
...denn heute ist nicht mehr damals!

VERGANGENHEIT WAR DAMALS !

Ansehen? Ja – unbedingt!
Weiterhin leben? – Nein! Vergangenheit WAR..., ist nicht mehr!

Heute bist Du in der Lage, Dich völlig unbeeinflusst und in Liebe dem Kind in Dir zuzuwenden und das zu schenken, was es erbat...

Also hör auf zu jammern!

(*) *Zur Definition des „Arsch-Engels":*
Ich habe mir erlaubt, diese entzückende Definition von R. Betz zu übernehmen. Stell Dir vor: Da begegnet Dir im täglichen Geschehen ein Mensch, der pault Dich mal gleich von schräg nach links an, macht Dich zur Sau...
Könnte, würde man Jenen nun in Anbetracht seines Tuns gleich als „Engel" bezeichnen? Eher wohl aus einem ersten Impuls als „Arsch"!
Nun ist es im Leben ja so, dass uns alles gespiegelt wird!

Dieser, der Dich nun also anscheißt, ist der Bote, der Spiegel! Er erinnert Dich durch diese außergewöhnliche „Methode" an etwas IN DIR!
Es ist also zwar ein „Arsch" – so gesehen aber auch ein „Engel". Also ein „Arsch-Engel".
Wenn Du nun dann erkennst, worauf IN DIR Dich diese „Botschaft" hinweisen wollte, was sie Dir zeigen will... wenn Du Dich dessen annehmen und gar heilen konntest...
...dann fällt der „Arsch" weg. Und übrig bleibt nur mehr der „Engel"!

Der Begriff „Arsch-Engel" ist also keinesfalls lästerlich, abwertend gemeint...
...sondern hat eine doch tiefere, bildliche Bedeutung!

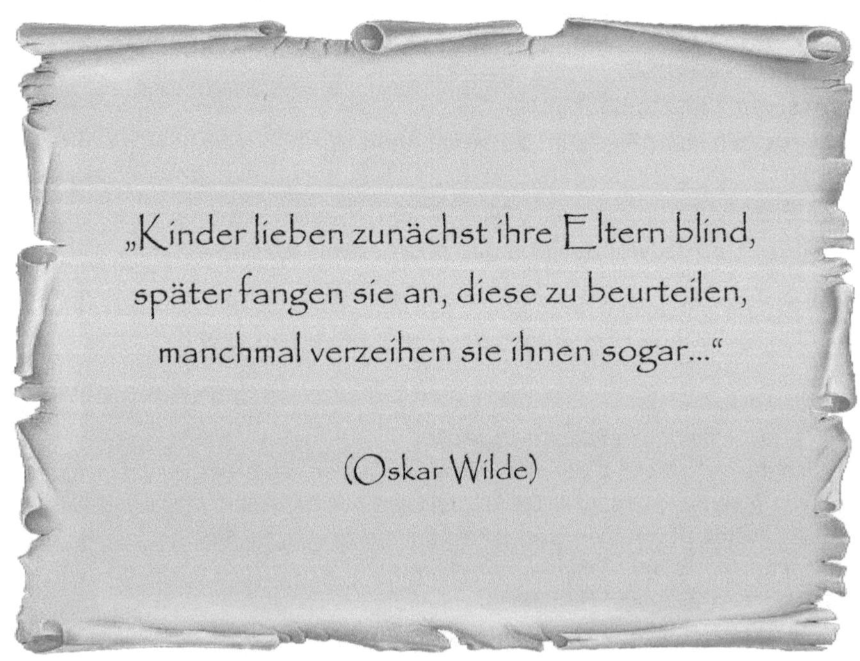

Kapitel 26 – Entwirrung, Entwicklung

Nun lieber Leser, liebe Leserin…
…wir wollen hier nun einmal ein kleines Wortspielchen und zugleich wieder Klangtest betreiben…:

Du kennst doch sicher die inhaltliche Bedeutung, dass dies oder jenes für „Verwirrung" sorgt.

Wir könnten also „Verwirrung" durchaus als Durcheinander, als chaotischer Zustand, unklare Verhältnisse u. dgl. bezeichnen.

Was nun – wenn wir die bisherigen Kapitel mitverfolgen – was kann… oder soll gar erst in einem Menschen entstanden sein?

Am Ende KEINE Verwirrung…???

Gleiches Wortspielchen könnten wir nun mit „Verstrickung" machen.

Es gibt hier nun keine genaue Definition. Die Rechtswissenschaft nun zum Beispiel legt jedoch folgende Definition aus:

*In der Rechtswissenschaft bezeichnet **Verstrickung** die dauerhafte Verbindung eines Objekts durch einen besonderen Akt, die nur durch einen gleichartigen und gleichrangigen Akt gelöst werden kann (Entstrickung).*

(Quelle: Wikipedia)

Ohoooo… hört… hört…!

Aber lassen wir uns dies einmal ganz bewusst und langsam „auf der Zunge zergehen“…! Und merken wir es uns!

Jetzt noch gleiches Spielchen mit „Verwicklung“.

Oftmals verwendet in der Bedeutung, in etwas, eine Situation, eine Sache, ein Geschehnis „verwickelt“ zu sein. Also inkludiert, beinhaltet, ein Teil davon zu sein. Es besteht also zu etwas ein Bezug, eine Beziehung – in welch immer gearteter Weise…

Klingelt da wieder etwas aus meiner Einleitung…?

Wie war das jetzt nochmal mit den Beziehungen zu allem und allen?

Und jetzt will ich mal „auflösen“…:

Verwirrung:
Stellen wir doch also nun einmal gegenüber: menschliche, kindliche Gedanken, unbelastet, ungeprägt, neugierig, offen, liebend… weiß wie ein unbeschriebenes Blatt Papier…
…und im Gegensatz, die folgenden Gedanken einer Anpassung, von Zucht und Ordnung, Lernen damit etwas aus dem Kind wird, von Regeln, Recht und dem ganzen anderen Kram… also nicht nur eine gedruckte, sondern auch noch zusätzlich überkritzelte, beschmierte, vollgekleckerte Zeitung in Minischrift…

Sollte da alleine schon nicht eine „Verwirrung“ regelrecht unausweichlich sein?

Verstrickung:
Ich möchte da noch einmal die Aufmerksamkeit auf jene Aussage hinsichtlich Bedeutung lenken:

„...eine dauerhafte Verbindung durch einen besonderen Akt, die nur einen gleichartigen/gleichrangigen Akt gelöst werden kann...“

Nun – sind wir nicht zum einen schon einmal zutiefst ins Leben verstrickt? In all die Anforderungen dann, die im Zuge der Anpassung folgen? Sind wir nicht in der Beziehung, ja im gesamten Leben, zu den engsten Personen unseres Umfeldes – ganz vorneweg unseren Eltern – noch tiefer verstrickt...???

Zum anderen: Es bedurfte eines besonderen Aktes, um diese Verstrickung zu erschaffen!

Und – auch wenn Du mich jetzt erneut für ein bisschen „neben der Spur“ befindest...
...ich hielte und wertschätzte das Leben an und in sich, für einen ausreichend besonderen Akt, um diese Verstrickung zu begründen!

Und nun bedarf es eines ebenso gleichartigen/gleichrangigen besonderen Aktes, um diese Verstrickung wieder zu lösen – zu „entstricken“...:

Was denn sonst also, außer erneut: DAS LEBEN !

Aus welchem Grunde müsste das denn – wie heutzutage Vieles regelrecht überhandnimmt – zum Beispiel dann irgendeine Erleuchtung, irgendeine Dimensionsreise, irgendeine Auflösung von Egos und sonstigem Schmarrn eines irregeleiteten Geistes sein...

...außer... ganz einfach nur... **DAS LEBEN...!?**

Ich persönlich wehre mich gegen diesen Firlefanz von Erleuchtung!

Wenn ich Erleuchtung brauche, gehe ich in den Baumarkt!

Oder gleicher geistiger Erguss von irgendwelchen „Meistern“. Was bitte ist ein Meister? Der etwas besonders gut kann? Kann jemand auch besonders meisterhaft gut leben...??? Welche Bewertung! Objektdenken!

Ich halte diese ganze Betitelung und den anderen Kram für Fantasiegeplänkel, welches man sich halt wieder ausgedacht hat, um es besser klingen zu lassen! Um eine Unterscheidung zu schaffen. Einen Sockel, auf den schon so manch anderer gestellt wurde.
Wie besonders aufregend klingt denn heute schon: „Leben“, „Sein“...?

Ohh... da bin ich lieber „Erleuchteter“, „Meister“... und womöglich noch irgendein Außerirdischer Reptiliengott oder was sich da noch so alles aus verschiedenen Gehirnwindungen presst...

Lieber Leser, liebe Leserin!
Ich weiß nicht, wie Du es mit Dir hältst... Ist ja auch Deine Sache!
Aber ich für mich bin... und bleibe einfach „nur“ Mensch!
Hier ist mein Leben. Hier. Jetzt! JAAAAAAAA!

Und – „hier spielt die Musik"!

Nicht mehr. Nicht weniger! JAAAAAAAA!

Ein lauthalses JAAAAAA zur Annahme des Lebens, wie es ist!

Des Lebens – nicht irgendwelchen Stories, die wir darin erschaffen!

Somit also... dieses vermeintlich so unspektakulär klingende „Leben" ist so dermaßen voll mit Aufgaben, so voll mit Fülle...
...der Mensch hat es nur in seinem unendlich scheinenden Mangeldenken, besser, höher, erleuchteter u.v.m. sein zu müssen, aus den Augen verloren!

Wie hieß es da kürzlich in einem sehr treffenden Spruch:

„Die Menschheit hat kein Geld (und wohl auch kein Interesse), um Wasser in Trockengebieten zu gewinnen. Doch die Menschheit hat unbegrenzt Geld, um Wasser auf dem Mars zu finden!"

Es stellte sich mitunter also in der Tat die Frage, ob dies die Intelligenz, die angebliche Entwicklung des Menschen ist... bzw. ob in gewissem Maße überhaupt eine Intelligenz auf diesem Planeten vorhanden ist! Nämlich eine Intelligenz einzig des Lebens!

Wie ich also schon erwähnte...: Das Leben räumt in seiner eigenen Gesetzmäßigkeit immer die Gelegenheit ein, beide „Seiten", beide Pole kennen zu lernen. Und alles dazwischen!

Kennen lernen zu sollen. Chance zu erhalten, einer Verstrickung auch eine Entstrickung folgen zu lassen. Und wie anders sollte man denn etwas erkennen können? Außer das man´s durchlebt!?

Jeder darf nur einmal seinen Horizont erweitern... und erkennen, dass das Leben mitunter nicht nur auf die „beschränkten" Sinne des Menschen zurückgreift, sondern viel umfassender... mitunter auch viel geheimnisvoller ist.

Wenn ich in der Dunkelheit bin, kann ich Licht erkennen.

Und umgekehrt. Wäre da immer nur Halbdunkel, Dämmerung, ja wie sollte ich dann unterscheiden, mich orientieren? Ich kann Licht UND Dunkel nutzen! Ich bin beides, alles... und nichts zugleich.

Wie sieht es auch mit den Polen unseres Planeten zum Beispiel?
Ja. Sie wechseln alle Gezeiten mal die Position. Doch sie sind immer noch Pole. Hörten die Pole auf zu existieren, würde wohl auch das Leben aufhören zu existieren. Mehr oder minder direkt.

Im Energiefluss gibt es eine positive Seite und eine Negative. Beide halten sich in der Regel die Waage. So beginnt Energie zu entstehen, zu fließen. Was also wäre, wenn es die Polarität nicht mehr gäbe?
Gewisse „Gesetzmäßigkeiten"... Polaritäten, Formen... sie wiederholen sich immer und immer wieder...

Aber der Mensch bestreitet... und wir müssen diese Polaritäten ausmerzen. Oder sie existieren nicht! Wie einfach. Alles, was nicht passt: Weg damit!

Im Gesundheitsbereich fressen wir einfach Pillen gegen „unpassende Dinge ... Krankheiten – weg damit!
Im gedanklich seelischen Bereich blenden wir halt aus, lenken ab – weg damit!

Was haben wir aber hier: Eines der anerlernten, sehr prägenden Muster aus der kindlichen Anpassung!

Was nicht passt, was stört, schmerzt... wie auch immer: Weg damit!

Könnte man also – zumindest ansatzweise – dem Gedanken Raum erlauben, dass auch das Erleben im menschlichen Sein, das Verstricken und Entstricken zu einem großen Bereich, zum Spiel einer übergeordneten „Polarität" zum Fluss der Dinge... des Lebens also förmlich dazugehört...?

Könnte man also durchaus auch nun gegen langsames Ende des Buches hin einflechten, dass das Leben selbst seine „Arschtritte" verteilt. Es sich ab und an nur verschiedenster Mittel bedient...!?

Dass das vorherige Verstricken und das folgende Entstricken, zur Erfüllung dieses Energieflusses, dem Leben Sinn geben könnte...?

Ich weiß... dies ist schon seit Jahrtausenden eine Frage, die den Menschen bewegt...
Doch das Leben an und in sich birgt so unendlich viele Geheimnisse.

Wie also könnte der Mensch sich auflehnen gegen eine Schöpfung? Wie könnte er sich anmaßen, zu deuten, zu interpretieren, wovon er in seiner Menschlichkeit nicht den blassesten Schimmer hat...?

Eine Entstrickung also. Eine Entwicklung im wahrsten Sinne des Wortes!
Vielfach wird heutzutage die Entwicklung zumeist ja nur mehr technischen Gegebenheiten und Anforderungen zuerkannt. Der Mensch wähnt sich ja schon beinahe am Zenit seiner „Entwicklung".

Doch... wie viele „Hochkulturen“ bestanden schon in den Äonen der Menschheitsgeschichte...? Nehmen wir z.B. die Pharaonen als Beispiel! Die Pyramiden – Wunderwerke der Konstruktion. Noch dazu mit damaligen Mitteln...
Die Mayas, die Azteken, ja und so Mancher munkelt noch immer von Atlantis...
Ins Heute noch mitgeschleift z.B. die chinesische Medizin. Ja – sie findet heute langsam wieder mehr Einbindung... aber durchgesetzt?

Und doch eine jede dieser Kulturen verging wieder. Oftmals ohne wirklich handfeste „Beweise“...
Was ist mit vermeintlichen Religionen? Gottessohn, Propheten?

Sie kamen – sie gingen.

Und wie sieht es heute auf der Welt aus? Weshalb jedoch? Noch nie mal zu hinterfragen versucht...?
Weshalb haben wir nicht Gottes Paradies hier – anstelle einer beinahen Müllhalde...?
Ein kurzer „Ausflug“ in die Forschung:
Die Gene des Menschen weichen von denen der Affen und grade mal 0,5% Prozent ab!
Das ist also eine geradezu verschwindend geringe Abweichung. Und doch... sie brachte viel hervor!
Jetzt kommt jedoch das gerne zu vermeidende „ABER“:
In den ca. 100.000 Jahren, seit der Mensch von den Bäumen kletterte, hat sich dieses Genmaterial nicht einen Deut verändert!

Worin also besteht die angebliche, vermeintliche Entwicklung...?

Einzig in Dingen, die sich im Außen wiederspiegeln, die einen Komfort erhöhten, die ein vermeintliches Wissen wiederspiegeln...?

Und doch wird der Planet, also die Basis, sukzessive verstümmelt, ausgebeutet…?

Zurück zum Menschen, zur Vergangenheit, zum Kind jedoch…

Aus meiner eigenen Erfahrung… und selbst dorthin geleitet durch etliche Anregungen, Anstöße, Berichte u. dgl. … besteht nun im Menschen – im Hier und Jetzt seit Anbeginn in der Regel die größte, stärkste Verstrickung, Verwicklung zu Vater und Mutter.

Weshalb nun schrieb ich ausgerechnet „Vater und Mutter“… und nicht einem oft entspringenden inneren Impuls „Mutter und Vater“… im Sinne einer „Vorreihung“ also der größten Bezugsperson „Mutter“…?
Aus dem Grunde in der Tat, da Vater Bezugsperson „Nr. 2“ ist… und die Mutter (*in den meisten Fällen unangefochten*) „Nr. 1“. Der schwerwiegendere „Brocken“ also…
Grundsätzlich besteht also die Empfehlung, wenn z.B. Du „soweit bist“, um in diese Entstrickung einzutreten…
…dass Du mit dem Vater beginnst.

Warum nun ist zumeist der Vater „Nr. 2“?
Nun… wie Du Dich vielleicht erinnerst – nicht zuletzt an den Biologieunterricht - Die Mutter, die Frau bringt das Kind zur Welt. Alleine deshalb schon „Nr. 2“. Soweit klar?

Auch ist – selbst in solch modernen Zeiten wie heute – der Vater oftmals der „Haupt-Brötchen-Bringer“. Bei alleinerziehenden Elternteilen sind diese dann zumeist in der Pflicht, vom jeweiligen Teil beide Elternteile zu erbringen, was jedoch selten ausgewogen gelingt.

Der Vater ist also eher öfter abwesend. Ist auch nicht mit der Erziehung so weit integriert. „Nr. 2“ ist also soweit jetzt klar nachvollziehbar.

Da nun also auch die „Möglichkeit zur Verstrickung“ aufgrund dieser und noch anderer Dinge nicht so umfassend ist, ist dieser Brocken noch besser, leichter zu bewältigen.
Vielfach ist es jedoch vielleicht hilfreich, dass Du bei diesen „Begegnungen“ dann Hilfe in Anspruch nimmst. Gar nehmen willst.

Ob dies nun in der Form geschieht, zum Beispiel geführte persönliche Meditationen in Anspruch zu nehmen..., ob es dadurch geschieht, diese Meditationen von einer CD im Beisein eines vertrauten Menschen zu machen..., unter fachlicher Hilfe... Es gibt hier einige Dinge. Und wenn Du dazu Kopfstand auf einem Baum machst... Egal!
Wichtig für mich selbst war, mich in einem wohligen Umfeld zu befinden. Sei es örtlich gesehen, sei es persönlich gesehen.
Hauptsache also, DU fühlst Dich wohl!
Bei der Entstrickung zu der Mutter dann noch umso wichtiger!

Denn...
...beides ist ein richtig harter Brocken. Das gebe ich unumwunden zu!
Ich hatte Meditations-CDs „zu Hilfe“ genommen und mich auf einen wohligen Platz zurückgezogen. Wo alles geschehen konnte, ohne dass jemand davon beeinflusst würde.
Und ich sage Dir... ich habe „Rotz und Wasser geheult“. Nicht nur einmal...

Ach ja... und gleich noch eine Sache, die ich dazu ehrlicher Weise erwähnen möchte:

Mit einem Mal ist das ganz sicher nicht getan!

Ich behaupte sogar, dies ist mitunter ein längerer Prozess.
Denn war über Jahre hinweg verstrickt, verwickelt wurde... ist nicht in einem Tag völlig erledigt, entwickelt, entstrickt!
Somit lade ich alle, die sich auf diesen Pfad begeben wollen, zu viel Geduld mit sich selbst ein!

Was geschah für mich bei diesen Entwicklungen...?
Es war und ist „Arbeit", Anstrengung. Konzentration. Bewusstheit.
Es ging für mich vorweg einmal zu erkennen, zu erfühlen, bewusst zu erleben, zu beobachten... und im Weiteren anzunehmen und zu vergeben.
Meinen Eltern dafür zu vergeben. Anzuerkennen, dass sie bei all den Dingen, die sie mir angedeihen ließen, trotzdem immer ihr Bestes gaben. Dass sie einfach Menschen waren, die aus ihrer Haut nicht rauskonnten. Dass sie Menschen waren, die es nicht ganz genau so gleich wie ich, aber dennoch im Grunde ebenso nie anders erfahren, erlernt hatten.
Dass sie mitunter Menschen waren, die dieses Hamsterrad nie verlassen konnten... und wenn es zuletzt nur deshalb war, da sie keinen ausreichenden Anstoß bekamen. Keinen Ansatz... Vielleicht auch nicht sehen wollten... wer wüsste dies schon...

Und im Anschluss mir selbst zu vergeben!

???

Ja! Genau das!

Im Erkennen dieser vielfachen unwahren Gedanken, mir – meinem inneren Kind – zu vergeben!
Denn es IST Vergangenheit! Was geschah, das geschah!
Ist in keiner Weise mehr umkehrbar! Hat uns zu dem gemacht, der wir heute sind!
Schon vor langer Zeit spürte ich, „wusste" ich, dass da noch viel mehr war, ist. Doch – wie oft im Leben – wenn ich etwas ganz bewusst will, womöglich drauf bestehe, es „übers Knie brechen will"... grade dann bleibt es im Verborgenen.
Es gehorcht keinem Zwang. Doch auch grade in diesen Phasen hat der Mensch wohl eine Art Tunnelblick einer großen Unbewusstheit... und erkennt Zeichen nicht, die einem das Leben schickt.

Ich für mich wunderte mich oft, dass ich in meinem Leben irgendwie immer mehr in Konfrontationen mit diesem und jenem geriet. Obwohl ich doch so bemüht war, genau diese grade zu vermeiden...
Doch je mehr ich mich wohl zu verkriechen suchte, desto mehr wurde mir vom Leben der Scheinwerfer „ins Gesicht gedrückt"! Je mehr ich ablehn(t)e, desto mehr wurde... und werde ich damit konfrontiert... bis ich annehme, was eben IST.

Oftmals aber muss in manchen Fällen das berühmte „Fass" erst mal wirklich überlaufen, platzen... leer sein... bevor es neu erschaffen, befüllt werden kann...
Ein zuvor ach so stabil scheinendes Lebenskonstrukt begann immer mehr zu wackeln... Es zeichnete sich immer mehr ab, dass das Bisher nicht der Weg war, der mir bestimmt sein sollte. Es wurde ersichtlich, dass „das Bisher" Grundlage war, um Hinkünftiges überhaupt erkennen zu können.

Leben offenbart sich auf seine Weise selbst!

Erst voller Unsicherheit, mit schlotternden Knien... WOLLTE ich letztlich, dass dieses Scheinkonstrukt zusammenbricht!
Es war für mich die Erkenntnis, jetzt an dem Punkt angekommen zu sein, an dem ich der Wahrheit ins Gesicht blicken wollte... wie auch immer sie sich mir zu zeigen gedachte.

Es war... es ist immer noch... Neuland!

Da gibt es keine Spielregeln, da gibt es keine abgespeicherten Muster, keine Verhaltensratschläge... keinen Plan, kein Konzept...

ES IST NEULAND !

Dieses letztliche „Entstricken“ hat so viel von dem Glorienschein meiner Eltern abmontiert. Von anderen oft so maßgeblich scheinenden Menschen.

Es hat mich aber in Ehrfurcht und Respekt so viel erkennen lassen, dass sie auch „nur“ Menschen sind, waren. Menschen, die ebenfalls Anpassung erfahren haben und aus ihrer Haut zu keinem Moment herauskonnten. Es Menschen sind bzw. waren, die zu jederzeit ihr Bestes gaben. Auch wenn es für mich ganz anders wirkte, als das „Beste“!

Es hat all diese Verstrickungen an unwahren Gedanken, Gefühlen, Emotionen gelöst.
Tut es noch.
Es ließ mich sehen, erkennen, relativieren, gegenüberstellen, respektieren, mitfühlen, vergeben, annehmen.
Tut es noch.

Und mit jenem Augenblick, an dem ich aus tiefstem Herzen dankbar für alles annahm, liebevoll annahm...
...mich, meine Vergangenheit annahm...
...da machte es mich frei. Es macht mich frei. Es wird mich noch freier machen!

Und...

...es ließ... und lässt noch etwas erkennen: MICH

Und selbst, wenn das jetzt großkotzig, arrogant oder sonst wie klingen mag ... was es nicht ist, sondern einfach endlich demütige Erkenntnis: Ich durfte ... und darf noch ... meinen inneren Wert erkennen!

Ich bin weder besser... noch schlechter als irgendein Mensch auf dieser Welt!
Es gibt kein „besser“ oder „schlechter“!
Alles nur künstlich geschaffene Werte eines Angst- und Objektdenkens.
Wenn Du mir diesen „Vergleich“ mal so kurz erlauben willst...

Es ist mein Leben. Mit mir darin. Ich erkenne meine Verantwortlichkeit darin.
Und mitunter – ganz ehrlich – platzt mir manches Mal trotzdem noch der Draht aus der Mütze, wenn ich erkenne, wie man mich eines Besseren zu belehren versucht!

Näher KANN ich mit Worten nicht beschreiben, was nicht beschrieben werden kann!

Wenn Du mich nun fragtest, was da denn dann zuerst kam... sich zeigte... sich fühlte...
...ob Bewusstheit, ob Verantwortung, ob Respekt, ob Liebe...?

Nichts von dem ... und doch alles!

Gleich der berühmten Frage: „Was war zuerst da? Das Huhn oder das Ei?“

Fühlen ist für mich zu dem zentralen Schlüssel meines Lebens geworden!

Anfangs teils wirklich verwirrend für mich. Doch zu jenem Zeitpunkt – trotz seiner Neuheit, trotz der Nichtvorhersehbarkeit oder sofortigen Abzeichnung eines Weges... meines Weges – ein Gefühl von Freiheit Aufbruch... und doch Ankommen zugleich.

Es formte und formt sich noch immer mehr zu etwas Neuem.
Es war ... und ist noch... ein Spiel von allem. Das wird es immer sein.

Betrachte doch einmal die Natur... den Wind... Wenn er Blätter vor sich herträgt... Nimmt er nur ein einziges Blatt auf? Oder wirbelt er mal das Eine, dann das Andere... vielleicht mal alle... dann mal augenscheinlich keines...?

Das ist der Rhythmus, das Spiel des Lebens! Es kommt nichts zuerst, nichts bevorzugt, nicht benachteiligt... Dies sind Gedanken eines Mangels, eines steuernden Egos... Im Leben ist alles da... und es folgt einzig seinen Gesetzbarkeiten der Schöpfung.

Ja... viele mögen nun vorhalten, dass Bewusstheit, Verantwortung, Respekt und dergleichen auch menschlich geschaffene Attribute seien...
Doch auch hier lade ich Dich ein...
...FÜHLE...!

Fühle hinein... und Deine Wahrheit wird sich Dir zum richtigen Zeitpunkt offenbaren!

Meine tat und tut es! Mein Herz lacht und feiert bei den grade geschilderten Gedanken...

Doch sei vielleicht noch „vorgewarnt"...
...wiederum aus zwei Aspekten heraus...:

1) Wenn Du einmal den Schritt aus diesem Hamsterrad heraus getan hast...
   Nicht, dass ein kein „Zurück" gäbe! Jederzeit. Dann bleibt alles beim Alten! Ich erinnere hier immer gerne an den Film „Matrix"... Vielmehr aber wirst Du beim Ausstieg aber nebst anfänglicher Unsicherheit, zusätzlich oftmals noch sehr klar mit dem Bisherigen

konfrontiert werden. Vieles vom Alten wird über den Haufen geworfen müssen, damit Neues einziehen kann. Denn... wie alleine wolltest Du ein volles Fass befüllen?

Doch beurteile, oder vor allem... verurteile Dich nicht!

Für gar nichts!
Alles kam, wie es das Leben für notwendig erachtete!

Das tut es immer. Seit Jahrmilliarden!

In unserer Gesellschaft haben sich Systeme ergeben, erschaffen, die nicht von einem Tag zum anderen einfach vom Tisch zu fegen sind!

Gib allem... und vor allem Dir selbst Zeit!
Lasse geschehen!

Und gehe gleichzeitig aktiv Deinem eigentlichen Ich nach!
Wie ein Kind! Leicht, neugierig, spielerisch, liebevoll...

Doch... und damit komme ich zu...

2) Wenn Du einmal raus bist aus diesem Rad... und Dich selbst zu erkennen und anzunehmen beginnst...
...Du wirst nicht mehr aufhören wollen!

Und – zumindest war es bei mir so – wirst Du erkennen, dass Dich die Anderen in der Tat nichts angehen. Du wirst – so Du willst –

derart mit Dir beschäftigt sein, dass Du mitunter gar keine Zeit hättest, auf die anderen zu achten, Dich gar zu vergleichen (*was letztlich wieder nur ein altes Verhaltensmuster wäre*).

Du wirst – sofern man Dich bittet – hilfreich zur Seite stehen... doch Dich niemals aufdrängen. Du wirst die Anderen lassen, was und wer sie sind!
Denn auch Dich hätte niemals jemand auszusteigen, drängen können. Du wolltest es. Du hast es für Dich getan!

Deine Entstrickung... Deine Entwicklung hat einen neuen Anlauf genommen!

Nun also ist es soweit...

...und Du kannst tatsächlich der Vergangenheit, dem inneren Kind begegnen...

...ohne Arschtritt!

...ohne Jammern!

...im Hier und Jetzt!

Weder um dem Anderen zu beweisen. Noch Dir selbst zu beweisen. Niemand benötigt einen Beweis!

TU ES...
...und verändere damit (alte) Muster...

...und bereits einen kleinen Teil der Welt!

(Das Kind in Dir)

„Ein vollständiger Erwachsener
erwächst aus einem vollständigen Kind.
Es ist nicht erforderlich, das Kind zu
zerstören, damit der Erwachsene
hervortreten kann.
Wir alle müssen unser inneres Kind
finden und heilen, damit wir vollständig
werden."

(Namua Rahesha)

Kapitel 27 – Begegnung mit dem inneren Kind – die Verwandlung

Vorausschickend dazu neuerlich zwei Dinge … wiederum jetzt „nur" meine Erfahrung…:

1) Diese Begegnung nun vermag so mancher in einen rein spirituellen Bereich „verdammen"… als Hirngespinst.
   Ist es für mich aber keinesfalls!

   Ja. Ich habe es selbst im Eingang meines Buches geschrieben: Alle Erinnerungen in und an uns sind gespeichert. Könnten theoretisch abgerufen werden.
   Ich habe mich zur ersten Begegnung mit meinem inneren Kind ebenso einer Meditation bedient. Tue es zum weiteren Begegnen noch. Oder nehme Hilfe einer Beratung in Anspruch.
   Ich wollte ihm von Herzen begegnen. Das Leben hatte den richtigen Zeitpunkt gewählt. Ich traute darauf.
   Auch dieses Begegnen nun aber wiederum habe ich nicht ins aktive Tun gelegt, sondern ins „geschehen Lassen". Und es geschah… auf mir anfänglich nicht vorstellbare Weise…

2) Beruhend auf dieser Tatsache, dass im Gehirn alles gespeichert wird, erahnte ich, dass diese Begegnung ein Abbild dessen verwenden würde.
   Jedoch entwickelte sich diese Begegnung – über eine Art Fantasiereise geführt – mit einem Eigenleben. Die Art und Weise der Führung und des bedingungslosen Zulassens erlaubte dies. Und es war eines der grandiosesten Erlebnisse meines Lebens!

Ja. Ich bin mir dessen sicher, dass Erinnerungen abgerufen wurden und werden...
...doch sollte mich dieses Erlebnis lehren, dass es hierzu noch keine Erfahrung, Erinnerung mit mir selbst geben konnte!
Denn wie hätte ich mich als Erwachsener und als Kind zugleich je herzlich umarmen können... förmlich spürbar...?

...Doch diesmal in der Form, was war... und was das Kind gerne hatte, gehabt hätte. Vergangenheit und Gegenwart berührten sich noch einmal wie durch ein Zeitfenster... um einer neuen Zukunft Raum zu ermöglichen.
Es bedarf eines Loslassens in sich! Eines Vertrauens in die Richtigkeit des Lebens.
Soviel also zu den Geheimnissen des Lebens ... und den Mächten, die in uns zumeist verborgen sind...

Kennst Du lieber Leser, liebe Leserin vielleicht diesen bekannten Sience-Fiction-Film namens „Avatar“...?
Oder gar die Szene daraus, in dem der Satz „Ich sehe Dich!“ fällt?
Meine Begegnung hatte mit dem Film selbst, in dem Sinne so viel zu tun, wie ein Wolf mit einer Banane.

Und doch...
... ich durfte meinem inneren Kind mit Respekt, Bewunderung, Mitgefühl, Annahme, Liebe – gleich diesem Zitat – begegnen:

„Ich sehe Dich!“

Jedoch genau in diesem Sinne, dass ich mein inneres Kind nun auch mit dem Herzen sah! Ihm begegnete! Es annahm, wie es ist.

Und so möge es auch bei Dir sein! Ich wünsche es Dir von ganzem, tiefstem Herzen!

Dass Du Dein inneres Kind unterstützt, mit allen Dir gebotenen Mitteln und Möglichkeiten! Dass Du ihm jetzt beistehst, ihm erklärst, ihm unwahre Gedanken, Gefühle nimmst... Dass Du es unbedingt liebst!

Das Kind bist Du --- Du bist das Kind!

Die Begegnung mit Dir selbst schafft Zeit, schafft Raum... für Annahme und Heilung.
Es ist, als würden mitunter ganze Mauern eingerissen. Ein weiterer Schritt in eine Herzensfreiheit.

Mein Kind kommt heute noch... immer wieder... es zeigt mir, wo es mich benötigt. Und ich nehme dies mit Dank und Demut an.

Es bzw. vielmehr ich - brauche (*fast*) keine Arschtritte mehr!

Denn es zeigt mir mich selbst. Den Weg zu mir selbst. Zu seiner Heilung... und damit der meinen.
Lass also Dein inneres Kind herauskommen und spielen! Sei selbst wieder Kind!

Verschaffe und gib..., schenke Dir die Zeit dazu...

Und wenn es Dir zu „peinlich" ist in einer „Öffentlichkeit... dann gehe wohin, wo Du alleine bist! Und so blöd es klingt – wenn es das WC ist!

Oder an Orte, wo Du mit Anderen Kind sein kannst!

Geh auf einen Spielplatz!
Ja ... für einen Moment werden Dich die Kinder vielleicht erstaunt ansehen...!

Doch tauche ein! Sei Kind! Die Kinder, deren Herzen, werden Dein Kinderherz sehr schnell erkennen!

Versuche nicht nur.... **TUE es**!
DENKE nicht... **TUE es!**

Das innere Kind weiß den Weg. Wusste es immer... Vertraue Deiner Intuition!

Erwachsen sein bedeutet und ermöglicht für mich, seinem inneren Kind nun das zu geben, was ihm z.B. die Eltern oder Umfeld nicht geben konnten...
Spontanität, Ausprobieren, Neugier, Leichtigkeit, Fantasie, Achtung, Aufmerksamkeit, Respekt, Liebe... und all die anderen Dinge!

Sei offen, lass nichts aus!
Es ist Dein hinkünftiges Leben!

DEINES...!!!

Was aber nun bedeutet nun dieses beinahe schon mystische Wort in diesem Kapitel: „... - die Verwandlung"...?

Was vermag sich zu wandeln..., ver-wandeln...? (*)

Mein Herz würde vorweg nun einmal betrachten wollen, was sich durch das Hinblicken, das Annehmen des inneren Kindes... und somit das Annehmen unserer selbst zu wandeln vermag!

Das Leben selbst ist ein Geheimnis und vermag sich uns einfachen Menschen nicht in seiner Gesamtheit zu offenbaren. Doch vielfach mehren sich die Zeichen, dass eine „neue" Bewusstheit hervortritt.

***(*)** Ich hielte diese Vorsilbe „ver..." auch hier schon wieder für eine Art Verzerrung!*
Stelle doch einfach mal bewusst die Worte „Wandlung" ... und „Ver-Wandlung" gegenüber und höre, fühle mit Deinem Herzen hinein...!

Oder ist diese Bewusstheit – trotz aller Widrigkeiten im täglichen Sein – schon immer da gewesen? Nur eben nicht beachtet, betrachtet worden?

Einzig ergibt sich für mich erneut Hinweis, dass erst eine gewisse Reife im Leben eintreten darf, um sich dieser Bewusstheit wieder bewusst zu werden! Diese also in ihrer Weise „er-lebt" werden darf...!?
Hier also schon das deutliche Zeichen von „Wandlung"!

Bisher verlief das Leben zumeist in jene Richtung, dass ich den Ausgleich jener Mängel und Ängste – zumeist im Außen – suchte. Ich jagte einem Phantom hinterher. Irgendwann plötzlich kam der Moment des Innehaltens, der „Erleuchtung", der Erkenntnis...

Wenn ich nun dieses Spektrum des Erwachens, Bewusstwerdens erweitere, so wird sich mitunter jegliches Denken und Tun wandeln. Ursache und Wirkung. In liebevoller Annahme dessen was ist, was wir sind: Mensch!

Mensch... und doch Wunder einer Schöpfung!

Wenn ich also als dieser Mensch nun, durch Annahme meines inneren Kindes jene alten Wunden heile..., fortan nun nicht mehr im Außen nach Ausgleich suche..., sondern mir diesen in Bewusstheit und Eigenverantwortung selbst erfülle... mein Leben erfülle...
...diese Fülle dann freien Herzens mit anderen teile...
...wäre dies nicht umfassender Wandel, Verwandlung...?

Du für Dich!

Jeder für sich!

Und doch alle gemeinsam für eine neue Menschheit! Für eine neue Welt!

Es ist nun völlig irrelevant, ob irgendjemand in Deinem Umfeld zuerst beginnt. Beginnen soll... Nicht schon wieder zurückfallen ins Objekt-Denken!

Es ist einzig relevant, was Du tust!

Wandelst Du Dich zu einem „Puzzleteil"... für ein großes ganzes Bild...?

Oder bleibst Du „sicherheitshalber" noch ein „fehlendes Teil", sodass das Bild nicht vollendet werden könnte... erst „die Anderen" sollen...

Zur „Sicherheit" möchte ich da doch noch etwas anbringen:
Zum einen schon einmal vorweg: zur „Sicherheit"...

Was ist es in der Tat, was Dir „Sicherheit" im Leben bieten könnte?

Ist es ein Job mit Verdienst? ... Den kannst Du schnell verlieren!
Ist es ein Partner? ... Der kann Dich verlassen – wie auch immer!
Ist es ein Gesetz? ... Das kannst Du missachten! Andere können missachten!

Was also ist eine wirkliche Konstante in Deinem Leben, die Dir überhaupt „Sicherheit" zu bieten vermag?

Bist Du... für Dich selbst... „Sicherheit", Konstante...?

Bist Du schonungslos ehrlich, offen, aufgeschlossen, respektvoll, bewusst, verantwortlich... Dir gegenüber...?

Oder auch noch eher wankelmütig...?

Selbst wenn, lieber Leser, liebe Leserin: **Du bist Mensch!**

Auch Rom wurde nicht an einem Tag erbaut!

Aber ich lade Dich ein, die grade zuvor genannten Attribute in Dein Leben zu bringen! Mache sie Dir zu Anfang überhaupt erst einmal bewusst! Ändere Grundsatzgedanken, Muster!
Denn sie werden dazu beitragen, Dich selbst zu einer Konstante... und letztlich einzigen wirklichen „Sicherheit" in Deinem Leben zu entwickeln!

Dass es mitunter manchmal aufwendiger ist, als einfach dahintreiben lassen, dass es mitunter nicht „leicht" ist... hat doch nie jemand behauptet!

Aber – bildliches Beispiel: ist es leicht auf einen Berg zu wandern, zu klettern? Je nach Kondition (*Sicherheit, Konstante*) mehr oder weniger! Nur... wie unbezahlbar und einzigartig ist dann der Ausblick von da oben...!? Ein Ausblick, den ich niiiiemals erhalten werde, wenn ich unten im Tal bleibe!

Wandel also! Veränderung!
Veränderung Deiner Welt! Veränderung der gesamten Welt!

Mögliche Veränderung beginnt bei, in uns selbst! Dazu gehört erst einmal der unabdingbare Wille, etwas ändern **zu wollen**. Ist es nur so eine halbherzige Geschichte... **lass es!**

Wenn nun der Wille dazu da ist, kommt die Bewusstmachung. Was will ich denn überhaupt ändern?

Hier erlebte ich selbst jedoch oftmals dann das „Phänomen“: Das was ich ändern will, tritt plötzlich nicht mehr auf. Versteckt sich.

Nicht, dass es nicht mehr da wäre…! Der menschliche Geist – unter Mithilfe eines oft sehr dominanten Egos – hat hier ausgeklügelte Methoden, „zu retten“, was zu retten ist…
Er versucht also liebend gerne, an Gewohntem, „Erprobtem“ festzuhalten. Dafür, dass es nicht (mehr) funktioniert oder gar nie funktioniert hat… ja dazu kann man ja die Verantwortung leicht auf Andere, Anderes schieben. Erledigt.

Dann… die Ausrede: keine Zeit!
Du bist grade in einer Situation, Begebenheit… die sich womöglich schon mehrfach, vielfach wiederholt hat. Du merkst, dass daran etwas unrichtig, unwahr ist. Aber… Du hast keine Zeit, sich darum zu bemühen, dafür zu interessieren, weil… bla bla bla…
Auch hier ist der Verstand, das Ego sehr erfinderisch. Und selbst wenn hundert Mal nichts anstünde… dann organisiert er/es sich eben etwas, um abzulenken.
Ich habe es mir angewöhnt, mir ein kurzes Memo – Stichworte in meinem kleinen Notizbüchlein zu machen. Freilich… es ist in dem heutigen hastigen Treiben oft unmöglich, mich sofort und vor Ort mit mir auseinander zu setzen. Deshalb Notiz. Und später, gleich z.B. in einer nächsten Pause … ran!

Wenn ich den Bogen weiter spanne, sehe ich in der heutigen Zeit eine schiere Unmenge an irgendwelchen Anwendungen, einem Tun und Rödeln… um vermeintliche Bewusstheit, ein Erwachen, ein Erleuchten, Heilung und sonstiges, teilweise schon Abstruses - …ähm… ja ich weiß nicht, wie oder als was man das bezeichnen soll – entdecken kann.

Vielfach erlebt die spirituell inspirierte Seite grade einen extremen Boom, der hintergründig aber vielfach einfach nur einnahmetechnisch fundiert ist.

Das klingt jetzt sehr nach Kritik, richtig?
Nun… ist es in gewissem Maße auch!

Jetzt kommt jedoch das „AAAAAABERRRRRR“…

Irgendwann hat mir ein Chef – und Freund – einmal einen sehr knappen Satz „an die Backe geheftet“: „Keep it short and simple“!
„Halte es kurz und einfach!“ … also…

Es sollte mir seit damals dann erst langsam - mitunter sehr langsam - klarwerden dürfen, dass dieser Satz auch im Leben eine große Bedeutung haben kann.

Ich würde diesen Satz – aus meiner Erfahrung – nun noch erweitern wollen, um die „Bedeutung“ des sogenannten „Ockham´schen Prinzips“:

Wenn mehrere Möglichkeiten für ein und das Selbe zur Verfügung stehen, oder sich die Waage halten, ist die Einfachste meist die Beste!

Kein Freibrief, keine Rechtfertigung… auch hier in jedem Fall den Weg des geringsten Widerstandes zu gehen…!

Doch nehmen wir ganz einfach ein Beispiel:

Was wird einfacher umzusetzen sein…, bodenständiger, fassbarer…?

Der Mensch, der sich auf mysteriöse Dimensionsreisen begibt, von irgendwelchen überirdischen Mentoren, Begleitern, Kartenspielchen, Engeln u. dgl. seine Lektionen, Anweisungen erhält...
...oder jener, der sich in eine wohltuende Stille zurückzieht, beginnt, seine Gedanken und Handlungen zu beobachten. Seine meist uralten Muster erkennt und – in Gegenüberstellung zum bisherigen Ergebnis, seiner Zufriedenheit damit, dem Einklang mit den Gesetzen eines Lebens – beginnt, SELBST diese Muster bewusst zu ändern?

Das Ganze nun eine Spur „grobkörniger gefiltert“: Hefte ich mich in meinem menschlichen Sein nun schon wieder an irgendwelche Figuren, die mich lehren, die mir beibringen... also neuerlich Impulse von außen setzen... und sei es nur in der Fantasie... Gebe ich mehr oder minder wieder Verantwortung ab, schiebe sie auf eine Figur, eine Anwendung...! Gebe ab an Jene, werde passiv!
Tue das, was schon seit Generationen ohnehin geschah! Halte also das Hamsterrad am Laufen!

Oder eben kommt der Input aus mir selbst? Beobachte ich, erkenne ich, setze um, wandle, verändere...?

Was wird wohl effektiver sein im Leben?

Nochmal die Bitte: erinnere Dich an die eingänglichen „Aufwärmübungen“! Dort schon erläuterte ich, dass der menschliche Geist ein definitives „Faultier“ ist!

Ja. Ich darf auch dies anerkennen und annehmen! Aber ich darf den Geist, mein Herz, dennoch aktiv nutzen!

Bildliches Beispiel: Ja – ich kann jeden Tag in ein Restaurant gehen und mir dort ein fix fertiges Essen vor die Nase setzen lassen. Nur... ich muss mitunter dann damit klarkommen, dass dies nicht das Essen ist, wie ich es zu mehr oder weniger Prozent bevorzuge.

Ich bekomme Anderer Essen!
Ich kann aber selbstverständlich auch erst einkaufen gehen, mich zuhause dann hinstellen, mitunter aufwendig Töpfe am Herd hin und her schieben ... also kochen... und dann aber ein Essen genießen, dass zu 1000% genau mein Essen ist, was und wie ich es bevorzuge, sehen, riechen und schmecken will!
Ich gehe ab und an auch mal gerne essen! Selbstverständlich! Aber „Zuhaus schmeckt´s immer noch am Besten“! ☺

Und genauso verhält es sich mit dem Leben!
Erinnere Dich bitte zum Beispiel an das Kapitel 24!

Ich kann auf alle möglichen Dinge ablenken, jammern, abschieben etc. etc.... sozusagen dann wieder Andere mein Leben lenken, beeinflussen, leben lassen...
...oder ich kann meinen süßen Arsch heben... und selbst MEIN Leben LEBEN!

Ich kann mich also z.B. in einem Yoga-Kurs, -Training verbiegen und entspannen nach allen Regeln der Kunst, meditieren bis die Birne raucht! Und weiter...?

Wenn es rein das ist, dann wird es das bleiben! Es ist ein Tun im Außen! Ein herzliches Hallo an dieser Stelle an alle Yoga-Lehrer und –Ausführenden! Habt weiterhin viel Spaß mit Eurem Tun! Aus tiefstem Herzen ... ehrlich! Danke für Euer Engagement!

Worauf ich hinaus will...: Dieses Yoga vermag Dich zu entspannen. Zutiefst entspannen. Meditieren vermag Dich in die Stille, Bewusstheit zu führen. Vermag also Anstoß, Basis in Form von bewusster Entspannung oder Wahrnehmung sein. Sensationell. Und Punkt.
Was nun aber Dich selbst betrifft... Deine Gedanken, Dein Verhalten... Deine bisherigen und jetzigen Muster dazu, die in Dir verankert sind...

ja DAS wird sich auch durchs Yoga nicht ändern! Da wartet (weiterhin) Deine Aufgabe auf Dich! Da wartet Deine Veränderung, Dein aktives Tun, Dein Wandel auf Dich... IN DIR!

Zusammengefasst darf ich aus meiner Erfahrung also wiedergeben, dass etwaige Anstöße im Außen durchaus hilfreich waren. Mir Ruhe, gedanklichen und seelischen Freiraum zu schaffen. Vielleicht sogar einen gewissen „Schutz" im Sturm des Lebens verschafften. Atempause, mitunter erlaubte, dann besser zu fokussieren und den Impuls für eine andere Sichtweise, Beobachtungsweise etc. zu setzten. Wie ein Same, der gepflanzt wurde... und für dessen weitere Pflege ich dann verantwortlich war. Verantwortlich sein wollte.
Doch spätestens ab dem Moment, wo dieser Same dann aufbrach, sein eigenes Leben entwickelte, galt meine Aufmerksamkeit diesem neuen Geschehen. Es entwickelte seine eigene Dynamik. Vermehrte sich...

Ich sähe das jetzt ähnlich dem Eltern-Werden!
Wenn das Kind dann das Licht der Welt erblickt hat... Gibt es hier wirklich Ratgeber? Leitfäden?
Liebe Mütter vor allem...: Tatet Ihr nach Rezept... oder vielmehr der Euch geschenkten Intuition...?

Na?
Und im eigenen Leben dann klappt es plötzlich so gar nicht...?

Ich mache da keinen Hehl draus... Ich wurde z.B. sehr von einigen Aussagen von Robert Betz berührt. Erst mal hat es einiges auf den Kopf gestellt... und dann... als dieser erwähnte „Same" in mir aufblühte..., stellte ich es aus eigener Erkenntnis wieder zurück auf die Beine. Meine Beine! Und heute stehe ich hier...!
Ich BRAUCHE keinen „Robert Betz" mehr, ich BRAUCHE keine Sprüche von Osho oder sonstigen „Berühmtheiten".
Vielleicht kann ich mich nicht so ausdrücken wie sie. Aber ich kann mich ausdrücken wie ich!

Wenn ich also nun letztlich mit meinen Worten, dem für Dich entstehenden „Klang“ dieser Worte... für Dich, in Dir einen Samen säe... dann obliegt es Dir, diesen weiter zu pflegen und zu hegen.
Und Du wirst mitunter sehr bald erkennen und wunderschön beobachten, die dieser einstige „Same“ von mir... zu Deinem eigenen wird! Wie sich DEIN neues Lebenspflänzchen entwickelt!
Wandlung. Veränderung!

Eins zum Schluss noch...
...und da gilt indirekt der Dank einem Autorenkollegen Manuel Geisendorf, der mich mit einem Post noch an einen wichtigen Gedanke-Impuls erinnerte...

Bei allem, was du denkst, fühlst, tust...
...SEI DU SELBST!

Ach so viele – vermeintlich ja aus alten Mustern heraus oft lieb gemeinte – Sprüche gehen oft in Richtungen, die letztlich nur Verweigerung darstellen.

„Wenn Du Angst hast – sei mutig“
„Wenn Du traurig bist – sei fröhlich“

Was für ein Bullshit!

Wenn Du Angst hast, schon als kleines Kind hattest... Was hat man Dir da postwendend gesagt? Du erinnerst Dich an jenes Kapitel – jetzt, wo wir´s nochmal ansprechen?

Antwort:
„Aber Du brauchst doch keine Angst haben!“....?

Jaaaaaaaa.....?

Sagt wer bitte???

Schon interessant, oder!?

Ich meine... sicherlich lieb gemeint auch von den Aussprechenden. Eltern, Umfeld... wie auch immer.
Nur... als Kind reicht das nicht!

„Du brauchst aber doch keine Angst haben...!“
Vielleicht noch: *„Sei mutig“*?

Was für ein Witz!

„Klammer auf“ also: Du sollst einfach keine Angst haben! Indirekte Unterdrückung. Verdrängung. „Befehl“ dazu. Und dann lässt... bzw. ließ man Dich mehr oder minder „im Regen stehen“!

Und da sollte im Weiteren kein Blödsinn draus werden? Ich erinnere auch hier an den Samen...! Auch hier wurde gesät! Und wie...!

So. Nun sind wir erwachsen... und dann kommen solche Sprüche!

„Wenn du Angst hast – sei mutig!“
„Wenn Du traurig bist – sei fröhlich“

Schon klar!
Und im nächsten Sommer schneit es lila... oder was...!?

Ähm... wie alleine schon soll ein Mensch mutig sein... wenn man sich nie wirklich drum gekümmert hat, was alleine schon die Angst auslöst...?!
Wie soll ein Mensch mutig sein, wenn man eigentlich nicht wollte, dass man Angst hat...!? Verdrängt, abgelenkt hat... aber sicher nicht noch

richtig rein ging in die Angst und lehrte, sie anzunehmen und zu fühlen...!?
Man soll also – profan ausgedrückt – essen, ohne das eingekauft, gekocht wurde...

DASSS würde ich gerne mal live sehen!

Die Saat geht also in jedem Fall auf – in JEDE Richtung!
Wenn Du also nun... im hier und jetzt... Angst hast... ist ja im Moment egal, wovor...
...und ich sagte Dir nun: „Geh genau dorthin!"
Dann kneif die Arschbacken zusammen... UND TUE ES!!!
Genau mitten rein in die Angst! Und erlaube Dir selbst, diese Angst zu fühlen!

Lass sie in Gottes Namen DA SEIN...!

Wenn Du Angst hast, dann hab Angst!
Wenn Du traurig bist, dann sei traurig!

Lasse es zu! Unterdrücke es nicht!
Es ist für Dich zu leben bestimmt!

Aus welchem Grund trennte der Mensch denn hier schon wieder?
Weil es etwas unangenehm ist?

„Die Guten ins Töpfchen, die Schlechten ins Kröpfchen"...?

Das, was wir also als „gut", als „toll", „angenehm" bewerten (Objekt- und Bewertungsdenken)...
...da das heben wir auf das Podest! Das huldigen und preisen wir!

Die „Scheiße“ aber...
...die verdrängen wir, die schlucken wir runter so gut es geht – oder was!?!?!?

WESHALB ???

Weil man uns genau das beigebracht hat!
„Du brauchst keine Angst zu haben!“
„Du musst nicht traurig sein!“

BULLSHIT !!!

Es ist Deine Angst, Deine Trauer, Dein Mangel... und sie ist nicht ohne Grund hier! Und das, was sich Dir als „Auslöser“ vorstellt, ist zumeist nur der Bote, der Überbringer, der Hinweis, der „Reminder“, Der „Arsch-Engel“... dass der eigentliche Grund schon ein uralter ist...
...einer ist, der seit Anbeginn auf Dich wartet. Von Dir wahrgenommen werden will..., liebevoll angenommen werden will...
...damit er – der Bote – und in Folge auch die Angst dann eeeeendlich gehen kann...!

Die Ursache zu allem steckt hinter dem Schmerz, der Angst, dem Gefühl!

Und solange Du versuchst, schlauer sein wollen, glauben zu wollen, dass du dieses Gefühl „auch so“ abhängen könntest, vorbeilaufen könntest...
...solange wird Dich das Leben eines Besseren belehren!

Wie also sieht´s aus für Dich?

Würdest Du nun lieber mich als Volltrottel hinstellen...?

Oder erlaubst Du Dir, diesen Gedanken mal zuzulassen, hinein zu fühlen...
...den Samen zu säen... zu beobachten, zu pflegen... und womöglich dann zu erkennen, dass aus diesem Samen ein Pflänzchen einer Wahrheit sprießt. Deiner Wahrheit...?!
Wenn Du weiter tust, was Du immer tust...
...dann wirst Du haben, was Du bisher ohnehin schon hattest!

Wenn Du jedoch neue, mitunter abenteuerliche Wege zu gehen bereit bist...
...dann ermöglichst Du...

Wandel! Veränderung!

Was immer Du tust, bewirken willst...
...sei und bleibe Du selbst!

Noch als letztes bildliches Beispiel:
Wenn Du ein Hund BIST, wirst Du niemals eine Katze sein!
Wenn Du 1,65 groß bist, wirst Du nach herkömmlichen Regeln eines biologischen Lebens niemals 1,90 sein!

Wenn Du Du bist, wirst Du niemals ein Anderer, ja nicht Dein größtes Vorbild, Dein Partner, Dein Freund, Dein Chef, Dein Kollege... oder wer auch immer sein!

DU WIRST IMMER DU SEIN !
SIEH ES ENDLICH EIN! LASSE ES ZU!

Und doch eifern wir im täglichen Leben so vielem und vielen nach! In einer Art Vermessenheit, einem teils unglaublichen Irrglauben, genauso wie ... XY... sein zu müssen, um... dies und jenes!

Wir kopieren - aus dem unwahren Gedanken heraus - dann „gleich" ... oder gar noch „besser" zu sein, als ein Gegenüber, als jemand anderer.

Ein teils regelrechtes Konkurrenzdenken entspringt! = Objektdenken! Wettkampf – wie damals schon!

Andere sind ja schöner, besser, toller, beliebter, reicher, intelligenter... ja was weiß der Geier noch alles... **Einen Scheiß sind sie!** Das ist einzig reiner Vergleich einer Bewertung, eines Objektdenkens!

Und wir blenden dabei völlig aus, was wir SIND!

Wir glaubten einst irgendwann im Zuge unserer Anpassung, dass wir etwas lernen, tun, machen müssten, damit aus uns etwas wird!
So brachte man es uns bei! Man quetschte uns in ein Korsett an Vorgaben!
Und das Heute ist dann die Essenz davon! Die Ernte der einstigen Saat!

Erst kürzlich wieder las ich über eine Studie, betreffend Intelligenzgrad in den verschiedenen Entwicklungsstadien ... vom Kleinkind weg bis zum Erwachsenen dann mit Beginn Berufsleben. Erschreckend!!!

Der Mensch wird regelrecht „verblödet"!!!

Lehrte man Dich schon damals, WER und WAS Du ja schon BIST...?

Ich lade Dich also nun ein...:

Erkenne, wer Du bist! Sei, wer Du bist! Lebe, wer und was Du bist!

Sei Wandel! Sei Veränderung!
Jedoch zu nichts Neuem!

Sondern einzig zu dem, was und wer Du immer schon warst:

Ein einzigartiger, wertvoller, schöner Mensch!
Ein Wesen einer unglaublichen Schöpfung!
Wesen einer Wandlung.
Wesen einer Veränderung!

Finde Deine kindliche Seele... und damit Dich selbst wieder!

Denn nicht zuletzt:
Wenn Du einst dann diese Welt verlässt...
Willst Du Dich dann dessen erfreuen, was Du in jedem Hier und Jetzt erlebt, erfahren, erfüllt hast...
...oder willst Du dann endlich mit Bedauern erwachen und erkennen, dass Du einzig an einer Vergangenheit geklebt bist, Dich selbst an sie gekettet hast und Dein Leben somit leer blieb...?

Als letzte Bitte an Dich... zum langsamen Ausklang und als Hinweis, als Anstoß für Dein hinkünftiges Leben... den Ausstieg aus Deinem Hamsterrad...

Stelle Dir doch bitte mal kurz bildlich vor:

Ein gespanntes Seil vor Dir! Oder - wie heute moderner bezeichnet - eine „Slackline".
Wenn Du da drauf stehen willst... gehen willst...
...kommst Du dem Ganzen mit "Kampf" bei...?

Oder wie klingt, fühlt sich der Gedanke für Dich an..., dass es eher vielmehr Bewusstheit, Konzentration zum eigenen TUN bedarf. Übung. Bis das Stehen... Gehen... dann irgendwann mit einer Leichtigkeit geht! Es vom Gehen... zum Schweben wird!
Diese Leichtigkeit dann Dein Empfinden, Dein Leben erfüllt!

Meinst Du, Leben ginge, "funktionierte"... letztlich anders...?

Kampf schafft nur Widerstand!

Auch wenn uns der Verstand oder ein Ego im ersten Augenblick einen vermeintlichen Sieg vorzugaukeln imstande ist...
Leben spielt nach anderen Regeln!

Schon mal von den so bezeichneten „7 hermetischen Regeln oder Gesetzen" gehört...?

Eines davon befasst sich mit Balance!

Und glaube mir: Die Natur, das Leben... hat definitiv seine Intelligenz, Mittel und Möglichkeiten, immer und überall Balance herzustellen. Oftmals bezeichnen wir das auch als „Karma".
Bei Manchen nun hat die Natur aber andere „Zeitmaße", Ausdrucksweisen, die mitunter länger als ein Menschenleben dauern...

Doch wäre dies alleine Rechtfertigung, Vorwand genug für Dich, um nicht auf Deine Balance zu achten?
Um nicht diese Balance zu einer Leichtigkeit zu erheben... und damit Dein Leben zu füllen...?

Lieber Leser, liebe Leserin!
Da ich mich nicht mir „fremden Federn schmücken" möchte, hier an dieser Stelle ein Filmtipp für Dich, so Du diesen nicht schon kennst:

„Der Film Deines Lebens"

Das ist kein Action-Reißer, kein Horror- oder Psychoscheiß...
...sondern ein leiser, fast unscheinbarer Film...
...der jedoch zu verschiedenen Bereichen eines Lebens, einer Bewusstheit, Eigenverantwortung... und auch Prägung als Kind ... samt seinen Auswirkungen geradezu überquillt!

Also ich habe den Film mittlerweile ein paar Mal gesehen... und doch entdecke, erfühle ich immer wieder neue Details...
Leben ist eben nicht eine Unterrichtsstunde wie in herkömmlichen Schulen, in der ein Stoff einmal vorgetragen wird und basta. Kein Vortrag. Kein Buch.

Leben offenbart sich auch nicht auf einmal!
Doch grade dieses Wiederholungsmuster, kreisförmig... immer wieder ausgehend und zurückkehrend zeigt sich mir immer deutlicher.

Ein geniales Beispiel...
Leben gleicht in gewisser Weise einem Tanz.
Bist Du Tänzer... hast Du schon mal getanzt...?
Dieser Tanz erfolgt auch nicht vom ersten Augenblick perfekt. In Richtung oder Schritt. Ist anfangs doch auch ein wenig holperig, unbeholfen.
Doch je mehr, länger, öfter man tanzt, desto mehr „perfektioniert" sich alles. Läuft eleganter, harmonischer... fließender!

Und irgendwann einmal denkt man nicht mehr an die Schritte, Bewegungen..., sondern der Rhythmus geht ins Blut... Leidenschaft erwacht...

...und es wird zum Schweben. Zum Sein.

Deshalb lade ich Dich von Herzen ein!

Spiele...! Tanze...! Schwebe...!

Das Spiel des Lebens, den Rhythmus und den Tanz des Lebens! Deines Lebens!

Fall auch ruhig mal hin!

Was soll´s denn!?

Es wird nicht ohne Sinn oder Grund sein. Es will sich dann – selbst „da unten am Boden" – Dir etwas zeigen!

Was wäre die Konsequenz, wenn Du so weitermachst, wie bisher?

Erinnere Dich bitte nochmal an meine Aussagen vorhin...!

Also...
...worauf wartest Du noch...?

VERGANGENHEIT WAR DAMALS!

HÖR AUF ZU JAMMERN!

LEBE und LIEBE !!!

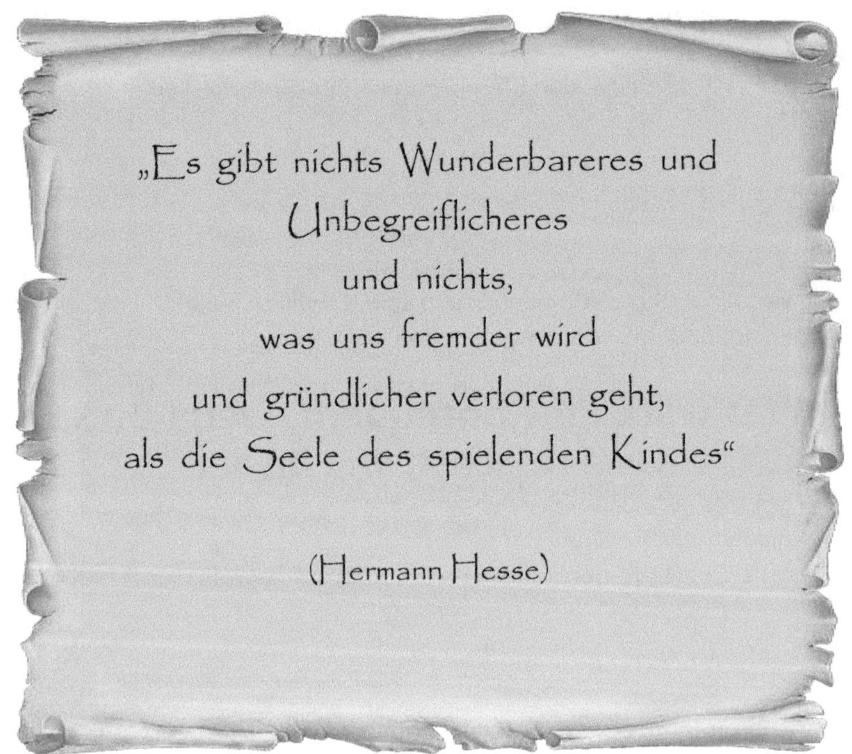
„Es gibt nichts Wunderbareres und
Unbegreiflicheres
und nichts,
was uns fremder wird
und gründlicher verloren geht,
als die Seele des spielenden Kindes“
(Hermann Hesse)

Nun mein lieber Leser, meine liebe Leserin...
...wir sind nun an einem Moment angekommen, bis zu welchem ich Dich vielleicht geleiten konnte...

Für mich war... ist das Verfassen dieses Buches erneut ein Abenteuer. Eines jener Abenteuer, welches mir selbst hier sehr deutlich ermöglicht, Authentizität zu leben, zu erleben. Einzutauchen in Bereiche, die sich mir manchmal bis eben noch, verborgen hielten.

Vielleicht gelang es mir, Dir Sichtweisen, Ansätze zu liefern, mit oder durch die Du Dich von Deiner Vergangenheit lösen kannst.
Die ein mögliches inaktives Jammern ... in aktives Tun verwandeln.

Hier nun spätestens beginnt Dein Neuland. Dein Weg.
Ein Weg, auf dem Dich so mancher weiterhin begleiten vermag. Ein Weg jedoch, den niemals jemand für Dich zu gehen imstande ist.

Dein Weg wird sich immer wieder mit anderen kreuzen. Manche Male mitunter oft ein Stück sehr ähnlich, nebeneinander verlaufen.
Doch keiner wird gleich sein. Kein anderer wird Deinen für Dich gehen!
Es ist ein besonderer Weg. Er ist einzig Dir vorbehalten, geschenkt!

Wie bei vielen Dingen im Leben wird sich Dir – wie schon erwähnt – die Frage stellen:

„WILL ICH ?"

Ein Wille und eine Bereitschaft, dem Leben ins Gesicht zu sehen, ist jedoch „machbar"!
Freilich ist mir an dieser Stelle auch noch wichtig zu erwähnen:
Bei allem Ansehen einer Vergangenheit, bei allem entstandenen Schmerz, darf die Vergangenheit nicht weiter als Rechtfertigung, als Vorwand eingesetzt werden!

Hier darf der Mensch eindeutig trennen!

Ja – eine Vergangenheit hat uns geprägt. Uns alle. Niemand blieb davon unbehelligt.

Du, ich... jeder darf die Vergangenheit – das innere Kind – auch liebevoll annehmen, klären, heilen... mitunter lernen.
Erkennen, welchen Unwahrheiten wir damals aufsaßen. Wie Muster entstanden.

Vielleicht nochmal eine Frage an Dich:

Weshalb ist heute alles so, wie es ist?

Könnte die Antwort lauten, weil wir sind, wie wir sind? Weil wir alle so getan haben, wie wir eben getan ... oder nicht getan haben?
Richtig?

Haben wir allerdings mit diesem Sein, mit diesem bisherigen Tun das erreicht, was wir wollten...???
Und bitte jetzt nicht nur den Verstand mit einbeziehen...!

Oha. Jetzt wird´s also in gewisser Weise kompliziert, nicht wahr!?

Wir könnten also daraus wiederum oberflächlich schließen, wir hätte es anders machen sollen, können... wir hätten eine Wahl gehabt...?

Wenn also dieses, wenn jenes... ?

Wie mein Opa so treffend zu sagen pflegte:

„Hätt´ der Hund nicht in den Wald geschissen!“

Ein wenig grob, ordinär... aber sehr treffend!

Kurzum: wir stellen fest, das Bisherige führte nicht dorthin, wohin wir wollten! Kein wenn, kein aber.... Kein hätte, kein könnte, wäre, sollte...! Dies alles sind einzig Ausflüchte und konstruierte Optionen eines Egos, die uns ja angeblich zur Verfügung gestanden wären.
Sind sie aber niemals. Werden sie niemals.

Denn wenn wir tatsächlich andere Möglichkeiten gehabt hätten... warum haben wir sie genau zu jenen Zeitpunkten nicht ergriffen...?

Es gab sie nie. Fiktion! Alles kam ganz genau, wie es sollte!
Ein jedes andere hätte, könnte, wäre, sollte ... und wie sie da alle heißen ... war und ist Illusion!

Du kennst doch sicher auch den Spruch:

„Hinterher ist man immer gescheiter!“...

Der hat eine sehr tiefe Wahrheit!
Denn genau damit rechtfertigt, spielt sich ein Ego dann in seiner ach so großen Schlauheit auf, tut sich hervor als DER Schlaumeier vor dem Herrn... Nachher... Tolle Wurst!

Ja ... nachher.

Da muss man wohl nicht mal allzu helle sein im Oberstübchen, als dass dann nicht der größte Vollpfosten, „nachher" große weise Töne spucken könnte...

Wir können also aus einer Vergangenheit nur bedingt lernen. Abgleichen. Denn selbst hier... damals ist damals! Selbst eine beinahe gleiche Situation von damals IST nicht heute! Wird sie nie sein!

Denn jedes Geschehen an und in sich, steht in auch in Verbindung und Resonanz mit (D)einem Umfeld.

Jetzt...

Und jetzt...

Und wieder jetzt...

Einzig unser Geist (mitunter Ego) zieht aus „ökonomischen Gründen" immer und immer wieder nur alte Vergleichsmuster für eine Entscheidung bei, weil er/es einzig auf sich fokussiert ist. Man könnte es auch Bequemlichkeit nennen. „Jetzt" ist anstrengend!

Der Versuch, neue Gedanken, neue Muster entstehen zu lassen, ist aufwendiger für das Gehirn, als einfach auf Altes, schon Vorhandenes zurückzugreifen. Wir wurden vielfach zu Schubladendenkern. Manche haben halt eben nur ein paar wenige Schubladen, manche ein paar mehr.

Fährst Du auch schon seit 20 Jahren.... Immer und immer wieder in den gleichen Urlaubsort? Weil Du ja schon jeden und alles kennst? Weil alles schon super „von der Hand" geht...? Nicht, dass Du jetzt meinst, ich wollte das schlechtreden! Keinesfalls! Jeder wie er will!

Oder darf es durchaus mal hier und dort sein? Neue Eindrücke, neue Menschen, neue Welten? Ein Blick hinaus über den „Tellerrand“...? Spaß an der Herausforderung, dem Neuen...?! Aufbrechen zu „neuen Ufern“...!?

Aber vielleicht erkennst, erfühlst Du selbst den Unterschied...!?

Wir dürfen also durchaus unser inneres Kind und seine Wunden heilen. Wir können aus diesem Erkennen, Annehmen und Heilen heraus einen Gedanken, eine Reaktion viel bewusster, wissender leben, denn wir wissen, wohin uns das Bisherige geführt hat! Verantwortung für uns selbst übernehmen!

Damals ... als Kind... was wussten wir schon? Wir wollten lieben und geliebt werden!
Wie wurden jedoch angepasst an sogenannte Lebensnotwendigkeiten. Was wir selbst eventuell wollten, war so ziemlich allen scheißegal.

Heute nun jedoch sind wir nicht mehr Kind. Wir kennen die „andere Seite“ in und auswendig. Wir praktizieren sie ja. Sind wir deswegen aber glücklich? Erfüllt?
Nö. Eher hohl. Burnouts stehen an der Tagesordnung.

Das innere Kind ist also keinesfalls Rechtfertigung dafür, dass wir im Heute genauso „weiterwursteln“, wie wir´s bisher getan haben!
Es vermag vielmehr Anreiz zu sein, zu ändern! Nicht mehr zu wursteln! Neue Ufer zu betreten! Zu leben!

Es mag aber auf jeden Fall zu einer tiefsten Erkenntnis führen, dass wir – um die Definition nochmals zu verdeutlichen – heute in der Lage sind, uns das zu geben, was wir von Eltern oder Umfeld nicht erhielten!

Wir selbst sind erneut der Schlüssel zu unserem Glück!

WIR DÜRFEN UNS SELBST BESCHENKEN !

Und somit auch der Erkenntnis Raum verleihen, dass niemals ein Anderer unsere Mängel ausgleichen kann! Grade in diesem Zusammenhang, dem wohl bekanntesten Beispiel „Beziehung“, offen gegenüber zu treten, dass z.B. ein Partner nicht dazu da ist, mir die von mir erhoffte, erwartete Liebe zu schenken!

Ja ... der andere Mensch mag mich lieben. Mir seine Liebe schenken, zuteilwerden lassen. Von sich aus! Als sein Geschenk an mich!

Nicht jedoch, weil er zu erfüllen hat, weil dies womöglich irgendwann einmal jemand behauptet hätte... und sei es nur mein eigenes Ego gewesen!

Ich lade Dich mal kurz auf eine „letzte“ Gedanken- und Gefühlsreise hier in diesem Buch ein...!

Stelle Dir vor, Du „brauchst“ keine Liebe von jemandem Anderen. Von niemandem! Denn Du selbst kannst Dir alle Liebe schenken. Du hast Deinem inneren Kind schon alle Liebe geschenkt, die es zuvor so sehr vermisste.
Du bist also frei, in keiner Weise abhängig und somit in keinem Mangel! Du hast, was Du begehrst, „brauchst“!

Du kommst somit auch nie in eine Angst-Situation, dass Du z.B. keinen mehr „erwischen“ würdest, der Dir Liebe schenkt!

Nochmal...:

DU BIST FREI! DU BIST LIEBE! DU BIST FREUDE!
Du strahlst aus... und ziehst unweigerlich an!

Und dann begegnest Du Menschen, die ebenso reich und erfüllt sind! Die keinen Mangel mehr haben.

Was wird geschehen...?

Könnte dem folgenden Gedanken viel und tiefe Wahrheit innewohnen, dass Du und dieser Mensch - aus einer Freiheit heraus - Ihr Euch gegenseitig mit Eurer Liebe wahrlich beschenken vermögt...?
Dass Du und dieser andere Mensch sodann jeweils die Liebe in Respekt achtet... und sie womöglich feierlich annehmt...? Das Leben miteinander feiert...?

Dass nicht nur ein einziger Anderer beschenkt werden kann, sondern viele...? Denn worin bitte begrenzte sich die Liebe...?

All die Begrenzungen, die vermeintlich entgegentreten..., die sich oftmals in Bedingungen wiederspiegeln..., sind Begrenzungen oder Bedingungen eines Egos, eines sogenannten Verstandes... und somit letztlich wieder nur Mangel oder Angst!
Könnte es in letzter Konsequenz also sein, dass man – als selbst erfüllter, liebender Mensch – alles und jeden lieben kann...?
Lieben – ohne Bedingung!

Ich muss demjenigen ja nicht gleich um den Hals fallen, den abknutschen oder gar mit ihm/ihr in die Kiste hüpfen! Dies ist einzig Ausgeburt eines gefangenen Geistes!

Freilich stünde selbst das frei..., denn das Leben selbst stellt seine Weichen und sein Geschehen niemals ohne „Grund“! Auch wenn ein Solcher für uns Menschen nicht (sofort) erkennbar ist... Dies zu erwarten wäre ebenso ein „Fehler eines Mangels“.

Aber... ich kann dennoch jeden Menschen lieben!

Die Liebe, die wir als Kinder erfahren haben, entwickelte sich zusehends immer mehr in eine Unliebe. Oder eine vermeintliche Liebe – geknüpft und kategorisiert an und in Forderung, Leistung. Forderungen und Leistungen aus Mangel und Angst heraus. Ja – Liebe wurde im Zuge dieser Anpassungen auch definiert. Angepasst in ein Korsett an Möglichkeiten und Unmöglichkeiten.

Liebe selbst bedingt nicht!

Liebe klammert nicht, legt sich nirgends fest! Nicht an Dingen, nicht an Menschen! Sie IST einfach.

Sie ist gleich dem Wind... nah und weit...
...unfassbar... und doch präsent...

Vergiss niemals...
Dein Leben hängt nicht davon ab, wer Du im Außen bist oder was Du hast, was Du darstellst oder präsentierst – so auch nicht von Deiner Vergangenheit.
Es hängt letztlich einfach nur davon ab, wie Du Dinge sehen, was Du denken oder fühlen WILLST... und wie Du infolge dessen zu handeln beabsichtigst! Im Jetzt!

Ob Du der Schöpfer Deines Seins sein willst… oder nicht…
…der Wandler, der Veränderer…! Im Jetzt!

Als Kinder kannten wir diesen Weg.

Heute obliegt es jedem Einzelnen von uns, diesen Weg wieder zu beschreiten!

Die Entscheidung liegt einzig bei Dir…!

PS:
Nicht zuletzt große eigene Erfahrung hat es mir in den letzten Jahren ermöglicht, auch sehr gefühlvoll auf andere Menschen eingehen zu können. Und dazu gibt es – wie eingangs schon erwähnt – kein Patent, kein Generalrezept. Dies ist IMMER ein sehr individueller Vorgang.
Und ich werde es mir hinkünftig zur Berufung machen, Menschen – so sie dies gerne möchten – zu helfen zu versuchen.

Wenn Du also möchtest… scheue Dich nicht, auf mich zuzukommen!

„Auf die Fragen unserer Sinne wird uns
nur dann eine Antwort zuteil,
wenn wir aller niedrigen Neugier entsagen
und uns dem Daseinsstrom hingeben,
der uns in das Geheimnis der Natur
einführt."

(Ralph Waldo Emerson)

Meine abschließenden Worte des Dankes gelten nun einmal vorweg an meine Eltern, die beide nicht mehr unter uns weilen.

Liebe Mum, geliebter Dad... auch wenn diese Eure Erziehung oftmals an den Grenzen des mir Erträglichen war... Ihr gabt Euer Bestes, soweit Ihr konntet.
Vieles im Damals hat mir mitunter im Heute ermöglicht, Dankbar und Respektvoll zu allem zu sein. Wertschätzen zu können, womit mich das Leben beschenkt!
Just nun in der Fertigstellung meines Buches gerieten alte Bilder in meine Hände.
Es waren viele Bilder dabei mit scheinbar glücklichen Menschen. Und just diese Bilder ließen mich erfühlen, dass hinter allem Menschen steckten, die alles Menschsein verkörperten.
Ich danke und liebe Euch!

Dank gilt einmal mehr auch wieder meiner Familie, an Euch meine Lieben, die Ihr – noch verstärkt im Vergleich zu meinem ersten Buch – mitlebtet, mithalft.
In doppelter Hinsicht. Denn grade unser Familienleben schenkt mir unglaublich viel Gelegenheit, vieles erst zu sehen, zu erkennen. Und letztlich Chance, zu ändern.

Es ist – wie in den „Aufwärmübungen" im Beispiel „Auto, Kleid" – angeführt:
Je mehr ich mich mit meinem Leben beschäftige, mit speziellen Punkten darin, desto mehr achte ich darauf. Desto mehr erwächst eine Bewusstheit in mir.
Besonderen Dank widme ich auch Dir, meine kleine (und doch schon so große Tochter) Andraeia, welche Du mir so manche Illustration zu meinem Buch schenktest... und die Du mich im Jetzt ganz besonders daran teilhaben lässt, Erwachsener UND Kind zu sein! Veränderung zu ermöglichen!
Herzlicher und aufrichtiger Dank gilt Dir Heiko, mein Bruderherz, der Du mir in so mancher Angelegenheit ebenso einen „Arschtritt" verpasst hast...
...und sehr gut daran tatst! Hör nie auf damit!

Viel Dank gebührt auch jenen Menschen, die ich mittlerweile kennen lernen durfte. Ihr, die Ihr mich teilhaben ließet an Eurem Leben, an Dingen, die Euch bewegten...
...und in gewissem Sinne auch dadurch mir wiederum – zumindest safte – Tritte verpasst habt, die mich in Bewegung hielten.
Diejenigen, die damit gemeint sind, werden es jetzt - in diesem Augenblick - wissen!

Aufrichtiger Dank gebührt auch allen meinen „Arsch-Engeln"... ob sie nun davon wissen oder nicht... Denn wenn sie nicht jene „Knöpfe" gedrückt hätten und es bei Bedarf noch tun... und tun werden... wie je sollte ich den einen oder anderen blinden Fleck IN mir sonst je entdecken und annehmen, heilen können...!?

Ein ebenso herzlicher Dank gilt auch meinem lieben Freund und teils schon Mentor, Markus Robinigg, der mich unterstützend in der Gestaltung des Buches begleitet hat!

Und zuletzt lieber Leser, liebe Leserin danke ich auch Dir für die Gelegenheit, mithilfe dieses Buches ein Stück gemeinsamen Weges gehen zu dürfen, eines Weges zu unserer Vergangenheit, unseren inneren Kindern! Und vielleicht auch noch ein Stück des Weges in die Zukunft...

Ich danke für Deine Aufmerksamkeit, Deine Ausdauer, Deine Neugier, Deine wertvolle Zeit, Deine Bewusstheit und Verantwortung!

Ich wünsche Dir für Deine weitere Reise, viele intensive Momente mit Dir, mit Deinem inneren Kind...

...viel Spaß, viel Berührung, viel Gefühl...
...und vor allem Liebe...!

Vielleicht begegnen wir uns eines Tages erneut...
...und spielen gemeinsam das Spiel des Lebens, das Spiel der Liebe...
...das Spiel der Kinder...!

Ich wünsche Dir eine schöne Reise ... in Deine von Dir bestimmte Zukunft!

Dein Autor
Ernold Prinz

„Von den Kindern

Eine Frau, die einen Säugling an der Brust hielt, sagte:
Sprich uns von den Kindern.

Und er sagte:
Eure Kinder sind nicht Eure Kinder.
Sie sind die Söhne und Töchter der
Sehnsucht des Lebens nach sich selber.
Sie kommen durch Euch, aber nicht von Euch.
Und obwohl sie mit Euch sind, gehören sie Euch nicht.
Ihr dürft ihnen Eure Liebe geben,
aber nicht Eure Gedanken,
denn sie haben ihre eigenen Gedanken.
Ihr dürft ihren Körpern ein Haus geben,
aber nicht ihren Seelen.

Denn ihre Seelen wohnen im Haus von morgen,
das Ihr nicht besuchen könnt,
nicht einmal in Euren Träumen.
Ihr dürft Euch bemühen, wie sie zu sein,
aber versucht nicht, sie Euch ähnlich zu machen.
Denn das Leben läuft nicht rückwärts,
noch verweilt es im Gestern.
Ihr seid die Bogen, von denen Eure Kinder
als lebende Pfeile ausgeschickt werden.
Der Schütze sieht das Ziel auf dem Pfad der
Unendlichkeit, und Er spannt Euch mit seiner Macht,
damit seine Pfeile schnell und weit fliegen.
Lasst Euren Bogen von der Hand des
Schützen auf Freude gerichtet sein;
Denn so wie Er den Pfeil liebt, der fliegt,
so liebt Er auch den Bogen, der fest ist.“

(Khalil Gibran)

Achte auf Deine
Gedanken!
Sie sind der Anfang
Deiner Taten!

Ernold Prinz erblickte am 16.Februar 1970 in Solbad Hall in Tirol / Österreich als Erstgeborener zweier in der Gastronomie/Unterhaltung tätiger Eltern, das Licht der Welt. Er führte ein augenscheinlich normales Leben, wie es viele andere tun. Oftmals jedoch verbarg sich Vieles vor der Öffentlichkeit. Er war - alles in allem - ein schier perfekt angepasstes Kind in der Schule des Lebens. Dem Anschein nach…

Im Weiteren besuchte er dann nach der Pflichtschule, als Berufsausbildung die Polizeischule, schloss diese positiv mit Beamtenprüfung ab und wurde dann aufs Leben losgelassen.

In langen Jahren des Dahinarbeitens verdichteten sich jedoch zusehend immer mehr Vorfälle – zumeist im Arbeitsumfeld. Denn viel Anderes existierte in dieser Phase nicht. Gesundheitliche Beeinträchtigungen, familiäre Veränderungen, Schicksalsschläge im persönlichen Umfeld forderten sodann noch ihren zusätzlichen Tribut.
Schlussendlich kollabierte das bisherige Lebenskonstrukt – was man einem klassischen Burnout mit allen Folgen gleichsetzen könnte. Diagnostiziert mit Depressionen, Panikattacken, Anpassungsstörungen usw. usw. Der Schein zerbrach.

Nach einigen Jahren des Sortierens, ergab sich wieder ein beruflicher Neustart in einer Selbstständigkeit. Auch erhellte sich der Horizont wieder auf familiärer Ebene.
Heute ist Ernold Prinz erneut verheiratet, hat nebst einem schon erwachsenen Sohn noch eine entzückende 10-jährige Tochter. Jobtechnisch könnte es wohl noch besser laufen... Wobei: „Was ist „besser“?“ würde er wohl sagen...

Dass die Selbstständigkeit – auch nur zur Beschaffung von Geld dienend – so gesehen nicht halten konnte, verdankte Ernold Prinz einerseits mitunter auch den wirtschaftlichen Umbrüchen durch bekannte Krisen, andererseits einer weiteren „Neuordnung“ des Lebens.

Wie es im Leben oftmals geschieht – erfolgt ein grundlegender Einschnitt vorerst leise und unbemerkt. Letztlich wurde erneut ein bisheriges Lebenskonstrukt komplett über den Haufen geworfen. Diesmal aber nicht im sichtbaren Außen, sondern im Innen. Es fand eine Neuorientierung, neue Handhabung der Gedankenwelt statt.
Ernold Prinz war es aufgrund seines Werdeganges nie beschieden, irgendwelche höheren Schulen zu besuchen, Studien abzulegen, Diplome, Titel oder Auszeichnungen zu erwirken. Selbst wenn – er hätte sie in diesem Moment „über Bord“ geworfen, da diese mitunter nicht einzig vermeintlich „großes Wissen“ abbilden. Leben selbst verleiht keine Orden und Titel.

Ernold Prinz blieb einfach Mensch, dem sich jedoch sehr tiefe Einsichten eröffneten und ihm einen Zugang zur spirituellen Seite des Lebens erlaubten.

Wie er jedoch immer so treffend drauf besteht: „Er sei deshalb kein Wunderwuzzi, Guru, Erleuchteter oder Sonstiges. Er sei einfach nur Mensch!“
Entsprechend markig und unzensiert fallen mitunter aber manche Aussagen von ihm aus, die sein vorheriges Leben zumeist negativ

beeinflusst hatten. Im Heute scheint er darin aber genau sein Element gefunden zu haben: hart, knackig, anstößig, provokativ... jedoch niemals als Beleidigung, Verurteilung oder Beschimpfung zu verstehen!

Wie er so schön sagt: „Es hilft nicht, um den heißen Brei herumzutanzen! Oftmals ist eine klare Ansage zwar ein Tritt in den Arsch... aber dafür effektiv. Leben ist wunderschön – aber kein Kuschelsofa!"

Mittlerweile unterhält Ernold Prinz seit geraumer Zeit auch eine gut besuchte Blogger-Seite, die zu vielen Dingen des täglichen Lebens Anstoß, eine mögliche andere Sichtweise zu vermitteln sucht unter seinem Motto: „Nichts muss.... Jedoch alles kann...!" Jeder darf sich also nehmen und anstoßen lassen... oder eben nicht.
Im Sinne dieses Buches spricht er auch die deutliche Einladung an alle aus:

„Komm in die Gegenwart, hör auf zu jammern!
Und wer nicht will – der hat wohl schon!"

Mehr dazu unter: www.das-neue-ich.com

Dieses Buch nun bildet – nach seinem ersten Buch „Achterbahn Leben" - einen weiteren Meilenstein auf seinem Weg der tieferen Erkenntnis des Lebens. Aus eigenem Öffnen und Erleben heraus gewährt der Inhalt oftmals hautnahe Einblicke, in die teils traumatische Anpassung. In ein Geschehen, dass sich „Leben" nennt.

Im Weiteren widmet sich „das Prinzerl" auch einer beruflichen Umorientierung, wonach er den Menschen noch intensiver, persönlicher, als professioneller Begleiter auf Wegen des Lebens seine Hilfe anbieten wird.

Man darf noch gespannt sein, wohin sich die Reise von Ernold Prinz entwickelt...

...nach dem / seinem Motto:

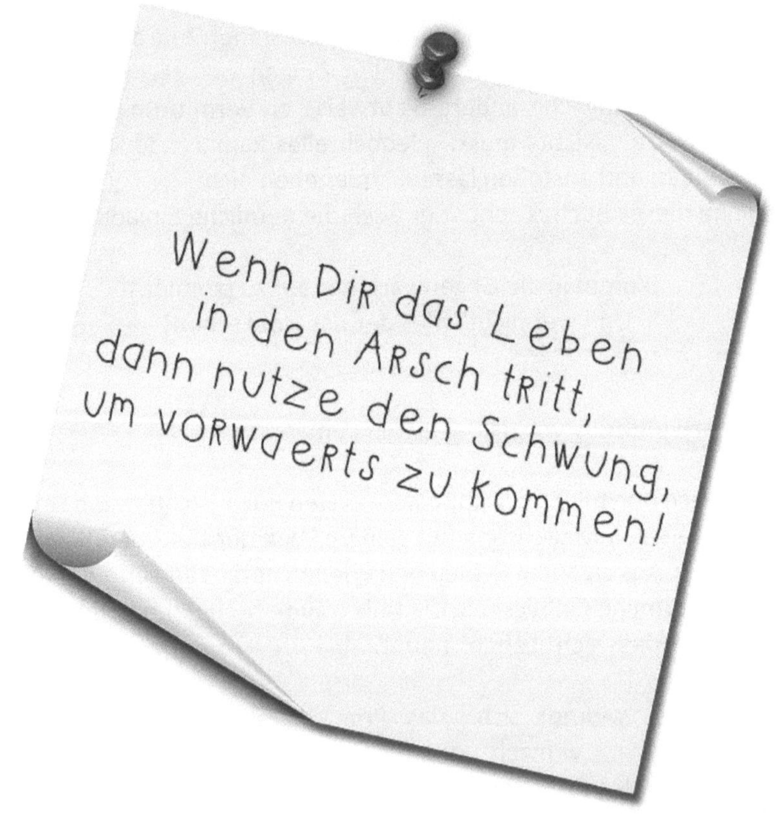

Seiten für Deine Antworten zu folgenden Fragen:

***Frage** 1:*
Aus welchem Grund hast Du Dir dieses Buch gekauft?
Was erhoffst Du Dir daraus für Dich zu erkennen oder zu lösen?

Frage 2:
Du hast doch sicher, in der einen oder anderen Art und Weise, ein gewisses Ziel.
Auf einer Skala von 1 bis 10...
1 stellt den absoluten Tiefpunkt Deiner Empfindung dar, bei 10 schwebst Du ja eigentlich schon auf Wölkchen 7...
Mit welchem Wert würdest Du – jetzt ganz sachlich – Deine Position auf dem Weg zu diesem Ziel beschreiben? Und wie sähe dieses aus?

Frage 3:

Wenn Du Dein Ziel dann erreicht hast...
Wie würdest Du es bemerken? Welche Veränderung brächte es mit sich?
Für Dich... wie auch Dein Umfeld?

Meine Buchempfehlung:

„Achterbahn Leben“

Von Ernold Prinz
Autor, angehender psychologischer Berater, Lifecoach
www.das-neue-ich.com

Willkommen liebe Leser und Leserinnen!

In dem Buch geht es um die Einladung, gemeinsam mit dem Autor einmal ein oder mehrere Runden der Achterbahn namens "Leben" zu drehen.
Aus welchem Grunde wurde gerade die "Achterbahn" als Synonym für das Leben gewählt?
Ist das Leben denn keine "Achterbahnfahrt" ... voll Hochs und Tiefs, gefüllt mit schleudernden Fortbewegungen durchs Leben?
Diese Runden wollen Anlass und Anregung geben, genau diese oftmalige Panik und Übelkeit mal ein wenig zu durchleuchten, zu hinterfragen!
Deine Entscheidung! Dein Leben!

Die Reise von der Kindheit zum Erwach(s)en SEIN, von negativen Zuständen hin zu erfreulichen und guten Gefühlswelten, so schließt sich der Kreis des Lebens in diesem Buch. Es bietet uns die Möglichkeit, den Kreis des Lebens in unserem Dasein mit Lebensfrohsinn und schwungvoll als Lebens-Achterbahn anzunehmen und diese Fahrt zu genießen.

Rezession: Amazon

Meine Buchempfehlung:

„jetzt Du it"

Von Markus Robinigg

Unternehmendberater für Betriebs-Optimierungen und Persönlichkeits-Entwicklung

www.jetzt-du-it.com

Die Geheimnisse eines Erfolgsprogramms
Die wahren Spitzenunternehmer können sich einteilen, was sie machen wollen. Sie haben genügend Freizeit, sind glücklich und erfolgreich. Aber wie bringen sie das alles unter einen Hut?
Die Devise des Buches lautet: Träume Deine Ziele, lebe sie, erreiche sie. Wenn Du Unternehmer, Gründer, Führungskraft oder ein Mensch bist, der seine Ideen, Ziele und Visionen umsetzen und verwirklichen will, dann ist dieses Buch genau das Richtige für Dich. Das Buch ist ein Navigationssystem und zeigt Dir, wie Du in 7 Tagen mit Schwung und Spaß Deine Ziele realisieren kannst.
„Jetzt Du it!"

Meine Meinung dazu:
Das Buch ist wunderbar, denn es bietet Dir genügend Freiräume, Deinen eigenen Weg zu gehen, gleichzeitig zeigt es Dir systematisch, wie Du Deine Potentiale nutzt.

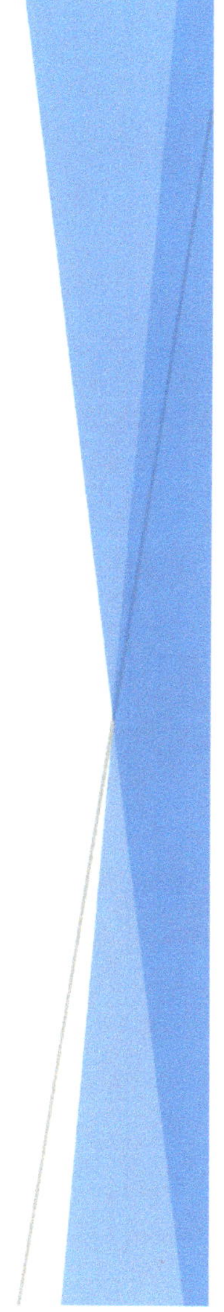

ENDE

Zeitfracht Medien GmbH
Ferdinand-Jühlke-Straße 7
99095 Erfurt, Deutschland
produktsicherheit@kolibri360.de